丝路经济研究系列丛书暨新疆大学建校100周年系列丛书

中国省际贸易隐含污染转移与损益偏离研究

闫 敏 孙 慧◎著

RESEARCH ON EMBODIED POLLUTION TRANSFER AND PROFIT
AND LOSS DEVIATION BETWEEN PROVINCES IN CHINA

经济管理出版社
ECONOMY & MANAGEMENT PUBLISHING HOUSE

图书在版编目（CIP）数据

中国省际贸易隐含污染转移与损益偏离研究/闫敏，孙慧著 . —北京：经济管理出版社，2023.9
ISBN 978-7-5096-9332-2

Ⅰ.①中…　Ⅱ.①闫…②孙…　Ⅲ.①省际贸易—污染防治—研究—中国　Ⅳ.①F727②X5

中国国家版本馆 CIP 数据核字（2023）第 189172 号

组稿编辑：丁慧敏
责任编辑：丁慧敏
责任印制：张莉琼
责任校对：陈　颖

出版发行：经济管理出版社
　　　　　（北京市海淀区北蜂窝 8 号中雅大厦 A 座 11 层　100038）
网　　址：www. E-mp. com. cn
电　　话：（010）51915602
印　　刷：唐山昊达印刷有限公司
经　　销：新华书店
开　　本：880mm×1230mm/16
印　　张：14.5
字　　数：347 千字
版　　次：2023 年 12 月第 1 版　　2023 年 12 月第 1 次印刷
书　　号：ISBN 978-7-5096-9332-2
定　　价：198.00 元

·版权所有　翻印必究·
凡购本社图书，如有印装错误，由本社发行部负责调换。
联系地址：北京市海淀区北蜂窝 8 号中雅大厦 11 层
电话：（010）68022974　　邮编：100038

前　言

改革开放以来，中国经济取得了举世瞩目的成就，但区域经济发展出现了不平衡、不充分问题。为缩小区域发展差距，我国相继实施了西部大开发、中部崛起、东北振兴等区域发展战略，加速了区域间贸易循环的纵深发展。由于区际的资源禀赋、经济发展阶段、产业结构以及环境规制等存在差异，区域间"价值流"与"污染流"逆向流动，引致了欠发达地区"经济收益在外、生态损害留存"的损益偏离现象。为进一步探讨区域贸易中隐含污染转移与损益偏离的关系特征及影响机理，从经济层面到环境层面更深入地解释中国经济社会发展不平衡、不充分现象，聚焦隐含污染转移与损益偏离关系特征的研究，成为一个关注的热点。

基于此，本书遵循"梳理研究问题—刻画客观现象—识别典型事实—揭示成因机理"的研究基本思路，基于 2007~2017 年 5 张区域间投入产出表，选取水污染（COD、氨氮）、大气污染（SO_2、烟粉尘）和固体废弃物（以下简称固废）污染三类五种污染物作为研究对象，探讨了区域间隐含污染转移与损益偏离的关系。首先，以区域间投入产出表和分行业污染排放数据为基础数据，测度并分析了贸易隐含污染转移的事实特征。其次，对比分析区域间污染转移与增加值转移的方向和规模特征，进而揭示了区域间损益偏离现象；构建了区域间损益偏离指数，揭示并刻画了损益偏离的空间特征和区域特征。最后，应用结构分解法解构隐含污染转移的影响因素；基于空间互动模型实证检验了隐含污染转移对损益偏离影响的影响机理。本书的主要研究结论如下：

（1）构建了贸易隐含污染转移与损益偏离的理论分析框架，提出了隐含污染转移对损益偏离的影响机理。

在贸易隐含污染转移与损益偏离的核心概念界定与环境库兹涅茨曲线理论、不平等交换理论和生态不平等交换理论等理论分析的基础上，本书构建了当下相对固化的贸易格局中"价值流"与"污染流"逆向流动引致区域间损益偏离的理论分析框架，并提出了隐含污染转移对损益偏离正向影响的关系机理与研究假设，将损益偏离的源地与汇地的影响因素及贸易中的多维距离纳入研究框架中，构建了隐含污染转移对损益偏离影响的关系模型，为本书奠定了理论基础。

（2）构建了贸易隐含污染转移测度模型，明晰了贸易隐含污染转移的时空演化特征。

基于 MRIO 模型构建贸易隐含污染转移测度模型，厘清贸易隐含污染转移的规模与方向的时空演化特征。研究发现：①2007~2017 年，水、大气和固体废弃物三类污染物的隐含污染排放规模总体呈现"先升后降"的变化趋势，反映了全国各省份环境治理取得了显著成效。东部沿海发达省份消费侧污染排放远大于生产侧排放，污染转入高于污染转出，这显示出中国省际隐含污染转移整体格局是经济发达省份通过消费资源型地区的中间品和最终品向资源型省份进行了隐含污染转移。②不同污染物的隐含污染转移方向具有异质性特征。第一，隐含水污染净转移的方向具有由东部沿海向中部、西部转移的特征，同时西南地区向中部地区和西北地区转移的路径也凸显出来。隐含COD污染净转移向西南和西北转移，隐含氨氮污染净转移从东部沿海向中部转移逆转为西北向东部和中部转移。第二，隐含大气污染主要转移方向是东部沿海向中部地区的转移，东南沿海向西南地区的转移以及东部沿海向西北地区的转移。隐含SO_2污染转移和隐含烟粉尘总体上呈现东部—中部—西南的梯级转移特征，但隐含SO_2污染转移凸显出东部地区内部的转移以及中部地区向北部沿海的逆向转移；隐含烟粉尘从西南地区向中部地区转移及西南地区向东北地区的逆向转移凸显出来。第三，隐含固废污染转移主要呈现为东部沿海省区向中西部地区的转移。

（3）开发了省际贸易损益偏离测度工具，刻画了损益偏离时空演变特征。

基于MRIO模型构建贸易隐含增加值测度模型，刻画了省际贸易经济收益格局；结合四象限图对比分析区域间隐含增加值转移与隐含污染转移的整体格局，发现了区域间隐含增加值转移与隐含污染转移形成的贸易固化格局，揭示了"价值流"与"污染流"逆向流动引致区域间损益偏离现象的成因；基于隐含污染转移与隐含增加值转移开发了区域间损益偏离测度工具，进一步刻画损益偏离的时空演化特征。研究发现：①中国区域间隐含增加值转移具有不平衡性，经济收益较大的地区主要有京津冀、长三角、山东、湖南、广东等；收益相对低的地区集中在山西、内蒙古、河南等中部地区，吉林等东北地区及陕西等西部地区；隐含增加值净转移有64.40%转移到北上广及山东、江苏等经济较为发达地区，揭示了省际贸易中贸易分工下的趋向于东部沿海区域的经济贸易固化格局。②结合四象限图对比分析区域间隐含增加值转移与隐含污染转移的整体格局，进一步识别了"价值流"与"污染流"逆向而行的事实，揭示了区域间经济收益与污染转移损益偏离现象的成因。③测度省际损益偏离指数刻画不同污染物的损益偏离异质性特征。结果表明：第一，隐含水污染偏离指数最高的地区是山东与天津，区域间隐含水污染高度损益偏离关系发生在中部地区内部、东南沿海与中部地区之间、西南地区与中部地区之间。第二，隐含大气污染损益偏离指数最高的地区是广东与广西，偏离指数为2.598；区域间隐含大气污染的高度损益偏离关系主要发生在中部地区内部、东部沿海、西北地区、西南地区与中部地区之间，东部沿海与西北地区之间。第三，隐含固废损益偏离关系中，偏离指数最高的地区是天津与浙江，偏离指数为3.473；区域间隐含固废污染的高度损益偏离关系主要发生在中部地区之间，京津地区、东北地区和北部沿海与中部地区之间。显示了损益偏离发生的不平衡性、梯级性和复杂性。

（4）基于MRIO-SDA模型，解构了省际贸易隐含污染转移的影响因素。

基于MRIO-SDA模型，从规模、结构、技术三个维度，污染排放强度效应（ΔE）、产业关联结构效应（ΔL）、需求行业结构效应（ΔD）、需求类别结构效应（ΔM）、人口规模效应（Δp）和经济规模效应（Δf）六个影响因素，解构了省际贸易隐含污染总量变化和省际贸易隐含污染转移变化的影响因素及其贡献。结果表明：①省际贸易隐含污染排放总量变化和转移变化影响因素具有趋同性。2007~2017年，需求规模因素、人口规模是隐含污染排放总量增加的主要驱动因素，污染排放强度和产业关联效应是主要的减排影响因素，但

2012~2017年污染强度效应减排作用小于产业关联的减排效应；其他因素的影响贡献较小。②区域一级的分解结果显示，经济发达地区的污染转移减少主要受到污染强度效应影响，这是因为经济发达地区面对严格的环境规制往往在减排技术方面投入较大；经济规模效应对东北、中部和西部的资源型省份的驱动作用更大；产业关联效应对各省份的影响作用不同，但对北京、上海、天津等经济较发达的地区往往具有减排作用，这间接反映了区域间的产业关联在一定程度上有助于通过要素流动和要素合理配置实现减排。省际贸易隐含污染转移的影响因素的解构分析为区域间实现协同减排、优化减排政策提供了可行的解决路径。

（5）构建了隐含污染转移对损益偏离的影响模型，实证检验了两者关系的影响机理。

基于隐含污染转移与损益偏离的理论分析，结合损益偏离关系数据特征，引入空间互动模型，实证检验了隐含污染损益偏离对损益偏离影响，结果显示：①隐含水污染转移、隐含大气污染转移、隐含固废污染转移均与损益偏离呈显著正相关，表明隐含污染转移会加剧损益偏离程度，且结果稳健。②源地和汇地的损益偏离的影响因素具有异质性特征。在源地的影响因素中，资源禀赋、产业结构、环境规制与区域间损益偏离呈显著负相关，表明依托资源优势、产业结构升级、有效的环境规制等能显著降低源地的损益偏离程度。对外开放程度等对汇地的损益偏离呈显著负相关，抑制了汇地的损益偏离；反映了在当前中国经济发展阶段特征即现有的贸易固化格局不能阻断隐含污染转移的情境下，通过源地与汇地各自优化其异质性影响因素，协同缩小损益偏离带来的负面影响具有可行性依据。③国内贸易中距离因素对损益偏离有促进作用。伴随贸易隐含污染的转移，通过产业转移、产业集聚发展，"缩短"多维距离，减少其对损益偏离的影响。

目　录

第1章 绪 论

1.1 研究背景与研究意义

1.1.1 研究背景

（1）中国区域发展不平衡、不充分的问题日益突出。

改革开放以来，中国经济取得了举世瞩目的成就，从1978年的3678亿元增长到了2020年的1008782亿元，增长了274倍；年均增长速度达9%左右，创造了高速经济增长的奇迹。特别是2001年中国加入世界贸易组织（World Trade Organization，WTO）后，中国逐渐参与全球贸易体系，并凭借劳动力优势成为"世界工厂"；尤其是在最先开放的东部沿海地区，通过"国际代工"等形式嵌入全球价值体系中，更是为中国经济腾飞奠定了基础。但中国经济追求效率并高速增长的同时，区域间经济发展不平衡的公平发展问题也随之产生。党的十九大报告对我国社会主要矛盾作出新的判断，提出"我国社会主要矛盾已经转化为人民日益增长的美好生活需要和不平衡不充分的发展之间的矛盾"。中国经济发展中不平衡不充分问题，特别是区域间的发展差距和发展不平衡问题日益突出。

（2）区域发展战略的实施，加剧了区域间的环境不公平。

为缩小区域发展差距，2001年以后我国相继实施了西部大开发、中部崛起、东北振兴等区域发展战略。实施区域发展战略后，一方面，我国东部通过对中西部的产业梯度转移促进了资本、劳动力、技术等生产要素转移到中部、西部地区，既促进了中部、西部的经济发展，也将国际贸易中的价值链延伸至中西部地区，逐渐形成了贸易开放下区域经济协调发展的大国"雁阵"模式（林麟，2006[1]；杨昌举等，2006[2]）；另一方面，异质性的环境规制又推动了东部地区将高污染产业和过剩产能、落后技术等转移到了中西部地区，并通过省际贸易消耗了中西部地区相对"廉价"的资源满足其对高附加值、高利润、低污染的产品的生产和消费需求，导致中西部欠发达地区环境污染排放留在当地，而"高附加值"通过贸易流转到了东部发达地区和国外；最终导致污染排放和经济发展在空间分布上的不均衡，呈现产值与污染逆向而行的现象（李杨，2006[3]；杨英，2008[4]），加剧了中国国内区域间的环境不公平问题。区域间的环境不公平，一方面，对欠发达地区依赖优势资源参与国内贸易实现资本积累产生抑制作用，不利于区域经济发展和缩小区域经济差距；另一方面，加剧了中西部地区的环境污染，不仅对国家从总量层面实现减排没有帮助，甚至会加剧我国的环境污染。

（3）刻画区域间的"损益偏离"是解决区域间环境不公平的关键。

参与国内外经济循环贸易是拉动区域经济增长的重要驱动力，获得经济收益和承担隐含污染转移是与区域间商品贸易相伴而生的两个结果。因此，综合评价省际贸易的经济收益和污染转移，揭示了省际参与国内贸易的经济收益关联与环境治理责任关系成为破解环境不公平问题的关键。"损益偏离"是指资源型产业碳排放产生的"收益在外、损害留存"的现象[91]，本书用以抽象概括我国区域经济发展与污染排放在空间分布上不均衡的环境不公平现象。将国内贸易的经济收益与污染治理成本放在一个水平维度刻画"损益偏离"程度，可以更准确地揭示省际国内贸易的经济收益与环境治理责任关系，是对省际环境不公平的精准表达和剖析，有助于揭示省际环境不公平的成因机理，识别不公平产生的重点区域、关键行业及关键路径，为从理论和实践上破解省际环境不公平、实现环境公平发展提供科学依据。

1.1.2 研究意义

（1）理论意义。

"环境不公平"是近年来国内外学术界关注的一个热点。国外学者关注发达国家与欠发达国家之间的经济收益与环境代价不平等现象，并进行了实证研究；国内学者则更多地关注中国在国际贸易中的不平等交换问题；本书关注了中国不同区域间的环境不公平问题，从贸易隐含污染转移和增加值收益的双维度，构建了损益偏离指数，揭示了伴随区域间产业链中贸易引起的污染转移与经济收益转移不对等的关系，定量测度了中国区域间的环境不公平性，深化了环境不公平问题研究，丰富了生态不平等交换理论的研究；另外，本书聚焦省际隐含污染转移与损益偏离的关系问题，识别了区域贸易中"价值流"与"污染流"逆向流动引致区域间损益偏离的原因，丰富了区域发展不平衡的内涵与成因；通过实证检验了隐含污染转移对损益偏离正向影响的关系机理，为揭示区域不公平发展的机理奠定理论基础。

（2）现实意义。

伴随西部大开发、中部崛起、东北振兴等发展战略的实施，逐渐形成了区域间的贸易网络，中西部地区凭借区域资源优势成为"原材料"的输出方，输出资源消耗型、污染密集型、低附加值型的"中间产品"到发达国家和地区，作为其生产垄断性高附加值产品的中间材料；然而初级产品（尤其是资源产品）的价值并未完全包含在"制成品"的价值中，这种生态"剪刀差"，使输出地承担较大的环境成本，也抑制了输出地的资本积累，因此形成了中西部地区的"资源诅咒"现象。一方面，本书通过测度省际损益偏离指数，明晰省际国内贸易的经济收益关联与环境治理责任关系，有助于推动建立均衡、公平的区域协同减排机制和生态补偿机制，为实现欠发达地区从"资源诅咒"向"资源祝福"提供科学决策依据。另一方面，在贸易分工相对固化格局背景下，通过隐含污染转移对损益偏离影响的揭示，实现隐含污染转移对损益偏离影响的协同治理，为破解中国经济发展中不平衡不充分问题提供决策依据。

1.2 国内外研究综述

1.2.1 国内外相关文献计量分析

1.2.1.1 国内相关的文献计量分析

综合考虑研究样本的全面性、权威性和代表性，本书选取中文文献收录最全的中国知网（https：//www.cnki.net/）作为文献来源数据库，并在高级检索模式中，设定检索条件为：以关键词＝"隐含污染转移"并含"损益偏离"，检索到 0 篇论文；关键词＝"损益偏离"，检索到 1 篇论文。因此，本书中国内文献计量分析以"隐含污染转移"为主题进行分析。关键词＝"隐含污染转移"或"污染转移"或"隐含碳排放"或"碳转移"或"损益偏离"，共检索到 354 篇文献（检索时间是 2022 年 10 月 1 日），剔除不相关领域论文 14 篇，检索到文献 340 篇，年份跨度为 1993~2022 年。

（1）国内相关研究发文年度趋势分析。

为获得污染转移相关研究的研究热点及时间演变趋势，选取 340 篇文献形成研究文献集样本，应用 Citespace 软件进行文献计量分析，搭建污染转移的知识结构，为接下来的文献梳理做准备。

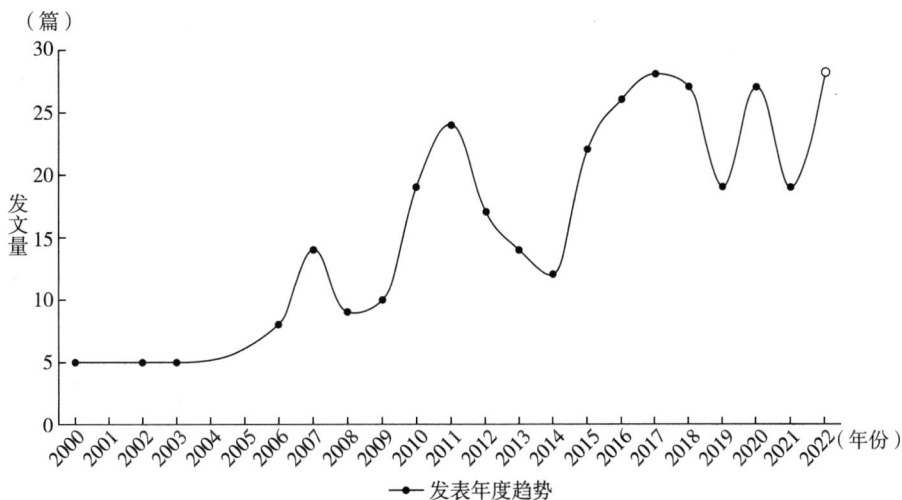

图 1-1　2000~2022 年国内相关研究发文量和发表论文年度趋势

注：图片来自中国知网检索结果可视化。

如图 1-1 所示，从发文年度趋势看，污染转移相关研究成果呈波动上升趋势，在 2017 年发文量达到峰值，2018~2019 年有所下降，但在 2019 年触底反弹有波动上升的趋势。国内污染转移相关研究始于 1997 年靳乐山[5] 在《中国环境科学》发表的《环境污染的国际转移与城乡转移》，文章从广义上考察了环境污染的国际转移与城乡转移，包括可见的和不可见的污染转移；并分析了污染转移的不同途径，从环境质量需求和个人贴现率两个方面分析了污染转移的经济机制，并提出防止污染转移的对策。2003年，李晓明等[6] 提出"绿色壁垒"的概念，认为我国有必要建立"绿色壁垒"以解决国内存在的境外污染转移和外商投资污染密集产业等问题。

2004～2007年污染转移话题持续升温，外商投资、跨国公司引起的环境污染问题受到关注，如刘新英（2007）[7]、陈彬和钟筱红（2007）[8]、李延勇和孙建昌（2007）[9] 等的研究；2008～2014年是污染转移相关研究主题不断丰富、快速发展的时期。进出口贸易中的碳排放转移问题也引起学者的关注，如余慧超和王礼茂（2009）[10]、魏本勇等（2010）[11]、周新（2010）[12]、李艳梅和付加锋（2010）[13] 等的研究；学者们关注的研究热点还有经济增长、产业转移与环境问题及污染治理、环境税等。2014年后，是污染转移相关研究的成熟稳定时期，总发文量为101篇，年均发文量在15篇以上；随着新热点的出现，污染转移研究关注点从对单纯量的测度及责任分担问题转向更为丰富的成因机理的探讨，如对环境规制、产业转移等的探讨，同时结合"全球价值链""增加值贸易"等热点问题，有学者尝试对国内贸易、国际贸易、产业转移的环境效应及对"得失"双维度进行讨论。

（2）国内隐含污染转移高被引文献分析。

通过对2001～2019年含"污染转移"研究被引频次最高的20篇相关论文进行梳理分析（见表1-1），可以初步总结国内隐含污染转移研究的普遍关注点。

表1-1 国内相关研究高被引文献统计

作者	题名	期刊名	发表年份	被引频次
沈坤荣等	环境规制引起了污染就近转移吗？	经济研究	2017	526
林伯强和邹楚沅	发展阶段变迁与中国环境政策选择	中国社会科学	2014	195
石敏俊等	中国各省区碳足迹与碳排放空间转移	地理学报	2012	176
豆建民和沈艳兵	产业转移对中国中部地区的环境影响研究	中国人口·资源与环境	2014	172
郑易生	环境污染转移现象对社会经济的影响	中国农村经济	2002	114
王媛等	基于LMDI方法的中国国际贸易隐含碳分解	中国人口·资源与环境	2011	102
余慧超和王礼茂	中美商品贸易的碳排放转移研究	自然资源学报	2009	93
洪大用	当代中国环境公平问题的三种表现	江苏社会科学	2001	83
舒基元和杨峥	环境安全的新挑战：经济全球化下环境污染转移	中国人口·资源与环境	2003	80
郭俊杰等	排污费征收标准改革是否促进了中国工业二氧化硫减排	世界经济	2019	77
李方一等	中国区域间隐含污染转移研究	地理学报	2013	77
董琨和白彬	中国区域间产业转移的污染天堂效应检验	中国人口·资源与环境	2015	67
王安静等	中国30省份的碳排放测算以及碳转移研究	数量经济技术经济研究	2017	65
杨顺顺	中国工业部门碳排放转移评价及预测研究	中国工业经济	2015	63
潘安	全球价值链视角下的中美贸易隐含碳研究	统计研究	2018	60

作者	题名	期刊名	发表年份	被引频次
庞军和张浚哲	中欧贸易隐含碳排放及其影响因素——基于MRIO 模型和 LMDI 方法的分析	国际经贸探索	2014	59
刘红光和范晓梅	中国区域间隐含碳排放转移	生态学报	2014	57
胥留德	后发地区承接产业转移对环境影响的几种类型及其防范	经济问题探索	2010	57
钟茂初和闫文娟	环境公平问题既有研究述评及研究框架思考	中国人口·资源与环境	2012	56
杨昌举等	关注西部：产业转移与污染转移	环境保护	2006	55

注：根据检索结果整理得到。

综合分析 19 年来高被引 TOP20 的文献发现，研究文献集中讨论了国际贸易、产业转移中的贸易隐含碳转移、碳责任及污染转移等问题。具体分析如下：沈坤荣等（2017）[14] 研究揭示了环境规制差异是否引起了污染就近转移的问题，并进一步发现环境规制有助于提升污染迁出地的产业规模，同时加重其产业结构的污染程度。林伯强和邹楚沅（2014）[15] 的研究发现"世界—中国"的外向型贸易的作用正在减弱，中国"东部—西部"的经济转移的弹性高于"世界—中国"的污染机制弹性。因此，在今后新一轮的东西部经济转移可能加速东部对西部的污染转移。石敏俊等（2012）[16] 测算了中国各省份的碳足迹和碳转移，研究揭示了中国省域间碳排放空间转移的路径，即碳排放从能源富集和重化工集聚区域向经济发达省份转移；洪大用（2012）[17] 从环境社会学视角关注了经济增长引起的环境保护问题，探讨了生态现代化的特点和风险；豆建民和沈艳兵（2014）[18] 实证检验了产业转移对中部省份环境影响，废水、二氧化硫和烟尘等污染物排放随着污染密集产业转移转向中部地区。章锦河和张捷（2006）[19] 对生态足迹模型存在的指标选择、测度精度、计算偏颇等缺陷进行了修正研究。郑易生（2002）[20] 提出污染转移既是市场作用的结果，也是经济水平差距引起的。王媛等（2011）[21] 分析了中国 2005 年国际贸易的隐含碳转移，发现高碳排放强度行业净出口是造成碳转移规模增加的重要结果因素。余慧超和王礼茂（2009）[10] 的研究发现，1997~2002 年，在中美商品贸易中，美国在国际商品贸易中部门碳排放总量中近 10%的碳泄漏到中国，美国应为发展中国家提供有效的环境友好的技术援助。舒基元和杨峥（2003）[22] 提出产业投资转移和贸易转移是发达国家环境污染转移的主要途径，污染转移符合市场经济原则，但具有不道德性和非持续性。郭俊杰等（2019）[23] 检验了排污费征收对二氧化硫减排的影响，发现提高排污费征收力度能够显著提高二氧化硫等工业污染物的减排效果。李方一等（2013）[24] 以二氧化硫、COD、固体废弃物及重金属四种典型工业污染物为研究对象，剖析了中国区域间隐含污染转移的空间特征，发现国内隐含污染转移具有从东部向中西部转移的空间特征。董琨和白彬（2015）[25] 通过构建环境规制与产业区位选择的交互作用模型，证实了中国区域间存在"污染避难所效应"，即污染密集型产业从规制强的区域向规制较弱的中西部转移。王安静等（2017）[26] 基于多区域投入产出模型测度并分析了中国 30 个省份的碳转移规模，发现北上广、江浙是净碳转出地，内蒙古、山西、河北、新疆、贵州等是净碳转入地。杨顺顺（2015）[27] 研究发现工业部门间的碳转移主要沿着

"能源转化部门—采掘业—流程制造业—离散制造业"的路径流动。潘安（2018）[28]从全球价值链视角的研究发现，中国参与GVC分工扩大了中国对美国隐含碳排放出口规模，调整中国参与GVC分工是调整中国出口隐含碳的重要途径。庞军和张浚哲（2014）[29]基于MRIO模型和LMDI方法解构了中欧贸易隐含碳排放的影响因素，发现规模效应是主要的促进因素，技术进步和结构调整可以起到减少贸易碳排放的作用。刘红光和范晓梅（2014）[30]的研究发现，中国的西北地区是最大的碳转移承接地区，而京津和东南沿海地区是主要的碳转出地区，并且存在东部沿海在满足出口需求时，扩大了其向中西部的碳转移规模。胥留德（2010）[31]将污染转移分为四类，并提出应甄别不同污染类别采取有针对性的防范措施。钟茂初和闫文娟（2012）[32]指出环境不公平的实质是经济利益的不公平在环境领域的延伸和转化，应从利益主体间的环境利益和环境容量共享、环境责任和环境治理成本共担等方面建立环境公平的研究框架。杨昌举等（2006）[2]提出在东西部"雁阵"发展的格局下，环境外部性的内在化程度是产业转移和污染转移的动力。上述高被引文献的简单分析表明，国内早期对污染转移相关研究为当前的研究奠定了良好的理论方法基础，许多早期文献成为污染转移研究的经典。总的来看，高被引文献集中的研究领域是经得起时间考验的经典话题，如国际贸易、产业转移中的贸易隐含碳转移、碳责任分工和驱动因素的研究，这些为后期研究热点和新的研究视角的出现奠定了理论基础。

（3）隐含污染转移研究热点及时间演变分析。

应用Citespace软件对获取的340篇文献进行关键词共现网络可视化分析、聚类分析及时间脉络分析等，分析时间为1988~2022年，时间切片为1年，Node Type选择Keyword每个时间切片选择TOP50，连接强度选择Cosine，得到关键词如图1-2所示。

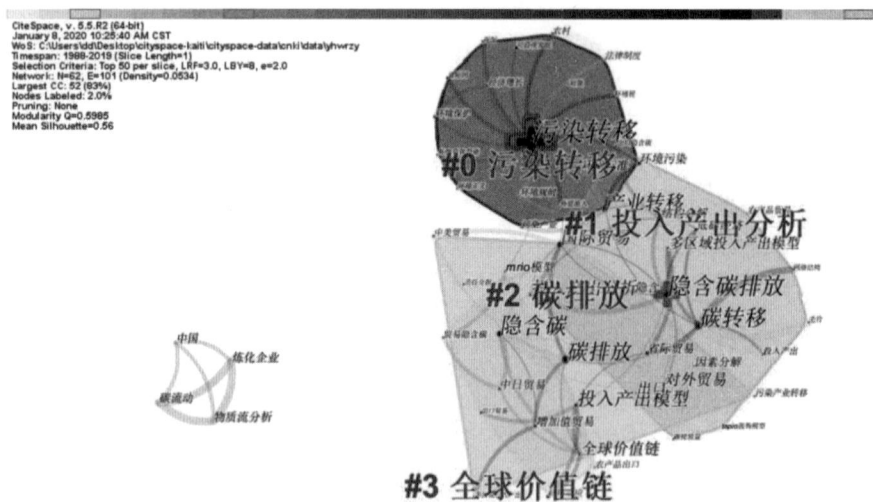

图1-2 关键词共现聚类网络

关键词中节点大小表示中心度的大小，线条粗细表示联系的紧密性。首先，"污染转移"等检索关键词具有较高的中心度和关联度，反映了文献检索对"隐含污染转移"这一主题有科学的覆盖；其次，中心度较高的关键词按照中心度依次是"国际贸易"（12，0.32）、"产业转移"（17，0.25）、"增加值贸易"（2，0.05）、"全球价值链"（6，0.04）、"对外贸易"（7，0.03）、"中日贸易"（3，0.02）、"低碳经济"（2，0.02）、"出口"（3，0.01）、"贸易隐含碳"（2，0.01）、"省际贸易"（2，0.01）等，以及研究方法的关键词如"投入产出模型"（9，0.1）、"MRIO 模型"（6，0.09）、"投入产出分析"（9，0.06）、"结构分解"（3，0.05）（见表 1-2）。以上中心度、出现频次较高的关键词，特别是与在污染转移文献知识网络中处于中心位置的关键词为后文分析污染转移的逻辑关联分析提供了依据。

表 1-2　国内高被引文献 TOP30 关键词频数及中心度

序号	词频	中心度	年份	关键词	序号	词频	中心度	年份	关键词
1	140	0.64	2001	污染转移	16	4	0	2011	环境污染
2	12	0.32	2007	国际贸易	17	3	0.02	2018	中日贸易
3	73	0.31	2010	隐含碳排放	18	2	0.02	2011	低碳经济
4	29	0.25	2010	碳转移	19	3	0.01	2017	出口
5	25	0.25	2011	隐含碳	20	2	0.01	2018	贸易隐含碳
6	17	0.25	2011	产业转移	21	2	0.01	2019	省际贸易
7	24	0.23	2010	碳排放	22	2	0	2012	经济增长
8	9	0.1	2012	投入产出模型	23	2	0	2015	环境正义
9	6	0.09	2017	MRIO 模型	24	2	0	2019	环境效应
10	9	0.06	2012	投入产出分析	25	2	0	2018	京津冀
11	3	0.05	2012	结构分解	26	2	0	2014	中美贸易
12	2	0.05	2019	增加值贸易	27	2	0	2017	环境规制
13	6	0.04	2018	全球价值链	28	2	0	2019	网络结构
14	7	0.03	2011	对外贸易	29	2	0	2011	环境税
15	4	0.02	2017	多区域投入产出模型	30	2	0	2017	污染产业转移

1.2.1.2　国外相关研究计量分析

本书选取外文文献收录较全面的 Web of Science 核心数据库（http：//apps. webofknowledge.com/）为文献来源数据库，并在设定检索条件为：Abstract、Title、Keywords ＝ "Embodied Pollution" and "Loss and Profit Deviation" 检索到 0 篇文献；单独检索 Abstract、Title、Keywords ＝ "Loss and Profit Deviation" 检索到 0 篇文献；检索 Abstract、Title、Keywords ＝ "Embodied Pollution" or "Transfer of Embodied Pollution" or "Embodied Carbon Transfer" 共获得 310 篇文献（检索时间是 2020 年 10 月 1 日），年份跨度为 1999~2020 年；增加筛选条件，文献类型设定为 "ARTICLE"，并按照研究主题逐一进行相关文献筛选，共检索到 183 篇相关研究文献，获取文献的年份跨度为 1999~2022 年。因此，国外外文文献计量分析样本量为 183 篇。

（1）发文年度趋势分析。

为获得污染转移相关研究的研究热点及时间演变趋势，以获取的 183 篇文献形成文献集，应用 Citespace 软件进行文献计量分析，搭建国外污染转移的知识结构，以便厘清国外研究逻辑脉络。

如图1-3所示，从发文年度趋势看，污染转移相关研究成果数量呈稳步上升趋势，特别是2011年之后发文数量增长迅速，在2019年发文量达到峰值，说明国外对污染转移话题的研究热度在提高，是学者持续关注的热点话题。国外污染转移相关研究始于学者Wilkening[33]在1999年发表在 *Political Psychology* 上的"Culture and Japanese Citizen Influence on the Transboundary Air Pollution Issue in Northeast Asia"一文；文中分析了文化在日本公众对日本在东北亚跨境空气污染问题决策方面的影响中的作用，虽然被引频次只有2次，但是从社会学视角探讨了环境污染的政治决策问题，关注了"跨境空气污染"问题。之后，1999~2005年，国外相关研究成果较少，在趋势图中呈现低位平稳发展趋势；2001年出现了高被引的研究成果，2001年，学者Machado等[34]在 *Ecological Economics* 中发表的"Energy and Carbon Embodied in the International Trade of Brazil：An Input-Output Approach"一文，被引频次为231（在Web of Science核心数据库中被引统计），文中应用投入产出技术，评估了国际贸易对巴西能源使用和二氧化碳排放的总体影响，意味着2001年之后，污染转移相关研究找到了"国际贸易"这一逻辑主线，并被持续关注。2006~2012年是国外相关研究不断成熟、稳定增长的阶段，相较于上一时期，年均发文量有所提高，也是这一领域中高被引文献分布最多的时期（高被引文献中TOP20有16篇），说明这一时期对该话题的探讨思路、逻辑与研究方法不断成熟。2013~2022年是发文数量高速增长的时期，国外相关话题热度持续增加。这一时期发文总量占总发文量的74.86%，说明这一话题成为国内外学者关注的热点问题。

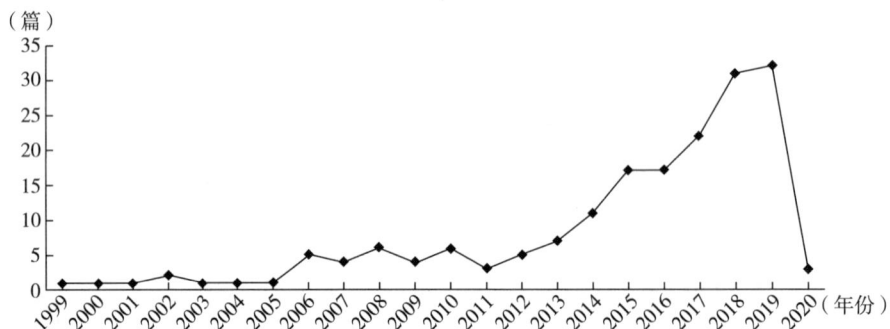

图1-3　国外相关研究1999~2020年发文数量年度趋势

（2）国外隐含污染转移高被引文献研究。

通过对2001~2014年隐含污染转移研究被引频次最高的19篇相关论文进行梳理分析（见表1-3），可以初步总结国外隐含污染转移研究的普遍关注点。

表1-3　国外相关研究高被引文献统计

标题	期刊名称	作者	出版年	被引频次
CO_2 Embodied in International Trade with Implications for Global Climate Policy	Environmental Science & Technology	Peters 和 Hertwich[35]	2008	619

标题	期刊名称	作者	出版年	被引频次
Growth in Emission Transfers via International Trade from 1990 to 2008	Proceedings of The National Academy of Sciences	Peters 等[36]	2011	601
Energy and Carbon Embodied in the International Trade of Brazil: An Input-Output Approach	Ecological Economics	Matthews[37]	2001	231
Embodied Environmental Emissions in Us International Trade, 1997-2004	Environmental Science & Technology	Weber 等[38]	2007	197
The Socioeconomic Drivers of China's Primary PM2. 5 Emissions	Environmental Research Letters	Guan 等[39]	2014	168
China's Foreign Trade and Climate Change: A Case Study of CO_2 Emissions	Energy Policy	Yunfeng[40]	2010	153
Pollution Embodied in Trade: The Norwegian Case	Global Environmental Change	Peters 和 Hertwich[41]	2006	145
China's Balance of Emissions Embodied in Trade: Approaches to Measurement and Allocating International Responsibility	Oxford Review of Economic Policy	Pan 等[42]	2008	142
International Trade Undermines National Emission Reduction Targets: New Evidence from Air Pollution	Global Environmental Change	Kanemoto 等[43]	2014	136
Global Warming Agreements, International Trade and Energy/Carbon Embodiments: An Input-Output Approach to the Italian Case	Energy Policy	Mongelli 等[44]	2006	124
Embodied Pollution in Trade: Estimating the "Environmental Load Displacement" of Industrialised Countries	Ecological Economics	Muradian 等[45]	2002	115
CO_2 Emissions From Social Structure to Gene Regulation, and Back: A Critical Introduction to Environmental Epigenetics for Sociology	Renewable and Sustainable Energy Reviews	Lindner 等[52]	2013	111
Impact of Inter-Sectoral Trade on National And Global CO_2 Emissions: An Empirical Analysis of China and Us	Energy Policy	Guo 等[46]	2012	101
CO_2 Emissions Embodied in International Trade: Evidence for Spain	Energy Policy	Sánchez-Chólizt 和 Duarte[47]	2004	98
Energy Embodied in the International Trade of China: An Energy Input-Output Analysis	Energy Policy	Liu 等[48]	2010	97
Trade, Production Fragmentation, and China's Carbon Dioxide Emissions	Journal of Environmental Economics and Management	Dietzenbacher 等[49]	2012	84
International Trade, FDI (Foreign Direct Investment) and Embodied CO_2 Emissions: A Case Study of Chinas Industrial Sectors	China Economic Review	Ren 等[50]	2014	83
A First Empirical Comparison of Energy Footprints Embodied in Trade-Mrio versus Plum	Ecological Economics	Wiedmann[51]	2009	81
Analyses of CO_2 Emissions Embodied in Japan-China Trade	Energy Policy	Liu 等[53]	2010	78

注：根据检索结果整理得到。

综合分析 2001~2014 年高被引的文献发现，研究文献集中讨论了国际贸易、产业转移中的贸易隐含碳转移、碳责任及污染转移等问题。具体分析如下：

Peters 和 Hertwich（2008）[35] 考察了国际贸易中隐含污染转移对《京都议定书》等全球污染物环境政策的影响，提出贸易有助于后京都时期各国制定更为有效的气候政策。Peters 等[36]（2011）基于贸易关联的全球数据库的实证研究发现，发展中国家通过国际贸易向发达国家转移的净排放量超过了《京都议定书》的减排量。Machado 等（2001）[34] 的研究发现，巴西不仅是能源的净出口国，而且是国际贸易的非能源产品中隐含碳的净出口国，出口所赚的每一美元所体现的能源和碳排放量也分别高 40% 和 56%。Weber 等（2009）[38] 分析了美国及其 7 个贸易伙伴（加拿大、中国、墨西哥、日本、德国、英国和韩国）间国际贸易中的碳排放，研究表明进口量的增加和贸易方式的转变导致美国 CO_2、SO_2 和 NO_X 的隐含贸易量大幅增加。Guan 等（2014）[39] 提出 PM2.5 排放是造成中国空气质量差的重要原因，发现 1997~2010 年，中国出口导致了 63.8 万吨的 PM2.5 排放，是欧盟 27 国年度排放总量的一半，是德国的六倍，中国出口中的污染排放主要由经合组织国家的消费驱动。Yunfeng 和 Laike（2010）[40] 中对贸易隐含碳排放的结构分解分析发现，规模效应和结构效应增加了贸易中隐含 CO_2 排放量，而技术效应抵消了其中的一小部分。Peters 和 Hertwich（2006）[41] 发现，挪威的进口隐含碳排放消费量占挪威国内排放量的 67%，进一步提出建立基于消费原则的碳排放清单比生产原则更有助于减排。Pan 等（2008）[42] 提出国际贸易不仅以资本和货物流动为特征，而且以货物生产过程中所体现的能源和排放为特征。Kanemoto 等（2014）[43] 关注了国际贸易中排放泄漏问题，提出如果监管政策不考虑进口隐含排放量，即使发达国家的排放者按照《京都议定书》执行了严格的国家排放目标，全球排放量也可能会上升。Mongelli 等（2006）[44] 应用投入产出模型计算每个意大利经济部门的能源消耗强度和相关的温室气体排放量，验证是否确实存在"基于污染避风港"假说而发生贸易格局变化的证据。Muradian 等（2001）[45] 开发"环境负荷位移"指标，评估了1976~1994 年世界 18 个工业化国家贸易中的隐含污染，发现日本、美国和西欧的总进口量通常大于出口量；日本和欧洲与发展中国家的环境贸易条件"得到改善"，美国与发展中国家的环境贸易条件则随着时间的推移而"恶化"。Lindner 等（2013）[52] 建立了一种自下而上的模型，以计算隐含在中国各省份之间的电力进出口中的直接 CO_2 排放量，从电力传输的隐含污染角度验证环境污染从经济上富裕的省份向资源丰富的省份和欠发达的省份转移的实施。Guo 等（2012）[46] 应用多区域投入产出模型从省域尺度探讨了国际和省际贸易隐含 CO_2 排放特征，发现东部地区在国际贸易中 CO_2 排放量中占很大比例；省际贸易中，实际 CO_2 排放量的净转移是从东部地区到中部地区，而能源密集型产业是主要贡献者。Sánchez-Chóliz（2004）[47] 使用投入产出模型分析西班牙国际贸易关系对当前大气污染水平的部门影响。结果表明，采矿和能源，非金属工业，化学和金属加工业等行业是最相关的 CO_2 出口商，而其他服务、建筑、交通和食品等行业是最大的 CO_2 进口商，其最终需求引致了 70% 的 CO_2 排放量。Liu 等（2010）[48] 评估了 1992~2005 年中国生产的商品隐含能源，并使用投入产出结构分解分析并确定了导致出口所体现的能源变化的五个关键因素：能源效率、能源消费结构、中间投入结构、出口结构和出口规模。Dietzenbacher 等（2012）[49] 发现加工出口所产生的每增加值 1 元人民币所产生的 CO_2 排放量比正常出口所产生的每增加一元人民币价值减少 34%。Ren 等（2014）[50] 发现外国直接投资加剧了中国的 CO_2 排放。Wiedmann（2009）[51] 采用基于投入产出的方法更好地实现了全面的贸易足迹报告，并有可能通过行业间联系、国际供应链和跨国贸易流来追踪其起源。Liu 等（2010）[53] 量化了中日贸易中的 CO_2 排放量，通过情景分析评估了双边贸易对 CO_2 排放的影响，研究发现双边贸易有助于减少 CO_2 排放，中国经济被证实比日本的碳密集程度高得多，就减少 CO_2 排放的机会而言，中国工业的大多数部门可以从学习产生较低碳强度的日本技术。

上述高被引文献的分析表明，国外早期对污染转移相关研究为当前的研究奠定了良好的理论方法基础，许多早期文献成为污染转移研究的经典。总的来看，高被引文献集中的研究领域是经得起时间考验的经典话题，如国际贸易、产业转移中的贸易隐含碳转移、碳责任分工和驱动因素的研究，为后期研究热点和新的研究视角的出现奠定理论基础。

（3）隐含污染转移研究热点及时间演变分析。

应用 Citespace 软件对获取的 183 篇国外文献进行关键词共现网络可视化分析、聚类分析及时间脉络分析等，文献分析时间跨度为 1999~2020 年，得到关键词共现聚类网络（见图 1-4）。

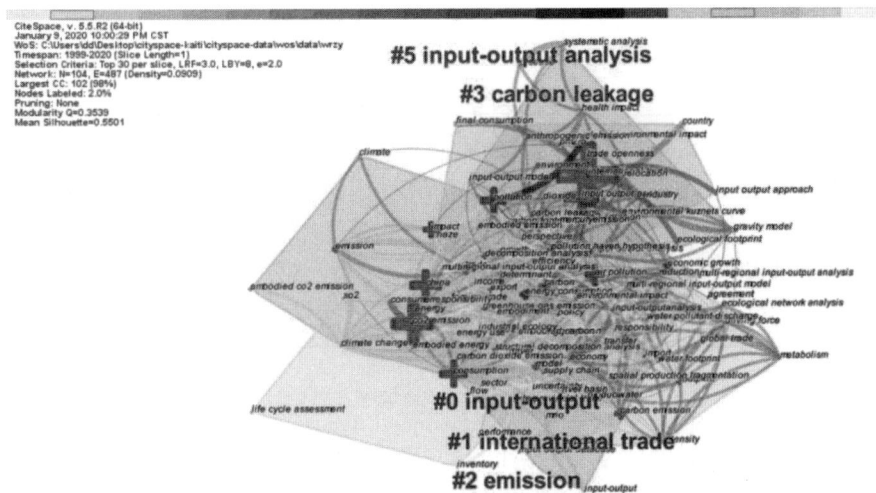

图 1-4 关键词共现聚类网络

结合关键词共现网络分析国外相关研究热点发现：从中心度排序看，中心度较高的关键词依次是 "CO_2 Emission"（碳排放）词频与中心度分别是 79 与 0.18，之后依次为 "Consumption"（49，0.16）、"International Trade"（90，0.14）、"Air Pollution"（32，0.11）、"Energy Consumption"（18，0.11）、"Carbon Leakage"（6，0.03）、"Climate Change"（4，0.04）、"Economic Growth"（12，0.03）等关键词（见表 1-4）；说明国外对隐含污染转移的研究最早关注的是国际贸易中碳排放、隐含碳排放空气污染以及碳泄漏等相关话题。依据的理论主要有 "Pollution Haven Hypothesis"（11，0.14）、"Environmental Kuznets Curve"

（4，0.01），主要探讨了气候变化与经济增长之间的关系（见表1-4）。

表1-4　国外文献高被引 TOP30 关键词频数及中心度

序号	词频	中心度	年份	Keyword	关键词	序号	词频	中心度	年份	Keyword	关键词
1	79	0.18	2010	CO_2 Emission	二氧化碳排放	17	4	0.03	2017	Interprovincial Trade	省际贸易
2	49	0.16	2008	Consumption	消费	16	4	0.03	2015	Embodied Energy	隐含能源
3	23	0.18	2015	Structural Decomposition Analysis	结构分解	20	6	0.02	2016	Greenhouse Gas Emission	温室气体排放
4	90	0.14	2006	International Trade	国际贸易	19	11	0.02	2014	Export	出口
5	11	0.14	2014	Pollution Haven Hypothesis	污染天堂假说	21	3	0.01	2018	Pollution Transfer	污染转移
6	58	0.12	2014	Input Output Analysis	投入产出	22	2	0.02	2018	Industrial Ecology	工业生态
7	32	0.11	2008	Air Pollution	空气污染	23	4	0.01	2006	Environmental Kuznets Curve	库兹涅茨环境曲线
8	45	0.11	2014	China	中国	24	2	0.01	2019	PM2.5	PM2.5
9	18	0.11	2015	Energy Consumption	能源消耗	25	5	0.01	2018	Multi – Regional Input – Output Analysis	多区域投入产出
10	48	0.11	2007	Pollution	污染	26	5	0.01	2015	Supply Chain	供应链
11	2	0.05	2019	SO_2 Emission	二氧化硫排放	28	2	0.01	2019	Gravity Model	引力模型
12	4	0.04	2014	Climate Change	气候变化	29	2	0.01	2019	Industry	行业
13	6	0.03	2006	Carbon Leakage	碳泄漏	30	2	0	2019	Ecological Network Analysis	生态网络
14	12	0.03	2006	Economic Growth	经济增长	31	2	0	2018	Spatial Production Fragmentation	空间生产碎片化
15	3	0.03	2018	Embodied Carbon	隐含碳	32	2	0	2019	Trade Openness	贸易开放

近年来引起学者关注的关键词有"Interprovincial Trade"（4，0.03，2017）、"Pollution Transfer"（3，0.01，2018）、"Industrial Ecology"（2，0.02，2018）、"Spatial Production Fragmentation"（2，0，2018）、"Trade Openness"（2，0，2019）、"SO_2 Emission"（2，0.05，2019）、"PM2.5"（2，0.01，2019）等，表明研究角度也从国际贸易转向关注国家内部的省际贸易、生产分工、供应链以及工业生态等行业尺度，关注的污染物也从二氧化碳扩展到了二氧化硫、PM2.5、温室气体等；研究方法方面主要集中在结构分解分析、投入产出分析、多区域投入产出分析、引力模型、生态网络分析方法。

对比国内外文献计量分析发现，首先，"污染转移""隐含污染排放"等相关话题研究在近几年随着国内外学者的普遍关注，热度不断升高，是一个值得继续探讨且有持续性的话题。其次，虽然国内外文献对该话题研究的切入点不同，但是从研究发展趋势看，主要有以下四个特点：①"隐含污染转移"的话题从"国际贸易"领域开始，主要集中在国际贸易中发达国家对发展中国家之间、隐含碳排放对本国碳排放的影响研究及环境污染与经济增长关系（库兹涅茨曲线）的研究；②投入产出分析在本领域中有成熟的应用；③从研究尺度看，有从国际转向国内行业的趋势；④随着新的研究角度如环境规制、产业转移、供应链、全球价值链等的出现，为污染转移相关研究提供了视角、方法、理论等研究创新的空间。

综合以上文献计量分析，本书进一步从以下三个方面分析国内外隐含污染转移研究的理论进展和演化脉络：①国际贸易、产业转移、环境规制与污染转移、碳转移的逻辑关系探讨；②全球价值链、增加值贸易、省际贸易、环境效应等研究新领域的研究成果；③污染转移研究方法梳理，特别是投入产出分析、区域间投入产出分析、结构分解、社会网络分析等。

1.2.2　隐含污染转移相关研究

国内外学者关于隐含污染的研究围绕不同的污染物展开，主要有隐含水污染转移、隐含大气污染转移和隐含碳排放污染转移等相关研究。

1.2.2.1　隐含大气污染转移及转移方向相关研究

有学者分析了国际贸易中的隐含大气污染转移问题。如李方一等（2013）[24] 发现中国整体上是隐含污染的输出地区，东部地区通过区域间贸易将自身的污染排放责任转移到中西部地区。Li 和 Liu（2020）[54] 研究发现中国与"一带一路"沿线国家的隐含空气物转移加剧，并且中国在隐含空气污染贸易中是顺差，大多数转移来自空气质量更好和人类发展实数更高的国家。Li 等（2017）[55] 跟踪了 2010 年 186 个个体经济体中全球有色金属相关的汞排放流动，发现有色金属生产中 2/3 的汞排放在国际上进行了交易，主要是中国和哥伦比亚等新兴经济体通过全球供应链向美国和德国等发达经济体的出口。Zhong 等（2019）[56] 的研究发现全球能源相关硫氧化物排放主要从中国等发展中经济体到美国、欧盟和日本等高度发达的经济体。Meng 等（2019）[57] 研究发现 2004 ~ 2011 年全球细颗粒物排放量持续增长，但增长速度较慢，部分原因是中国对工业过程的限制。从区域上看，虽然与东亚国家向发达经济体出口有关的排放量有所下降，但与向发展中经济体出口有关的排放量有所增加。

也有学者关注了省际贸易中的隐含大气污染转移。如 Wang 等（2022）[58] 从国内供应链和国际供应链污染转移的角度分析了中国 31 个省份的二氧化硫排放量和隐含排放强度分布不公平；在消费原则下，东部地区是二氧化硫排放的主要贡献者，且东部地区的排放强度远低于西部地区；国际出口贸易产生的二氧化硫排放强度低于省际贸易产生的排放强度。Chen 等（2020）[59] 分析了 2007 ~ 2012 年中国省际贸易中二氧化硫排放的变化模式和驱动因素。研究表明，2007 年以来，沿海高度发达省份外包给欠发达内陆省份的二氧化硫排放量急剧下降，而一些欠发达省份外包给能源密集型省份的二氧化硫排放量显著增加。中间产品贸易转移到西北和北方的矿业和能源生产部门，导致了中西部欠发达省份二氧化硫排放增加。Yang 等（2018）[60] 探明了华北地区向国内其他省份的隐含大气 PM2.5 污染转移的情况，发现华北地区向国内其他省份输出了隐含 PM2.5，主要出口到中国中部沿海地区（江苏、浙江、上海）和京津地区；还从国内其他地区输入了 224 Gg（Giga = 10^9）的具体化 PM2.5，主要来自内蒙古和东北地区。Sun 等（2022）[61] 阐述了中国高污染的京津冀（BTH）城市群供应链中氮氧化物的体现及其转移模式。结果表明，唐山和北京分别是生产和消费氮氧化物排放量最高的城市。关键的供应链路径主要止于北京、天津、保定和石家庄的建筑业以及中国东南部省份的设备制造业的最终需求。Liu 等（2021）[62] 基于多区域投入产出分析（MRIO）、温室气体-空气污染相互作用和协同效应（增益）模型和综合暴露-响应（IER）模型的综合三维溢出效应评估框架发现，东北地区 PM2.5 排放量增加的溢出效应，主要是由北京、天津、上海、浙江、广东等发达地区的最终需求造成的；东北地区 PM2.5 排放量增加的溢出效应，主要是由北上广、天津和浙江等发达地区的最终需求造成的。Wang 等（2018）[63] 研究结果表明，中间产品从内陆地区到沿海地区的贸易导致了额外的 PM2.5 相关排放，符合污染港假说，即污染密集型产业沿着环境法规由强到弱的轨迹转移。Wang 等（2017）[205] 的研究发现，从区域角度看，河北和山西是我国的主要排放来源，工业产出以能源（主要是煤炭）和重工业为主。Wang 等（2017）[206] 基于多区域投入产出表建立了一个改进的区域间和部门流动模型，二氧化硫、烟灰、粉尘和氮氧化物的转移模式与河北省向北京转移模式相同，河北污染转移的尺度效应、强度效应和结构效应对北京的贡献率分别为 40%、40% 和 20%。孙媛等（2018）[207] 研究发现电力消费与电力生产的污染物排放量有一定差异，电力调配的二氧化硫转移量略有下降，但氮氧化物转移量上升。谭飞艳等（2018）[65]、庞军（2019）[66] 研究京津冀的隐含污染转移问题，发现河北为北京、天津承担了规模巨大的污染排放。Du 等（2021）[67] 的研究发现，中国中部和东部是中国西北地区黑炭辐射强迫的两个重要贡献者。Wang 等（2020）[68] 研究发现，中部（包括安徽和河南）是中部沿海地区以外最大的隐含大气污染排放地区，以满足中部沿海地区内的消费需求，中部沿海地区应该承担一定的责任来帮助中部地区减少排放；京津约有一半隐含大气污染排放来自其他地区。

1.2.2.2 隐含水污染转移及转移方向相关研究

学者们对隐含水污染及虚拟水转移展开研究：如王寿兵等（2010）[69] 用工业废水量、化学需氧量、石油类和工业固体废物（煤矸石）4 个指标建立了省际原煤贸易中污染转移量评价的方法，定量测度了省际原煤贸易中的隐含污染转移，并选择原煤调出量大的山西省和调入量大的山东省进行案例研究。Sun 等（2021）[70] 分析了省际和行业层面我国工业隐含废水的转移和驱动因素。研究发现，工业隐含废水净流出地区有山东、江苏等制造业较为发达的东部地区，净流入地区主要集中在川渝及云南等中西部地区。Chen 等（2019）[71] 建立了全球隐含汞流网络，以便在国家和部门尺度上揭示国际贸易中隐含的能源诱发汞排放的特征。Wang 等（2021）[72] 研究表明，2002~2012 年水资源相对短缺的西北和东北欠发达地区向东部沿海和南部沿海等丰水发达地区的虚拟水外流日趋加剧，这主要是由需求主导的。Zhang 等（2019）[73] 的研究揭示了相对缺水的中国北方地区通过外包其他地区的水密集型产品而受益于虚拟水转移。然而，水资源匮乏的西北地区由于出口水密集型产品而遭受虚拟水转移。Zhao 等（2017）[74] 的研究发现北京和天津是来自河北和中国其他省份的绿水、蓝水、灰水的净进口地，以满足其需求。相反，河北将绿水、蓝水、灰水出口到北京、天津等省份，其中 60% 以上的水足迹作为虚拟水转移。Wang 等（2018）[75] 研究了农业、工业和家庭等部门废水中污染物的关键指标化学需氧量（COD）的分布与转移情况。研究表明，中国的 COD 排放主要来自农业部门，其次来自家庭部门。东部沿海的上海、天津和江苏，都是区域间的净输入地，研究区域的人均 COD 因最终需求、生活的富裕程度和污染处理基础设施的可用性而有所不同。

1.2.2.3 隐含碳转移规模及转移方向研究

经济全球化推动国际贸易的加速发展,国际贸易也伴随着隐含碳排放转移(余慧超等,2009)[10]。隐含碳排放指的是产品整个生产链中所排放的二氧化碳(齐晔等,2008)[76],包括直接和间接碳排放(陈红梅等,2012)[77];碳排放转移是指随着产品和服务生产与消费的分离(路正南和李晓洁,2015;Chen 等,2016)[78]-[79] 而出现的二氧化碳排放的空间变化(钟章奇等,2018)[80],从其形成过程、碳排放转移方向来看有转出和转入的分别(Sun 等,2016)[81]。以贸易产品和服务为载体的隐含碳,形成了国家间、地区间错综复杂的碳转移流量关系(杜培林和王爱国,2018)[82]。

改革开放以来,沿海地区较早开放的省份经济发展水平较高,中国区域经济呈现梯级带状分布,伴随国内贸易产生了大量的碳转移(许静等,2017)[83]。学者多从中国八大区域研究区域间碳转移(肖雁飞等,2014)[84] 的空间特征,发现中部地区、东北地区和西南地区是能源的"赤字接收地"(Zhang 等,2016)[85],也是碳转移的转入地(王安静等,2017)[26],其中,京津和东南沿海地区始终是主要的碳转出地区(刘红光和范晓梅,2014)[30]、西北地区的净碳转入量最大(王安静等,2017)[26],只有41%的生产碳排放是为本区域服务(闫云凤,2014)[86];中部地区部分地作为"传输渠道"(Zhang 等,2016)[85],基本形成了"西部—中部—东部沿海"输出隐含碳的空间格局(闫云凤,2014)[86];且这种碳转移现象有扩大的趋势(Zhang 等,2016)[85]。因此,我国存在由能源资源丰富地区和重化工业密集省份向经济发达地区和资源短缺省份的污染转移现象(庞军等,2017)[87];且省际存在生产者责任与消费者责任不平衡现象(王安静等,2017)[26]。由于国际贸易与产业转移,区域生产领域中生产引致碳排放与消费引致碳排放不一致且生产侧排放明显高于消费侧排放(樊纲等,2010;彭水军等,2015)[88]-[89]。省际碳转移规模与距离成正比,与产业结构互补性成正比(庞军等,2016)[87]。

1.2.2.4 隐含污染转移的驱动因素研究

也有学者研究了隐含污染转移的驱动因素。例如,Wang 等(2017)[64] 的研究发现,国内贸易贡献了中国二氧化硫排放总量的1/3,贸易中隐含二氧化硫转移显著取决于人口、经济发展、煤炭消费及其距离。Zhang 等(2019)[73] 的研究揭示了经济发展在促进全球能源相关硫氧化物排放增长方面发挥了重要作用,人口规模的扩大对39个国家的硫氧化物排放有轻微而积极的推动作用,但通过提高能源强度、提高清洁能源占总能源消耗的比例,优化产业结构,可以有效降低39个国家贸易中的硫氧化物排放。Chen 等(2020)[59] 投资需求是中国中西部欠发达地区国内输入二氧化硫排放增加的主要驱动力。Wang 等(2018)[63] 基于多区域投入产出模型,分析了三种不同的贸易模式下 PM2.5 相关排放,发现隐含空气污染物中最大的份额来自 T_v 贸易模式,这意味着空间生产碎片化已成为影响隐含排放流动的关键因素。Sun 等(2021)[70] 基于多区域投入产出(MRIO)模型和结构分解(SDA)分析了省际和行业层面我国工业隐含废水转移的驱动因素,发现经济规模增长是各省份工业隐含废水流出的主要原因,技术效应对大部分省份,特别是河南和广西的工业隐含废水的转移产生了负面影响。短期内,可以通过技术改进,减少工业废水的转移量,但长期来看,需要通过工业结构优化升级，减少工业废水的排放和转移。

1.2.2.5 隐含污染转移的测度方法

关于隐含污染转移的研究方法中多区域投入产出模型是有力、科学的工具（刘红光等，2014；钟章奇等，2018）[30][80]。这是因为隐含污染转移流隐蔽在"区域间投入产出关系链"之下（杜培林等，2018）[82]，而多区域投入产出模型在刻画区域间投入产出经济关联中具有优势（王安静等，2017）[26]，更有利于捕获完整的区域间供应链，更适用于基于消费的研究（Li 等，2022）[90]。

1.2.3 损益偏离相关研究

1.2.3.1 损益偏离相关研究

"损益偏离"概念是孙慧等（2016）[91] 对资源型地区"经济收益在外、生态损害留存"的经济收益与生态损失不均衡的现象的概括，并提出这一现象的产生原因是资源型产业发展中"自然资源无价"而"资源型产品低价"的价格"剪刀差"催生的经济收益与生态成本不对等。损益偏离概念提出后，少数学者从不同视角对损益偏离进行了研究：向仙虹和孙慧（2020）[92] 应用 Dagum 基尼系数分解法测算了资源型地区与非资源型地区之间的损益偏离程度，发现区域间损益偏离呈现上升趋势，资源禀赋是影响损益偏离的重要因素，而产业分工是重要传导路径。赵景瑞等（2021，2021）[93]-[94] 基于"损益均衡"概念提出：损益偏离是"实际工业生产过程中经济收益与环境成本之间的不匹配现象"，其违背环境公平内涵中收益与成本对等原则，是对生产达到帕累托效率时损益均衡的偏离。闫敏和孙慧（2021）[95] 从环境不公平视角，提出"不同发展程度的地区之间贸易中存在经济收益与环境污染成本不对等的环境不公平现象"。郭卫香和孙慧（2022）[96] 认为"区域碳排放损益偏离包括经济收益和生态损害两个方面的内涵"。综上所述，已有研究损益偏离的研究从环境公平视角，关注了不同主体间经济活动中经济收益与生态损失不均衡问题，并拓展了研究主体与研究领域。

损益偏离是在生态不平等理论指导下对区域在经济活动中获得经济收益与付出环境代价不对等的现象的概括，国内外学者对这一问题的研究多从环境不够公平和生态不平等交换视角展开相关研究，主要集中在碳不公平、国际贸易中污染转移的环境不公平、国内贸易中的环境不公平等研究及环境不公平的测度等方面。

1.2.3.2 碳不公平相关研究

有学者从国际贸易中揭示了隐含碳排放的失衡或不公平。这种失衡不仅发生在中国与发达经济体如美国之间，Xiong 和 Wu（2021）[97] 对比分析了中美的不同贸易模式，并指出由于中国主要采用进口中间产品和出口最终产品的贸易模式，而美国主要采用进口中间产品和出口中间产品的贸易模式，中国在与美国的贸易中支付了巨大的环境成本，且中国单位增加值的环境成本是美国的 3.02 倍。这种不平衡也发生在"南南贸易"中：Lu 等（2020）[98] 研究发现，碳泄漏已逐渐从中国和印度转移到其他 BRI 国家，特别是东南亚、西亚和非洲。Wang 和 Yang（2020）[99] 也从中印贸易中揭示了"南南贸易"中隐含的碳失衡，发现中国是中印碳净出口国和中印贸易净出口国，表明中国在获得经济效益的同时增加了环境成本；

中国实体碳贸易的不平衡远远大于贸易的不平衡。国际贸易中贸易双方因为单位增加值的环境成本不同（Xiong 和 Wu，2021）[97]，参与国际贸易的环境代价便不同，发展中经济体往往在这种贸易中承受更多的环境成本。但也有学者提出了不同的观点，Zhang 等（2020）[100]在考虑贸易和空间异质性的同时，分析了生产全球化对中国出口碳强度的影响，发现生产全球化可以使中国的出口产品更清洁，这主要是因为全球价值链参与程度不同，如果全球价值链参与程度（0-1）增加 0.1，中国出口总碳强度将下降 11.7%。因此，如果发展中经济体专门从事相对低碳的生产阶段，它们可以通过参与全球生产网络来降低其出口产品的碳强度。

也有学者关注了中国省际贸易中隐含碳排放的不公平问题。Wei 等（2020）[101] 发现一个省份最终需求的 20%~80% 的电力相关碳排放和 15%~70% 的增加值都外包给了其他省份。Zhu 等（2022）[102] 指出省际贸易中体现的碳转移与经济效益的不匹配造成了省份间的碳不平等。通过采用网络分析和多区域投入产出（MRIO）分析发现，中国省际贸易中体现的碳不平等显著增加，碳转移网络与增值转移网络的结构等效系数从 2012 年的 0.772 下降到 2017 年的 0.634。不同省份的环境调控强度和经济发展水平是导致贸易碳不平等的主要因素。

1.2.3.3 基于不同污染物的经济收益与环境代价不对等的研究

有学者关注了贸易中水足迹和隐含水污染的不平等交换问题。Feng 等（2022）[103] 结合水足迹评估方法，分析了中国大陆灰水足迹转移对区域水污染水平和环境不平等水平的影响。2007~2012 年，灰水足迹转移造成的省际环境不平等水平急剧上升。2012 年，北京、天津、上海、江苏、浙江、福建、广东等部分发达省份外包了灰水足迹，同时从欠发达省份获得了 70.8%~100% 额外收入；在此过程中，发达省份的额外收入比例下降，额外收入比例提高。Xiong 等（2021）[104] 的研究显示：2015 年东北部和中部、西北部分地区环境不平等最为严重，东部和南部沿海省份区域间贸易受益最大。这种不平等是由水污染物和增加值的净流入不一致造成的，尤其是水污染物从发达地区向东北和中部欠发达省份的净转移；然而，增加值一般在发达省份之间转移，如从内陆欠发达省份向东部沿海发达省份转移。Xin 等（2022）[105] 发现较富裕省份（北京、天津和上海）超过 70% 的消费用水量是从其他地区引入的；然而，这些地区最终消费引发的增加值约 60% 保留在本区域内；新疆、黑龙江等水资源丰富的几个发展中省份在与富裕省份进行贸易时，不仅造成水净流出，还存在附加值负平衡，从而导致虚拟水不平等的发生。Chen 等（2021）[106] 研究发现，大多数人均土地资源较低的国家是隐含土地的净进口国，而许多极端缺水的国家是虚拟水的净出口国，如印度、巴基斯坦、伊朗和埃及，这表明全球贸易鼓励土地资源的最优分配，但加剧了水资源的不均匀分布。Sun 等（2022）[107] 研究了京津冀城市群的经济环境失衡问题，发现供应链中 75% 的 NO_x 流量在低效率（高强度）城市到高效率（低强度）城市进行交易，这反映了 BTH 的经济环境不平衡。

有学者关注了贸易隐含大气污染物的不平等交换问题。如 Du 等（2022）[108] 基于城市一级的投入产出表，考察了 BTH 消费中所体现的空气污染物和经济效益，发现不同城市间空气污染物和附加值的转移流动导致了 BTH 中空气污染和经济效益的不平等交换。北京通过贸易获得了更多的附加值（38.40%）；相反，唐山、石家庄和邯郸排放出比它们通过贸易获得的收益更多的空气污染物。Yang 等（2019）[109] 以二氧化硫排放为例的研究也证实了中国区域间贸易的环境低效。这在很大程度上是因为技术更好和低排放强度的地区倾向于通过区域间贸易将污染密集但低附加值的产品外包给高排放强度的地区；且东部地区通常从贸易中获得的环境效益最大，而中部地区（特别是山西、河南和河北）因贸易造成的环境损失最大。

有学者关注了贸易隐含重金属的不平等交换问题。Wang 等（2021）[110] 研究整合多区域输入输出（MRIO）模型和大气运输模型，检验铅排放转移引起的区域环境不平等（REI）；研究发现，2012 年，东部发达地区［京天津、长三角（YRD）］ 和南部沿海地区57.4%~72.6%的隐含铅排放在中国其他地区，是发达地区对工业产品和服务的需求驱动了其他地区的铅污染产品的生产。值得注意的是，不同地区的经济收益差异很大，发达的广东省铅排放外包，但经济收益较低；华中地区许多欠发达省份增加了虚拟铅排放流入，但经济效益较高；中国西部内陆省份不仅承受铅排放增加，而且遭受间接经济损失。

1.2.3.4 环境不公平与损益偏离测度方面

学者们对环境不公平程度的刻画可归结为以下三个方面。一是通过扩展了基尼系数的内涵，构建资源环境基尼系数刻画区域间环境不公平。王金南等（2006）[111]、张音波等（2008）[112]、乔丽霞等（2016）[113] 在基于"排放一定比例的污染物（或消耗一定比例的资源），需要贡献相同比例的 GDP"的假设下，构建了基于 GDP 的资源环境基尼系数，并以绿色贡献系数作为判断资源消耗和污染物排放的不公平指数；钟晓青等（2008）[114] 在辩证吸收此思想的基础上，提出基于环境或生态容量的资源环境基尼系数，进一步完善资源环境基尼系数的研究，提出环境负担系数（Green Burden Coefficient, GBC）；黄和平（2012）[115] 提出，基于生态容量角度的资源环境基尼系数比基于 GDP 和人口的资源环境基尼系数更为科学与合理；李扬等（2010）[116]、陈友偲等（2012）[117] 分别将应用于陕西省和江苏省的环境公平性实证研究。二是基于 MRIO 模型从隐含污染转移与增加值角度的研究。针对隐含污染转移（碳转移）单一尺度的研究，由于碳责任承担原则不同会导致区域间环境不公平。基于生产者责任（Production-based Responsibility）是 IPCC 提出，也是按照区域行政管辖界线划定责任，具有易于核算和可行性强的优势（原磊磊等，2015）[118]；但不顾历史排放和贸易隐含碳排放转移，有失公平（吴开尧等，2016）[119]。如中国、印度、巴西等发展中国家较为提倡基于消费角度的碳排放责任核算，可以避免碳泄漏问题（刘红光等，2014）[30]，充分考虑区域差异与公平发展（张彩云等，2014）[120]。三是从国际贸易、国内贸易隐含污染排放与经济增长（增加值）、经济福利之间是否对等的二维角度的研究。Moran 等（2013）[121] 最早尝试应用 MRIO 模型探讨全球贸易是否导致了不同发展程度的国家间存在生态不平等交换问题；Prell 和 Sun[122]（2015）从贸易货币流与贸易隐含的生态环境指标的比较考察高收入国家和低收入国家间的环境不平等；Yu 等（2014）[123] 使用 Eroa 数据库测算了中国与全球其他国家和地区贸易隐含的环境负担（二氧化硫、GHG、水资源和土地）和经济收益（增加值）不匹配问题，发现了"欧美国家—中国—东南亚、非洲"的环境压力转移路径，表明生态不平等交换确实存在于中国贸易中；Su 等（2011）[124] 构建了以多区域投入产出来分析隐含碳转移效应的模型，并以中国为例进行实证分；Hao（2020）[125] 关注高收入国家与中低收入国家二氧化碳排放分布不均衡性的问题，1990~2015 年 89 个国家的统计数据研究表明，高收入国家（HIC）是净出口国，而中低收入国家（MLIC）是二氧化碳排放的净进口国，结构关系日趋不平等；Zhao 等（2016）[126] 发现，中国京津冀地区与其他省份也存在环境不公平问题；Liu（2015）[127] 提出基于增值的二氧化碳排放法核算，以考察经济效益原则背景下的人均二氧化碳排放；张伟（2018）[128] 通过构建环境不公平指数考察区域间的隐含污染转移与增加值转移是否对等；Wei 等（2020）[101] 应用区域环境不平等（REI）指数来衡量电力碳排放的不平衡和经济效益；Xiong 等（2021）[104] 计算了 30 个省份的区域环境不平等指数（EI），研究了水污染和部门的流量、重要路径和增加值。国内外学者的研究不断丰富了环境不平等的测度方法，使其经历了从单一指标测度到双维度综合测度的过程，为损益偏离的测度提供了科学借鉴。

少数学者对损益偏离的测度进行了研究和探讨。向仙虹和孙慧（2020）[92] 的研究中引入 Dagum 可分解的基尼系数测度了碳排损益偏离指数；赵景瑞等（2021）[93] 基于数据包络分析法测度损益偏离为经济收益偏离度与环境成本偏离度之和；闫敏等（2021）[95] 基于区域间投入产出模型构建了区域间碳转移损益偏离（Loss and Prifit Deviation，LPD）指数，用以评价源地 o 与汇地 d 之间贸易引发的隐含碳排放净转移量，以及在省际贸易中是否存在相应的隐含贸易净增加值作为补偿的指数。

1.2.4 研究述评

通过国内外学者对污染转移相关研究梳理发现：一是国际或国内贸易中伴随着隐含污染排放、污染转移测度及对欠发达国家或地区的环境污染的影响，研究结论基本证实了贸易隐含污染转移减轻了发达国家和地区环境压力，而加大了欠发达国家和地区的环境负担和减排压力；二是实证研究中关注的主要是二氧化碳排放，少数研究关注了二氧化硫和 PM2.5；三是研究方法方面，投入产出分析法较为科学，成熟的分析方法，特别是 MRIO 模型在区域间隐含污染转移研究中积累了丰富的经验；四是随着新研究热点的出现，污染转移研究视角从单纯转移量的测度及责任分担问题转向更为丰富的成因机理的探讨，如环境规制、产业转移等与污染转移关系的探讨，同时结合"全球价值链""增加值贸易"等热点，有学者尝试探讨基于国内贸易、国际贸易、产业转移的环境效应或从经济收益与环境成本双维度进行讨论。

综上所述，国际、国内贸易的环境不公平问题已经引起学术界的广泛关注，学者们在环境不公平现象的揭示和测度方面进行了诸多有益尝试和拓展。但研究认为仍有以下三个方面有待进一步深化研究：第一，在环境不公平程度刻画方面，学者们提出的资源环境基尼系数的假设基础尚未形成共识；而 MRIO 模型的应用研究中，从隐含污染转移责任承担的单一尺度探讨的文献较多，从经济收益（增加值）和环境污染双维度的综合探讨的文献较少，特别是从国内省域尺度的探讨鲜少。第二，从污染物的范围看，对二氧化碳排放的研究较多；对其他大气污染物，如二氧化硫和 PM2.5、COD、固体废弃物和重金属等污染物的隐含转移的研究较少。第三，生态不平等交换引起的环境不公平在国际贸易中得到广泛验证，但在国内贸易中，特别是在中国特殊国情下，环境不公平是否存在，需要广泛验证。

1.3 研究思路与研究内容

1.3.1 研究思路

在梳理已有研究的基础上，基于环境库兹涅茨曲线理论、不平等交换理论和生态不平等交换理论，遵循"梳理研究问题—刻画客观现象—识别典型事实—揭示成因机理"的研究基本思路，将"贸易隐含污染转移"与"损益偏离"纳入同一分析框架，通过空间互动模型探讨两者之间的关系机理。

其一，梳理研究问题。聚焦贸易隐含污染转移和环境不公平问题，梳理已有研究文献，深化环境不公平现象的认识，丰富"损益偏离"概念内涵，阐述研究理论基础。基于环境库兹涅茨曲线理论、"污染避难所"假说、不平等交换理论和生态不平等交换理论，厘清污染转移与损益偏离的理论根源：经济发展水平与环境规制差异，在当前相对固化的贸易分工格局下，产生了"价值流"与"污染流"逆向而行引致损益偏离的问题，并以此构建了贸易隐含污染转移对损益偏离影响的关系机理，为后文研究奠定基础。其二，刻画客观现象。以区域间投入产出表和分行业污染排放数据为基础数据，应用 MRIO 模型构建了贸易隐含污染转移测度模型，测度并分析了贸易隐含污染转移事实特征，阐述了贸易隐含污染转移的空间演化特征与网络结构特征。其三，识别典型事实。测度了区域间隐含增加值转移，对比分析区域间污染转移与增加值转移的方向和规模特征，进而揭示了区域间的"价值流"与"污染流"逆向而行的损益偏离现象；构建了区域间损益偏离指数，用以反映区域间的损益偏离程度，揭示并刻画这种区域间的损益偏离的空间特征和区域特征。其四，揭示成因机理。应用结构分解法，通过对隐含污染转移结构分解，从规模效应、结构效应、技术效应三个维度揭示隐含污染转移的影响机理；为破解省际环境不公平提供科学有力的支撑；基于空间互动模型，构建了贸易隐含污染转移对损益偏离的影响模型，揭示了隐含污染转移对损益偏离影响的关系机理；通过对政策含义的解释，为破解区域环境不公平问题提供决策支持，为制定科学的污染联防联控政策、促进区域环境公平提供科学依据。

1.3.2 研究内容

本书以中国 30 个省份作为研究单元，以 2007~2017 年区域间投入产出表数据为基础，建立省级分行业污染排放数据清单，应用行列均衡法，获得分省分行业三大类五种污染物（三类，即水污染、大气污染和固废污染；五种即 COD、氨氮、二氧化硫、烟粉尘和固废）的数据为数据支撑，探讨了省际隐含污染转移对损益偏离影响的机理。主要研究内容包括七章，具体如下：

第 1 章绪论。首先，本章分别从"中国区域发展不平衡、不充分的问题日益突出""区域发展战略的实施，加剧了区域间的环境不公平问题""刻画区域间的'损益偏离'是解决区域间的环境不公平的关键"等现实问题出发，来探讨本书的研究背景，总结本书的理论意义和现实意义。其次，根据文献计量工具 Citespce 分析国内外文献的总体演变趋势，进一步厘清"污染转移""隐含污染转移"和"环境不公平"的研究进展。最后，明晰本书的研究思路、内容和方法，绘制本书的逻辑框架图和技术路线图，探寻本书的切入点，总结本书的创新与贡献，发现本书的不足之处等。

第 2 章概念界定、理论回顾与关系机理分析。在已有文献的基础上，分别对"贸易隐含污染转移"和"损益偏离"进行概念界定，明确本书的研究对象和研究范围；回顾了"环境库兹涅茨曲线理论：明晰了经济与环境的关系""污染避难所假说：贸易的环境负外部性影响""国际贸易分工与价值链理论：价值链不是平的""生态不平等交换理论：区域间损-益分离"，厘清了污染转移和损益偏离产生的理论依据。基于以上理论梳理，构建贸易隐含污染转移与损益偏离的关系机理，为后续的实证研究指引方向和奠定基础。

第 3 章中国省际贸易隐含污染转移测度与格局分析。应用投入产出法和多区域投入产出模型（MRIO），构建了隐含污染转移测度模型，分别测度并分析了隐含水污染转移、隐含大气污染转移和隐含固体废弃物污染转移的时空演变特征。首先，从生产侧和消费侧分别分析区域间隐含水污染排放、隐含大气污染排放和隐含固体废弃物污染排放总量特征，探究省域污染排放的生产者责任与消费者责任是否对等。其次，分析了省际隐含水污染转移、隐含大气污染转移和隐含固体废弃物污染转移的整体格局，以此明晰省际隐含污染转移规模的时空特征。最后，进一步阐述了省际隐含污染净转移的网络结构特征，以揭示省际污染转移的流动方向与转移结构特征。

第 4 章中国省际隐含污染损益偏离测度与演变特征分析。首先，应用多区域投入产出分析（MRIO），根据增加值系数测算国内贸易中生产侧和消费侧的 GDP 增加值，明晰贸易增加值的经济关联网络特征及增加值转移规律。结合四象限图，对比分析区域间隐含增加值转移与隐含污染转移的整体格局，发现了区域间隐含增加值转移与隐含污染转移形成的贸易固化格局，揭示了"价值流"与"污染流"逆向流动引致区域间损益偏离现象的成因。其次，依据生态不公平理论和投入产出分析，以省际隐含污染转移净值表征环境污染，以省际贸易净增加值表征经济收益，构建反映经济收益与环境成本不对称的损益偏离指数。最后，量化和评估省际损益偏离的事实特征，剖析省际损益偏离的时空演变特征与污染物异质性特征。

第 5 章中国省际贸易隐含污染转移影响因素分析。应用结构分解法，从规模、结构、技术三个维度对隐含污染转移进行动态结构分解，分别考察污染排放强度效应、产业关联结构效应、需求行业结构效应、需求类别结构效应、经济规模效应和人口规模效应对隐含污染转移的动态影响，提炼其内在演变规律及其作用机理，揭示隐含污染转移的成因。

第 6 章中国省际贸易隐含污染转移对损益偏离的影响研究。本书构建的损益偏离指数为 O-D 流状数据形式，用以反映 30 个省份两两之间的损益偏离程度。鉴于此，数据形式与以往不同，选用了用于分析流状数据的空间互动模型。本书充分拟合了研究数据属性、研究模型优势及其对研究问题的解释力，构建了基于源地属性特征、汇地属性特征和距离因素的省际贸易隐含污染转移对损益偏离的影响模型，以此揭示隐含污染转移对损益偏离的影响机理。

第 7 章结论与展望。该章运用规范分析方法，归纳与总结了上述各章研究的结论。并在此基础上，提出了本书的政策启示；之后，总结了本书的不足之处，并提出了未来的研究方向。

本书的逻辑框架见图1-5。

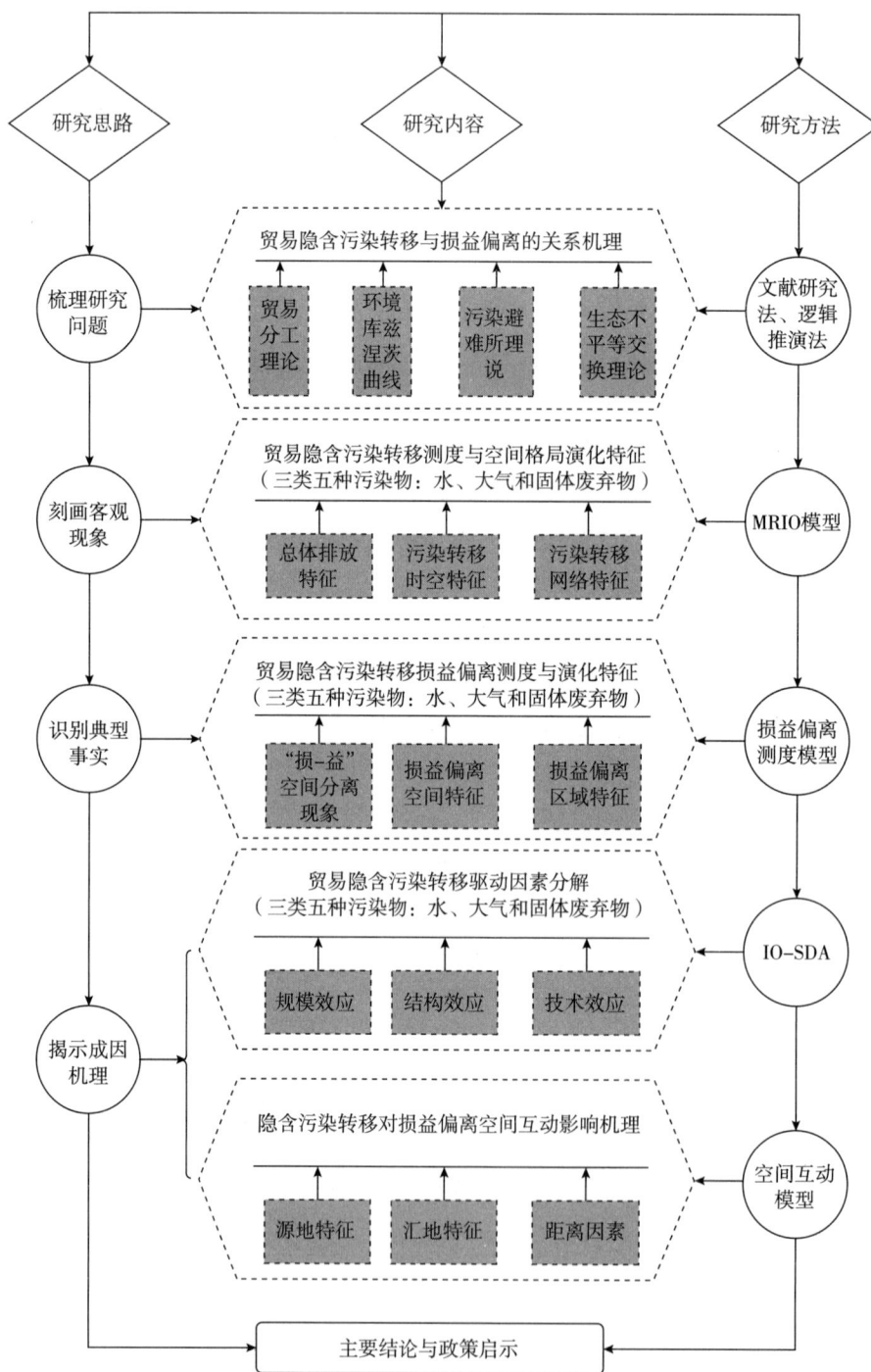

图1-5 本书逻辑框架

1.4　研究方法与技术路线

1.4.1　研究方法

（1）多区域投入产出模型（MRIO）。

区域间的贸易和消费关系往往隐蔽在"区域间投入产出关系链"之下，而多区域投入产出模型在刻画区域间投入产出经济关联中具有优势。因而，多区域投入产出模型被认为是研究区域间贸易及污染转移有力、科学的工具。本书应用 MRIO 模型构建基于生产侧和消费侧的隐含污染转移及贸易增加值的测算模型，对中国省际隐含污染转移量与贸易增加值进行测算，为隐含污染转移与经济收益关系的判断奠定科学基础。

（2）空间分析方法。

区域间贸易的产生在很大程度上受到空间因素的影响，本书应用莫兰指数等方法对省际污染转移的空间聚类特征进行研究，呈现隐含污染转移的空间分布特征，为深入探讨隐含污染转移的影响因素提供技术支持。

（3）结构分解法。

结构分解分析（SDA）是投入产出技术在驱动因素分解实证研究中的重要工具，其基本思想是从经济系统出发将某一变量的变化分解为多个与之关联的变量变动之和，以解构某一变量对其他因素变化贡献的大小。本书应用结构分解法，解构隐含污染转移与贸易增加值的主要影响因素，为分析损益偏离的成因机理提供支撑。

（4）空间互动模型。

与传统空间计量模型不同，空间互动模型分析适用于数据类型流状数据，即两个空间单元间的两两配对的流量数据，其目的是研究源地与汇地（O-D）间的流量水平由哪些因素影响和决定。本书用以探讨隐含污染转移对损益偏离的空间互动影响。

1.4.2　研究技术路线

本书的技术路线见图 1-6。

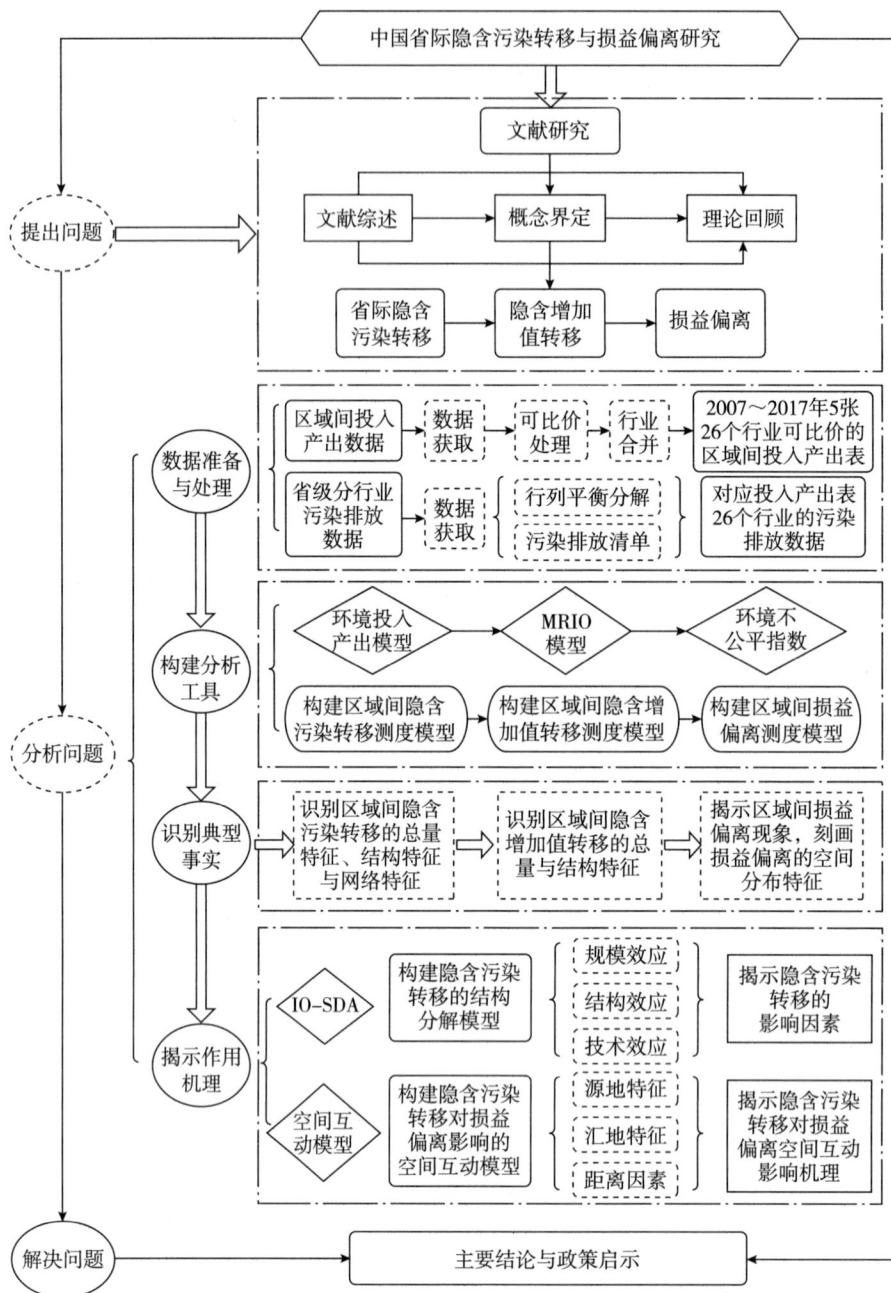

图1-6 本书的技术路线

1.5 本书的创新点

本书在已有文献的基础上，从理论分析和实证检验探讨了隐含污染转移与损益偏离的时空演变特征，并探索了隐含污染转移对损益偏离的作用机理。本书主要存在以下三个方面的创新：

（1）研究观点的创新。

本书聚焦省际隐含污染转移与损益偏离的关系问题，识别了区域贸易中"价值流"与"污染流"逆向流动引致区域间损益偏离的原因，实证检验了隐含污染转移对损益偏离正向影响的关系机理，认为在随着贸易分工相对固化格局的背景下，隐含污染转移呈现局部向全域分布的趋势。本书提出，通过源地与汇地空间互动优化异质性影响因素，实现隐含污染转移对损益偏离影响的协同治理，以及优化损益偏离影响因素配置效率，使环境负外部性影响降低。

（2）研究视角的创新。

采用多区域投入产出分析方法，选取水污染（COD、氨氮）、大气污染（二氧化硫、烟粉尘）和固体废弃物污染三类五种污染物作为研究对象，刻画区域贸易隐含污染转移中"价值流"与"污染流"逆向流动的事实特征，识别区域间损益偏离的时空演变特征，实证检验了省际隐含污染转移对损益偏离的正向影响机理，增强了对中国经济与环境不平衡、不充分原因的解释力，提供了新的研究视角。

（3）研究工具和方法的创新。

一是基于多区域投入产出分析框架，本书构建了区域间损益偏离指数，丰富了"损益偏离"的测度工具，更加具象地刻画了各省份两两之间的损益偏离程度，为深度识别区域间损益偏离的成因奠定基础。二是基于关系数据属性特征与研究模型适配的特性，本书引入了空间互动模型，构建了基于源地属性特征、汇地属性特征和多维距离因素的省际贸易隐含污染转移对损益偏离的影响模型，深层次揭示了省际贸易中源地和汇地损益偏离的异质性影响因素，使得研究工具较好地拟合了研究思路与设计，为进一步协同治理研究奠定了研究基础。

第2章　概念界定、理论回顾与关系机理分析

2.1　概念界定

2.1.1　贸易隐含污染转移

污染排放是指人类生产和生活中所产生的气态污染物、液态污染物和固态污染物等污染物排放过程。污染转移则是污染物的生产、消费和治理责任的范畴。国内外学者对其概念进行了界定，梳理如表2-1所示。学者们的概念界定角度虽不同，但共同的内涵阐释了以下四点：一是污染转移隐含了污染物空间转移的内涵，这通常体现在实体污染物中；如发生在发达国家与发展中国家之间的"垃圾出口"和城乡之间的污染物转移（靳乐山，1997）[5]。二是污染转移体现了主体转移，即污染治理主体不明的问题。污染转移反映出污染物消费者与生产者或治理责任主体分属不同主体，出现了污染"生产与消费分离""受益者非污染者"的现象；也就是产品收益消费主体将污染损害成本（污染引起的健康损失和直接经济损失）转移给了"相对弱势"的承受主体[129]-[130]。三是污染转移的动因和逻辑是一方主体有意识的理性选择的结果。污染一方面临宽松的"环境准入"和差异的"环境标准"而做出的理性选择[131]，而这一理性选择需要一定的制度环境差异。也就是企业、政府和居民在收入增长和承担环境成本之间的逐利合谋[132]。四是污染转移的途径有很多，既有大气、河流携带等自然途径，也有借助跨区域投资、商品贸易流等经济途径[133]。

表2-1　污染转移概念梳理

定义	学者
污染转移是指一个国家、地区或行业、企业将环境污染所带来的负担和损失、危害等转移给另一主体去承受的现象	Peters（2006）[134]
环境污染的转移，是指一切单位或个人有意或无意向另一方输出不符合一定环保标准的有害气体、有毒废水、生产和生活垃圾、放射性废料等环境污染物的行为	靳乐山（1997）[5]
污染转嫁，即污染转移，实质上是指一个国家、地区或行业、企业将环境污染所带来的负担和损失、危害等转移给弱势地方去承受的现象	包晴（2004）[129]
污染转移又称污染越境转移，是指一国将在本国处理费用高昂或危险的各种废物通过国际贸易方式到其他国家	李晓明等（2002）[130]

定义	学者
污染转移是发生在两个或两个以上区域间存在环境标准差异的主体之间的污染物或污染威胁的转移行为，造成了环境污染威胁行为，污染的越界转移行为本身必须是可以控制的	胡峰等（2007）[131]
环境污染梯度转移定义为：发达国家（或地区）以产业梯度转移的名义通过投资、合作、贸易等方式，将污染密集型产业以及落后的工艺技术和设备，或者高污染产品或废弃物（如将外国已禁止或限制销售和使用的含有污染物质）转移到发展中国家（或地区）的行为，它将给转入地人民的身体健康带来影响，同时给转入地的环境安全带来较大威胁	周曙东等（2015）[133]

资料来源：根据已有文献整理得到。

　　本书主要关注在商品、服务的生产过程中（包括从资源开采到出售的总过程）和能源消费过程中所排放的污染物总和，被称为商品和服务的隐含污染（Peters，2011）[134]。这种隐含污染是在产品生产的整个生命周期中产生的污染排放量，包括直接污染排放和间接污染排放两种形式。贸易隐含污染转移是一个容易被忽视的问题。值得注意的是，在区域间最终需求驱动下，伴随国际（国内）贸易"商品流"，还有逆向而动的"污染流"；也就是说，当一国输出污染环境密集型产品时，等于输入"污染"；反之，输入环境密集型产品，则意味着将本国（地区）的"生态足迹"留在国外（区外），或向国外（区外）转移了"环境成本"，从而有利于本国（地区）生态环境保护。贸易隐含污染转移虽然具有隐蔽性，但也是一种不容忽视的污染转移；同样具备污染转移的一般内涵：首先，隐含污染转移体现了商品生产与消费分离过程中污染排放生产、消费和治理主体的转移，即污染治理主体不明的问题也存在。当然，隐含污染转移的"受益者非污染者"产生的原因并不是污染物在空间上的转移，而是在产业分工视角下，由于区域间经济规模、技术水平和资源禀赋优势不同，在产品全生命周期中承担污染的成本具有差异性，但治理责任的分配原则对公平承担污染治理责任产生偏误影响所致。其次，污染转移的动因仍然成立。贸易双方在环境保护的制度环境设置中存在梯度差异，这种制度约束的梯度差异使得一方为应对严苛的环境制度约束而将高污染原材料或加工半成品的生产环节外包给贸易另一方，双方的"逐利"合谋驱动了隐含在商品贸易流中的隐含污染转移持续发生。

　　因此，本书将贸易隐含污染转移定义为：国家（地区）在国际贸易（国内贸易）中为满足本国（地区）经济发展和环境保护双重目标的理性决策实践，引起的隐含污染在区域间流动的现象；这种隐含污染转移不可避免地引起了贸易双方在污染治理责任不明的后果。污染排放是人类生产和生活中所产生的气态污染物、液态污染物和固态污染物等污染物排放过程。本书主要关注了大气污染物、水污染物和固体废弃物等形态的污染物，由于二氧化碳不属于污染物范围，因而未将二氧化碳纳入研究范围。

2.1.2　损益偏离

　　损益偏离的提出："损益偏离"概念是孙慧和刘媛媛（2016）[91]对资源型地区在经济发展过程中出现的"经济收益在外、生态损害留存"的经济收益与生态损失不均衡现象的概括，并提出这一现象是资源型产业发展中由于"资源无价，但产品低价""剪刀差"催生的经济收益与生态成本不对等的原因。

损益偏离概念提出后，少数学者从不同视角对损益偏离概念进行了丰富：如向仙虹和孙慧（2020）[92] 应用 Dagum 基尼系数分解法测算了资源型地区与非资源型地区之间的损益偏离程度，发现区域间损益偏离呈现上升趋势，资源禀赋是影响损益偏离的重要因素，而产业分工是重要传导路径。赵景瑞等（2021）[93]-[94] 基于"损益均衡"概念提出：损益偏离是"实际工业生产过程中经济收益与环境成本之间的不匹配现象"，其违背环境公平内涵中收益与成本对等原则，是对生产达到帕累托效率时损益均衡的偏离。闫敏和孙慧（2021）[95] 从环境不公平视角，提出"不同发展程度的地区之间贸易中经济收益与环境污染成本不对等的环境不公平现象"。郭卫香和孙慧（2022）[96] 认为"区域碳排放损益偏离包括经济收益和生态损害两个方面的内涵"。综上所述，发现损益偏离的概念界定研究的共同之处在于环境公平视角，关注不同主体间经济活动中经济收益与生态损失不均衡问题；不同之处在于拓展了研究主体与研究领域。

关于损益偏离的内涵方面，学者从环境生产要素理论出发理解损益偏离的内涵。与其他生产要素一样，环境要素也是一种生产要素（Lopz，1994）[135]，具有商品的经济属性。但环境要素有"公地"属性，在经济活动中只能以工资、利润和税收的形式存在。按照环境生产要素理论和比较优势理论，资源禀赋丰裕的国家（地区），在污染密集型产品供给方面往往具有比较优势（褚艳宁，2015）[136]，往往依赖向经济发达国家和地区输出低附加值的污染密集型产品推动当地经济发展；但由于其技术和产业结构相对落后，初加工环节并不能将"环境成本"内部化在产品价格中。发达国家（地区）便以"合理价格"购买污染密集型产品时，将"环境成本"间接转移到了发展中国家或经济欠发达地区（Sibert，1974）[137]。由此，区域发展不平衡的区域间，欠发达地区在经济发展机会和环境福利方面面临双重的不平等（刘安国等，2012）[138]。伴随国内外贸易发展，污染密集型产品中的隐含污染在各地流转[10]。由于生产与消费的空间分离[79]，环境红利和环境成本呈现逆向分布的特征[139]。不同地区参与国际国内分工不同，所付出的环境成本也不同[119]，这导致了部分国家和地区的"经济收益"和"生态损害"不一致的现象[140]，也就是"收益在外、损害留存"的损益偏离现象[91]。国家和地区之间的损益偏离，不仅引起承担环境责任的不公平[141]，而且加剧了区域间经济发展差距，引致更深层次的环境不公平。从贸易视角看，有学者从贸易隐含污染排放与经济增长（增加值）、经济福利之间是否对等的二维角度研究，如 Moran 等（2013）[121]、Prell 和 Sun（2015）[122] 探讨了全球贸易是否导致了生态不平等交换问题；Yu 等（2014）[123] 的研究证实了中国与全球其他国家之间贸易隐含环境负担和经济收益存在不匹配问题；Zhao 等（2016）[124] 的研究发现国内区域间也存在环境不公平问题。

本书在总结已有研究的基础上，提出损益偏离是在国内区域间贸易活动中，由于经济发展水平、资源禀赋、产业分工、技术水平和产品增加值等存在区域异质性，导致贸易活动交换中区域经济收益与环境成本（环境污染和生态损害）出现空间分离的不对等、不均衡现象。

2.2　理论回顾

2.2.1　环境库兹涅茨曲线理论

环境库兹涅茨曲线（EKC）理论是由 20 世纪 50 年代美国经济学家、诺贝尔奖获得者库兹涅茨提出的。1995 年，美国经济学家 Grossman 和 Kruger 将其研究逻辑进一步延伸并提出了 EKC 假说[142]。EKC 假说是指环境污染水平随着经济发展也呈现出类似"库兹涅兹曲线"一样的趋势，呈现出先降低后上升的倒"U"形趋势。

如图 2-1 所示，当经济体处于低收入阶段，也是粗放式发展阶段，由于追求经济的粗放式快速增长，重工业得到快速发展，污染排放水平急剧上升，并逐渐超过环境承载容量，环境污染与经济增长同步呈现快速发展态势；达到拐点 B 之后，经济体进入中等收入阶段。这一时期工业化进入中后期，经济体通过产业结构优化调整，节能减排技术也得以提升，产业结构趋于绿色发展，污染排放水平随之下降；经过 C 点之后，经济体进入了高收入发展阶段。随着工业化基本完成，产业结构趋于服务化，污染排放水平逐渐下降至环境承载容量以内，恢复环境与经济和谐的状态。

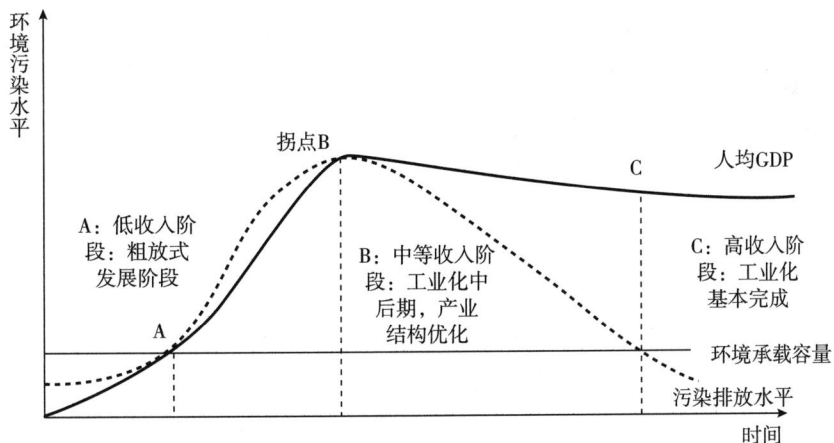

图 2-1　环境库兹涅茨曲线

资料来源：笔者根据文献绘制。

中国地域广阔，区域间经济发展、资源禀赋等存在空间差异。改革开放以来，随着区域发展战略的实施，在"效率优先、兼顾公平"的发展思想指导下，"先富带动后富"为区域梯度发展奠定了逻辑基础。因此，中国情境中，省域间经济、技术、产业结构等空间梯级发展格局下，不同省区因为所处的经济发展阶段不同，对应环境库茨涅兹曲线中的位置也不同。

2.2.2 污染避难所假说

国际（国内）贸易作为经济增长的重要驱动力，不仅推动了本国（地区）经济总量的增长，而且加剧了资源消耗和环境污染，但随着技术水平的提高，会反过来有利于环境问题的改善。"污染避难所假说"（Pollution Haven Hypothesis，PHH）便是贸易对环境产生负外部性影响的理论基础（Kellenberg，2009）[143]。该理论的提出者是 Walter 等（1979）[144]，他在《发展中国家的环境政策》一文中提出发达国家高污染工业在国际贸易中产生了向发展中国家转移的现象。Copeland 等（1994）[146] 研究南北贸易与环境关系时，认为在开放经济中，贸易自由化会驱动高污染企业的转移，从而实现污染排放从发达国家转移到了发展中国家，高污染企业在发展中国家的聚集使得发展中国家成为"污染避难所"。Baumol 等（1988）[145] 在《环境规制理论》中系统阐述了"污染避难所"现象，初步形成"污染避难所"假说（Pollution Haven Hypothesis）理论；即发展中国家充分利用本国（地区）宽松的环境规制环境"优势"，吸引国外的产业转移或外商投资，最终成为发达国家的"污染避难所"，进而演变为发达国家污染转移的集中地。Taylor（2005）[147] 探讨了"污染避难所"假说的成因。但国内外学者在不同研究对象的实证研究中发现"污染避难所"假说未达成一致观点。

2.2.3 国际贸易分工与价值链理论

国际贸易理论中国际分工问题研究是一个重要的话题。其中，国际分工的成因与利益分配问题一直备受学者们关注。传统的国际贸易理论中的要素禀赋论和比较优势论认为，国际贸易分工主要是基于不同国家（地区）的要素禀赋优势不同，各国根据比较优势参与国际贸易分工，其利益分配自然也与该国（地区）的比较优势匹配；这对于产业间分工模式的解读十分有效。随着国际贸易的发展，新贸易理论发现要素禀赋的规模效应也会影响国家（地区）的国家贸易分工及利益分配。如中国这样的"全球代工厂"便是这种规模效应的体现。21 世纪以来，经济全球化的发展，国际贸易分工领域掀起了价值链空间分割与整合的全球价值链研究热潮。

价值链理论最初是迈克尔·波特（1985）[148] 在其《竞争优势》一书中提出的，将企业经济活动的环节看作企业创造价值的价值链，企业的竞争优势在于企业价值链上各个创造价值的环节。与波特不同，Bernard（2003）[149] 关注到了价值链的整合与空间选址与布局的问题，也就是一个企业可以凭借其竞争优势只参与其中一环，而决定企业或国家应该参与价值链哪个环节的是其自身的比较优势。21 世纪以来，全球采购使得企业将价值链布局在各个国家成为现实。Kruguman（1995）[150] 探讨了企业完成价值链各个环节的全球空间布局能力，这有助于企业获得更优质低廉的生产要素，从而提升企业竞争力；Feenstra（1998）[151] 发现经济全球化过程中，发达国家在全球价值链构建过程中将一些非核心的生产和服务外包给欠发达国家，以求自身获得更大的优势；而广大的发展中国家为融入全球贸易积极争夺参与全球价值链分工的位置，其承接的往往是附加值相对低且位于价值链低端的非核心环节。Deardoff（1998）[152] 补充提出全球价值链分工中欠发达国家（地区）参与价值链分工的竞争中，商品价格的变动会影响本国（地区）福利水平的变化。Deardoff（1998）[153] 在之后要素价格的研究中发现全球价值链分工中并不存在要素价格均等化趋势。张二震和方勇（2004）[154] 的研究发现要素分工增加了国际贸易分工总量，使得各国的利益分配更加复杂化。发达国家（地区）在分工中处于主导地位；而广大发展中国家则以低端的劳动力、土地等要素换取利益分配，必然处于不利地位。

2.2.4　生态不平等交换理论

生态不平等交换理论是贸易依存度理论（赵晓明等，2007）[155]、不平等交换理论（杨玉生，2004）[156] 和世界体系理论（江华，2007）[157] 等经典理论的拓展。生态不平等交换理论是指发达经济体为降低自身污染排放，达到保护生态环境的目标，往往倾向于通过产品贸易或产业转移以较小的环境成本换取发展中经济体隐含较大环境成本的产品或服务的过程（冯志轩和刘凤义，2019）[158]，该理论的核心在于发达国家与发展中国家之间不平等的生态交换。这一理论深刻反映了产品价格和产品资源或环境密度之间的关系，这也是将环境规制内生化的一个依据。前文的国际贸易理论回顾中提到古典经济学的比较优势理论是产生国家贸易和分工的基础，不同国家发展差异性导致了发达国家（地区）与发展中国家（地区）的垂直型国际分工（丁宋涛，2013）[159]。这种垂直型国际分工为不平等的价值分配提供了土壤。如前文所述，"价值链不是平的"，具体表现在发达国家（地区）进口具有比较优势的劳动密集型、污染型、资源型和低附加值产品成为其高附加值产品的中间材料（Dandekar，1980）[160]。以此将生产资料、资源开发初加工阶段带来的环境污染转嫁给发展中国家（地区）。然而这些生态代价和环境成本并未内化在进口产品的价格中，即存在生态价值外部化，导致了"生态价值剪刀差"（严立冬等，2014）[161]。这种"生态价值剪刀差"，不仅通过"压低"初级产品价格减少了发展中国家（地区）的经济收益，抑制了其资本积累，而且使其承担生态环境持续恶化的后果（Andersson 等，2001）[162]。与之相反的是，发达国家运用其在产业链和价值链上的主导地位，以较小的环境代价换取了本国（地区）经济发展所必需的产品，一方面避免了本国（地区）的生态环境退化，另一方面攫取了价值链高端的高附加值。这种贸易模式又因为制度梯度差异的稳定性，将长期存在并持续影响发达国家与发展中国家之间的经济收益和环境责任的分配，也必将持续扩大国家间、区域间的经济、环境差距。

2.3　贸易隐含污染转移与损益偏离关系机理分析

2.3.1　贸易隐含污染转移与损益偏离的理论框架

商品和服务的隐含污染主要关注的是商品和服务生产过程在整个生命周期中的污染排放。如图 2-2 所示，产品产业链中产品附加值随着产品生产环节的推进不断提升，但各环节的污染排放量却与之方向相反,可见在产业链中,不同环节有不同的技术水平和利润率,有不同的附加值,也有不同的环境效应。随着经济全球化的发展,垂直型产业分工加剧,全球价值链网络化发展特征愈加明显,产业链的不同环节往往在不同国家或地区间完成。随着生产和消费的空间分离现象愈来愈普遍,这些产业链的不同生产分工也在不同的区域完成。可见,污染物在产品产业链不同环节的非均衡排放,演变成了污染物在空间上的不均衡分布。因此,产业"片段化"及空间分割而产生中间产品贸易,是导致隐含污染转移的原因之一。综上所述,这种工业产品生命周期中生产与消费的空间分离是区域间污染转移的根本原因。

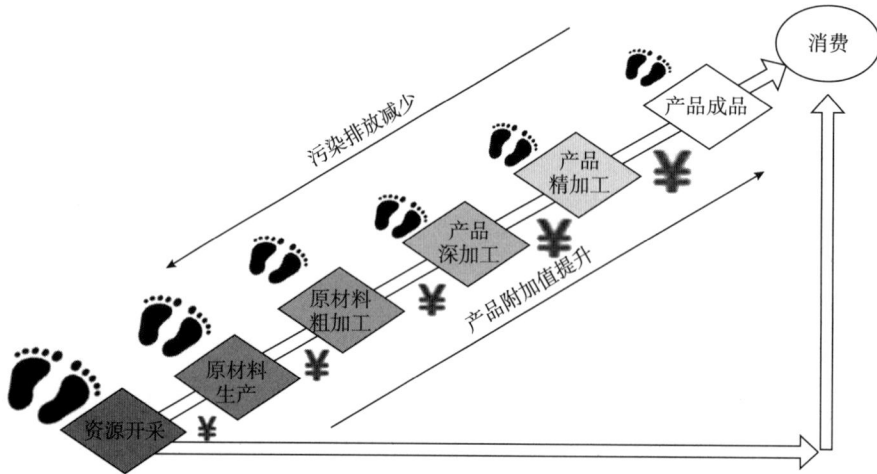

图 2-2 产品链的价值增值—污染排放特征

本书聚焦的是商品和服务的隐含污染。在区域间最终需求驱动下,伴随国际(国内)贸易"商品流",还有逆向而动的"污染流";隐含污染转移体现了商品生产与消费分离过程中污染排放生产、消费和治理主体的转移。当然,隐含污染转移的"受益者非污染者"产生的原因并不是污染物在空间上的转移,而是在产业分工视角下,由于区域间经济规模、技术水平和资源禀赋优势不同,在产品的产业链中承担污染的成本具有差异性,但治理责任的分配原则对公平承担污染治理责任产生偏误影响所致。贸易双方在环境保护的制度环境设置中存在梯度差异,这种制度约束的梯度差异使得一方为应对严苛的环境制度约束将高污染原材料或加工半成品的生产环节外包给贸易另一方,而双方的"逐利"合谋驱动了隐含在商品贸易流中的隐含污染转移持续发生。

环境库兹涅茨曲线和污染避难所假说分别从经济发展阶段和发展中经济体环境规制滞后去解释日益扩大的"南北"环境差异(冯志轩和刘凤义,2019)[158]。两者的逻辑共同点在于关注的是发展中经济体自身存在的经济发展落后、环境规制水平低引起的,最终还是归因于发展中经济体政府的"逐利"行为。但是这些观点忽略了全球经济体系的"中心—外围"结构事实,发达经济体与欠发达经济体在此体系中分属不同的位置与角色,同时也存在不同的利益分配机制。马克思主义经济学者提出了"不平等交换"理论用以解释这种利益分配机制。不平等理论是伊曼纽尔提出的，用以解释在国际分工中，发展中国家向发达国家系统性的"价值转移"，而这种价值转移导致了"南北差距"① 日益扩大（齐昊，2008）[163]。资本的自由流动是国际价值转型为国际生产价格的前提，因此，当某个部门（行业）拥有资本有机构成高和工资高的特性时，就可以将商品生产价格提高到价值以上。发达国家由于工业化水平高、技术进步等，从事的往往是前者；发展中国家则只能从事后者，从而引发了两者之间"价值转移"，为"南北"经济差距埋下祸根。

污染避难所假说解释了污染部门转移与污染转移的深层原因是发达国家与发展中国家的环境规制标准与监管力度不同，但又是什么导致了欠发达国家（地区）愿意为污染企业提供更宽松的环境规制呢？如果肯定了这种环境规制标准的差异，是否就反映了环境规制本身的内生性（Goldman，2006；Brand 等，2008）[164]-[165]。生态马克思主义学者认为这种发达国家与发展中国家之间的生态环境差异也是这种经济体系结构的产生原因（Roberts 和 Parks，2009）[166]，这一观点提出的主要原因是以货币计量的同等贸易量在南北经济体对应的环境成本和环境代价不同（冯志轩和王凤义，2019）[158]。这就意味着发达国家（地区）用环境成本较低商品换取了发展中国家（地区）环境成本较高的商品，而这个过程形成了"生态不平等交换"。综上所述，发达国家（地区）与发展中国家（地区）之间的经济、环境差距及其背后的经济利益与环境成本的分割机制才是区域间损益偏离产生的原因。这包含两层内涵：一是经济收益的分配不均；二是环境成本的分配不均。

2.3.2　贸易隐含污染转移与损益偏离的机理分析

本书聚焦的是贸易中的隐含增加值转移与隐含贸易污染转移"逆向而行"而引起的损益偏离现象（见图 2-3）。综合以上分析，贸易中的"价值流"和"污染流"共同作用并影响了区域间的损益偏离，而隐含的贸易污染转移是引致"损-益"不对等与"损-益"空间分布不均衡的重要原因。

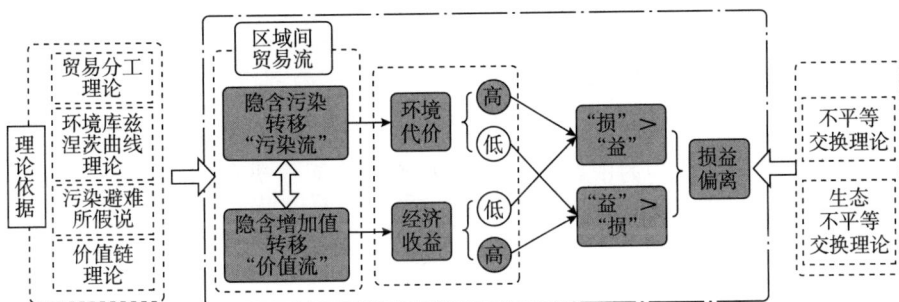

图 2-3　贸易隐含污染转移与损益偏离的理论框架

中国省际隐含污染转移与损益偏离的关系机理有前文所述的理论逻辑，也有深厚的现实逻辑。改革开放以来，经过几十年的发展，中国社会的基本矛盾已经发生了变化，现阶段中

---

① 文中"南北"分别对应的是不发达与发达国家（地区）。

国社会的主要矛盾是"人民日益增长的美好生活需要和不平衡不充分发展之间的矛盾"。

区域间发展的不平衡和不充分是当前中国经济格局的基本事实。改革开放以来，经济奇迹与环境恶化相伴而生是亟待破解的现实难题。然而经济增长引起的环境破坏具有现实空间中非线性恶化与非均衡分布的特征（陈占江和范晴雯，2020）[132]，这种"东—中—西"的结构性差异与前文探讨的"南—北"经济、环境差异的情景十分类似。虽然国际贸易与国内贸易发生的逻辑并不完全一致，但比较优势理论、环境库兹涅茨曲线理论和污染避难所假说等理论在中国情景中仍有存在的依据（林毅夫和付才辉，2022；李鹏涛，2017；金春雨和王伟强，2016）[167]-[169]。因此，"不平等交换"和"生态不平等交换"的经济体系结构与分配机制依然有适用的空间。

中国情景中，省际隐含污染转移与损益偏离的现实逻辑是什么？如果经济发展水平与阶段的差异来自"效率优先"逻辑下改革开放和区域发展战略的实施的结果，那么，又是什么导致了中国中西部地区对污染企业提供更为宽松的环境规制呢？学者的研究发现这种制度选择是在其外生和内生的压力下产生的（陈占江和范晴雯，2020）[132]。改革开放以来，"以经济建设为中心"的制度转型驱动了中央政府对地方政府绩效考核制度的变迁，政治晋升与经济增长（GDP 增长）高度相关，在这种"晋升锦标赛"的压力下，不同省域的地方政府就开启了"逐利"行为。这主要是地方政府在 GDP "硬"指标与环境保护的"软"指标之间理性决策的结果。经济快速发展中，环境污染恶化及其引起的社会关注逐渐引起中央政府关注。中国政府开始逐步加强了生态环境的监管，并将环境准入制度纳入引进外资和投资的重要先决条件，以从源头上控制工业污染。但"晋升锦标赛"的驱动下环境转入的"逐底竞争"成为地方政府架构引资竞争优势。随着东部发达省份出现环境容量与资源承载力达到极限，反过来制约经济发展的现象，东部省份为化解环境危机、寻求经济高质量绿色发展的路径，严格环境准入制度出台势在必行，东部发达省份开始了从"逐底竞争"转向"逐顶竞争"的高污染产业转移的阶段，同时开启了产业转型升级的探索。"腾笼换鸟""退城进郊""退二进三"等便是对转变的形象表达。这些过剩产能、落后产能和"三高"产业转移沿着东—中—西的环境规制梯度差顺流向中西部地区。

基于以上分析，环境规制的差异不仅为东部向中部、西部进行污染转移提供逻辑支撑；同时，东部省区通过国内贸易循环获得低廉的劳动、资源等生产要素与高污染的中间产品也成为现实，这种"优势互补"为中西部省区地方政府"抓住机遇"、形成"追赶"优势提供了重要契机。那么，适用于国际贸易的价值转移便有了滋生的土壤，发达省区对欠发达和资源型省区的"不平等交换"便产生了。同样地，东部、中部、西部经济、技术和资本存量的不同，使得以货币计量的同等贸易量在东部、中部、西部对应的环境成本和环境代价不同。在区域间价值流与污染流逆向而行的过程中，隐含污染转移与隐含增加值转移在空间上的不对等，便出现了不同区域在参与国内贸易循环时经济收益与环境成本不对等的损益偏离现象。这也是中国情景下的"生态不平等交换"。

损益偏离既是中国经济发展不平衡、不充分的一个典型体现，也是中国经济发展的阶段性现象，而隐含污染转移则对损益偏离起到了促进作用。区域间贸易是拉动经济增长的重要驱动力，获得经济利益和承担污染转移是区域间商品贸易相伴而生的两个结果[128]。区域间损益偏离则是对省际贸易中隐含污染转移与隐含经济收益不对等现象的概括,而当经济收益不变,隐含污染转移规模越大,省际贸易的损益偏离就越大;反之,隐含污染转移规模越小,省际贸易的损益偏离就越小;因此,隐含污染转移对损益偏离是正向的影响。究其根源,遵循贸易的基本规律,西部有更加广阔的经济发展空间、更加充裕的资源、更加低廉的劳动力价格、更加宽松的环境规制,在市场资源配置作用下,东部高耗能产业和污染产业也将逐步向中西部转移,而环境规制的东西差距加剧了这一过程。在这个过程中,政府行为的抑制作用很有限,甚至也有政府在政绩考核压力下,以"逐底竞争"获得引入投资的比较优势,加剧了污染转移。产业转移和区域间贸易,不仅带来了产业发展所需的资金、技术和人才,促进了流入地的资本积累,而且改变了产业结构和产业结构的污染机制,而这些又将对流入地的经济收益和环境成本产生影响,进而影响其在国内贸易中的损益偏离程度。基于此,本书构建了隐含污染转移对损益偏离正向影响的关系机理与研究假设。

隐含污染转移对损益偏离的作用过程(见图2-4)是市场的资源配置和政府的调控共同作用的结果(郑易生,2002;舒基元和杨峥,2003)[20][22]。一方面,区域市场化程度和市场分割程度会影响要素价格对要素价值的反映,环境要素价格依然;环境要素价格的外部化是区域损益偏离的重要内因;另一方面,地方政府的宏观决策同样影响这一过程。地方政府竞争和政府腐败加剧了市场的要素扭曲,环境要素价格扭曲程度越高,其对区域参与贸易的环境成本就越大,在相对收益不变时,区域贸易的损益偏离程度越高。损益偏离直观反映的是在现有相对固化的贸易格局中贸易双方(源地和汇地)在贸易中的"损""益"不均衡,产生这种现象的原因不仅是当前中国经济发展阶段中贸易分工与贸易格局,从更深层看,是由于源地与汇地本身经济发展、产业结构、环境规制、市场化程度等因素。同时,应当认识到当前中国经济发展阶段特征下现有的贸易固化格局不能阻断隐含污染转移是违反市场规律的,因此,通过识别并优化源地与汇地各自异质性的影响因素,协同缩小损益偏离带来的负面影响便成为一个可行的解决思路。基于此,研究将从源地与汇地双方剖析损益偏离的影响因素并纳入研究框架。尝试提出在当前中国经济发展阶段特征中现有的贸易固化格局不能阻断隐含污染转移的情境下,通过源地与汇地各自优化其异质性影响因素,协同缩小损益偏离带来的外部性影响的研究逻辑思路。

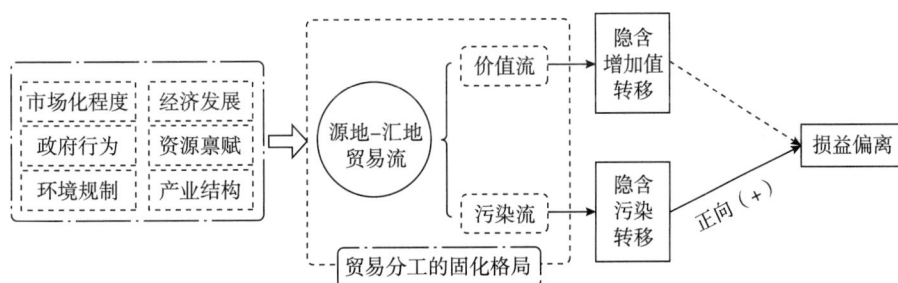

图 2-4 贸易隐含污染转移对损益偏离的影响机理

2.4 本章小结

本章在已有文献的基础上，分别对"贸易隐含污染转移"和"损益偏离"进行概念界定，明确本书的研究对象和研究范围；回顾了"环境库兹涅茨曲线理论：明晰了经济与环境的关系""污染避难所假说：贸易的环境负外部性影响""国际贸易分工与价值链理论：价值链不是平的""生态不平等交换理论：区域间损-益分离"，厘清了污染转移和损益偏离产生的理论依据。基于以上理论梳理，构建"贸易隐含污染转移"对"损益偏离"影响的关系机理；为后续的实证研究指引方向和奠定基础。

第3章 中国省际贸易隐含污染转移测度与格局分析

3.1 模型框架和数据来源

3.1.1 环境投入产出理论与方法

环境投入产出分析（Environmental Input-Output Analysis，EIOA）是应用投入产出理论来研究一个国家或地区各部门间贸易诱发的污染因子转移的数量经济分析方法[170]。根据投入产出表的两种形式：单区域投入产出表和多区域投入产出表，衍生了研究贸易隐含能源消耗、污染排放转移的两种建模方法，即单区域建模和多区域建模[171]。单区域投入产出（Single-Region Input-Output，SRIO）模型是以单个区域国民经济系统为研究对象，通过行业或部门间的经济关联探究区域内部门之间的供应链关系[172]；而多区域投入产出（Multi-Region Input-Output，MRIO）模型是通过投入和产出两个方向表达产业部门间、区域间的投入产出关系[173]。环境投入产出分析的工作原理在于将污染排放数据清单与 SRIO 模型或 MRIO 模型进行匹配，以揭示某部门（某区域）产品消费导致其他部门（其他区域）的污染排放情况[170]。本书将选取 MRIO 模型研究中国省域间隐含污染转移特征。

3.1.2 省际贸易隐含污染转移测度模型

多区域投入产出（Multi-Region Input-Output，MRIO）模型是以多区域及区域间经济关联为研究对象，通过投入（纵向）和产出（横向）两个方向表达产业部门间、区域间的投入产出关系以及跨区域间最终产品消费与总产出的关系，见表3-1。

MRIO 模型表示为：

$$X_i^o = \sum_{d=1}^{m} \sum_{j=1}^{n} X_{ij}^{od} + \sum_{d=1}^{m} Y_i^{od} + EX_i^o \tag{3-1}$$

矩阵表示为：

$$\begin{bmatrix} X_1 \\ X_2 \\ \vdots \\ X_m \end{bmatrix} = \begin{bmatrix} A_{11} & A_{12} & \cdots & A_{1m} \\ A_{21} & A_{22} & & A_{2m} \\ \vdots & \vdots & \vdots & \vdots \\ A_{m1} & A_{m2} & \cdots & A_{mm} \end{bmatrix} \begin{bmatrix} X_1 \\ X_2 \\ \vdots \\ X_m \end{bmatrix} + \begin{bmatrix} Y_{11} + Y_{12} + \cdots + Y_{1m} + EX_1 \\ Y_{21} + Y_{22} + \cdots + Y_{2m} + EX_2 \\ \vdots \\ Y_{m1} + Y_{m2} + \cdots + Y_{mm} + EX_m \end{bmatrix} \tag{3-2}$$

表 3-1　中国区域间投入产出简表

投入＼产出			中间使用						最终使用			出口	总产出
			地区 1			...	地区 m		地区 1	...	地区 m		
			部门 1	...	部门 n	...	部门 1	...	部门 n				
中间投入	地区 1	部门 1	X_{11}^{11}		X_{1n}^{11}	...	X_{11}^{1m}		X_{1n}^{1m}	Y_1^{11}	...	Y_1^{1m}	EX_1^1	X_1^1
		...	...	...	...	...	...	...	...	...	...	...	...	...
		部门 n	X_{n1}^{11}		X_{nn}^{11}	...	X_{n1}^{1m}		X_{nn}^{1m}	Y_n^{11}	...	Y_n^{mm}	EX_n^1	X_n^1
	...	...	...	...	...	...	...	...	...	...	...	...	...	...
	地区 m	部门 1	X_{11}^{m1}	...	X_{1n}^{m1}	...	X_{11}^{mm}		X_{1n}^{mm}	Y_1^{m1}	...	Y_1^{mm}	EX_1^m	X_1^m
		部门 n	X_{n1}^{m1}	...	X_{nn}^{m1}	...	X_{n1}^{mm}		X_{nn}^{mm}	Y_n^{m1}	...	Y_n^{mm}	EX_n^m	X_n^m
进口			IM_{11}^1	...	IM_{1n}^1	...	IM_{11}^1		IM_n^1	YIM_1^1	...	YIM_n^m		
增加值			V_1^1	...	V_n^1	...	V_1^m		V_n^m					
总投入			X_1^1	...	X_1^1	...	X_1^m		X_n^m					

注：X_{ij}^{od} 表示源地 o 的 i 部门对汇地 d 的 j 部门的中间投入，Y_{ij}^{od} 表示源地 o 的 i 部门为汇地 d 提供的最终产品，IM_{ij}^o 为国外 i 对源地 o 的 j 部门的进口，EX_i^o 为源地 o 的 i 部门的出口，YIM_i^o 表示国外 i 部门对源地 o 区域的最终产品进口，V_i^o 表示源地 o 区域 i 部门的增加值，X_i^o 表示源地 o 区域的 i 部门的总产出。其中，o、d 为区域，i、j 为部门。

式（3-1）、式（3-2）中 X_i 表示 i 区域各部门总产出的列向量，分块矩阵 A_{ij} 表示 i 区域到 j 区域中间产品投入的直接消耗系数，Y_{ij} 表示 i 区域的产品作为 j 区域的最终使用产品的列向量；EX_i 为区域 i 产品出口和进口的列向量。

$$X_i = (I - A_{ii})^{-1} \left(\sum_{\substack{j=1 \\ j \neq i}}^{m} A_{ij} X_j + \sum_{\substack{j=1 \\ j \neq i}}^{m} Y_{ij} + EX_i \right) \tag{3-3}$$

式（3-3）中，$(I-A_{ii})^{-1} \sum_{\substack{j=1 \\ j \neq i}}^{m} A_{ij} X_j$ 表示某地区为满足其他地区中间需要的总产出，$(I-A_{ii})^{-1} \sum_{\substack{j=1 \\ j \neq i}}^{m} Y_{ij}$ 表示某地区为满足其他地区最终产品需要的总产出，$(I-A_{ii})^{-1} \sum_{i=1}^{m} Y_{ii}$ 表示地区为满足本地区最终产品需要的总产出，$(I-A_{ii})^{-1} EX_i$ 表示该地区为满足出口需要的总产出。

定义 E_i 为某地区 i 产业的单位总产出的污染排放系数为对角矩阵，因此，地区各产业部门的污染排放量的列向量为：

$$W_i X_i = E_i (I - A_{ii})^{-1} \left(\sum_{\substack{j=1 \\ j \neq i}}^{m} A_{ij} X_j + \sum_{\substack{j=1 \\ j \neq i}}^{m} Y_{ij} + EX_i \right) \tag{3-4}$$

仅考虑国内贸易时，源地 o 与汇地 d 的隐含污染转移及区域净碳转移为：

$$WT^{od} = \widehat{E^o} (I-A)^{-1} (A^{od} X^d + Y^d) \tag{3-5}$$

$$WT^{do} = \widehat{E^d} (I-A)^{-1} (A^{do} X^o + Y^o) \tag{3-6}$$

$$WT_{net}^{od} = WT^{od} - WT^{do} \tag{3-7}$$

式（3-5）～式（3-7）中，$\widehat{E^o}$、$\widehat{E^d}$ 分别表示区域 o、区域 d 的污染排放强度系数，

对角化后，矩阵中仅有区域 o 与区域 d 的污染排放系数，其他区域为 0；WT^{od} 表示区域 d 对所有地区的最终产品消费通过产业链对区域 o 的隐含污染排放，定义为区域 o 到区域 d 的贸易隐含污染排放转移（Trade-Embodied Transfers of Carbon Emissions）；WT^{do} 表示区域 d 对所有地区的最终产品消费通过产业链对区域 o 的隐含污染排放量，定义为区域 o 到区域 d 的贸易隐含污染排放转移；WT^{od}_{net} 表示区域 o 与区域 d 贸易隐含污染排放净转移，如果 $WT^{od}_{net}>0$，表明隐含污染排放从区域 o 净转移到了区域 d；如果 $WT^{od}_{net}<0$，表示隐含污染排放从区域 d 净转移到了区域 o。

$$W^o_p = \sum_{d=1}^m \widehat{E^o}(I-A)^{-1}(A^{od}X^d+Y^d) \tag{3-8}$$

$$W^o_c = \sum_{o=1}^m \widehat{E^d}(I-A)^{-1}(A^{od}X^o+Y^o) \tag{3-9}$$

式（3-8）、式（3-9）中，W^o_P 表示 m 个区域（包含区域 o）的国内消费对区域 o 的隐含污染排放量，本书称为区域 o 的生产侧隐含污染排放；W^o_C 表示区域 o 消费 m 个区域（包含 o 区域）的消费侧隐含污染排放量。

3.1.3　分行业污染排放清单

本书选取水污染、大气污染和固废污染等四类污染物；其中，水污染物包括 COD 和氨氮污染；大气污染物选取了二氧化硫和烟粉尘两种，共计三类 5 种污染物。

3.1.3.1　工业源排放清单

本书参照李方一等（2013）[24] 的行列平衡法对 30 个省份各部门的污染物的直接排放系数进行估算。具体处理过程[173] 如下：从多区域投入产出表中可获得各省各部门的总产出，同时可以从《中国环境统计年鉴》中获得各省某一污染物的排放总量和全国各部门该污染物的排放总量。假设各省该污染物的排放总量分别为 U_1，U_2，U_3，$\cdots$，U_{30}，全国各部门该污染为排放总量 Q_1，Q_2，Q_3，$\cdots$，Q_{30}。将各省各部门的总产出和对应的污染物排放量填入平衡表（见表 3-2），测算流程见图 3-1。

表 3-2　区域污染物平衡表

区域		部门				计算排放量	实际排放量	行调整系数
		部门 1	部门 2	$\cdots$	部门 30			
区域	区域 1	X_{11}	X_{12}	$\cdots$	$X_{1,30}$	$\sum_{i=1}^{30} x_{1j}d_{1j}$	U_1	γ_1
	区域 2	X_{21}	X_{22}	$\cdots$	$X_{2,30}$	$\sum_{i=1}^{30} x_{2j}d_{2j}$	U_2	γ_1
	$\cdots$	$\cdots$	$\cdots$	$\cdots$	$\cdots$	$\cdots$	$\cdots$	$\cdots$
	区域 30	$X_{30,1}$		$\cdots$	$X_{30,30}$	$\sum_{i=1}^{30} x_{30,j}d_{30,j}$	U_{30}	γ_1
计算排放量		$\sum_{i=1}^{30} x_{i1}d_{i1}$	$\sum_{i=1}^{30} x_{i2}d_{i2}$	$\cdots$	$\sum_{i=1}^{30} x_{i,30}d_{i,30}$			

	部门			计算排放量	实际排放量	行调整系数
	部门1	部门2	⋯	部门30			
实际排放量	Q_1	Q_2	⋯	Q_{30}			
列调整系数	δ_1	δ_2	⋯	δ_{30}			

资料来源：参照李方一等（2013）文献绘制。

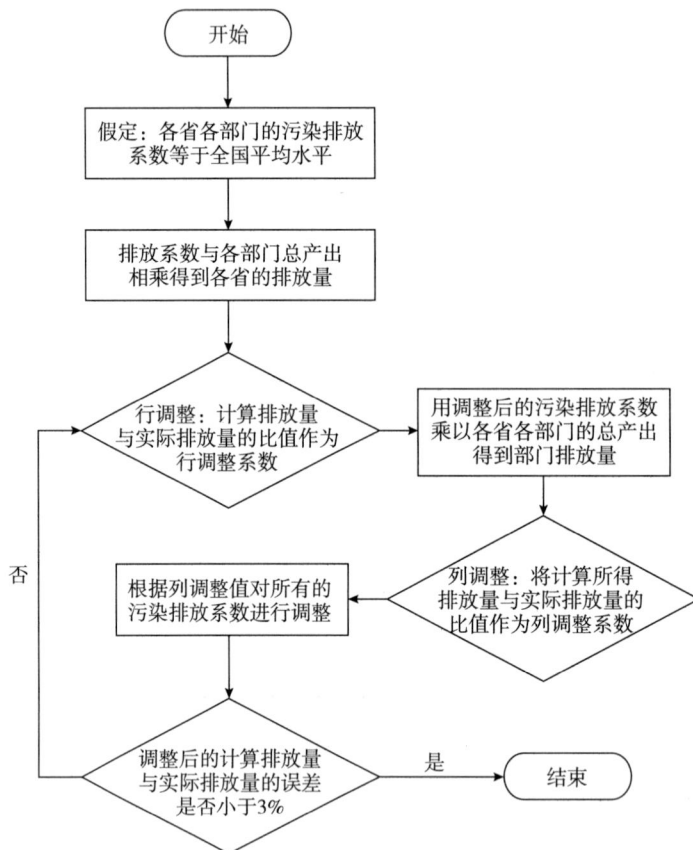

图3-1　直接污染排放系数估算流程

$$\gamma_i = \sum_{j=1}^{30} x_{ij} d_{ij} / U_i \tag{3-10}$$

$$d'_{ij} = d_{ij} \gamma_i \tag{3-11}$$

$$\beta_i = \sum_{j=1}^{30} x_{ij} d_{ij} / Q_i \tag{3-12}$$

$$d''_{ij} = d'_{ij} \beta_i \tag{3-13}$$

3.1.3.2　交通和建筑业排放

交通和建筑业污染排放数据来源于 MEIC 数据库[174]-[175]。

3.1.3.3　农业和其他服务业排放清单

农业、建筑业、批发零售餐饮住宿和其他服务业的大气污染物产生量①数据采用系数法

---

① 污染物产生量是指产品生产过程中产生的污染物经过脱硫、脱硝、除尘等设施处理后，排放到大气中的污染物排放量。其中，工业行业污染物产生量=排放量+去除量；其他行业由于较少按照治理，其产生量一般约等于其排放量。

核算得到，具体是根据 2012 年《中国能源统计年鉴》（国家统计局能源统计司，2013）中各省市 9 种类型能源消耗数据乘以大气污染物排放因子得到（第一次污染源普查技术报告，2011）[176]。最终本书获得了中国 30 个省份 26 个部门的二氧化硫和烟粉尘排放数据。

3.1.3.4 污染当量转换

污染当量法是生态环境部为统一不同污染物的收费标准，采用归一化方法将不同污染物转换为一种方便衡量的收费基准值的方法（张伟，2018）[128]。1982 年后，环保部为对大气污染物、水污染物以及固体废物建立了排污收费制度。但水污染物、大气污染物以及固体污染物等存在差异和一定共性，在将污染物纳入排污费征收范围时需要对每种污染物制定不同的收费标准，污染当量法由此产生。污染当量是指根据污染物的有害性和毒性，如对生态环境的损害程度、对生物体的毒性以及处理的技术经济性，规定有关污染物或污染排放活动相对梳理的一种关系，包含有害当量、毒性当量和费用当量三者相结合的一种综合当量[177]。《中华人民共和国环保税法》第二十五条规定，污染当量是指根据污染物或者污染排放活动对环境的有害程度以及处理的技术经济性，衡量不同污染物对环境污染的综合性指标或者计量单位。同一介质相同污染当量的不同污染物，其污染程度基本相当。根据污染当量的概念，研究将水污染、大气污染和固废污染三种类型的化学需氧量（COD）、氨氮（NH_3-N）、烟粉尘、二氧化硫（SO_2）、固体废弃物（固废）5 种典型污染物作为研究对象。5 种污染物转换为"污染当量"，转换公式见式（3-14）。

$$APE = \sum_{i=1}^{n} APE_i = \sum_{i=1}^{n} \frac{E_i}{R_i} \tag{3-14}$$

式（3-14）中，i 为污染类型，本书包括水污染、大气污染和固废污染三种类型的 5 种污染物；E_i 为第 i 种污染物的排放量，R_i 为第 i 种污染物的排放量的当量转换系数，APE_i 为第 i 种污染物的排放当量；转换系数见表 3-3。

表 3-3 APE 与 5 种污染物转换系数

污染物类别	污染物名称	当量值（kg）
（一）水污染物：	化学需氧量（COD）	1
	氨氮	0.8
（二）大气污染物：	二氧化硫（SO_2）	0.95
	烟粉尘	烟尘 2.18，粉尘 4
（三）固废污染物：	固体废弃物	

3.1.4 数据来源

（1）投入产出表数据来源。

MRIO 表数据来源与处理本书的区域间投入产出表《2007 年中国 30 省区市 30 部门多区域投入产出表》《2010 年中国 30 省区市 30 部门多区域投入产出表》数据来自中国科学院区域可持续发展分析与模拟重点实验室；《2012 年中国 30 省区市 30 部门多区域投入产出表》《2015 年中国 30 省区市 30 部门多区域投入产出表》《2017 年中国 30 省区市 30 部门多区域

投入产出表》数据来自中国碳核算数据库团队（CEADs）[178]。投入产出分析还需要进行行业归并处理。由于污染排放数据主要来自工业部门，考虑到数据的可得性，本书尽可能保留原投入产出表中的部门，将服务业相关行业合并为其他行业，最终编制成 26 个部门的投入产出表，部门合并划分如表 3-4 所示。

表 3-4　部门合并划分

部门编号	合并后部门名称	部门编号	合并后部门名称
01	农林牧渔业	14	金属冶炼及压延加工业
02	煤炭开采和洗选业	15	金属制品业
03	石油和天然气开采业	16	通用、专用设备制造业
04	金属矿采选业	17	交通运输设备制造业
05	非金属矿采选业	18	电气、机械及器材制造业
06	食品制造及烟草加工业	19	通信设备、计算机及其他电子设备制造业
07	纺织业	20	仪器仪表及文化办公用机械制造业
08	服装皮革羽绒及其制品业	21	其他制造业
09	木材加工及家具制造业	22	电力、热力的生产和供应业
10	造纸印刷及文教用品制造业	23	燃气、水的生产和供应业
11	石油加工、炼焦及核燃料加工业	24	建筑业
12	化学工业	25	交通运输及仓储业、邮政
13	非金属矿物制品业	26	其他服务业

（2）污染排放数据来源。

全国各省、各部门的污染物排放数据主要来源于《中国环境统计年鉴》（2008/2011/2013/2016/2018）；交通和建筑业污染排放数据来源于 MEIC 数据库；计算农业和其他服务业的大气污染物所需的各省市 9 种类型能源消耗数据和大气污染物排放因子来自《中国能源统计年鉴》。

3.2　中国省际贸易隐含污染物排放总量分析

3.2.1　生产侧与消费侧水污染物排放分析

3.2.1.1　中国省域生产侧与消费侧水污染物排放

生产侧污染物排放是指以商品生产地为核算基础的污染物排放量，消费侧污染物排放是指以商品消费地为核算基础的污染排放量，按照式（3-8）~式（3-9）计算得到中国省域生产侧与消费侧水污染物汇报，如表 3-5 所示。

表 3-5　中国省域生产侧与消费侧水污染物排放规模　　　　单位：万吨

省份	2007 年			2012 年			2017 年		
	生产侧	排名	消费侧	生产侧	排名	消费侧	生产侧	排名	消费侧
北京	2.94	30	17.11	7.67	28	34.60	0.79	27	2.40
天津	4.55	27	13.38	11.92	25	25.33	1.31	25	1.76
河北	38.51	6	26.37	96.44	3	56.70	4.76	8	3.86
山西	21.18	12	23.79	27.37	18	36.60	2.21	20	3.19
内蒙古	15.32	17	10.12	59.73	10	43.88	2.50	19	2.13
辽宁	29.22	10	27.36	85.73	5	75.51	3.35	11	3.58
吉林	19.61	15	16.72	53.48	11	29.97	1.81	22	1.37
黑龙江	20.92	13	16.49	102.92	2	53.00	3.03	14	2.33
上海	7.85	25	27.26	5.23	30	52.98	0.77	28	1.09
江苏	30.69	9	33.28	48.53	12	58.54	11.69	1	9.43
浙江	44.43	2	31.84	30.90	17	54.75	4.37	10	6.64
安徽	11.86	22	29.25	43.47	13	28.58	3.24	12	2.88
福建	13.16	21	16.02	24.70	19	35.25	3.06	13	3.39
江西	20.15	14	17.58	31.84	16	25.33	7.29	2	4.44
山东	32.53	8	38.89	108.35	1	140.58	7.02	4	7.33
河南	40.80	5	33.22	91.41	4	66.28	2.98	16	4.10
湖北	28.61	11	29.73	60.02	9	61.75	2.74	17	3.53
湖南	44.10	3	31.43	71.19	6	48.20	5.86	5	5.14
广东	33.61	7	47.30	70.87	7	128.25	7.11	3	7.06
广西	62.83	1	38.51	37.14	15	31.07	3.02	15	2.76
海南	3.42	29	3.61	10.43	27	7.61	0.55	29	0.61
重庆	14.48	18	16.06	16.86	24	18.92	1.61	24	2.10
四川	40.84	4	37.13	64.96	8	65.38	4.73	9	5.04
贵州	7.49	26	9.22	10.83	26	12.28	0.81	26	1.28
云南	13.67	20	14.77	23.08	20	27.11	1.68	23	2.78
陕西	18.62	16	17.14	23.04	21	22.74	2.11	21	2.55
甘肃	8.45	24	10.38	20.90	22	15.60	2.54	18	2.33
青海	3.79	28	4.15	5.94	29	6.45	0.29	30	0.45
宁夏	9.12	23	6.32	17.08	23	13.77	5.01	7	4.03
新疆	13.99	19	12.32	43.24	14	28.29	5.38	6	4.05
总和	656.75	—	656.75	1305.30	—	1305.30	103.61	—	103.61
均值	21.895	—	21.895	43.51	—	43.51	3.45	—	3.45

从生产侧排序看，2007 年，广西、浙江、湖南、四川、河南是生产侧水污染物排放最多的省份，前五位省产品和服务消费导致水污染物排放分别为 62.83 万吨、44.43 万吨、44.10 万吨、40.84 万吨、40.80 万吨，共占全国水污染物排放的 35.48%；2012 年，山东、黑龙江、河北、河南、辽宁是生产侧水污染物排放最多的省份，共占全国水污染物排放的

37.15%；2017 年，江苏、江西、广东、山东、湖南是生产侧水污染物排放最多的省份，前五位省区产品和服务消费导致水污染物排放分别为 11.69 万吨、7.29 万吨、7.11 万吨、7.02 万吨、5.86 万吨，共占全国水污染物排放的 37.60%；对比 2007～2017 年生产侧产品和服务消费导致水污染物排放前五位省区占全国水污染物生产侧排放的 35%～38%；后五位省区合计约占全国生产侧水污染物排放总量的 3%。可见，生产侧水污染物排放集中在江苏、浙江、广东、山东、河北等东部沿海省份和中部的湖南、四川、江西等省份。

从消费侧的省域排序看，2007 年，广东、山东、广西、四川、江苏是消费侧水污染物排放最多的省份，前五位省区产品和服务消费导致水污染物排放分别为 47.30 万吨、38.89 万吨、38.51 万吨、37.13 万吨、33.28 万吨，共占全国水污染物排放的 29.71%；消费侧水污染物排放最少的是内蒙古、贵州、宁夏、青海、海南，后五位省区产品和服务消费导致水污染排放合计仅占全国消费侧水污染物排放总量的 5.09%。2012 年，山东、广东、辽宁、河南、四川是消费侧水污染物排放最多的省份，前五位省区产品和服务的消费导致水污染物排放共占全国水污染物排放的 36.47%。2017 年，前五位的省区分别是江苏、山东、广东、浙江、湖南，前五位省区产品和服务消费导致水污染物排放分别为 9.43 万吨、7.33 万吨、7.06 万吨、6.64 万吨、5.14 万吨，共占全国水污染物排放的 34.36%。2007～2017 年消费侧水污染物排放前五位的省区占全国的比重超过 1/3，集中在东部沿海经济较发达的省区，如北京、广东、江苏、山东和浙江等省区；以及东中西部少数资源型制造业密集的省区，如辽宁、河南和四川等省份。消费侧后 5 位省区的消费水污染物排放仅约占全国的 5%，集中分布在中西部资源输出的省份如内蒙古、贵州、青海等。

图 3-2 汇报了 2007 年中国省域生产侧与消费侧水污染物排放的对比及构成。北京、天津、上海、浙江、山东等省份消费侧水污染物排放明显高于生产侧排放量；进一步地，这些省区的污染调入明显高于污染调出，表明这些东部经济发达省区通过消费其他省区的水污染密集型产品将水污染转出；另外，还有 14 个省区的消费侧排放小于生产侧，特别是内蒙古、黑龙江、河北、河南、湖南、广西等省区的消费侧水污染物排放明显低于生产侧排放，其消费侧是生产侧的 0.61～0.81 倍，表明这些能源大省或中西部相对欠发达省区通过供给水污染密集型产品为满足其他省区消费需求服务，承担了相应的污染排放责任。

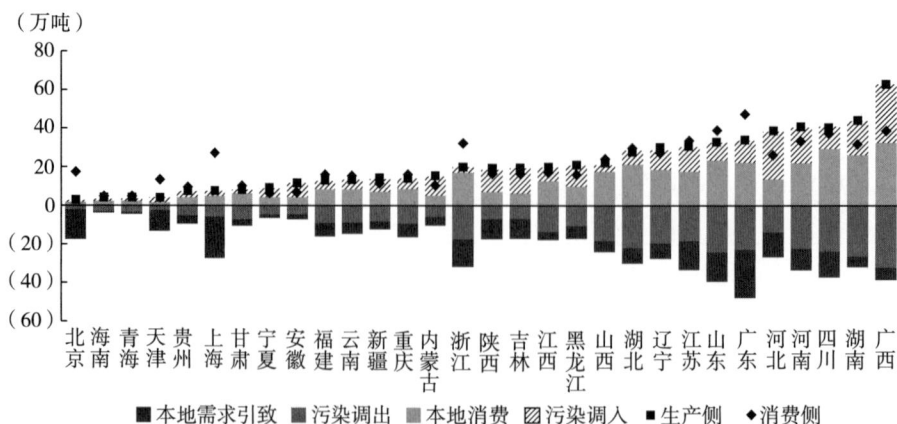

图 3-2　2007 年中国省域生产侧与消费侧水污染物排放

图 3-3 汇报了 2012 年中国省域生产侧与消费侧水污染物排放的对比及构成。与 2007 年相比，消费侧水污染物排放明显高于生产侧排放量的省份大致相同，这些省份消费侧排放是生产侧排放的 1.29~10.13 倍，生产侧与消费侧排放的差距持续加大；进一步地，这些省区的污染调入明显高于污染调出，表明这些东部经济发达省区消费水污染物排放远大于生产侧排放，主要是由污染转移引起的；另外，还有 12 个省区的消费侧排放小于生产侧，特别是湖南、河南、河北、黑龙江和吉林等省份的消费侧水污染物排放明显低于生产侧排放，其消费侧是生产侧的 0.51~0.83 倍。

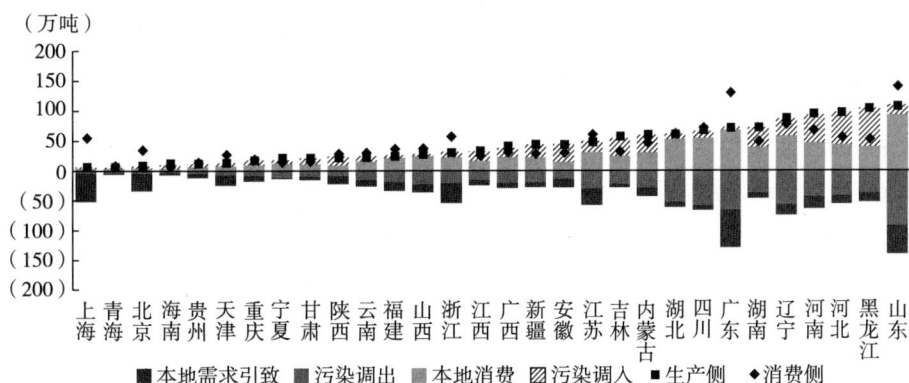

图 3-3　2012 年中国省域生产侧与消费侧水污染物排放

图 3-4 汇报了 2017 年中国省域生产侧与消费侧水污染物排放的对比及构成。北京、天津、上海、浙江、山东等省份消费侧水污染物排放明显高于生产侧排放量，这些省份消费侧排放是生产侧排放的 1.04~3.02 倍；进一步地，这些省区的污染调入明显高于污染调出；另外，河北、江西、江苏和新疆等省区的消费侧水污染物排放明显低于生产侧排放，其消费侧是生产侧的 0.57~0.81 倍，表明这些能源需求大省或中西部相对欠发达省区消费商品或服务的隐含水污染物排放远小于本地生产侧排放。

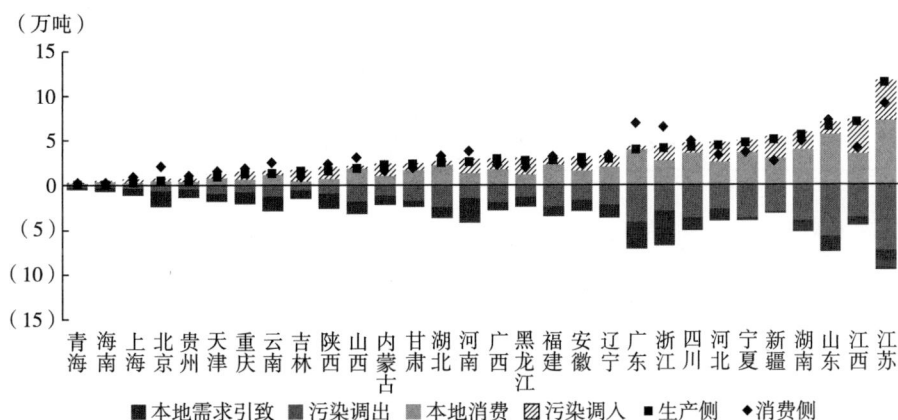

图 3-4　2017 年中国省域生产侧与消费侧水污染物排放

2007~2017 年中国 30 省域生产侧与消费侧水污染物排放整体格局：从局部发达地区、先东北后西北转移扩散，呈现整体规模可控下的东南与西北两极化格局；按照生产侧与消费侧均值分为四个类型：低-低、高-低、高-高、低-高。2007 年，水污染生产侧与消费侧

"高-高"区域集中分布在中部的河南、河北、湖北、湖南，东部的山东、江苏、浙江，东北的辽宁和西部的广西和四川；"低-高"类型只有山西和安徽；多数西部省区和部分东北省区均为"低-低"类型省区。2012 年，"高-高"类型增加了内蒙古和黑龙江，而浙江则变为"低-高"区域；至 2017 年，"高-高"集聚空间分布趋于分散，仅有山东、河北、湖南、广东和四川，江西、宁夏和新疆进入"高-高"类型；辽宁、江苏、浙江、河南、湖北则发展为"低-高"类型。2007~2017 年水污染排放的生产-消费侧分离的空间格局中"高-高"类型经历了从集聚到分散的过程，且具有向北向西发展的态势。"低-高"和"高-低"均反映了一定程度的不公平，格局上从中部向沿海和华北集聚。反映了从局部发达地区、先东北后西北转移扩散，呈现整体规模可控下的东南与西北新疆两极化格局。

3.2.1.2 中国省域生产侧与消费侧 COD 排放

如表 3-6 所示，2007~2017 年中国省域消费侧 COD 排放呈现先上升后下降的变化趋势，其中，2007 年中国 30 个省域消费侧 COD 排放总量为 614.91 万吨，2012 年消费侧 COD 排放总量上升至 1224.84 万吨，2017 年消费侧 COD 排放总量快速下降至 97.22 万吨。从生产侧排序看，2007 年，广西、湖南、浙江、四川、河南是生产侧 COD 排放最多的省份，前五位省区产品和服务的生产导致 COD 排放分别为 59.70 万吨、40.02 万吨、40.00 万吨、38.47 万吨、36.76 万吨，共占全国 COD 污染物排放的 34.96%；2017 年，江苏、江西、山东、广东、湖南是生产侧 COD 排放最多的省份，前五位省区产品和服务的生产导致 COD 排放分别为 10.99 万吨、6.85 万吨、6.66 万吨、6.65 万吨、5.41 万吨，共占全国 COD 排放的 37.61%。从消费侧排序看，2007 年，广东、山东、广西、四川、江苏是消费侧 COD 排放最多的省份，前五位省区产品和服务的消费导致水污染排放分别为 44.83 万吨、36.32 万吨、36.52 万吨、34.96 万吨、31.34 万吨，共占全国 COD 排放的 29.91%；至 2017 年，江苏、山东、广东、浙江、湖南是消费侧 COD 排放最多的省份，前五位省区产品和服务的消费导致 COD 排放共占全国 COD 排放的 34.37%。可见，生产侧 COD 排放仍然具有集中性特征，集中在东部沿海较发达的浙江、江苏、广东、山东等省区，以及中西部资源型如河南、四川、湖南、江西等省区；从消费侧看，消费侧 COD 排放也集中在东部沿海较发达省份。

表 3-6　中国省域生产侧与消费侧 COD 排放规模　　　　　　　单位：万吨

省份	2007 年			2012 年			2017 年		
	生产侧	排名	消费侧	生产侧	排名	消费侧	生产侧	排名	消费侧
北京	2.87	30	16.12	7.23	28	32.69	0.78	26	2.31
天津	4.14	27	12.56	11.25	25	23.86	1.28	25	1.69
河北	35.59	6	24.59	92.10	3	53.88	4.47	8	3.62
山西	19.43	13	22.04	25.53	18	34.38	2.07	20	3.06
内蒙古	14.94	17	9.73	58.09	9	42.13	2.37	19	1.99
辽宁	28.02	10	26.20	82.41	5	72.29	3.18	11	3.40
吉林	19.19	14	15.97	51.66	11	28.64	1.69	22	1.27
黑龙江	19.74	12	15.62	99.76	2	50.75	2.84	14	2.15
上海	7.59	24	25.70	4.61	30	49.86	0.68	28	0.97

省份	2007 年			2012 年			2017 年		
	生产侧	排名	消费侧	生产侧	排名	消费侧	生产侧	排名	消费侧
江苏	29.09	9	31.34	44.65	12	54.57	10.99	1	8.82
浙江	40.00	3	29.08	28.14	17	50.96	4.16	10	6.33
安徽	10.48	22	26.73	39.94	14	26.48	3.01	12	2.69
福建	12.57	21	15.14	22.03	19	32.21	2.85	13	3.21
江西	19.07	15	16.56	28.78	16	23.23	6.85	2	4.15
山东	30.43	8	36.32	103.09	1	133.75	6.66	3	6.96
河南	36.76	5	30.24	85.53	4	61.94	2.71	16	3.81
湖北	26.17	11	27.38	55.13	10	57.02	2.44	18	3.24
湖南	40.02	2	28.77	64.36	7	43.89	5.41	5	4.73
广东	32.49	7	44.83	65.22	6	119.53	6.65	4	6.57
广西	59.70	1	36.52	34.38	15	28.81	2.79	15	2.56
海南	3.36	29	3.51	9.67	27	7.10	0.49	29	0.55
重庆	13.20	19	14.85	15.44	24	17.58	1.53	24	2.00
四川	38.47	4	34.96	59.76	8	60.43	4.36	9	4.70
贵州	7.31	26	8.82	9.88	26	11.33	0.69	27	1.14
云南	13.15	20	14.02	21.62	20	25.39	1.56	23	2.58
陕西	17.99	16	16.24	21.39	21	21.17	1.98	21	2.38
甘肃	7.37	25	9.39	19.50	22	14.58	2.46	17	2.25
青海	3.61	28	3.93	5.69	29	6.16	0.25	30	0.40
宁夏	8.65	23	5.91	16.39	23	13.26	4.92	7	3.94
新疆	13.53	18	11.84	41.63	13	26.98	5.10	6	3.76

　　图 3-5、图 3-6、图 3-7 汇报了 2007 年、2012 年、2017 年中国省域生产侧与消费侧 COD 排放的对比及构成。2007 年，北京、天津、上海、浙江、广东、山东等省份消费侧 COD 排放明显高于生产侧排放量，这些省份消费侧排放是生产侧排放的 1.12~5.62 倍；河北、河南、湖南、广西、黑龙江等省份的消费侧 COD 排放明显低于生产侧排放，其消费侧是生产侧的 0.61~0.82 倍。2012 年，广东、上海、北京、天津、浙江、山东等省份消费侧 COD 排放明显高于生产侧排放量，这些省份消费侧排放是生产侧排放的 1.29~10.82 倍；安徽、吉林、内蒙古、湖南、广西、黑龙江、河北、河南等省份的消费侧 COD 排放明显低于生产侧排放，其消费侧是生产侧的 0.51~0.81 倍。2017 年，北京、云南、陕西、河南、浙江、湖北等省份消费侧 COD 排放明显高于生产侧排放量，这些省份消费侧排放是生产侧排放的 1.04~2.95 倍；新疆、宁夏、江西、江苏等省份的消费侧 COD 排放明显低于生产侧排放，其消费侧是生产侧的 0.61~0.81 倍。可见，消费侧 COD 排放主要发生在北上广、山东、浙江等东部较发达省区，这些省区消费了其他省区的水污染密集型产品，将污染转移到其他省区；生产侧 COD 污染排放主要发生在东北的吉林、黑龙江，北部的内蒙古、河北等省区以及水资源丰富的两湖、广西等省区，这些省区为满足其他省区的消费需求输出了水污染密集型的产品。

（吨）

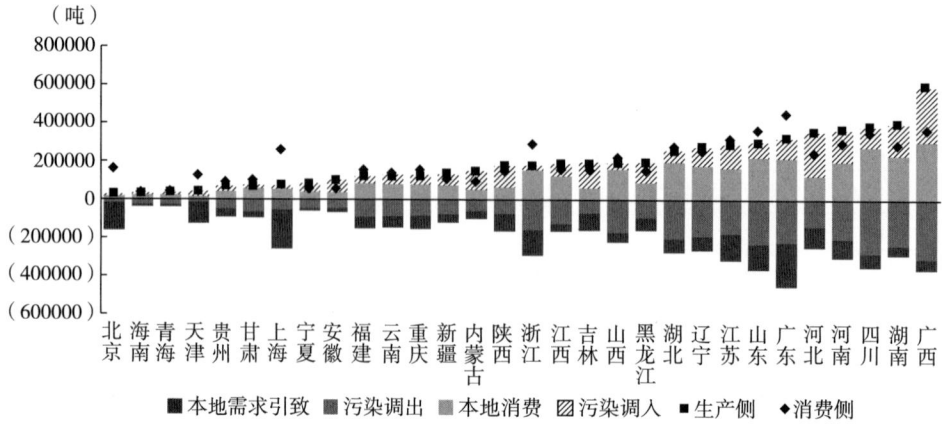

图 3-5　2007 年中国省域生产侧与消费侧 COD 排放

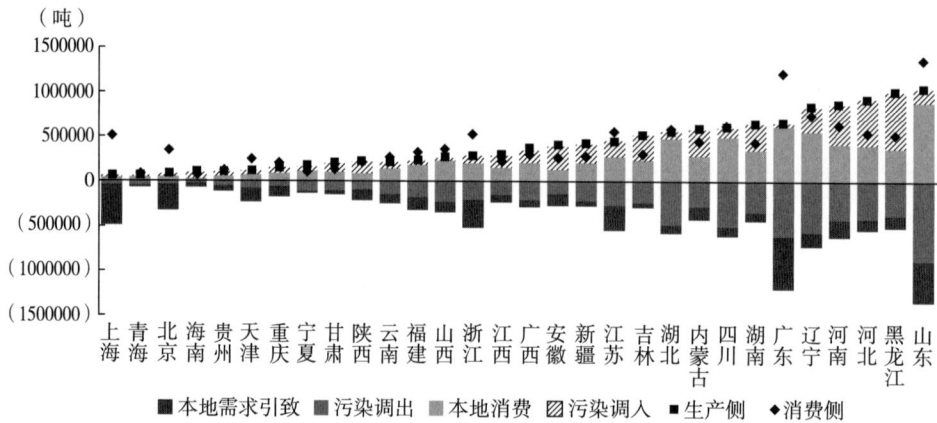

（吨）

图 3-6　2012 年中国省域生产侧与消费侧 COD 排放

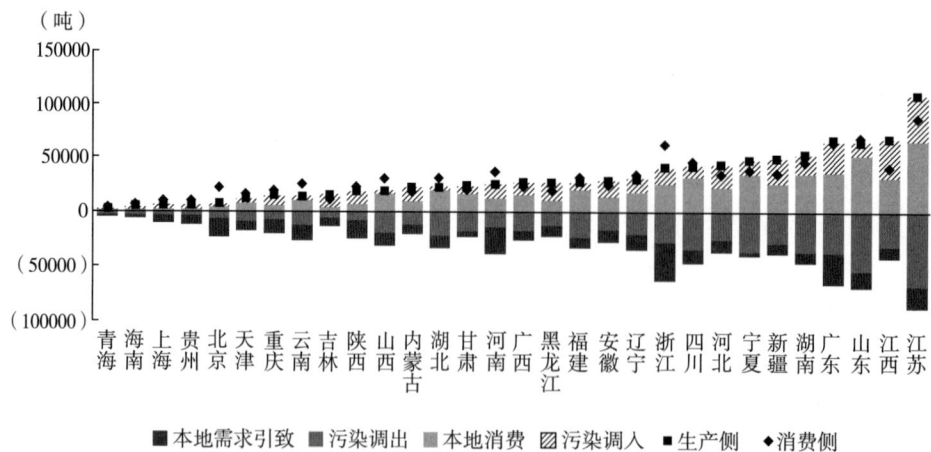

（吨）

图 3-7　2017 年中国省域生产侧与消费侧 COD 排放

2007~2017 年中国省域生产侧与消费侧 COD 排放整体格局：2007 年，COD 污染生产侧与消费侧"高-高"区域集中分布在中部的河南、河北、湖北、湖南，东部的山东、江苏、浙江，东北的辽宁和西部的广西和四川；"低-高"类型只有山西和安徽；多数的西部省区和部分东北省区均为"低-低"类型；贵州为"高-低"类型。2012 年，"高-高"类型向东北方向集聚发展，"高-高"类型增加了内蒙古和黑龙江，而浙江则变为"低-高"类型；吉林、新疆为"高-低"类型。至 2017 年，"高-高"集聚空间分布趋于分散，仅有山东、河北、湖南、广东、江苏、浙江和四川，江西、宁夏和新疆进入"高-高"类型；辽宁、河南则发展为"低-高"类型。

3.2.1.3　中国省域生产侧与消费侧氨氮排放

2007 年，中国省域消费侧氨氮排放总量为 656.75 万吨，2012 年消费侧氨氮排放总量上升至 1305.30 万吨，2017 年消费侧氨氮排放总量快速下降至 103.61 万吨。如表 3-7 所示，2007 年，从省域生产侧排序看，江苏、广东、湖南、江西、四川是消费侧氨氮排放最多的省份，前五位省区产品和服务消费导致氨氮排放分别为 6957.01 吨、4689.93 吨、4444.63 吨、4434.58 吨、3697.62 吨，共占全国氨氮物排放的 37.94%；2017 年，从省域生产侧排序看，江苏、江西、山东、广东、湖南是生产侧氨氮排放最多的省份，前五位省区产品和服务消费导致氨氮排放分别为 21224.33 吨、13105.83 吨、12257.13 吨、10980.91 吨、10460.80 吨，共占全国氨氮物排放的 35.48%。2007 年，从消费侧省域排序看，江苏、广东、湖南、山东、四川是消费侧氨氮排放最多的省份，前五位省区产品和服务的消费导致氨氮排放分别为 6099.84 吨、4892.08 吨、4038.24 吨、3688.02 吨、3366.77 吨，共占全国氨氮物排放的 37.94%；2017 年，从消费侧省域排序看，江苏、广东、山东、湖南、江西是消费侧氨氮排放最多的省份，前五位省区产品和服务消费导致氨氮排放分别为 19164.78 吨、13193.06 吨、12203.95 吨、9304.31 吨、8975.88 吨，共占全国氨氮物排放的 37.89%。对比水污染、COD 污染与氨氮污染的生产侧与消费侧集中省份显示：氨氮污染排放的集中性与水污染排放的集中性特征一致，主要集中在东部沿海较发达省份。

表 3-7　中国省域生产侧与消费侧氨氮排放规模　　　　　　单位：吨

省份	2007 年			2012 年			2017 年		
	生产侧	排名	消费侧	生产侧	排名	消费侧	生产侧	排名	消费侧
北京	122.68	30	912.10	4429.83	29	19128.70	264.22	30	2711.48
天津	293.56	29	672.83	6756.76	27	14709.37	791.24	29	1938.60
河北	2965.88	7	2415.15	43330.54	7	28201.08	8142.86	7	6529.62
山西	1392.74	17	1346.01	18405.25	16	22217.91	3689.80	17	3051.29
内蒙古	1259.72	19	1354.34	16408.77	19	17515.64	3238.77	18	2955.52
辽宁	1759.06	16	1852.00	33281.37	10	32205.91	3901.26	16	4174.92
吉林	1135.56	22	970.64	18234.72	17	13313.54	3026.50	19	2441.12
黑龙江	1821.63	15	1842.31	31601.54	11	22547.22	4056.26	15	3430.49
上海	899.94	24	1213.66	6187.03	28	31156.13	2272.76	23	3351.26
江苏	6957.01	1	6099.84	38841.02	8	39703.40	21224.33	1	19164.78
浙江	2047.18	14	3073.26	27577.97	13	37861.93	5246.34	14	8192.33

续表

省份	2007 年			2012 年			2017 年		
	生产侧	排名	消费侧	生产侧	排名	消费侧	生产侧	排名	消费侧
安徽	2270.72	12	1897.09	35374.15	9	20961.83	6424.76	10	6559.80
福建	2087.76	13	1804.15	26704.90	15	30422.69	5572.76	12	5158.12
江西	4434.58	4	2843.88	30571.56	12	21048.85	13105.83	2	8975.88
山东	3535.06	6	3688.02	52583.11	4	68256.37	12257.13	3	12203.95
河南	2675.48	10	2869.74	58860.06	2	43366.76	7180.14	9	7782.58
湖北	2946.20	8	2944.65	48869.23	6	47274.01	7515.14	8	7461.50
湖南	4444.63	3	4038.24	68250.80	1	43100.80	10460.80	5	9304.31
广东	4689.93	2	4892.08	56554.65	3	87204.38	10980.91	4	13193.06
广西	2344.82	11	2031.08	27571.07	14	22623.64	5354.90	13	4719.17
海南	599.97	27	611.03	7688.42	25	5141.62	1248.66	27	1296.16
重庆	810.47	25	993.76	14190.18	22	13320.73	2080.78	25	2913.75
四川	3697.62	5	3366.77	51987.12	5	49542.79	8783.44	6	8381.62
贵州	1227.27	21	1376.72	9532.04	24	9488.61	2680.55	21	2831.13
云南	1267.79	18	2002.41	14620.00	21	17191.30	2411.98	22	3704.51
陕西	1258.86	20	1704.10	16557.31	18	15676.67	3002.08	20	3681.89
甘肃	779.86	26	805.39	13957.93	23	10137.88	1726.83	26	1679.36
青海	367.24	28	456.69	2535.61	30	2989.56	807.74	28	973.05
宁夏	910.81	23	886.38	6930.36	26	5070.26	2156.84	24	1721.88
新疆	2844.25	9	2883.95	16099.76	20	13113.45	6260.77	11	5383.28

　　图 3-8、图 3-9、图 3-10 汇报了 2007～2017 年中国省域生产侧与消费侧氨氮排放的对比及构成。2007 年，北京、陕西、云南、浙江等省份消费侧氨氮排放明显高于生产侧排放量，这些省份消费侧排放是生产侧排放的 1.35～7.43 倍；其中，北京的消费侧排放是生产侧的 7.43 倍，差额最大；2012 年，北京、天津、上海、浙江、山东、广东等省份消费侧氨氮排放明显高于生产侧排放量，这些省份消费侧排放是生产侧排放的 1.29～5.03 倍；2017 年，北京、天津、云南、浙江、广东等省份消费侧氨氮排放明显高于生产侧排放量，这些省份消费侧排放是生产侧排放的 1.56～10.26 倍。进一步地，这些省区的污染调入明显高于污染调出，表明这些东部经济发达省区消费侧排放远大于生产侧排放，主要是由于这些省区消费了其他省区的水污染密集型产品所致。另外，2007～2017 年，生产侧氨氮排放集中在河北、河南、黑龙江、江苏、湖南、江西、安徽、新疆、宁夏等省份，这些多为中西部资源型省区和经济相对欠发达省区，为东部省区提供了水污染密集型产品所致。

　　2007～2017 年中国省域生产侧与消费侧氨氮排放整体格局：2007 年，氨氮排放的"高-高"区域集中分布在中部的河南、河北、湖北、湖南、江西，东部的山东、江苏、浙江和广东，西部的新疆和四川；"高-低"类型只有广西和安徽；其他省区均为"低-低"类型；仅浙江为"高-低"类型。2012 年，氨氮排放的"高-高"类型增加了浙江、辽宁、新疆为"低-低"类型；江西和黑龙江发展为"高-低"类型；上海和福建则成为"低-高"类型。

至 2017 年，"高-高"空间分布趋于集中，江西、安徽发展为"高-高"类型，形成了中东部集聚发展态势；浙江进入"低-高"类型；福建和新疆进入"高-低"类型。

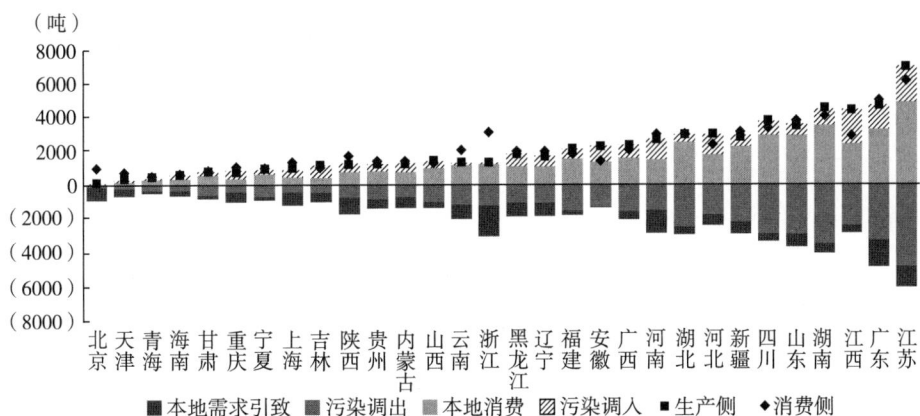

图 3-8　2007 年中国省域生产侧与消费侧氨氮排放

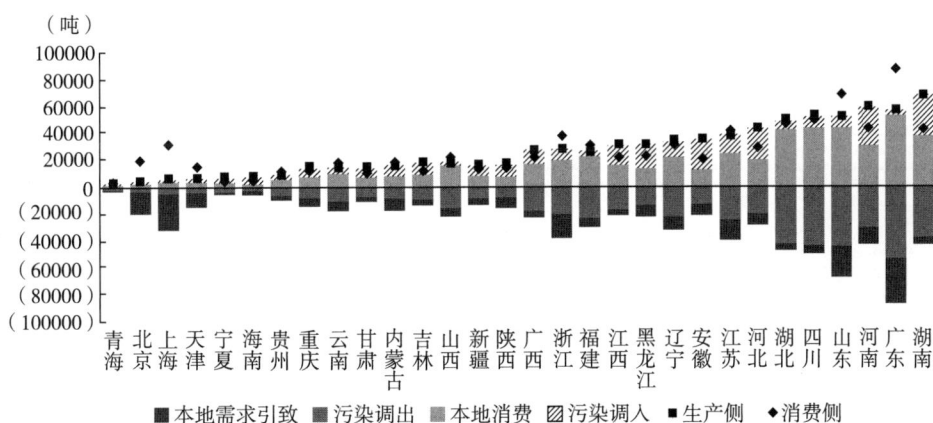

图 3-9　2012 年中国省域生产侧与消费侧氨氮排放

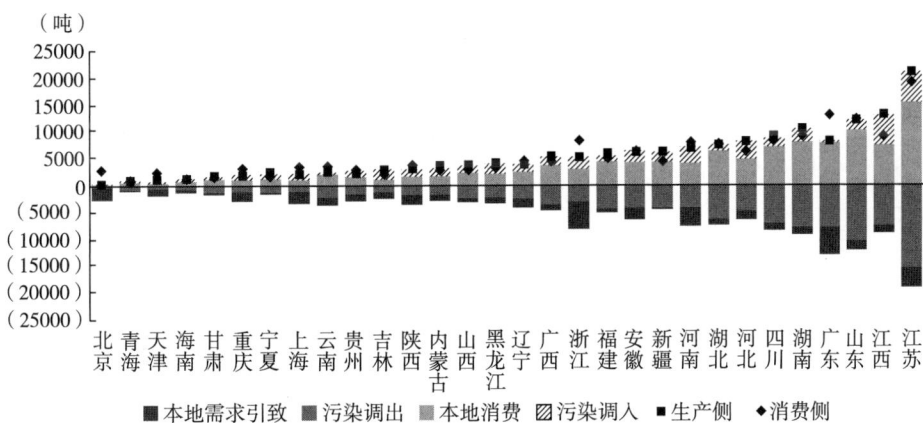

图 3-10　2017 年中国省域生产侧与消费侧氨氮排放

3.2.2 生产侧与消费侧大气污染物排放分析

3.2.2.1 中国省域生产侧与消费侧大气污染排放

如表 3-8 所示，2007 年，中国省域消费侧大气污染排放总量为 4019.19 万吨；2012 年，消费侧大气污染排放总量上升至 5513.66 万吨；2017 年，消费侧大气污染排放总量快速下降至 3307.26 万吨。

表 3-8 中国省域生产侧与消费侧大气污染排放规模 单位：万吨

省份	2007 年			2012 年			2017 年		
	生产侧	排名	消费侧	生产侧	排名	消费侧	生产侧	排名	消费侧
北京	15.97	29	95.39	19.11	29	146.58	3.70	30	38.14
天津	31.09	27	82.75	40.60	27	138.93	8.90	27	33.98
河北	256.25	4	187.09	512.87	1	328.56	140.86	8	142.83
山西	313.62	1	227.30	508.46	2	324.51	191.16	3	145.32
内蒙古	268.62	3	123.36	311.66	6	215.49	274.67	1	150.73
辽宁	233.53	5	184.55	333.99	5	246.94	215.61	2	142.53
吉林	121.41	16	152.67	167.66	16	180.35	87.42	21	85.17
黑龙江	164.31	10	148.36	219.49	7	249.35	140.17	9	134.53
上海	34.81	26	131.08	37.39	28	175.52	4.74	29	34.85
江苏	161.54	12	210.98	207.04	8	264.16	165.59	5	187.44
浙江	182.73	8	199.07	110.76	22	199.47	71.59	23	157.11
安徽	47.72	24	211.66	181.73	11	135.11	165.92	4	115.76
福建	44.93	25	67.10	101.03	24	127.30	89.74	20	62.98
江西	101.14	19	125.98	168.22	15	118.42	161.46	6	102.75
山东	212.95	6	234.36	399.58	3	348.70	127.58	13	148.21
河南	313.31	2	202.98	336.32	4	264.33	75.80	22	145.93
湖北	115.19	17	111.00	173.63	14	198.18	93.80	19	99.63
湖南	175.18	9	156.09	178.32	13	186.42	122.68	15	141.72
广东	128.59	15	212.46	116.43	21	332.02	106.55	18	222.22
广西	163.51	11	128.53	137.49	19	153.30	110.89	17	91.47
海南	4.28	30	6.57	8.60	30	30.02	5.07	28	10.97
重庆	103.92	18	108.51	104.61	23	120.84	49.93	25	63.32
四川	203.39	7	194.57	179.20	12	165.09	132.00	12	130.92
贵州	151.77	13	97.50	144.29	17	107.33	122.88	14	107.38
云南	81.39	21	82.90	143.54	18	165.15	134.46	11	176.13
陕西	149.11	14	112.04	193.33	10	202.45	116.16	16	112.52
甘肃	65.89	22	61.06	119.17	20	89.66	137.78	10	91.39
青海	26.40	28	27.45	72.93	26	64.74	33.79	26	40.36
宁夏	56.90	23	44.17	88.80	25	47.73	67.45	24	49.95
新疆	89.75	20	91.66	197.40	9	187.01	148.93	7	141.03

省份	2007 年			2012 年			2017 年		
	生产侧	排名	消费侧	生产侧	排名	消费侧	生产侧	排名	消费侧
总和	4019.19	–	4019.19	5513.66	–	5513.66	3307.26	–	3307.26
均值	133.97	–	133.97	183.79	–	183.79	110.24	–	110.24

从生产侧排序看，2007 年，山西、河南、内蒙古、河北、辽宁是生产侧大气污染排放最多的省份，前五位省区产品和服务消费导致大气污染排放分别为 313.62 万吨、313.31 万吨、268.62 万吨、256.25 万吨、233.53 万吨，共占全国大气污染物排放的 34.47%；2012 年，河北、山西、山东、河南、辽宁是生产侧大气污染排放最多的省份，前五位省区产品和服务消费导致大气污染排放共占全国大气污染物排放的 37.93%；2017 年，内蒙古、辽宁、山西、安徽、江苏是生产侧大气污染排放最多的省份，前五位省区产品和服务消费导致大气污染排放共占全国大气污染物排放的 30.63%；综合显示，2007~2017 年大气污染的生产侧排放具有集中分布的特征，约占全国 1/3 的生产侧大气污染排放集中在山西、内蒙古、辽宁、河北、河南、安徽、江苏等资源型省区，这些省区的大气污染与区内经济增长依赖能源生产活动紧密相关。生产侧大气污染物排放后五位省区集中在北京、天津、上海等经济发达省区和青海、海南等经济欠发达省区。

从消费侧省域排序看，2007 年，山东、山西、广东、安徽、江苏是消费侧大气污染排放最多的省份，共占全国大气污染物排放的 27.29%；2012 年，山东、广东、河北、山西、河南是消费侧大气污染排放最多的省份，共占全国大气污染物排放的 28.98%；2017 年，广东、江苏、云南、浙江、内蒙古是消费侧大气污染排放最多的省份，前五位省区产品和服务消费导致大气污染排放共占全国大气污染物排放的 27.02%；与生产侧前五位省区的集中性不同，消费侧集中在东部沿海经济增长快速、能源消费需求较大的省区，如广东、山东、江苏、河北等，以及少数资源型省份，如安徽、云南、内蒙古和山西等。

图 3-11、图 3-12、图 3-13 汇报了 2007~2017 年中国省域生产侧与消费侧大气污染排放的对比及构成。2007 年，北京、天津、上海、浙江、山东、广东等省份消费侧大气污染排放明显高于生产侧排放量，这些省份消费侧排放是生产侧排放的 1.10~5.97 倍；其中，北京的消费侧排放是生产侧的 5.97 倍，污染调入占消费侧排放的 91.21%；这六省的污染调入占消费侧排放的平均值为 72.38%，这些省区的污染调入明显高于污染调出，表明这些东部经济发达省区消费侧大气污染排放远大于生产侧排放，主要是由污染转移引起的；2012 年，北京、天津、上海、浙江、广东、江苏等省份消费侧氨氮排放明显高于生产侧排放量，这些省份消费侧排放是生产侧排放的 1.29~7.67 倍；2017 年，除北上广、江浙、广东等发达省市外，河南、云南等资源型省份的消费侧大气污染排放也明显高于生产侧排放量，这些省份消费侧排放是生产侧排放的 1.13~10.32 倍，差距较大；其中，污染调入占消费侧排放的平均值为 73.75%，表明这些省区消费侧大气污染排放量远高于生产侧排放，而污染转移的贡献比较大。另外，2007~2017 年还有 12~18 个省区的消费侧排放小于生产侧，特别是江西、河北、安徽、黑龙江、新疆、宁夏等中西部省份的消费侧大气污染排放明显低于生产

侧排放，其消费侧是生产侧的 0.57~0.90 倍；其中，污染调出占生产侧排放的平均值为 73.75%，表明这些能源大省或中西部相对欠发达省区消费商品或服务的隐含大气污染排放远小于本地生产的污染排放。

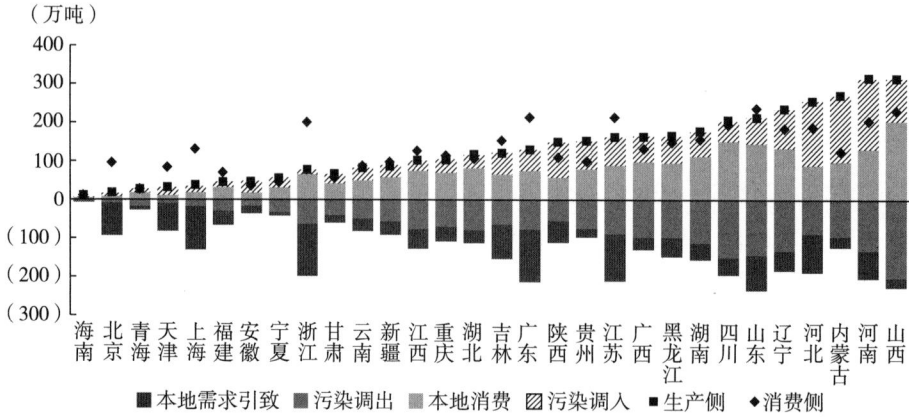

图 3-11　2007 年中国省域生产侧与消费侧大气污染排放

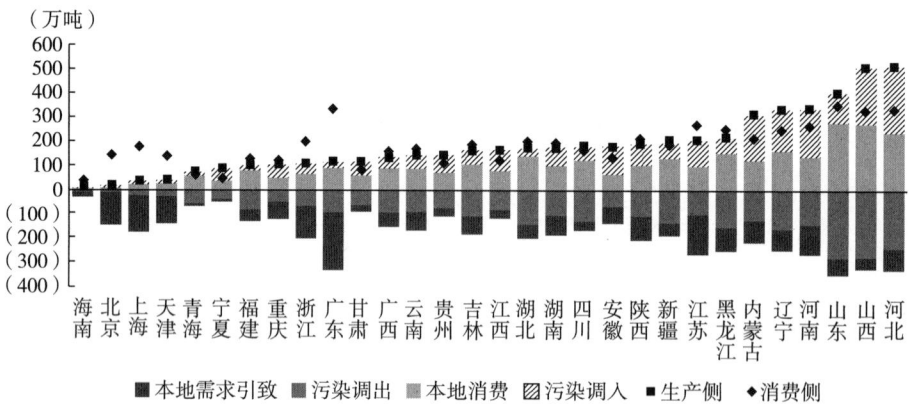

图 3-12　2012 年中国省域生产侧与消费侧大气污染排放

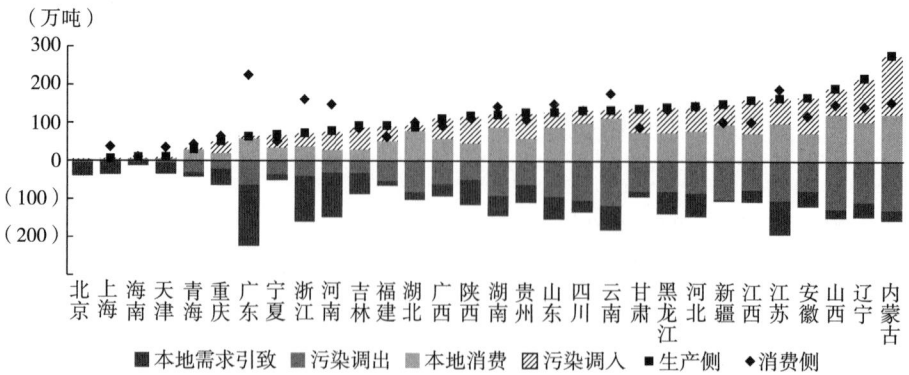

图 3-13　2017 年中国省域生产侧与消费侧大气污染排放

2007～2017 年中国省域生产侧与消费侧大气污染排放整体格局：2007～2017 年大气污染排放的"高-高"区域经历了从华东和东北部集中到北部集中再到中西部集聚分布的发展演变，呈现出向西向北发展趋势。2007 年大气污染排放的"高-高"区域集中分布在中部的湖南、河南、河北、山西，华东地区的山东、浙江、江苏，东北的黑龙江和辽宁，以及西部的四川；"高-低"类型有内蒙古、陕西、贵州和广西；仅吉林、安徽和广东为"高-低"区域；其他省区均为"低-低"类型省区。2012 年，大气污染排放的"高-高"类型集中分布在长江以北的省区，相较于 2007 年增加了内蒙古、陕西和新疆；湖北、湖南、浙江和广东发展为"低-高"类型；其他区域为"低-低"区域；至 2017 年，"高-高"集聚空间分布趋于地理分割线以西和长江以北的区域；云南、四川和安徽成为"高-高"类型区域，河南、浙江和广东成为"低-高"类型；贵州、广西、江西、甘肃发展为"高-低"类型。

3.2.2.2　中国省域生产侧与消费侧二氧化硫排放

2007～2017 年中国省域消费侧二氧化硫排放呈现先升后降变化趋势。2007 年消费侧二氧化硫排放总量为 1780.63 万吨，2012 年上升至 1499.70 万吨，2017 年快速下降至 463.05 万吨，如表 3-9 所示。

表 3-9　中国省域生产侧与消费侧二氧化硫排放规模　　　　　单位：万吨

省份	2007 年			2012 年			2017 年		
	生产侧	排名	消费侧	生产侧	排名	消费侧	生产侧	排名	消费侧
北京	8.18	29	40.37	5.53	29	41.29	0.29	30	5.48
天津	15.59	27	37.50	15.37	26	37.85	1.80	27	5.88
河北	112.55	3	92.26	97.03	3	69.01	32.65	1	25.19
山西	98.18	6	66.72	101.62	2	64.88	26.96	5	22.18
内蒙古	111.53	4	45.14	93.25	5	59.16	29.29	3	16.53
辽宁	85.89	9	67.99	76.39	6	62.96	26.23	6	20.56
吉林	30.07	22	55.47	32.78	23	41.80	9.66	21	8.54
黑龙江	38.76	18	43.61	36.57	22	50.74	13.59	15	14.70
上海	22.60	25	64.22	13.00	27	50.15	0.99	28	3.93
江苏	82.44	10	92.77	62.63	9	74.81	28.09	4	25.91
浙江	104.06	5	95.54	38.69	20	58.60	7.49	25	20.30
安徽	17.37	26	99.63	37.63	21	33.20	15.80	13	17.14
福建	26.85	24	35.30	24.17	25	32.43	8.49	24	6.81
江西	48.59	17	65.93	42.42	17	32.33	24.75	9	14.08
山东	120.48	2	127.94	119.91	1	103.79	30.79	2	29.25
河南	124.63	1	86.74	96.02	4	76.29	11.39	18	23.53
湖北	52.53	16	49.57	47.52	14	57.35	12.01	17	12.60
湖南	66.68	14	63.90	50.70	13	50.23	19.30	11	21.59
广东	72.39	12	107.49	45.36	15	104.45	12.30	16	29.23
广西	73.88	11	57.15	39.08	19	43.02	8.83	23	10.48
海南	1.90	30	2.95	2.60	30	8.35	0.83	29	1.58

省份	2007 年			2012 年			2017 年		
	生产侧	排名	消费侧	生产侧	排名	消费侧	生产侧	排名	消费侧
重庆	61.87	15	57.56	44.85	16	41.14	9.34	22	9.27
四川	93.12	7	86.19	66.12	8	57.68	19.29	12	18.53
贵州	89.11	8	51.12	70.10	7	43.37	26.03	7	18.14
云南	35.79	21	34.72	52.87	11	51.20	20.76	10	25.59
陕西	71.55	13	52.01	53.91	10	54.60	14.82	14	14.24
甘肃	38.22	20	30.89	40.44	18	26.61	9.95	20	7.87
青海	10.24	28	11.67	11.06	28	10.71	4.35	26	4.89
宁夏	27.53	23	19.49	29.39	24	13.89	11.28	19	7.30
新疆	38.42	19	39.17	52.67	12	47.81	25.66	8	21.72

从生产侧二氧化硫排放排序看,2007 年,生产侧二氧化硫排放前五位的省区是河南、山东、河北、内蒙古、浙江,共占全国二氧化硫排放的 29.39%;2017 年,生产侧二氧化硫排放前五位的省区是河北、山东、内蒙古、江苏、山西,共占全国二氧化硫排放的 31.92%;从消费侧二氧化硫排放排序看,2007 年,消费侧二氧化硫排放前五位的省区是河南、山东、河北、内蒙古、浙江,共占全国二氧化硫排放的 32.19%;2017 年,消费侧二氧化硫排放前五位的省区是山东、广东、江苏、云南、河北,前五位省区二氧化硫排放分别为 29.25 万吨、29.23 万吨、25.91 万吨、25.59 万吨、25.19 万吨,共占全国二氧化硫排放的 29.19%。可见,生产侧二氧化硫排放同样具有集中性,约占全国 1/3 的二氧化硫排放的省区发生了迁移,从西部资源型省区迁移到了山东、河北、内蒙古、江苏、山西等东中部资源型省区;消费侧二氧化硫排放集中在广东、山东、河北、河南、江苏、浙江等东部经济较发达省区。

图 3-14、图 3-15、图 3-16 汇报了 2007~2017 年中国省域生产侧与消费侧二氧化硫排放的对比及构成。2007 年,北京、天津、上海、浙江、山东、广东、江苏、吉林等省份消费侧二氧化硫排放明显高于生产侧排放量,这些省份消费侧排放是生产侧排放的 1.06~4.94 倍;其中,北京的消费侧排放是生产侧的 4.94 倍,污染调入占消费侧排放的 88.82%;这些省的污染调入占消费侧排放的平均值为 68.44%,这些省区的污染调入明显高于污染调出,表明这些东部经济发达省区消费侧二氧化硫排放远大于生产侧排放,主要是由污染转移引起的;2012 年,北京、天津、黑龙江、浙江、湖北、广东、江苏、上海等省份消费侧二氧化硫排放明显高于生产侧排放量,这些省份消费侧排放是生产侧排放的 1.38~7.46 倍;2017 年,除北上广、浙江、广东等发达省市外,河南、云南等资源型省份的消费侧二氧化硫排放也明显高于生产侧排放量,这些省份消费侧排放是生产侧排放的平均倍数的 1.23~18.71 倍,差距较大;其中,污染调入占消费侧排放的平均值为 76.24%,表明这些省区消费侧二氧化硫排放量远高于生产侧排放,而污染转移的贡献比较大。另外,2007~2017 年还有 16~17 个省区的消费侧排放小于生产侧,特别是内蒙古、河北、贵州、山西等中西部省份的消费侧二氧化硫排放明显低于生产侧,其消费侧是生产侧的 0.57~0.82 倍;其中,污染调出占生产侧排放的平均值为 46.37%,表明这些能源大省或中西部相对欠发达省区消费商品或

服务的隐含二氧化硫排放远小于本地生产的污染排放。

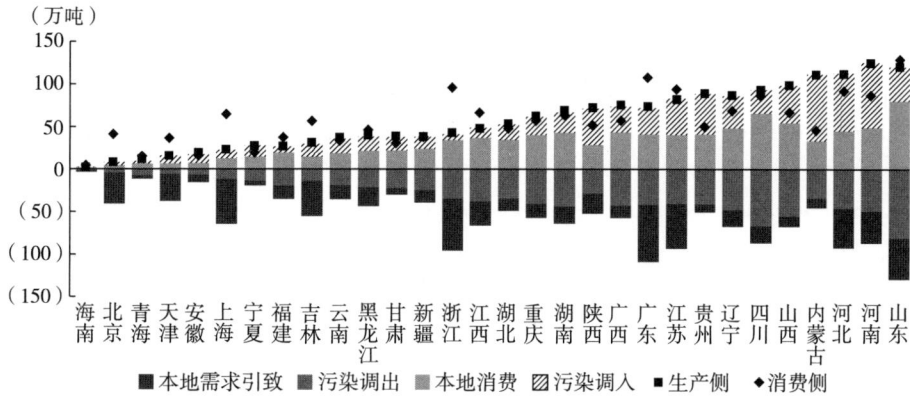

图 3-14　2007 年中国省域生产侧与消费侧二氧化硫排放

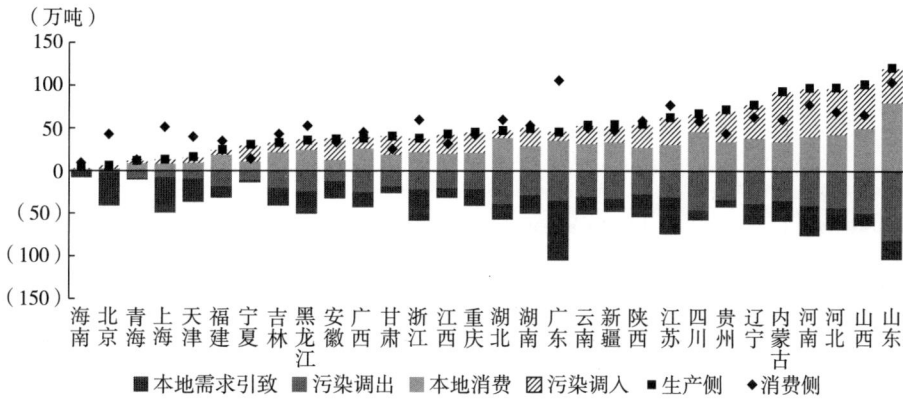

图 3-15　2012 年中国省域生产侧与消费侧二氧化硫排放

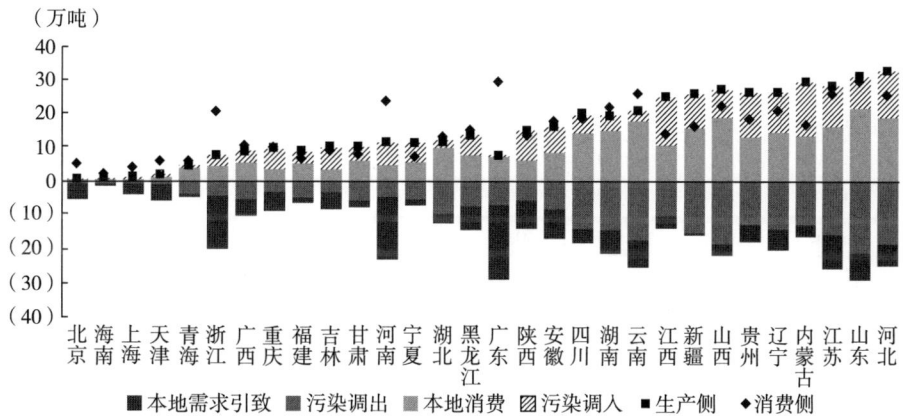

图 3-16　2017 年中国省域生产侧与消费侧二氧化硫排放

2007~2017 年中国省域生产侧与消费侧二氧化硫排放整体格局：2007~2017 年生产侧与

消费侧二氧化硫排放的"高-高"类型整体呈现向北、向西南发展趋势。2007年二氧化硫排放的"高-高"区域集中分布在东部的山东、江苏、浙江和广东，中部的河南、河北、湖南、山西；"高-低"类型只有广西和安徽；其他大多数省份为"低-低"类型；仅浙江为"高-低"类型。2012年，二氧化硫排放的"高-高"类型增加了内蒙古、陕西、四川和云南；广东、湖北、黑龙江为"低-高"类型；浙江、贵州、新疆为"高-低"区域；至2017年，"高-高"空间分布趋于相对集聚状态，集中分布在华北、西南和西北等区域；江西发展为"高-低"类型，河南、浙江和广东进入"低-高"类型。

3.2.2.3 中国省域生产侧与消费侧烟粉尘排放

2007~2017年中国省域消费侧烟粉尘排放呈现先升后降变化趋势。2007年消费侧烟粉尘排放总量为1780.63万吨，2012年上升至1507.69万吨，2017年快速下降至466.16万吨，如表3-10所示。

表3-10　中国省域生产侧与消费侧烟粉尘排放规模　　　　　　单位：万吨

省份	2007年			2012年			2017年		
	生产侧	排名	消费侧	生产侧	排名	消费侧	生产侧	排名	消费侧
北京	7.79	29	55.03	13.58	27	105.28	3.40	27	32.65
天津	15.59	27	37.50	15.37	26	37.85	1.80	28	5.88
河北	112.55	3	92.26	97.03	3	69.01	32.65	1	25.19
山西	98.18	6	66.72	101.62	2	64.88	26.96	5	22.18
内蒙古	111.53	4	45.14	93.25	5	59.16	29.29	3	16.53
辽宁	85.89	9	67.99	76.39	6	62.96	26.23	6	20.56
吉林	30.07	22	55.47	32.78	23	41.80	9.66	21	8.54
黑龙江	38.76	18	43.61	36.57	22	50.74	13.59	15	14.70
上海	22.60	25	64.22	13	28	50.15	0.99	29	3.93
江苏	82.44	10	92.77	62.63	9	74.81	28.09	4	25.91
浙江	104.06	5	95.54	38.69	20	58.60	7.49	25	20.30
安徽	17.37	26	99.63	37.63	21	33.20	15.80	13	17.14
福建	26.85	24	35.30	24.17	25	32.43	8.49	24	6.81
江西	48.59	17	65.93	42.42	17	32.33	24.75	9	14.08
山东	120.48	2	127.94	119.91	1	103.79	30.79	2	29.25
河南	124.63	1	86.74	96.02	4	76.29	11.39	18	23.53
湖北	52.53	16	49.57	47.52	14	57.35	12.01	17	12.60
湖南	66.68	14	63.90	50.70	13	50.23	19.30	11	21.59
广东	72.39	12	107.49	45.36	15	104.45	12.30	16	29.23
广西	73.88	11	57.15	39.08	19	43.02	8.83	23	10.48
海南	1.90	30	2.95	2.60	30	8.35	0.83	30	1.58
重庆	61.87	15	57.56	44.85	16	41.14	9.34	22	9.27
四川	93.12	7	86.19	66.12	8	57.68	19.29	12	18.53
贵州	89.11	8	51.12	70.10	7	43.37	26.03	7	18.14
云南	35.79	21	34.72	52.87	11	51.20	20.76	10	25.59
陕西	71.55	13	52.01	53.91	10	54.60	14.82	14	14.24
甘肃	38.22	20	30.89	40.44	18	26.61	9.95	20	7.87

省份	2007 年			2012 年			2017 年		
	生产侧	排名	消费侧	生产侧	排名	消费侧	生产侧	排名	消费侧
青海	10.24	28	11.67	11.06	29	10.71	4.35	26	4.89
宁夏	27.53	23	19.49	29.39	24	13.89	11.28	19	7.30
新疆	38.42	19	39.17	52.67	12	47.81	25.66	8	21.72

从生产侧排序看，2007 年，河南、山东、河北、内蒙古、浙江是生产侧烟粉尘排放最多的省份，共占全国烟粉尘排放的 32.19%；2017 年，河北、山东、内蒙古、江苏、山西是生产侧烟粉尘排放最多的省份，共占全国烟粉尘排放的 31.71%。从消费侧排序看，2007 年，山东、广东、安徽、浙江、江苏是消费侧烟粉尘排放最多的省份，共占全国烟粉尘排放的 29.15%；2017 年，北京、山东、广东、江苏、云南是消费侧烟粉尘排放最多的省份，共占全国烟粉尘排放的 29.09%；可见，生产侧烟粉尘排放与大气污染排放具有集中性，约占全国 1/3 的烟粉尘排放集中在中西部资源型省区，如山东、河北、内蒙古、山西等；消费侧烟粉尘排放集中在北京、广东、山东、江苏、浙江、河北、河南等中东部经济较发达省区。

图 3-17、图 3-18、图 3-19 汇报了 2007~2017 年中国省域生产侧与消费侧烟粉尘排放的对比及构成。2007 年，北京、天津、上海、浙江、山东、广东、江苏等省份消费侧烟粉尘排放明显高于生产侧排放量，这些省份消费侧排放是生产侧排放的 1.15~7.06 倍；其中，北京的消费侧排放是生产侧的 7.06 倍，污染调入占消费侧排放的 92.96%；这些省的污染调入占消费侧排放的平均值为 73.75%，这些省区的污染调入明显高于污染调出，表明这些东部经济发达省区消费侧烟粉尘排放远大于生产侧排放，主要是由污染转移引起的；2007~2017 年，北上广、江浙、广东等发达地区仍然是消费侧远高于生产侧排放的地区，而云南、重庆、河南、山东等资源型省份也出现了消费侧烟粉尘排放明显高于生产侧排放量的现象；仅 2017 年，这些省区污染调入占消费侧排放的平均值为 73.54%，表明污染转移部分对消费侧排放贡献较大，同时也反映出生产侧与消费侧责任核算中的不公平。

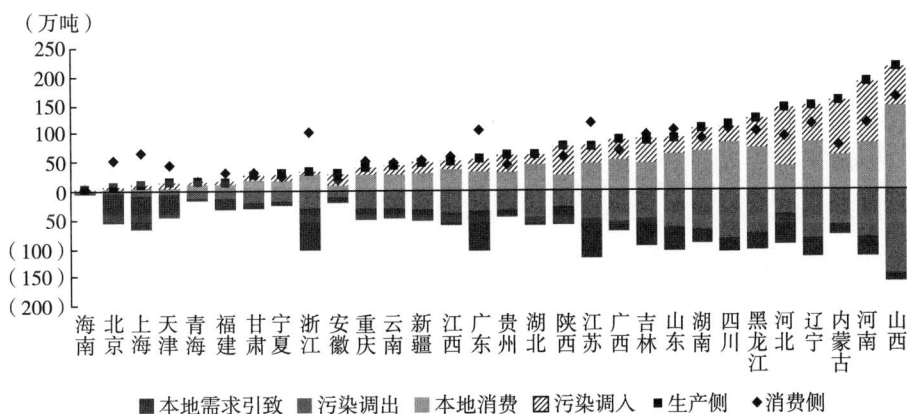

图 3-17　2007 年中国省域生产侧与消费侧烟粉尘排放

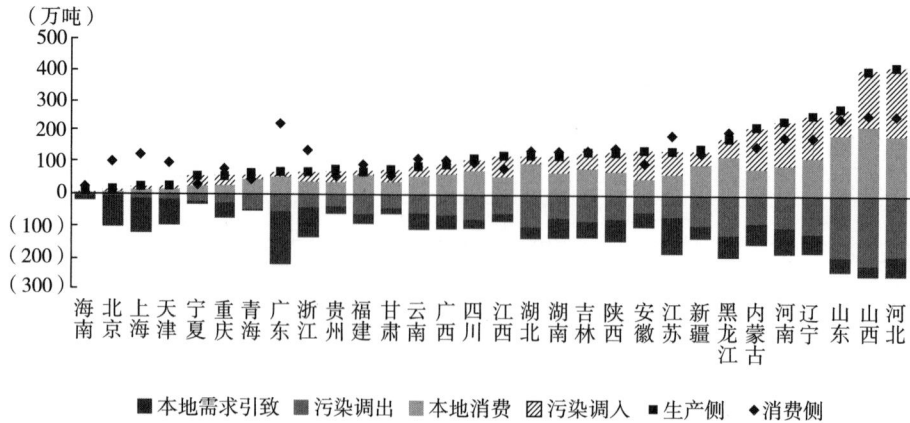

图 3-18　2012 年中国省域生产侧与消费侧烟粉尘排放

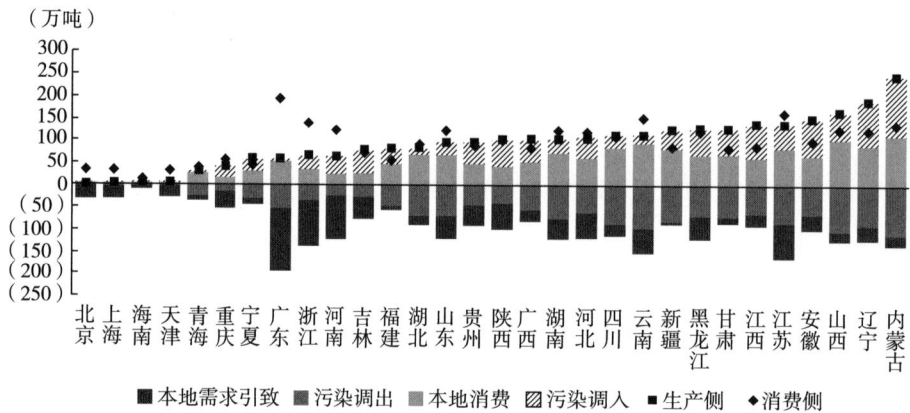

图 3-19　2017 年中国省域生产侧与消费侧烟粉尘排放

2007~2017 年中国省域生产侧与消费侧烟粉尘排放整体格局：2007~2017 年烟粉尘排放"高-高"区域经历了中东部相对集聚到长江以北集聚再到华北集聚和西南集聚的相对集聚态势。2007 年烟粉尘排放的"高-高"区域集中分布在中东部的河南、河北、山西、山东、辽宁、浙江、湖南、广东；"高-低"类型有江西、四川和安徽；"低-高"区域其他省区均为"低-低"类型省区；仅浙江为"高-低"类型。2012 年，烟粉尘排放的"高-高"类型集中分布在长江以北，有四川、陕西、河南、江苏、山东、河南、山西、内蒙古和辽宁；湖北、浙江和广东为"低-高"类型，新疆、云南、贵州、湖南为"高-低"类型。至 2017 年，"高-高"类型集中分布在华北和东北的省区及西南部分省区；河南、浙江和广东进入"低-高"类型；江西进入"高-低"类型。

3.2.3　生产侧与消费侧固体污染物排放分析

如表 3-11 所示，2007 年中国省域消费侧固废排放总量为 12.9 万吨，2012 年消费侧固废排放总量上升至 25.36 万吨，2017 年消费侧固废排放总量下降至 31.83 万吨。

表 3-11　中国省域生产侧与消费侧固废污染排放规模　　　　单位：万吨

省份	2007 年			2012 年			2017 年		
	生产侧	排名	消费侧	生产侧	排名	消费侧	生产侧	排名	消费侧
北京	945.27	25	3190.28	835.77	28	7176.24	487.86	29	4079.35
天津	622.27	29	2465.55	1289.61	27	5659.84	1219.47	27	3764.47
河北	14665.75	1	8184.29	35142.30	1	16308.10	28425.27	3	19996.98
山西	10830.30	2	7482.17	24524.70	2	15589.04	36434.07	1	21598.28
内蒙古	8504.68	4	3174.4	17919.43	4	9466.48	29104.18	2	11506.75
辽宁	9766.94	3	6882.08	20820.80	3	13537.35	17467.13	5	12403.58
吉林	2462.69	20	4229.40	4132.46	22	6074.89	5290.94	22	5659.81
黑龙江	3135.72	17	3862.18	5150.97	20	8446.24	7440.30	18	9749.12
上海	681.88	28	4613.38	710.46	29	8348.56	737.7	28	2652.78
江苏	5351.39	9	7685.92	6770.42	13	14911.51	9778.81	14	17132.01
浙江	4050.82	13	7145.04	2789.34	24	10006.11	3788.48	25	16568.52
安徽	2409.11	21	8054.61	9329.90	10	6693.75	11916.99	10	11654.34
福建	2894.35	18	3017.90	5317.97	19	7421.27	5521.26	19	5456.68
江西	6150.98	8	5699.04	8631.79	11	4929.75	10118.90	12	8855.72
山东	8375.66	5	7976.45	14401.43	5	14495.59	22855.27	4	18865.32
河南	7191.13	7	5238.97	12481.06	7	12710.23	15048.85	7	20203.10
湖北	3528.82	15	3427.10	6367.35	15	7683.49	9240.39	15	9153.24
湖南	3592.10	14	3842.02	6822.92	12	7511.30	5302.41	21	9399.41
广东	1954.29	22	6052.82	3080.35	23	16393.46	5172.93	23	16205.31
广西	3453.67	16	3073.49	6606.09	14	7355.50	7990.14	17	7995.39
海南	93.63	30	203.46	253.97	30	1454.96	342.17	30	1016.77
重庆	1678.37	23	2392.93	2616.05	25	4440.70	2053.03	26	6139.67
四川	7898.64	6	7000.29	10727.50	8	8802.05	14046.67	9	14894.67
贵州	4517.81	11	2771.28	5951.67	16	4103.96	8701.03	16	7447.88
云南	5175.78	10	3947.50	13265.25	6	9947.47	15054.64	6	17141.30
陕西	4288.87	12	3100.80	4935.80	21	7128.49	10846.42	11	9883.62
甘肃	2504.13	19	1818.54	5400.97	18	3993.07	5312.01	20	4507.71
青海	887.09	26	765.61	9916.79	9	6096.61	14575.79	8	11202.55
宁夏	735.85	27	741.20	1464.44	26	941.71	4199.51	24	3842.70
新疆	1552.18	24	1861.49	5912.26	17	5942.09	9852.16	13	9347.76

　　2007 年，从中国省域生产侧排序看，河北、山西、辽宁、内蒙古、山东是生产侧固废排放最多的省份，前五位省区产品和服务消费导致固废排放分别为 14665.75 万吨、10830.30 万吨、9766.94 万吨、8504.68 万吨、8375.66 万吨，共占全国固废排放的 40.14%；2012 年，从中国省域生产侧排序看，河北、山西、辽宁、内蒙古、山东是生产侧固废排放最多的省份，前五位省区产品和服务消费导致固废排放分别为 35142.30 万吨、24524.70 万吨、20820.80 万吨、17919.43 万吨、14401.43 万吨，共占全国固废排

放的 44.49%；2017 年，从中国省域生产侧排序看，山西、内蒙古、河北、山东、辽宁是生产侧固废排放最多的省份，前五位省区产品和服务消费导致固废排放分别为 36434.07 万吨、29104.18 万吨、28425.27 万吨、22855.27 万吨、17467.13 万吨，共占全国固废排放的 42.19%；可见，固废污染生产侧排放集中分布在山西、内蒙古、山东、辽宁、河北等资源型省区。

2007 年，从消费侧排序看，河北、安徽、山东、江苏、山西是消费侧固废排放最多的省份，前五位省区产品和服务消费导致固废排放分别为 8184.29 万吨、8054.61 万吨、7976.45 万吨、7685.92 万吨、7482.17 万吨，共占全国固废排放的 30.32%；2012 年，广东、河北、山西、江苏、山东是消费侧固废排放最多的省份，前五位省区产品和服务消费导致固废排放分别为 16393.46 万吨、16308.10 万吨、15589.04 万吨、14911.51 万吨、14495.59 万吨，共占全国固废排放的 30.64%；2017 年，从消费侧排序看，山西、河南、河北、山东、云南是消费侧固废排放最多的省份，前五位省区产品和服务消费导致固废排放分别为 21598.28 万吨、20203.10 万吨、19996.98 万吨、18865.32 万吨、17141.30 万吨，共占全国固废排放的 30.72%；可见，固废污染消费侧排放集中分布在江苏、广东、山东等经济发达省区和河北、山西、内蒙古等资源型省区。

图 3-20 汇报了 2007 年中国省域生产侧与消费侧固废排放的对比及构成。北京、天津、上海、浙江等省份消费侧固废排放明显高于生产侧排放量，这些省份消费侧排放是生产侧排放的 1.88 倍；进一步地，这些省区的污染调入明显高于污染调出，表明这些东部经济发达省区消费侧固废排放远大于生产侧排放，主要是由污染转移引起的；另外，还有 14 个省区的消费侧排放小于生产侧，特别是内蒙古、黑龙江、河北、河南、湖南、广西等省区的消费侧固废排放明显低于生产侧排放，其消费侧是生产侧的 0.61~0.81 倍，表明这些能源大省或中西部相对欠发达省区消费商品或服务的隐含固废排放远小于本地生产的污染排放。

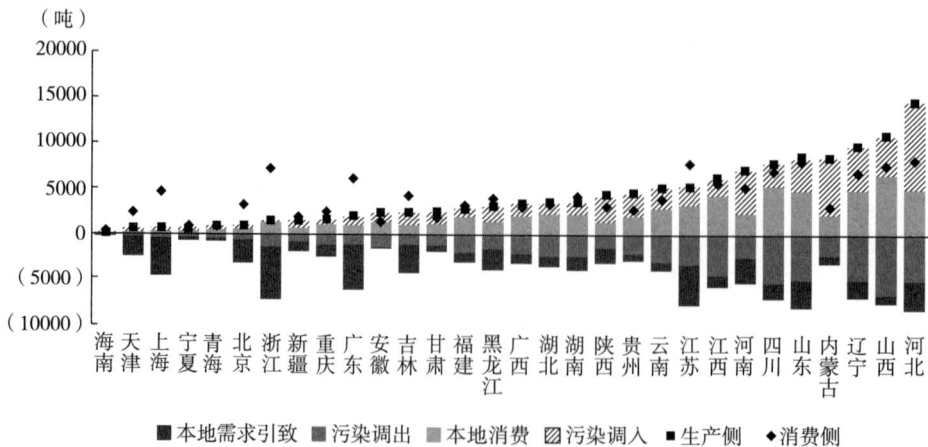

图 3-20 2007 年中国省域生产侧与消费侧固废排放

图 3-21 汇报了 2012 年中国省域生产侧与消费侧固废排放的对比及构成。北京、天津、上海、浙江、山东等省份消费侧固废排放明显高于生产侧排放量，这些省份消费侧排放是生

产侧排放的 1.88 倍；进一步地，这些省区的污染调入明显高于污染调出，表明这些经济发达省区消费侧固废排放远大于生产侧排放，主要是由污染转移引起的；另外，还有 14 个省区的消费侧排放小于生产侧，特别是内蒙古、黑龙江、河北、河南、湖南、广西等省区的消费侧固废排放明显低于生产侧排放，其消费侧是生产侧的 0.61～0.81 倍，表明这些能源大省或中西部相对欠发达省区消费商品或服务的隐含固废排放远小于本地生产的污染排放。

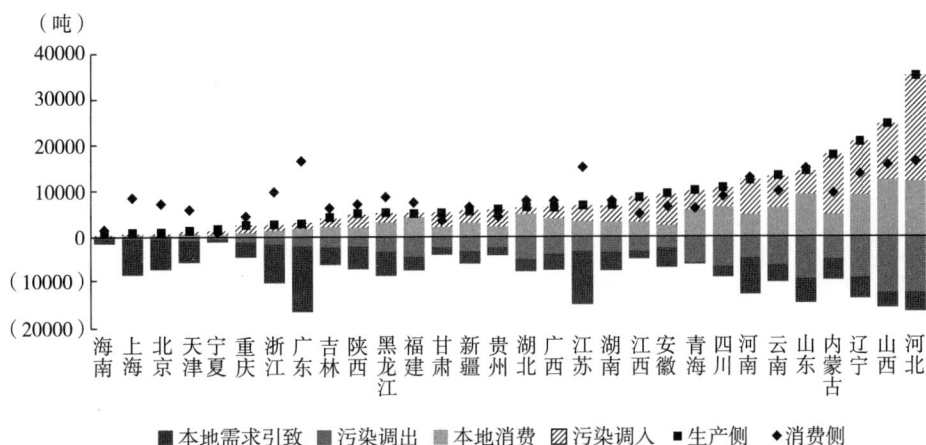

图 3-21　2012 年中国省域生产侧与消费侧固废排放

图 3-22 汇报了 2017 年中国省域生产侧与消费侧固废排放的对比及构成。北京、天津、上海、浙江等省份消费侧固废排放明显高于生产侧排放量，这些省份消费侧排放是生产侧排放的 1.88 倍；进一步地，这些省区的污染调入明显高于污染调出，表明这些经济发达省区消费侧固废排放远大于生产侧排放，主要是由污染转移引起的；另外，还有 14 个省区的消费侧排放小于生产侧，特别是内蒙古、河北等省份的消费侧固废排放明显低于生产侧排放，消费侧是生产侧的 0.61～0.81 倍，表明这些能源大省或中西部相对欠发达省区消费商品或服务的隐含固废排放远小于本地生产的污染排放。

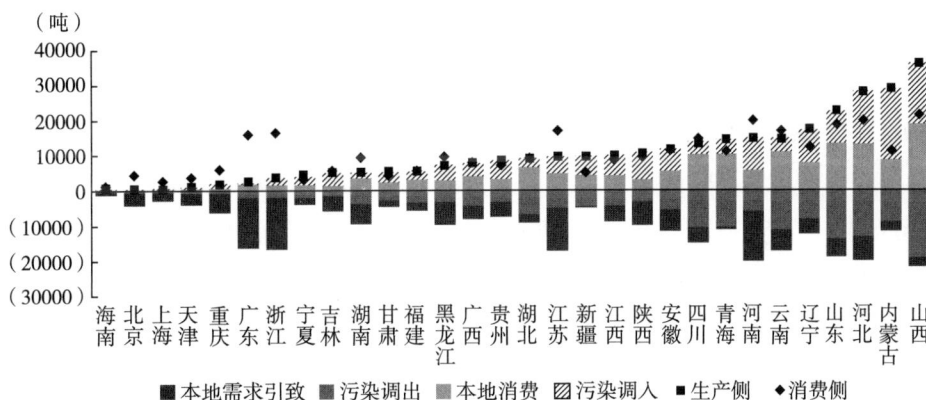

图 3-22　2017 年中国省域生产侧与消费侧固废排放

2007～2017 年中国省域生产侧与消费侧固废排放整体格局：2007 年固废排放的"高-

高"区域集中分布在河南、河北、山东、辽宁、江西和四川；"高-低"类型有安徽、浙江和广东；云南、贵州和内蒙古为"低-高"类型；其他的省区均为"低-低"类型；2012年，固废排放的"高-高"类型增加了内蒙古和云南；江苏和浙江成为"低-高"类型；青海、安徽、江西和广东发展为"高-低"类型；其他省区为"低-低"类型；至2017年，"高-高"集聚空间分布在华北和西南，青海、广东发展为"高-高"类型；陕西进入"高-低"类型；湖北、湖南、江苏和浙江进入"低-高"类型。

3.3　中国省际贸易隐含污染转移格局分析

3.3.1　中国省际隐含水污染物转移格局分析

3.3.1.1　中国省际隐含水污染转移规模与结构分析

隐含污染转移包括两种形式，一种是某一地区向另一地区销售商品所隐含的污染物调出量，另一种是该地区从另一地区购买商品所隐含的污染物调入量，代入公式（3-5）~公式（3-6）计算得到。

图3-23汇报了2007~2017年中国省域隐含水污染转移的情况，可以发现，2007年，中国省域中隐含水污染转出最大五个省区是广西（30.49万吨）、浙江（27.10万吨）、河北（24.65万吨）、河南（18.52万吨）、湖南（18.05万吨），且前五位省区的污染转出明显高于污染转入；隐含水污染转入最大五个省区是安徽（24.79万吨）、广东（24.72万吨）、上海（21.90万吨）、江苏（15.51万吨）、北京（15.05万吨），且前五位省区的污染转出明显低于污染转入。2012年中国省域中隐含水污染转出最大五个省区是黑龙江（64.21万吨）、河北（53.42万吨）、河南（45.98万吨）、湖南（32.62万吨）、内蒙古（30.48万吨），且前五位省区的污染转出明显高于污染转入；隐含水污染转入最大五个省区是广东（61.70万吨）、上海（48.63万吨）、山东（48.26万吨）、浙江（32.88万吨）、江苏（28.28万吨），且前五位省区的污染转出明显低于污染转入。2017年中国省域中隐含水污染转出最大五个省区是江苏（4.48万吨）、江西（3.76万吨）、广东（3.08万吨）、新疆（2.41万吨）、河北（2.20万吨），且前五位省区的污染转出明显高于污染转入；隐含水污染转入最大五个省区是浙江（3.85万吨）、广东（3.03万吨）、河南（2.66万吨）、江苏（2.23万吨）、陕西（1.71万吨），且前五位省区的污染转出明显低于污染转入。

图3-24、图3-25汇报了2007~2017年省际贸易隐含水污染转入与转出四象限分布。可见，贸易引致隐含污染转移的主要路径是经济发达省区向资源型省区的转移。比较经济发展水平与污染转移结构发现，污染转出规模超过均值的地区位于四象限图水平轴的上部，对比人均GDP排序发现，人均GDP前10位省区集中分布在水平轴上方或接近水平轴的区域，反映了污染转出规模较大的地区主要集中在经济发展水平较高的地区，也印证了经济发达地

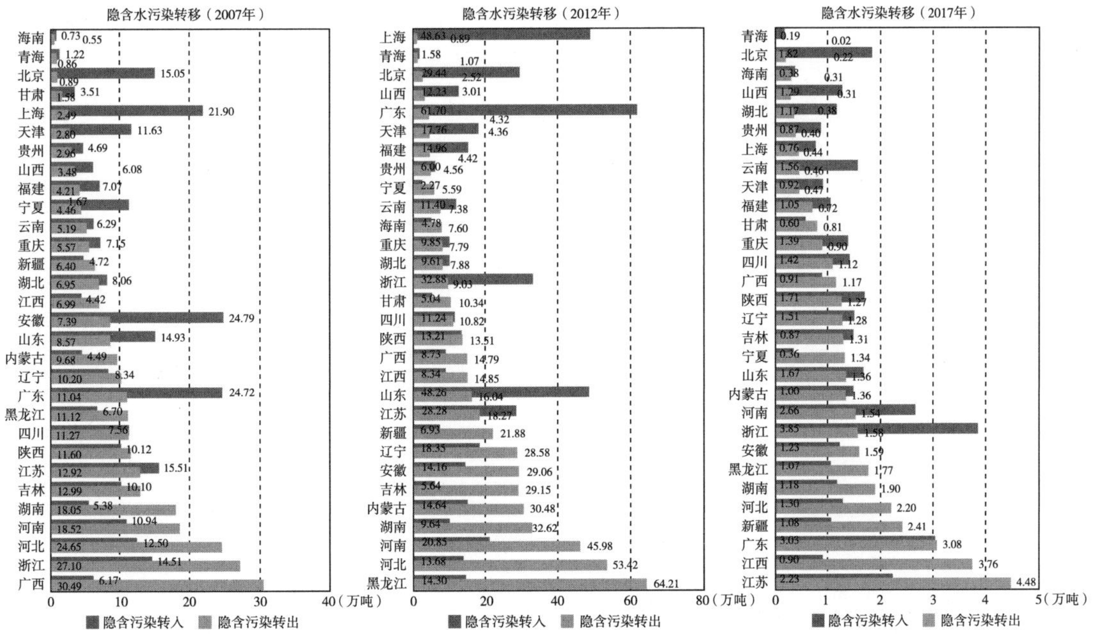

图 3-23　2007～2017 年中国省域隐含水污染转移规模对比

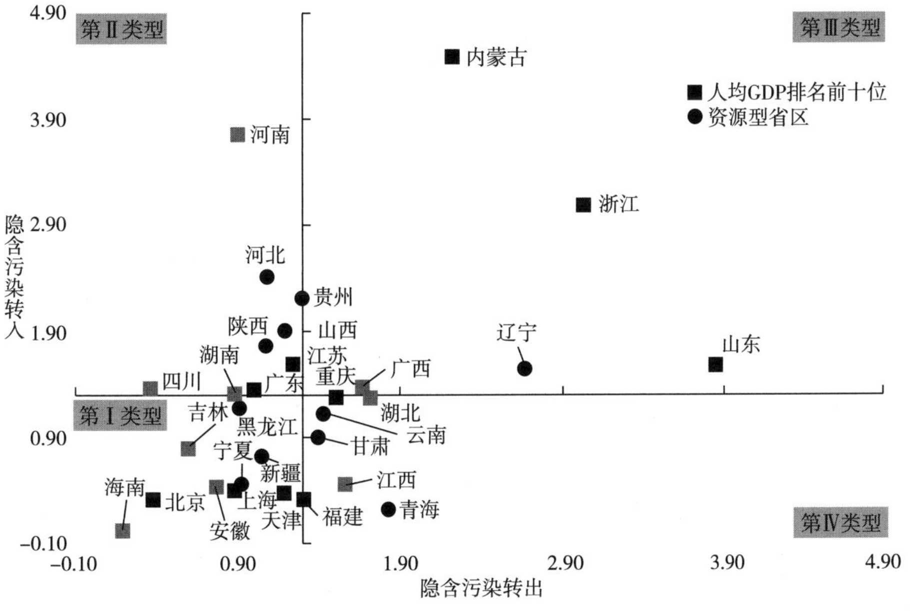

图 3-24　2007 年省际贸易隐含水污染转入与转出四象限图

区通过国内贸易消耗其他地区的中间品和最终品,将隐含污染转移到了欠发达地区。污染转入高于均值的区域位于垂直轴的右侧,与资源型地区进行匹配分析发现,资源型省份集中分布在垂直轴的右侧或接近垂直轴的区域,反映了污染转入规模主要集中在资源型地区①(山

――――――――――――

① 邓小乐、孙慧(2018)划分资源型区域的方法为 40% 以上的劳动人口直接或间接从事资源开发、生产和经营活动,或资源型产业对工业经济的贡献率大于 50%。2016 年资源型省区有山西、内蒙古、甘肃、新疆、青海、宁夏、陕西、黑龙江、辽宁、贵州、云南、河北。

西、甘肃、新疆、青海、宁夏、陕西、辽宁、云南、河北）及经济发展水平高、资源需求大的江浙和山东地区。因此，经济发达省区通过消费资源型地区的中间品和最终品，向资源型省区的隐含水污染转移是国内贸易引致隐含水污染转移的主要路径。

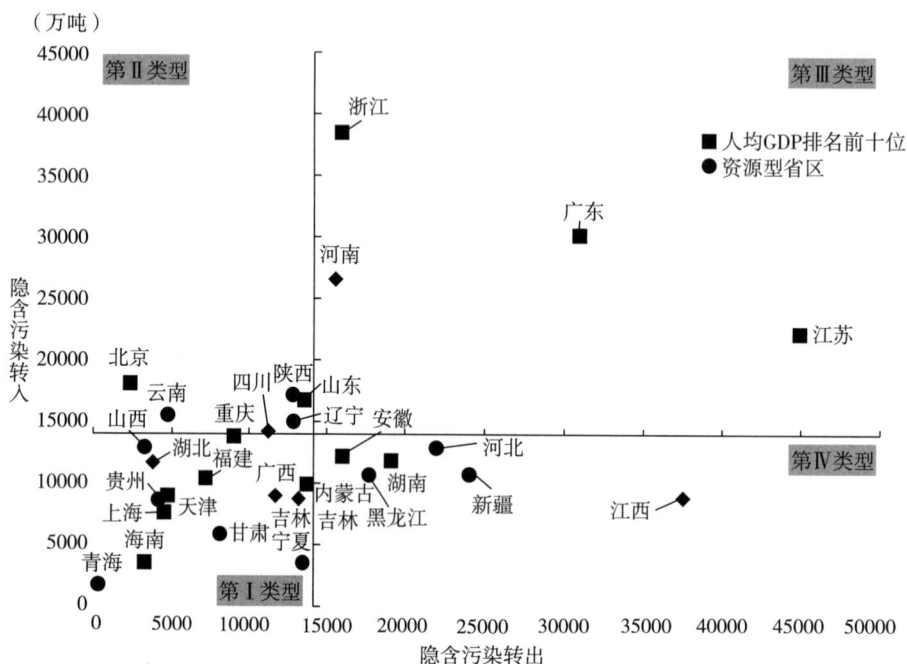

图 3-25　2017 年省际贸易隐含水污染转入与转出四象限图

四象限具体分析如下：

2007 年，按照隐含污染转出与隐含污染转入的规模可将 30 个省份大致分为 4 类：第 I 类型是"双低"：低污染转入-低污染转出，有北京、天津、上海、福建、海南、吉林、宁夏、安徽、黑龙江、新疆 10 个地区，占比 33.33%；其中，北京、上海、天津、福建是人均 GDP 排在前十位的省区，其他则主要分布在中、西部地区，受限于经济发展程度，资源型产品的需求和供给相对低，因而参与国内贸易的隐含水污染转移规模相对低。第 II 类型是低污染转出-高污染转入，广东、江苏、四川、湖南、山西、陕西、贵州、河北、河南 9 个地区，占比 30%；这一类省区主要是资源型省区，因输出较多的资源型产品，隐含水污染转入规模大，而隐含水污染转出规模相对小。第 III 类型是高污染转出-高污染转入地区，有内蒙古、浙江、山东、辽宁、广西共 5 个地区，占比 16.67%；其中，浙江、山东、内蒙古均为人均 GDP 排名前十位的地区，是经济较为发达的省区，经济增长中对水资源产品需求和消耗较大是隐含水污染转移结构双高的原因；而辽宁是资源型省区，对资源产品生产的嵌入程度较深，与资源输出地和资源消费地均有较多的贸易往来，其水污染转移活动较为频繁是其呈现"双高"碳转移结构的主要原因。第 IV 类型是高污染转出-低污染转入地区，有重庆、云南、湖北、甘肃、江西、青海共 6 个地区，占比 20%；其中，重庆为人均 GDP 排名前十位的地区，这一类省份经济发展水平较高,基于消费者责任的水污染排放中转移到其他省份的水污染转移所占比重较高。

2017 年,按照隐含污染转出与隐含污染转入的规模可将 30 个省区市大致分为 4 类:第 Ⅰ 类型是"双低":低污染转出-低污染转入,有青海、海南、贵州、甘肃、宁夏、上海、天津、福建、重庆、内蒙古、广西、吉林、湖北、山西共 14 个地区,占比 46.67%;其中,上海、天津、福建、重庆、内蒙古是人均 GDP 排在前 10 位的省区,其他则主要分布在中、西部地区,受限于经济发展程度,资源型产品的需求和供给相对较低,因而参与国内贸易的隐含水污染转移规模相对较低。第 Ⅱ 类型是低污染转出-高污染转入,有北京、云南、四川、陕西、辽宁、山东 6 个地区,占比 20%;这一类省区主要是资源型省区,因输出较多的资源型产品,隐含水污染转入规模较大,而隐含水污染转出规模相对较小。第 Ⅲ 类型是高污染转出-高污染转入地区,有浙江、河南、广东、江苏共 4 个地区,占比 13.33%;其中,浙江、江苏、广东均为人均 GDP 排名前十位的地区,是东部沿海经济较为发达的省区,经济增长中对水资源产品需求和消耗较大是隐含水污染转移结构双高的原因;河南产业结构中第二产业占比较高,对资源产品生产的嵌入程度较深,与资源输出地与资源消费地均有较多的贸易往来,其水污染转移活动较为频繁是河南呈现"双高"碳转移结构的主要原因。第 Ⅳ 类型是高污染转出-低污染转入地区,有安徽、黑龙江、湖南、新疆、河北、江西共 6 个地区,占比 20%;这一类省份位于经济发展水平较高的东部地区,基于消费者责任的水污染排放中转移到其他省份的水污染转移所占比重较高。

3.3.1.2 中国省域隐含 COD 转移规模与结构分析

图 3-26 汇报了 2007~2017 年中国省域隐含 COD 污染转移的情况。2007 年中国省域中隐含 COD 转出最大的五个省区是广西(28.93 万吨)、河北(22.68 万吨)、河南(16.70 万吨)、湖南(16.28 万吨)、吉林(12.71 万吨);2012 年中国省域中隐含 COD 污染转出最大的五个省区是黑龙江、河北、河南、内蒙古、湖南;2017 年中国省域中隐含 COD 污染转出最大的五个省区是江苏、江西、广东、新疆、河北,且前五位的省区污染转出明显高于污染转入。

2007 年,隐含 COD 污染转入最大的五个省区是安徽(24.79 万吨)、广东(24.72 万吨)、上海(21.90 万吨)、江苏(15.51 万吨)、北京(15.05 万吨);2012 年,隐含 COD 污染转入最大的五个省区是广东、上海、浙江、北京、江苏,且前五位省区的污染转出明显低于污染转入;2017 年,隐含 COD 污染转入最大的五个省区是浙江(3.66 万吨)、广东(2.87 万吨)、河南(2.52 万吨)、江苏(2.10 万吨)、北京(1.74 万吨);且前五位省区的污染转出明显低于污染转入。

3.3.1.3 中国省域隐含氨氮转移规模与结构分析

图 3-27 汇报了 2007~2017 年中国省域隐含氨氮转移的情况,可以发现,2007 年,中国省域中隐含氨氮转出最大的五个省区是江苏(2086.79 吨)、江西(2071.51 吨)、广东(1446.11 吨)、河北(1220.94 吨)、河南(1183.26 吨);2012 年中国 30 省域中隐含氨氮转出最大的五个省区是湖南、河南、河北、安徽、黑龙江;2017 年中国省域中隐含氨氮转出最大的五个省区是江苏(5754.81 万吨)、江西(5556.90 万吨)、河北

（3324.07 万吨）、广东（3103.37 万吨）、河南（3026.87 万吨），且前五位的省区污染转出明显高于污染转入。

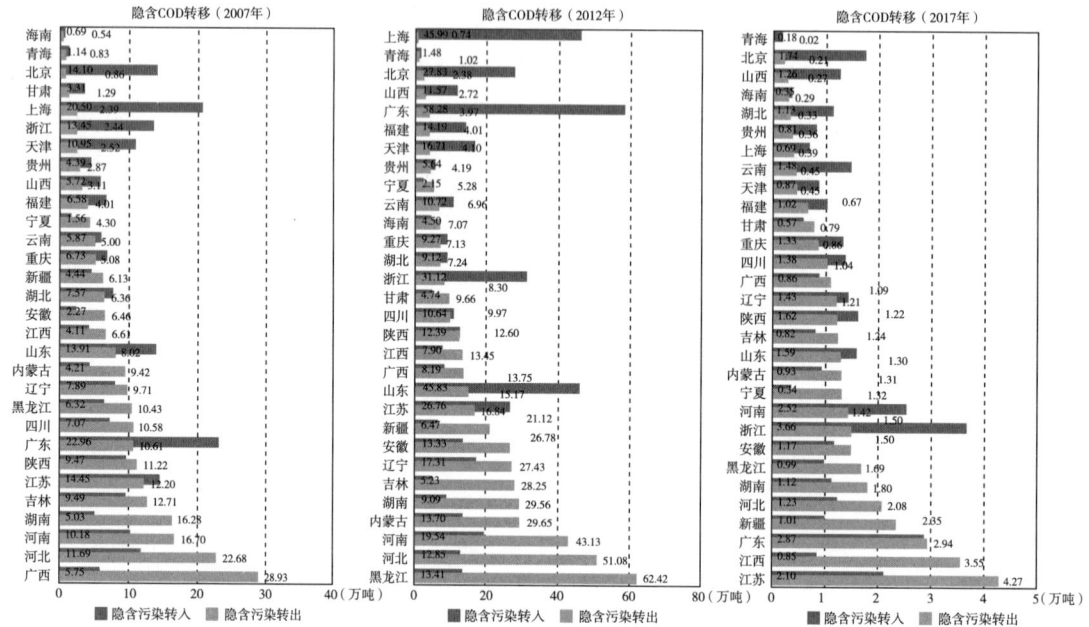

图 3-26　2007~2017 年中国省域隐含 COD 转移规模对比

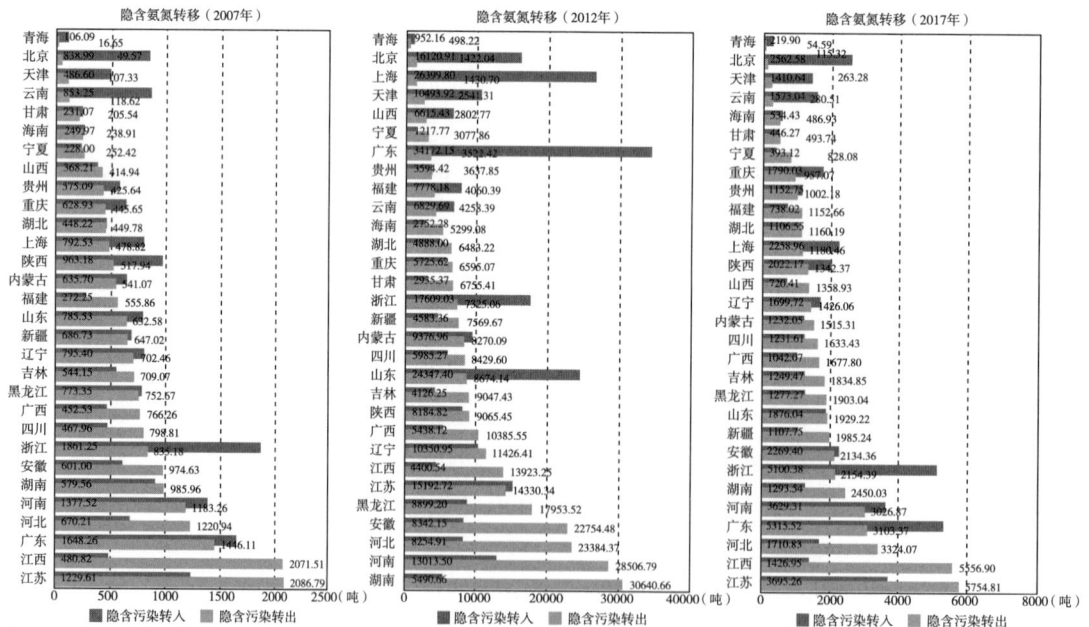

图 3-27　2007~2017 年中国省域隐含氨氮转移规模对比

2007 年，隐含氨氮转入最大的五个省区是浙江（1861.25 吨）、广东（1648.26 吨）、河南（1377.52 吨）、江苏（1229.61 吨）、陕西（963.18 吨）；2012 年，隐含氨氮转入最大的五个省区是广东（34172.15 万吨）、上海（26399.80 万吨）、山东（24347.40 万吨）、浙江（17609.03 万吨）、北京（16120.91 万吨）；2017 年，隐含氨氮转入最大的五个省区是浙江（24.79 万吨）、广东（24.72 万吨）、江苏（3695.26 万吨）、河南（3629.31 万吨）、北京（2562.58 万吨），且前五位省区的污染转出明显低于污染转入。

3.3.2　中国省际隐含大气污染物转移格局分析

3.3.2.1　中国省际隐含大气污染物转移规模与结构分析

图 3-28 汇报了 2007~2017 年中国省域隐含大气污染物转移的情况，可以发现，2007年，中国省域中隐含大气污染物转出最大的五个省区是河南（182.07 万吨）、内蒙古（174.43 万吨）、河北（168.89 万吨）、浙江（118.53 万吨）、山西（111.27 万吨）；2012年，中国省域中隐含大气污染物转出最大的五个省区是河北、山西、河南、内蒙古、辽宁等；2017 年，中国省域中隐含大气污染物转出最大的五个省区是内蒙古（150.39 万吨）、辽宁（112.18 万吨）、安徽（91.92 万吨）、江西（88.67 万吨）、山西（70.00 万吨），且前五位省区的污染转出明显高于污染转入。

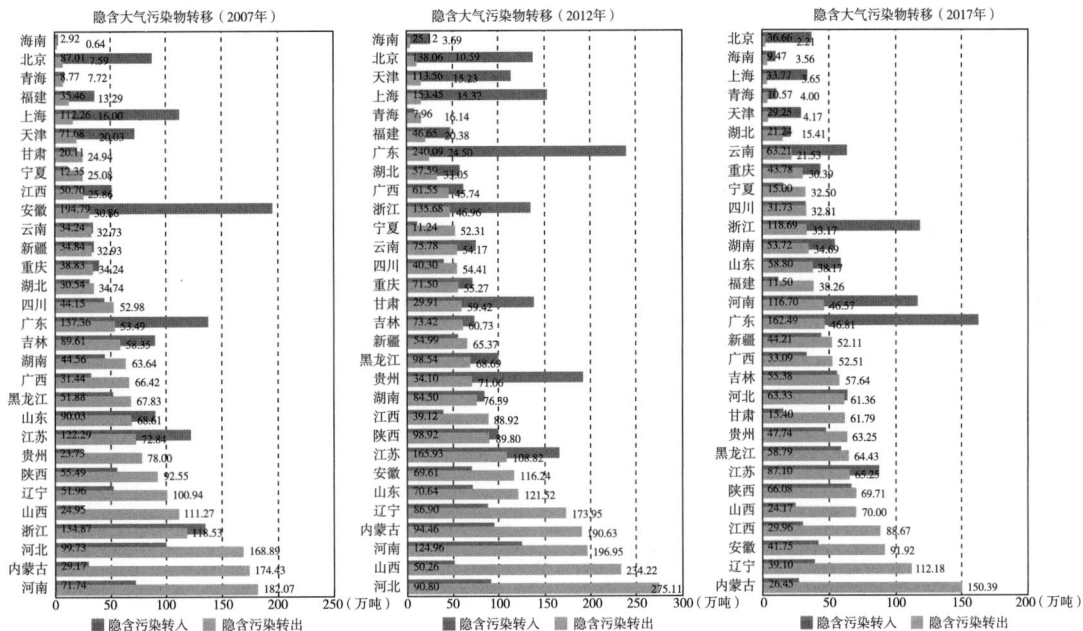

图 3-28　2007~2017 年中国省域隐含大气污染物转移规模对比

2007 年，隐含大气污染物转入最大的五个省区是安徽（194.79 万吨）、广东（137.36 万吨）、江苏（122.29 万吨）、上海（112.26 万吨）、山东（90.03 万吨）；2012 年，隐含大气污染物转入最大的五个省区是广东、上海、江苏、北京、浙江；2017 年，隐含大气污染物转入最大的五个省区是广东（162.49 万吨）、浙江（118.69 万吨）、河南（116.70 万吨）、江苏（87.10 万吨）、云南（63.21 万吨），且前五位省区的污染转出明显低于污染转转入。

2007年，按照隐含污染转出与转入的规模可将30个省区市大致分为4类（见图3-29）：第Ⅰ类型是低污染转出-低污染转入地区，有青海、海南、宁夏、甘肃、湖北、福建、云南、重庆、新疆、江西、四川共11个地区，占比40%；其中，福建是人均GDP排在前十位的省区，其他则主要分布在中部、西部地区，受限于经济发展程度，资源型产品的需求和供给相对较低，因而参与国内贸易的隐含大气污染转移规模相对较低。第Ⅱ类型是低污染转出-高污染转入，有安徽、广东、北京、上海、吉林、天津6个地区，占比16.67%；这一类省区主要是资源型省区，因输出较多的资源型产品，隐含大气污染转入规模大，而隐含大气污染转出规模相对较小。第Ⅲ类型是高污染转出-高污染转入地区，有浙江、江苏、山东、河南、河北等地区，占比16.67%；其中，浙江、江苏、山东均为人均GDP排名前十的地区，是东部沿海经济较为发达的省区，经济增长中对水资源产品需求和消耗较大是隐含大气污染转移结构双高的原因。河北是资源型省区，河南产业结构中第二产业占比较高，对资源产品生产的嵌入程度较深，与资源输出地与资源消费地均有较多的贸易往来，其大气污染转移活动较为频繁是河南呈现"双高"碳转移结构的主要原因。第Ⅳ类型是高污染转出-低污染转入地区，有山西、贵州、广西、湖南、黑龙江、陕西、辽宁共7个地区，占比23.37%；这一类省份位于经济发展水平较高的东部地区，基于消费者责任的大气污染排放中转移到其他省份的大气污染转移所占比重较高。

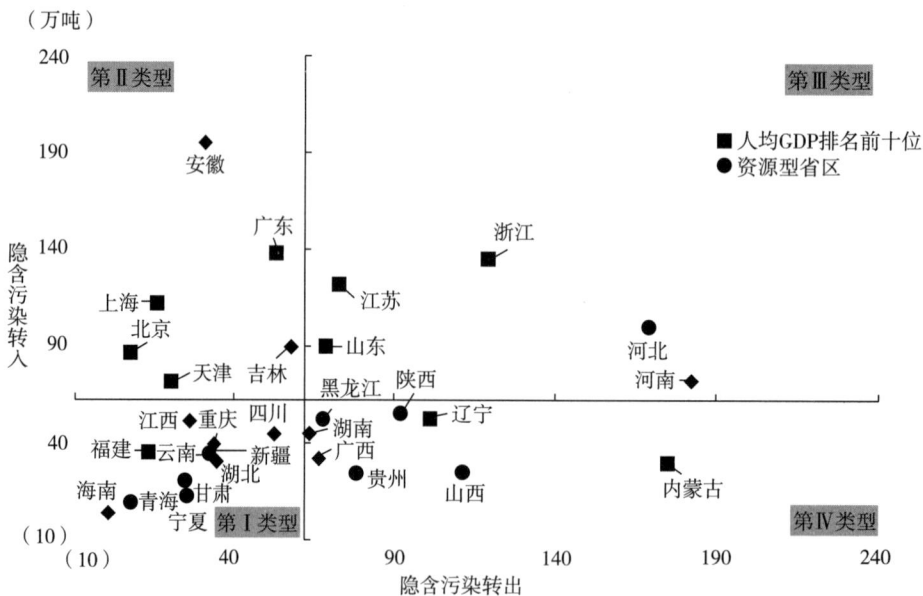

图3-29　2007年省际贸易隐含大气污染转入与隐含污染转出四象限图

2017年，按照隐含污染转出与转入的规模可将30个省区市大致分为4类（见图3-30）：第Ⅰ类型是低污染转出-低污染转入地区，有青海、海南、宁夏、北京、上海、天津、湖北、重庆、四川、福建共10个地区，占比33.33%；其中，北京、上海、天津、福建是人均GDP排在前十位的省区，其他主要分布在中部、西部地区，受限于经济发展程度，资源型产品的需求和供给相对较低，因而参与国内贸易的隐含大气污染转移规模相对较低。第 II 类型是低污染转出-高污染转入，有云南、湖南、山东、浙江、河南、广东 6 个地区，占比 20%；这一类省区主要是资源型省区，因输出较多的资源型产品，隐含大气污染转入规模大，而隐含大气污染转出规模相对较小。第 III 类型是高污染转出-高污染转入地区，有江苏、河北、吉林、陕西、黑龙江共 5 个地区，占比 20%；其中，江苏为人均 GDP 排名前十的地区，是东部沿海经济较为发达的省区，经济增长中对能源产品需求和消耗较大是隐含大气污染转移结构双高的原因；河北、吉林、陕西、黑龙江为资源型省区，隐含大气污染转移伴随资源输出与资源消费往来频繁，是这些省区呈现"双高"隐含污染转移结构的主要原因。第 IV 类型是高污染转出-低污染转入地区，有新疆、贵州、安徽、山西、甘肃、江西、辽宁、内蒙古等地区，占比 26.67%；这一类省份位于经济发展水平较高的中西部地区，基于消费者责任的隐含大气污染排放中转移到其他省份的大气污染转移所占比重较高。

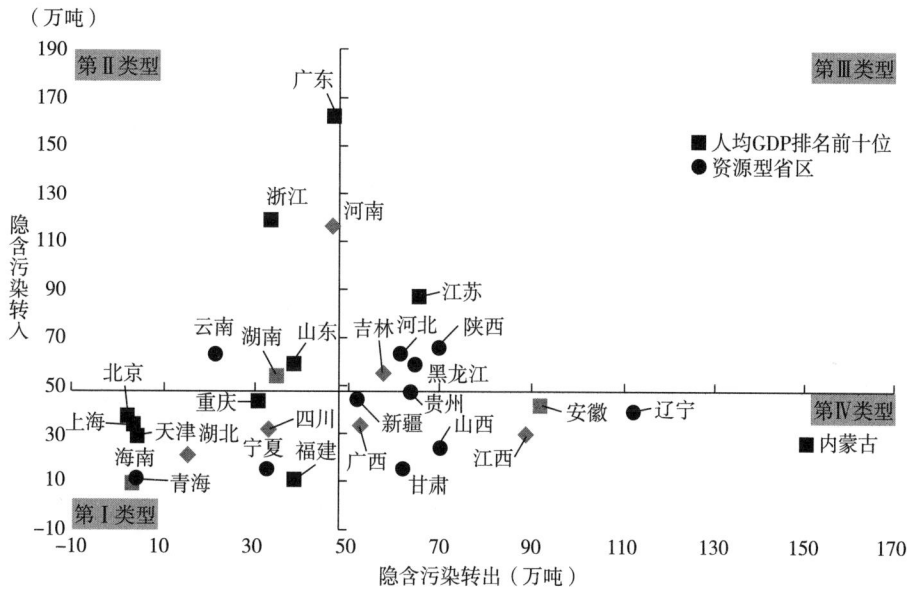

图 3-30　2017 年省际贸易隐含大气污染转入与隐含污染转出四象限图

综合以上分析，贸易隐含大气污染转移的主要路径仍是经济发达省区向资源型省区的转移。一方面，经济发达省区通过消费资源型地区的中间品和最终品，向资源型省区的隐含大气污染转移是贸易隐含大气污染转移的主要路径。综合四象限图分析，污染转出规模超过均值的地区位于四象限图水平轴的上部，污染转入高于均值的区域位于垂直轴的右侧，与资源型地区进行匹配分析发现，资源型省区集中分布在垂直轴的右侧或接近垂直轴的区域，反映了污染转入规模主要是集中在资源型地区[①]（山西、内蒙古、甘肃、新疆、青海、宁夏、陕

[①]　邓小乐、孙慧（2018）划分资源型区域的方法为 40% 以上的劳动人口直接或间接从事资源开发、生产和经营活动，或资源型产业对工业经济的贡献率大于 50%。2017 年资源型省区有山西、内蒙古、甘肃、新疆、青海、宁夏、陕西、黑龙江、辽宁、贵州、云南、河北。

西、辽宁、云南、河北）及经济发展水平高、资源需求大的江苏和内蒙古地区。人均 GDP 排在前十位省区集中分布在水平轴右侧区域，其中，广东、浙江、山东经济发达省区属于高转入和低转出的第二象限区域。

另一方面，经过 10 年的污染防治，大气污染在北上广等省份有很大改善，通过产业转移及产业结构优化进入了"双低"即低污染转出-低污染转入的特征。与 2007 年相比，2017 年经济发达的省区如上海、天津、重庆和福建等省区则在污染转移中具有"双低"特征，这一点与水污染的转移有所不同。

3.3.2.2 中国省际隐含二氧化硫转移规模与结构分析

图 3-31 汇报了 2007~2017 年中国省域隐含二氧化硫转移的情况，可以发现，2007 年，中国 30 个省域中隐含二氧化硫转出最大的五个省区是内蒙古（78.45 万吨）、河南（75.43 万吨）、浙江（69.67 万吨）、河北（67.54 万吨）、贵州（48.28 万吨）；2012 年中国 30 个省域中隐含二氧化硫转出最大的五个省区是内蒙古、河南、河北、山西、山东等；2017 年中国 30 个省域中隐含二氧化硫转出最大的五个省区是内蒙古（16.18 万吨）、江西（14.31 万吨）、河北（14.13 万吨）、贵州（13.17 万吨）、江苏（12.09 万吨）等，且前五位的省区污染转出明显高于污染转入。

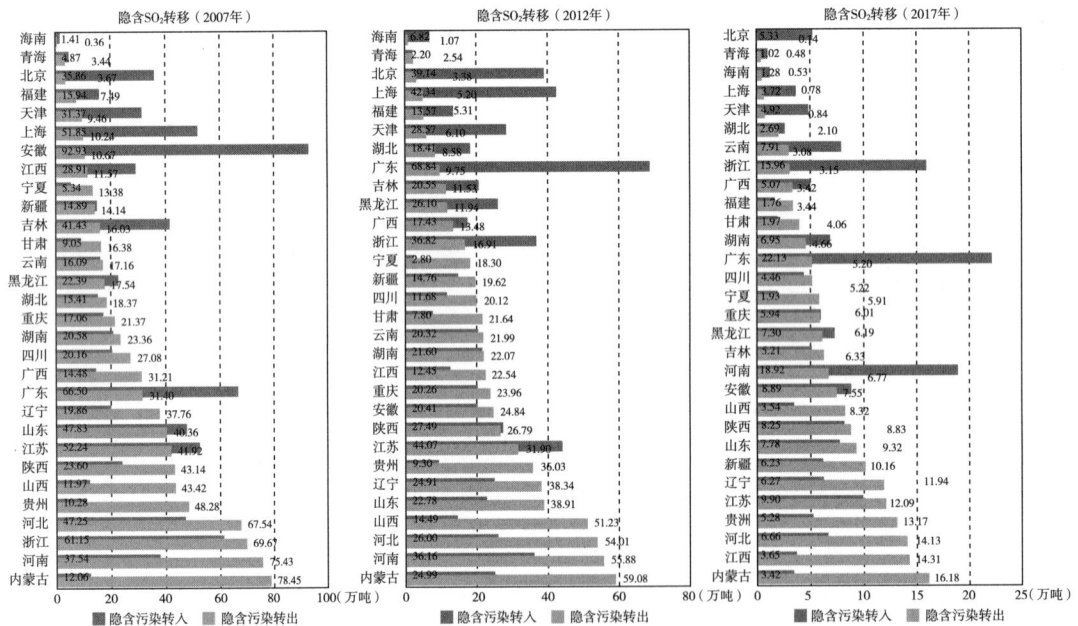

图 3-31　2007~2017 年中国省域隐含二氧化硫转移规模对比

2007 年，隐含二氧化硫转入最大的五个省区是安徽（92.93 万吨）、广东（66.50 万吨）、浙江（61.15 万吨）、江苏（52.24 万吨）、上海（51.85 万吨）；2012 年，隐含二氧化硫转入最大的五个省区是广东（68.84 万吨）、江苏（44.07 万吨）、上海（42.34 万吨）、北京（39.14 万吨）、浙江（36.82 万吨）；2017 年，隐含二氧化硫转入最大的五个省区是广东（22.13 万吨）、河南（18.92 万吨）、浙江（15.96 万吨）、江苏（12.09 万吨）、安徽

（8.89 万吨），且前五位省区的污染转出明显低于污染转入。

3.3.2.3　中国省际隐含烟粉尘转移规模与结构分析

图 3-32 汇报了 2007~2017 年中国省际隐含烟粉尘转移的情况。2007 年，中国 30 个省域中隐含烟粉尘转出最大的五个省区是河南（106.64 万吨）、河北（101.35 万吨）、内蒙古（95.97 万吨）、山西（67.85 万吨）、辽宁（63.18 万吨）；2012 年，中国 30 个省域中隐含烟粉尘转出最大的五个省区是河北、山西、河南、辽宁、内蒙古；2017 年，中国 30 个省域中隐含烟粉尘转出最大的五个省区是内蒙古（134.21 万吨）、辽宁（100.24 万吨）、安徽（84.36 万吨）、江西（74.36 万吨）、山西（61.68 万吨），且前五位省区的污染转出明显高于污染转入。

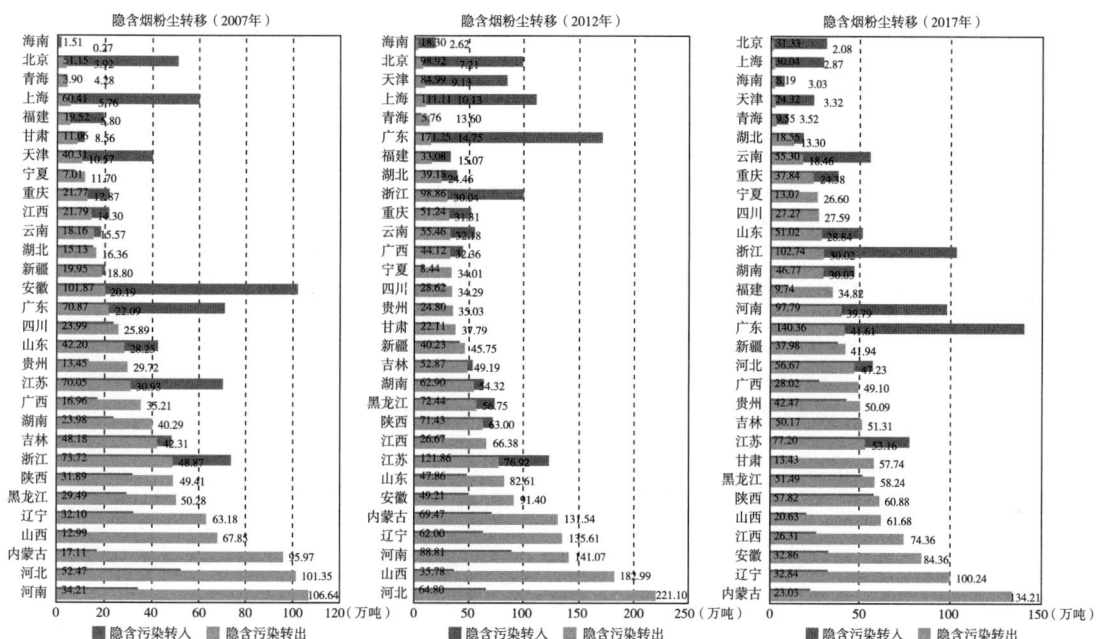

图 3-32　2007~2017 年中国省域隐含烟粉尘转移规模对比

2007 年，隐含烟粉尘转入最大的五个省区是安徽（101.87 万吨）、浙江（73.72 万吨）、广东（70.87 万吨）、江苏（70.05 万吨）、上海（60.41 万吨）；2012 年，隐含烟粉尘转入最大的五个省区是广东、江苏、上海、北京、浙江；2017 年，隐含烟粉尘转入最大的五个省区是广东（140.36 万吨）、浙江（102.74 万吨）、河南（97.79 万吨）、江苏（77.20 万吨）、河北（56.67 万吨），且前五位省区的污染转出明显低于污染转入。

3.3.3　中国省际隐含固体污染物转移格局分析

图 3-33 汇报了 2007~2017 年中国省际隐含固废转移的情况。2007 年，中国 30 个省域中隐含固废转出最大的五个省区是河北（0.97 万吨）、内蒙古（0.63 万吨）、辽宁（0.48 万吨）、河南（0.48 万吨）、山西（0.43 万吨）；2012 年，中国 30 个省域中隐含固废转出最大的五个省区是河北、内蒙古、山西、辽宁、河南；2017 年，中国 30 个省域

中隐含固废转出最大的五个省区是内蒙古（30.49 万吨）、山西（27.10 万吨）、河北（24.65 万吨）、辽宁（18.52 万吨）、河南（18.05 万吨），且前五位的省区污染转出明显高于污染转入。

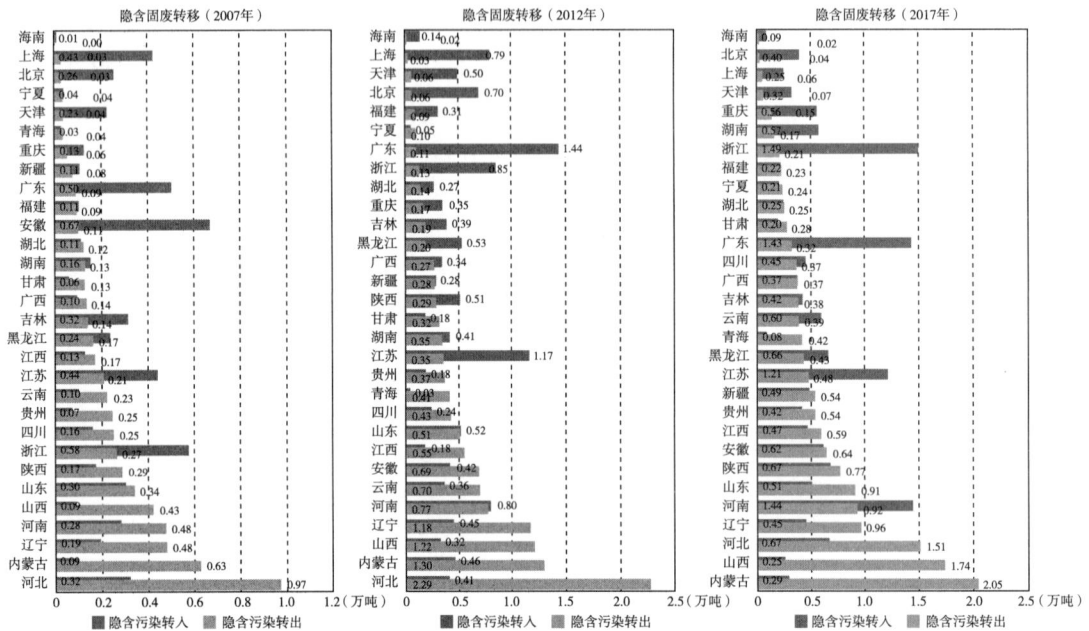

图 3-33　2007~2017 年中国省域隐含固废转移规模对比

2007 年，隐含固废转入最大的五个省区是安徽（0.67 万吨）、浙江（0.58 万吨）、广东（0.50 万吨）、江苏（0.44 万吨）、上海（0.43 万吨）；2012 年，隐含固废转入最大的五个省区是广东、江苏、浙江、上海、北京；2017 年，隐含固废转入最大的五个省区是浙江（1.49 万吨）、河南（1.44 万吨）、广东（1.43 万吨）、江苏（1.21 万吨）、黑龙江（0.66 万吨），且前五位省区的污染转出明显低于污染转入。

2017 年，按照隐含污染转出与转入的规模可将 30 个省区市大致分为 4 类（见图 3-34）：第 Ⅰ 类型是"双低"：低污染转出-低污染转入，有青海、海南、贵州、甘肃、宁夏、上海、天津、福建、重庆、内蒙古、广西、吉林、湖北、山西共 14 个地区，占比 46.67%；其中，上海、天津、福建、重庆、内蒙古是人均 GDP 排在前 10 位的地区，其他则主要分布在中、西部地区，受限于经济发展程度，资源型产品的需求和供给相对较低，因而参与国内贸易的隐含水污染转移规模相对较低。第 Ⅱ 类型是低污染转出-高污染转入，有北京、云南、四川、陕西、辽宁、山东共 6 个地区，占比 20%；这一类省区主要是资源型省区，因输出较多的资源型产品，隐含水污染转入规模大，而隐含水污染转出规模相对小。第 Ⅲ 类型是高污染转出-高污染转入地区，有浙江、河南、广东、江苏共 4 个地区，占比 13.33%；其中，浙江、江苏、广东均为人均 GDP 排名前十位的地区，是东部沿海经济较为发达的省区，经济增长中对水资源产品需求和消耗较大是隐含水污染转移结构双高的原因；河南产业结构中第二产业占比较高，对资源产品生产的嵌入程度较深，与资源输出地与资源消费地均有较多的贸易往来，其水污染转移活动较为频繁是河南呈现"双高"碳转移结构的主要原因。第Ⅳ类型是高污染转出-低污染转入地区，有安徽、黑龙江、湖南、新疆、河北、江西共 6 个地区，占比 20%；这一类省份位于经济发展水平较高的中东部地区，基于消费者责任的水污染排放中转移到其他省份的水污染转移所占比重较高。

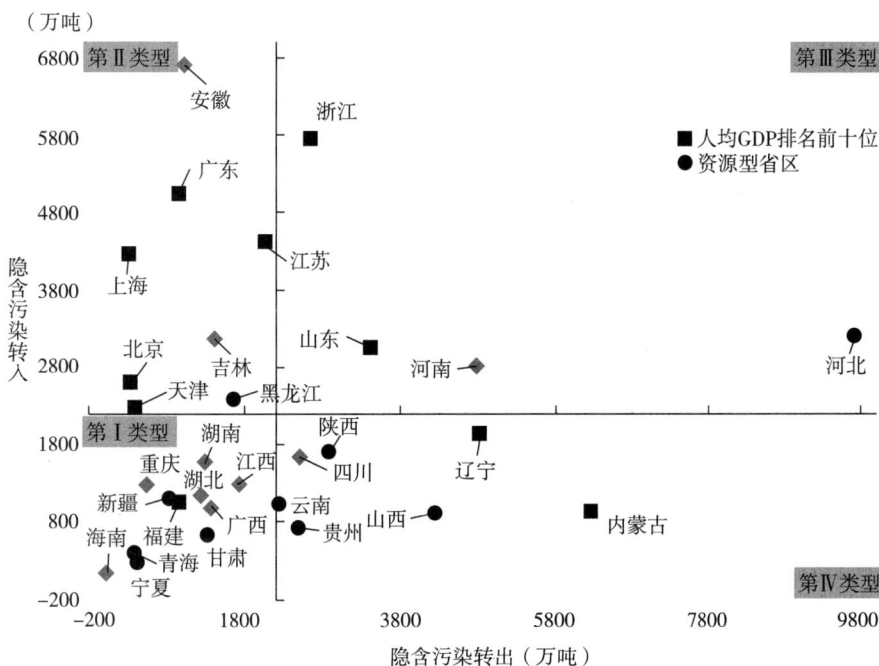

图 3-34　2007 年省际贸易隐含固废转入与隐含转出四象限图

2017 年，按照隐含固废转出与转入的规模可将 30 个省区市大致分为 4 类（见图 3-35）：第Ⅰ类型是低污染转出-低污染转入地区，有北京、天津、上海、福建、湖北、海南、宁夏、甘肃、青海、广西、吉林、四川、贵州、新疆，共 14 个地区，占比 46.67%；其中，北京、天津、上海、福建是人均 GDP 排在前 10 位的省区，其他则主要分布在中、西部地区，隐含固废污染转移规模相对较低。第Ⅱ类型是低污染转出-高污染转入地区，有重庆、湖南、云南、黑龙江、江苏、浙江、广东 7 个地区，占比 23.33%；第Ⅲ类型是高污染转出-高污染转入地区，有河南、安徽、陕西、河北共 4 个地区，占比 13.33%；河北、陕西为资源型省区，隐含固废污染转移伴随资源输出与资源消费往来频繁，是这些省区呈现"双高"隐含污染转移结构的主要原因。第Ⅳ类型是高污染转出-低污染转入地区，有江西、山东、辽宁、山西、内蒙古共 5 个地区，占比 16.67%；这一类省份位于经济发展水平较高的中西部地区，基于消费者责任的隐含固废污染排放中转移到其他省份的大气污染转移所占比重较高。

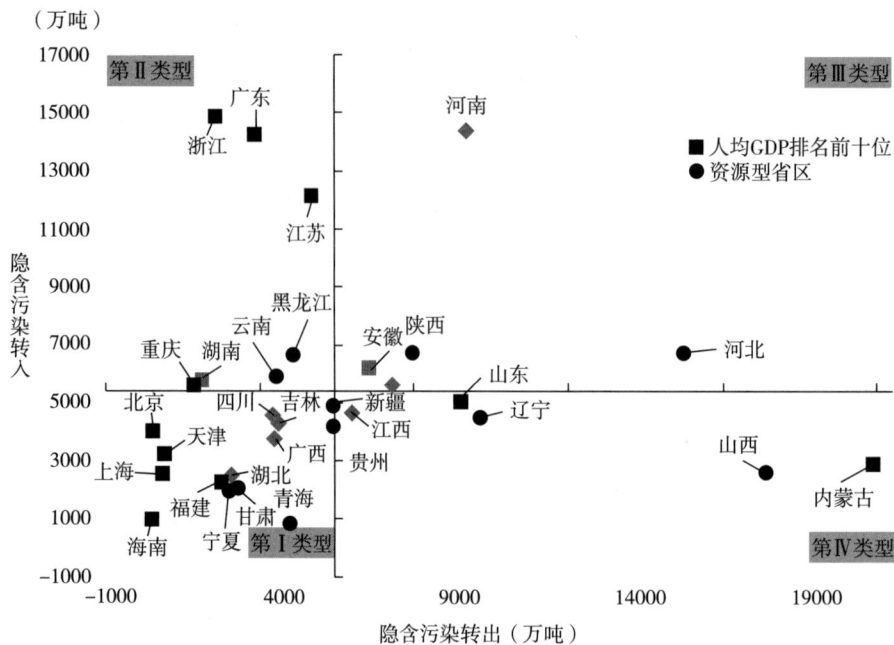

图 3-35　2017 年省际贸易隐含固废转入与隐含转出四象限图

3.4　中国省际贸易隐含污染净转移格局分析

3.4.1　中国隐含水污染物净转移规模与方向分析

3.4.1.1　省际隐含水污染净转移分析

2007 年，中国省域间水污染转移关系有 900 对，其中正向水污染转出关系有 435 对，占全部关系的 48.33%。净转出总值最大值为 10.23 万吨，最小值为 0.13 万吨；均值为 1446.43 万吨；超过均值的关系有 194 对。

进一步分析净污染转出量排序（见表 3-12）可见，排在第 1 位的是安徽-浙江，安徽对浙江的净污染转移为 102289.70 吨，占安徽净转入总量的 54.10%；第 2 位是广东-广西，净污染转移为 46025.85 吨，占广东净污染转入量的 29.84%；第 3 位是广东-湖南，净污染转移为 30713.05 吨，占广东净污染转入量的 19.91%；之后依次为上海-河北、上海-浙江、上海-广西、北京-广西、北京-河北、上海-吉林、安徽-广西；前十位的污染转出关系占总关系数的 2.30%，但净污染转出量占总转出量的 23.14%。

净污染转出量规模最大的是上海，净污染转出量为 194768.94 吨，之后依次为安徽（189092.59 吨）、广东（154242.38 吨）、北京（141673.62 吨）、天津（91070.85 吨）、山东（80102.97 吨）、江苏（55771.86 吨）、福建（39605.11 吨）、浙江（39171.56 吨）、湖北（35805.34 吨）；排名前十的净污染转出量为 102.13 万吨，占 30 个省份净污染转出总量的 78.45%；反映了省际贸易隐含水污染排放转移方向的集中性特征，主要集中在北上广、江浙、山东等东部沿海经济较发达省份以及中部的安徽、湖北等地。

表 3-12　2007 年隐含水污染转移前 10 位省份及主要转移方向构成

隐含污染消费地	隐含污染生产地	净转移（吨）	占消费地转移总量百分比（%）	隐含污染消费地	隐含污染生产地	净转移（吨）	占消费地转移总量百分比（%）
上海	河北	21613.34	11.10	山东	广西	12431.17	15.52
	浙江	21559.29	11.07		黑龙江	12247.27	15.29
	广西	18624.23	9.56		河北	9903.67	12.36
	吉林	14474.10	7.43		四川	7348.82	9.17
	湖南	13411.19	6.89		吉林	6937.49	8.66
安徽	浙江	102289.70	54.10	江苏	广西	11845.96	21.24
	广西	13944.71	7.37		河北	7163.44	12.84
	河北	11075.70	5.86		河南	5823.13	10.44
	河南	9662.93	5.11		吉林	5416.46	9.71
	湖南	9556.98	5.05		内蒙古	5009.84	8.98
广东	广西	46025.85	29.84	福建	广西	7744.73	19.55
	湖南	30713.05	19.91		湖南	5622.33	14.20
	河南	11382.87	7.38		浙江	5460.05	13.79
	湖北	11315.32	7.34		河北	3890.97	9.82
	河北	10015.21	6.49		江西	3616.41	9.13
北京	广西	17309.09	12.22	浙江	广西	13374.76	34.14
	河北	14629.31	10.33		湖南	8132.63	20.76
	浙江	9358.31	6.61		河北	5806.88	14.82
	广东	7840.82	5.53		河南	3948.62	10.08
	江苏	7497.23	5.29		江西	3223.02	8.23
天津	河北	11736.58	12.89	湖北	广西	8767.22	24.49
	广西	10539.51	11.57		河北	5914.94	16.52
	陕西	8256.57	9.07		河南	4532.97	12.66
	内蒙古	7979.31	8.76		湖南	4262.81	11.91
	河南	5417.67	5.95		陕西	2490.36	6.96

注："隐含污染消费地（a）" 与隐含污染生产地（b）的含义是指 a 消费 b 地的中间产品或最终产品经过省际贸易进入 a 地，使得 a 地产生的贸易增加值。

2017 年，中国省域间水污染转移关系有 900 对，其中正向水污染转出关系有 205 对，占全部关系的 22.8%。净转出总值为 17.19 万吨，其中最大值为 4404.74 吨，最小值为 0 吨；均值为 191.03 吨；超过均值的关系有 143 对。

进一步分析水污染转移排序（见表 3-13）可见。排在第 1 位的是浙江-江苏，浙江对江苏的净污染转移为 4404.74 万吨，占浙江净转入总量的 17.72%；第 2 位是浙江-江西，占浙江净污染转入量的 16.53%；第 3 位是广东-广西，占广东净污染转入量的 30.84%；第 4 位是河南-江苏，占河南净污染转入量的 20.88%；第 5 位是山东-河北，占山东污染转入量的 37.28%；之后依次为北京-河北、浙江-新疆、广东-江西、北京-江苏、浙江-广东；前十位的污染转出关系占总关系数的 2.30%，但净污染转出量占总转出量的 15.89%。

表 3-13 2017 年隐含水污染转移前 10 位省份及主要转移方向构成

隐含污染消费地	隐含污染生产地	净转移（吨）	占消费地转移总量百分比（%）	隐含污染消费地	隐含污染生产地	净转移（万吨）	占消费地转移总量百分比（%）
浙江	江苏	4404.74	17.72	广东	广西	3039.02	30.84
	江西	4107.67	16.53		江西	2137.09	21.69
	新疆	2165.20	8.71		江苏	1369.93	13.90
	广东	1973.68	7.94		辽宁	1133.21	11.50
	湖南	1679.92	6.76		宁夏	642.11	6.52
北京	河北	2173.45	13.55	陕西	江苏	1276.95	15.10
	江苏	2072.68	12.92		江西	1202.58	14.22
	江西	1490.84	9.29		四川	978.07	11.56
	广东	1342.56	8.37		新疆	791.29	9.36
	新疆	741.44	4.62		甘肃	738.02	8.73
河南	江苏	2751.97	20.88	湖北	新疆	1032.55	12.75
	江西	1905.83	14.46		江苏	980.26	12.10
	陕西	1410.84	10.70		江西	948.44	11.71
	浙江	941.53	7.14		湖南	817.95	10.10
	湖南	834.83	6.33		广东	583.79	7.21
云南	江苏	1817.91	15.89	山东	河北	2489.02	37.28
	江西	1483.08	12.96		江西	919.78	13.78
	广东	1133.52	9.91		江苏	804.61	12.05
	湖南	694.93	6.07		新疆	655.14	9.81
	安徽	574.30	5.02		陕西	496.47	7.44
山西	河北	1515.79	15.12	重庆	新疆	1073.51	17.08
	江苏	986.78	9.85		江西	971.22	15.45
	内蒙古	960.32	9.58		江苏	920.26	14.64
	江西	930.27	9.28		宁夏	518.94	8.26
	广东	785.77	7.84		湖南	486.49	7.74

　　净污染转出量规模最大的是浙江，净污染转出量为 24851.04 吨，之后依次为北京（16042.71 吨）、河南（13182.75 吨）、云南（11440.89 吨）、山西（10022.58 吨）、广东（9853.55 吨）、陕西（8457.71 吨）、湖北（8101.24 吨）、山东（6676.91 吨）、重庆（6284.58 吨）；排在前十位的净污染转出量为 11.49 万吨，占 30 个省份净污染转出总量的66.83%；反映了省际贸易隐含水污染排放转移方向的集中性特征，但与 2007 年相比，2017年省际隐含水污染转移的方向主要集中在北京、浙江、广东、山东等东部省份及中西部的河南、云南、山西、陕西、湖北、重庆等地。

　　进一步地，结合中国八大区域①隐含水污染转移主要方向特征，如图 3-36 所示。研究

① 参照张伟（2018）8 个区域的划分，东北地区：辽宁、吉林、黑龙江；京津地区：北京、天津；北部沿海地区：河北、山东；东部沿海地区：上海、江苏、浙江；南部沿海地区：福建、广东、海南；中部地区：山西、安徽、江西、河南、湖南、湖北；西北地区：内蒙古、陕西、甘肃、青海、宁夏、新疆；西南地区：广西、四川、重庆、贵州、云南。

发现：2007~2017 年，随着中国隐含水污染排放规模减小，区域间隐含水污染净转移规模整体减小。2007 年，中国八大区域间隐含水污染排放的主要转移路径是东南部沿海和京津地区向中部地区和西南地区的转移。其中，南部沿海向中部和西南地区分别净转出 7.65 万吨和 7.10 万吨；东部沿海对西南地区的隐含水污染净转移为 5.55 万吨，京津地区向中部和西南地区的净转移分别是 5.37 万吨和 5.02 万吨。中国八大区域间隐含水污染排放的主要转移路径是西南地区和京津地区向中部地区的转移、东部沿海向中部地区和西北地区的转移以及西南向东部沿海和西北地区的转移。其中，西南地区和京津地区向中部地区的净转移规模分别为 0.87 万吨和 0.51 万吨；东部沿海向中部地区和西北地区的隐含水污染净转移分别为 0.42 万吨和 0.45 万吨。对比中国八大区域间的转移路径的变化，可以发现 2017 年隐含水污染净转移的方向由东部沿海向中西部转移的特征，转变为除了东部向中西部转移的路径外，西南地区向中部地区和西北地区转移的路径；这样的变化与水资源禀赋密切相关，但也反映出中西部隐含水污染转移关系网络日趋复杂的特征，这将为未来核算水污染责任增加难度。

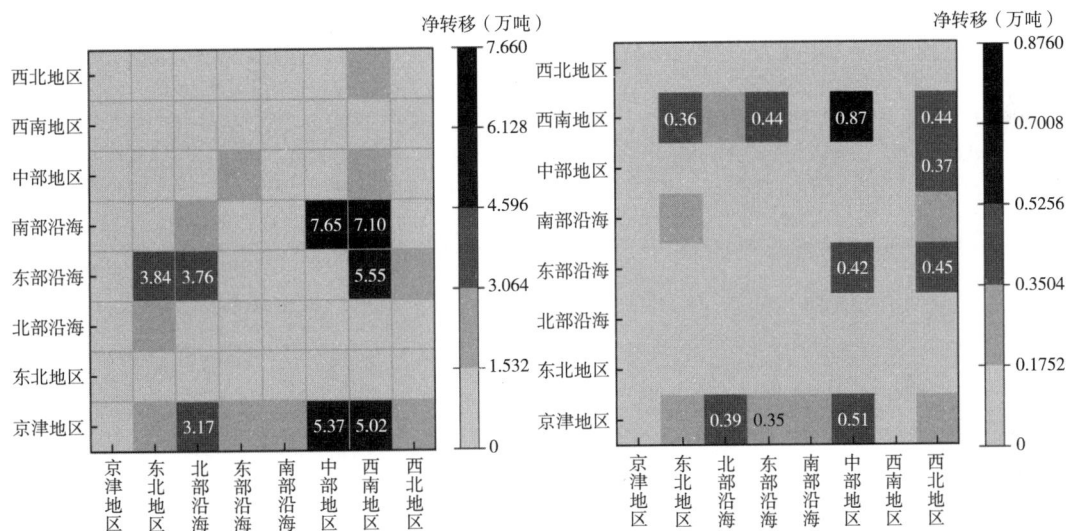

图 3-36　2007~2017 年八大区域水污染转移规模与方向

3.4.1.2　省际隐含 COD 净转移分析

2007 年，中国省域间 COD 污染转移关系有 900 对，其中正向隐含 COD 污染转出关系有 433 对，占全部关系的 48.11%。净转出总值为 121.68 万吨，其中最大值为 9.19 万吨，最小值为 1.02 万吨，均值为 2810.25 吨，超过均值的关系有 126 对。

进一步分析净 COD 污染转出量排序（见表 3-14）可见，排在第 1 位的是安徽-浙江，安徽对浙江的净污染转移为 91877.77 吨，占安徽净转入总量的 52.35%；第 2 位是广东-广西，广东对广西净污染转移为 43263.65 吨，占广东净污染转入量的 30.65%；第 3 位是广东-湖南，广东对湖南净污染转移为 27338.00 吨，占广东净污染转入量的 19.37%；之后依次为上海-河北、上海-浙江、上海-广西、北京-广西、上海-吉林、安徽-广西、北京-河北；前十位的污染转出关系占总关系数的 2.30%，但净污染转出量占总转出量的 9.08%。

表 3-14 2007 年隐含 COD 转移前 10 位省份及主要转移方向

隐含污染消费地	隐含污染生产地	净转移（吨）	占消费地转移总量百分比（％）	隐含污染消费地	隐含污染生产地	净转移（吨）	占消费地转移总量百分比（％）
上海	河北	19745.59	10.86	山东	广西	11713.77	15.75
	浙江	19471.75	10.71		黑龙江	11602.98	15.60
	广西	17720.40	9.75		河北	8684.99	11.68
	吉林	14197.13	7.81		吉林	7111.29	9.56
	湖南	12186.66	6.70		四川	6855.45	9.22
安徽	浙江	91877.77	52.35	江苏	广西	11333.65	22.06
	广西	13391.34	7.63		河北	6296.68	12.26
	河北	10223.29	5.83		吉林	5475.35	10.66
	河南	8813.75	5.02		河南	4945.58	9.63
	湖南	8598.01	4.90		内蒙古	4931.34	9.60
广东	广西	43263.65	30.65	浙江	广西	12901.80	34.01
	湖南	27338.00	19.37		湖南	7288.22	19.21
	湖北	10229.50	7.25		河北	5298.30	13.97
	河南	10133.21	7.18		河南	3510.03	9.25
	河北	9170.24	6.50		江西	3191.77	8.41
北京	广西	16267.90	12.28	福建	广西	7399.08	20.31
	河北	13375.57	10.10		湖南	5036.26	13.82
	浙江	8480.82	6.40		浙江	4744.46	13.02
	广东	7610.55	5.75		河北	3503.43	9.62
	江苏	7135.88	5.39		江西	3403.58	9.34
天津	河北	10825.80	12.50	湖北	广西	8569.40	24.99
	广西	10003.18	11.55		河北	5509.27	16.07
	陕西	8160.46	9.42		河南	4202.50	12.26
	内蒙古	7818.34	9.03		湖南	3818.62	11.14
	河南	4891.65	5.65		陕西	2527.86	7.37

净污染转出量规模最大的是上海，净污染转出量为 181778.92 吨，之后依次为安徽（175500.48 吨）、广东（141166.17 吨）、北京（132461.29 吨）、天津（86619.18 吨）、山东（74364.28 吨）、江苏（51374.01 吨）、浙江（37934.63 吨）、福建（36435.87 吨）、湖北（34286.25 吨）；排名前十的净污染转出量为 102.13 万吨，占 30 个省份净污染转出总量的 78.23％；反映了省际贸易隐含 COD 污染排放转移方向的集中性特征，主要集中在北上广、江浙、山东等东部沿海经济较发达省份以及中部的安徽、湖北等地，体现了转移方向和规模的集中性特征；也反映出东南沿海发达省份与资源密集型省份污染转移关系密切。

2017 年，中国省域间 COD 污染转移关系有 900 对，其中正向 COD 污染转出关系有 205 对，占全部关系的 22.8％。净转出总值为 17.19 万吨，其中最大值为 4187.57 吨，最小值为 0 吨；均值为 191.03 吨；超过均值的关系有 143 对。

进一步分析净 COD 污染转出量排序（见表 3-15）可见，排在第 1 位的是江苏-浙江，浙江对江苏的净污染转移为 4187.57 吨，占浙江净转入总量的 17.68%；第 2 位是江西-浙江，浙江对江西净污染转移为 3897.91 吨，占浙江净转入量的 16.45%；第 3 位是广西-广东，广东对广西净污染转移为 2808.30 吨，占广东净污染转入量的 30.06%；第 4 位是江苏-河南，江苏对河南净污染转移为 2675.17 吨，占河南净污染转入量的 20.82%；第 5 位是河北-山东，河北对山东净污染转移为 2458.56 吨，占山东污染转入量的 38.30%；第 6 位是新疆-浙江，新疆对浙江净污染转移为 2111.82 吨，占浙江污染转入量的 8.91%；第 7 位是河北-北京，河北对北京净污染转移为 2074.71 吨，占北京污染转入量的 13.60%；第 8 位是江西-广东，江西对广东净转移为 1999.66 吨，占江西污染净转入量的 21.40%；第 9 位是江苏-北京，江苏对北京净染污染转移为 1966.34 吨，占北京污染转入量的 12.89%；第 10 位是

表 3-15 2017 年隐含 COD 转移前 10 位省份及主要转移方向构成

隐含污染消费地	隐含污染生产地	净转移（吨）	占消费地转移总量百分比（%）	隐含污染消费地	隐含污染生产地	净转移（吨）	占消费地转移总量百分比（%）
浙江	江苏	4187.57	17.68	广东	广西	2808.30	30.06
	江西	3897.91	16.45		江西	1999.66	21.40
	新疆	2111.82	8.91		江苏	1322.46	14.15
	广东	1861.77	7.86		辽宁	1018.24	10.90
	湖南	1583.34	6.68		宁夏	634.46	6.79
北京	河北	2074.71	13.60	湖北	新疆	1022.59	12.65
	江苏	1966.34	12.89		江苏	982.16	12.15
	江西	1418.65	9.30		江西	949.48	11.75
	广东	1293.24	8.48		湖南	795.65	9.84
	新疆	720.64	4.72		广东	584.68	7.23
河南	江苏	2675.17	20.82	陕西	江苏	1199.67	15.20
	江西	1824.74	14.20		江西	1121.88	14.22
	陕西	1414.10	11.01		四川	868.02	11.00
	浙江	859.33	6.69		新疆	775.75	9.83
	湖南	808.71	6.30		甘肃	732.42	9.28
云南	江苏	1720.25	16.04	山东	河北	2458.56	38.30
	江西	1384.98	12.91		江西	874.64	13.63
	广东	1075.93	10.03		江苏	770.61	12.01
	湖南	643.84	6.00		新疆	631.11	9.83
	安徽	540.69	5.04		陕西	427.68	6.66
山西	河北	1476.29	14.78	四川	江苏	1169.76	19.00
	江苏	984.52	9.86		江西	957.63	15.55
	内蒙古	961.75	9.63		新疆	924.43	15.01
	江西	908.32	9.09		广东	524.31	8.52
	广东	782.11	7.83		宁夏	479.54	7.79

广东-浙江，广东对浙江污染净转移为 1861.77 吨，占广东净转入量的 7.86%；前十位的污染转出关系占总关系数的 2.30%，但净污染转出量占总转出量的 15.89%。

净污染转出量规模最大的是浙江，净污染转出量为 23690.65 吨，之后依次为北京（15253.34 吨）、河南（12846.16 吨）、云南（10726.29 吨）、山西（9988.04 吨）、广东（9343.01 吨）、湖北（8081.83 吨）、陕西（7890.51 吨）、山东（6418.88 吨）、四川（6157.32 吨）。排名前十的净污染转出量为 11.49 万吨，占 30 个省份净污染转出总量的 66.83%；

进一步地，结合中国八大区域隐含 COD 污染转移主要方向特征，如图 3-37 所示。研究发现：2007 年，中国八大区域间隐含 COD 污染排放的主要转移路径是东南部沿海和京津地区向中部地区和西南地区的转移。其中，南部沿海向中部和西南地区分别净转出 6.81 万吨和 6.67 万吨；东部沿海对西南地区的隐含 COD 污染净转移为 5.34 万吨，京津地区向中部和西南地区的净转移分别是 4.97 万吨和 4.73 万吨。2017 年，中国八大区域间隐含 COD 污染排放的主要转移路径是西南地区和京津地区向中部地区的转移、东部沿海向中部地区和西北地区的转移以及西南向东部沿海和西北地区的转移。其中，西南地区和京津地区向中部地区的净转移规模分别为 0.82 万吨和 0.48 万吨；东部沿海向中部地区和西北地区的隐含 COD 污染净转移分别为 0.36 万吨和 0.48 万吨。对比中国八大区域间的转移路径的变化，可以发现 2017 年隐含 COD 污染净转移向西南和西北偏移。

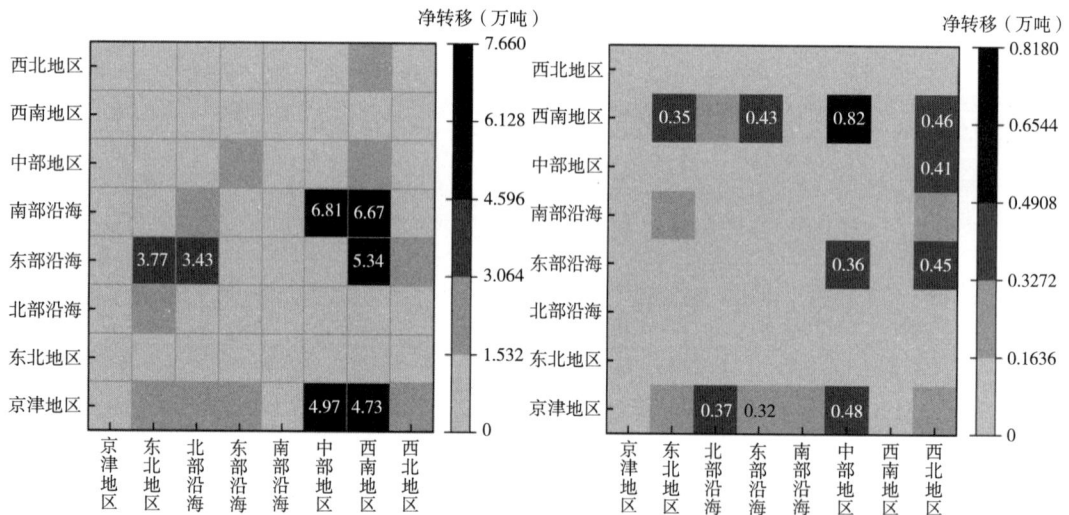

图 3-37　2007~2017 年中国八大区域隐含 COD 转移

3.4.1.3　省际隐含氨氮净转移分析

2007 年，中国省域间隐含氨氮污染转移关系有 900 对，其中正向隐含氨氮污染转出关系有 387 对，占全部关系的 48.33%。净转出总值为 8431.59 吨，其中最大值为 230.72 万吨，最小值为 0.13 万吨；均值 21.79 吨；超过均值的关系有 131 对。

进一步分析净氨氮污染转出量排序（见表 3-16）可见，排在第 1 位的是广西-广东，广西对广东的净污染转移为230.72万吨,占广西净污染转入总量的34.45%;第2位是江苏-浙江,江苏对浙江净污染转移为217.17万吨,占江苏净污染转入总量的17.93%;第3位是江西-浙江,江西对浙江净污染转移为209.76万吨,占江西净污染转入总量的17.32%;之后依次为江西-广东、辽宁-广东、广东-浙江、四川-陕西、江苏-北京、海南-陕西、河北-北京;前十位的污染转出关系占总关系数的2.30%,但净污染转出量占总转出量的16.82%。

表3-16 2007年隐含氨氮转移前10位省份及主要转移方向构成

隐含污染消费地	隐含污染生产地	净转移(万吨)	占消费地转移总量百分比(%)	隐含污染消费地	隐含污染生产地	净转移(万吨)	占消费地转移总量百分比(%)
浙江	江苏	217.17	17.93	河南	浙江	82.20	20.67
	江西	209.76	17.32		江西	81.09	20.39
	广东	111.92	9.24		江苏	76.80	19.31
	湖南	96.59	7.98		辽宁	54.31	13.66
	内蒙古	79.19	6.54		湖南	26.12	6.57
北京	江苏	106.35	13.47	天津	江苏	55.65	14.33
	河北	98.74	12.51		广东	55.57	14.31
	江西	72.19	9.14		河北	46.56	11.99
	广东	49.32	6.25		江西	43.11	11.10
	浙江	41.66	5.28		河南	18.93	4.87
云南	江西	98.10	13.28	上海	江西	50.85	13.83
	江苏	97.66	13.22		浙江	48.29	13.14
	广东	57.59	7.80		广东	35.14	9.56
	湖南	51.09	6.92		湖南	33.77	9.19
	河南	50.61	6.85		吉林	26.14	7.11
广东	广西	230.72	34.45	辽宁	江西	73.93	21.02
	江西	137.43	20.52		江苏	62.97	17.91
	辽宁	114.97	17.17		安徽	43.04	12.24
	江苏	47.46	7.09		河北	40.34	11.47
	湖南	42.86	6.40		四川	30.12	8.57
陕西	四川	110.05	19.79	内蒙古	江西	46.45	18.08
	海南	103.18	18.55		江苏	39.04	15.20
	江西	80.70	14.51		四川	26.50	10.31
	江苏	77.28	13.90		福建	20.12	7.83
	安徽	41.31	7.43		湖北	19.20	7.47

净污染转出量规模最大的是浙江,净污染转出量为1211.03万吨,之后依次为北京(789.42万吨)、云南(738.75万吨)、广东(669.76万吨)、陕西(578.28万吨)、河南(397.93万吨)、天津(388.32万吨)、上海(368.21万吨)、辽宁(361.04万吨)、内蒙古(324.94万吨);排名前十的净污染转出量为5827.69万吨,占30个省份净污染转出总量的

66.12%；反映了省际贸易隐含氨氮污染排放转移方向的集中性特征，主要集中在北上广、天津、山东、河南等东部沿海经济较发达省份以及中西部的云南、陕西、内蒙古等地。

表 3-17 2017 年隐含氨氮转移前 10 位省份及主要转移方向构成

隐含污染消费地	隐含污染生产地	净转移（吨）	占消费地转移总量百分比（%）	隐含污染消费地	隐含污染生产地	净转移（吨）	占消费地转移总量百分比（%）
浙江	江西	588.25	17.76	天津	江苏	166.99	14.21
	江苏	557.34	16.83		河北	136.69	15.45
	湖南	255.53	7.72		江西	129.58	14.65
	广东	191.70	5.79		广东	90.94	10.28
	内蒙古	188.69	5.70		河南	71.86	8.12
广东	江西	588.54	20.49	河南	江西	290.94	25.47
	江苏	386.82	13.47		江苏	206.88	18.11
	广西	374.14	13.02		河北	80.97	7.09
	河北	197.41	6.87		山东	74.65	6.54
	吉林	161.74	5.63		湖南	65.91	5.77
北京	江苏	343.61	14.04	陕西	江西	174.60	17.68
	河北	303.53	12.40		江苏	156.50	15.85
	江西	195.96	8.01		四川	118.58	12.01
	浙江	151.14	6.18		海南	106.62	10.80
	广东	140.03	5.72		湖南	65.70	6.65
云南	江西	185.06	14.15	重庆	江西	170.58	18.35
	江苏	174.43	13.34		江苏	137.00	14.74
	广东	97.76	7.48		湖南	86.73	9.33
	河南	94.12	7.20		河北	68.01	7.32
	湖南	90.58	6.93		河南	64.31	6.92
上海	浙江	184.67	15.19	安徽	江西	337.99	51.42
	江西	153.44	12.62		新疆	57.40	8.73
	湖南	113.31	9.32		河北	44.13	6.71
	吉林	96.50	7.94		湖南	38.63	5.88
	广东	72.83	5.99		吉林	28.85	4.39

如表 3-17 所示，2017 年，中国省域间隐含氨氮污染转移关系有 900 对，其中正向隐含氨氮污染转出关系有 435 对，占全部关系的 48.33%。净转出总值为 21301.88 吨，其中最大值为 588.54 吨，最小值为 0 吨；均值为 23.67 吨；超过均值的关系有 126 对。进一步分析隐含氨氮净转出量排序可见，排在第 1 位的是江西-广东，江西对广东的净污染转移为 588.54 吨，占广东净污染转入总量的 20.49%；第 2 位是江西-浙江，江西对浙江净污染转移为 588.25 吨，占浙江净污染转入总量的 17.76%；第 3 位是江苏-浙江，江苏对浙江净污染转移为 557.34 吨，占浙江净污染转入总量的 16.83%；之后依次为江苏-广东、广西-广东、江苏-北京、江西-安徽、河北-北京、江西-河南、湖南-浙江；前十位的污染转出关系

占总关系数的 2.30%，但净污染转出量占总转出量的 18.90%。

净污染转出量规模最大的是浙江，净污染转出量为 3311.8 吨，之后依次为广东（2872.72 吨）、北京（2447.26 吨）、云南（1307.45 吨）、上海（1215.81 吨）、天津（1175.30 吨）、河南（1142.07 吨）、陕西（987.29 吨）、重庆（929.54 吨）、安徽（657.31 吨）。排名前十的净污染转出量为 16046.57 吨，占 30 省净污染转出总量的 75.33%。

进一步地，结合中国八大区域隐含氨氮污染转移主要方向特征，如图 3-38 所示。研究发现：2007 年，中国八大区域间隐含氨氮污染排放的主要转移路径是京津地区、东部沿海、南部沿海向中部地区转移，京津地区和南部沿海向西南地区转移以及东部沿海向北部沿海转移。其中，京津地区、东部沿海、南部沿海向中部地区的隐含氨氮污染净转移规模分别为 0.25 万吨、0.41 万吨、0.39 万吨；京津地区和南部沿海向西南地区的净转移分别为 0.19 万吨和 0.20 万吨；东部沿海向北部沿海的净转移为 0.22 万吨。2017 年，中国八大区域间隐含氨氮污染排放的主要转移路径是西北地区向东部沿海、南部沿海、中部地区的转移，西南地区、京津地区、中部地区、东北地区向东部沿海转移的主要路径。其中，西北地区向东部沿海、南部沿海、中部地区的隐含氨氮污染净转移分别为 0.66 万吨、1.45 万吨、0.58 万吨；西南地区、京津地区、中部地区、东北地区向东部沿海的净转移分别为 0.49 万吨、0.42 万吨、0.33 万吨、0.38 万吨。对比中国八大区域间的转移路径的变化，可以发现隐含氨氮污染净转移的方向从东部沿海向中部转移；2017 年则逆转为西北向东部和中部的转移。

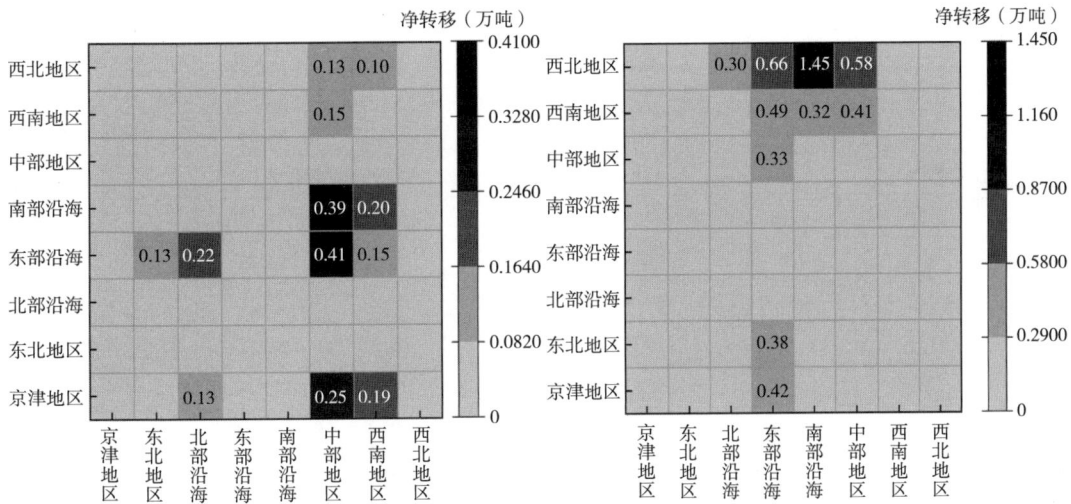

图 3-38　2007~2017 年八大区域隐含氨氮转移规模与方向

3.4.2　中国隐含大气污染物净转移规模与方向分析

3.4.2.1　省际隐含大气污染净转移分析

2007 年，中国省域间隐含大气污染转移关系有 900 对，其中正向隐含大气污染转出关系有 435 对，占全部关系的 48.33%。净转出总值为 778.55 万吨，其中最大值为 52.73 万吨，最小值为 0 万吨；均值为 1.07 万吨；超过均值的关系有 117 对。

进一步分析隐含大气污染净转出量排序（见表 3-18）可见，排在第 1 位的是浙江-安徽，浙江对安徽的净污染转移为 52.73 万吨，占安徽净转入总量的 31.91%；第 2 位是河北-

北京，河北对北京净污染转移为 24.11 万吨，占北京净污染转入量的 30.35%；第 3 位是内蒙古-吉林，内蒙古对吉林净污染转移为 24.00 万吨，占吉林净污染转入量的 57.37%；第 4 位是河南-安徽，河南对安徽净污染转移为 20.09 万吨，占安徽净污染转入量的 12.15%；第 5 位是山西-山东，山西对山东净污染转移为 17.44 万吨，占山东净污染转入量的 35.67%；前十位的净污染转出关系占总关系数的 2.30%，但净污染转出量占总转出量的 21.35%。

表 3-18 2007 年隐含大气污染转移前 10 位省份及主要转移方向

隐含污染消费地	隐含污染生产地	净转移（万吨）	占消费地转移总量百分比（%）	隐含污染消费地	隐含污染生产地	净转移（万吨）	占消费地转移总量百分比（%）
安徽	浙江	52.73	31.91	江苏	河南	12.38	20.08
	河南	20.09	12.15		内蒙古	9.28	15.06
	河北	11.93	7.22		河北	7.99	12.96
	内蒙古	9.83	5.95		山西	7.25	11.76
	陕西	8.05	4.87		辽宁	4.92	7.98
上海	河南	13.05	13.52	天津	内蒙古	12.47	22.55
	浙江	9.97	10.33		河北	12.19	22.05
	内蒙古	9.13	9.46		山西	4.12	7.46
	河北	8.67	8.99		河南	3.57	6.46
	山东	6.33	6.56		辽宁	3.49	6.31
广东	广西	12.72	13.77	山东	山西	17.44	35.67
	贵州	11.35	12.29		内蒙古	11.64	23.80
	湖南	8.70	9.42		河南	7.01	14.33
	云南	7.41	8.03		黑龙江	4.66	9.53
	河南	6.12	6.63		湖北	2.03	4.15
浙江	河南	16.53	20.32	吉林	内蒙古	24.00	57.37
	河北	10.01	12.30		黑龙江	4.27	10.20
	内蒙古	8.93	10.98		辽宁	3.21	7.68
	山西	6.83	8.39		山西	2.52	6.02
	陕西	5.94	7.31		河北	2.28	5.44
北京	河北	24.11	30.35	江西	贵州	24.11	72.74
	内蒙古	10.64	13.39		湖北	10.64	32.10
	山西	7.13	8.98		河南	7.13	21.52
	河南	4.46	5.62		广西	4.46	13.46
	辽宁	4.09	5.15		四川	4.09	12.34

净污染转出量规模最大的是安徽，净污染转出量为 165.27 万吨，之后依次为上海（96.51 万吨）、广东（92.33 万吨）、浙江（81.34 万吨）、北京（79.43 万吨）、江苏（61.65 万吨）、天津（55.29 万吨）、山东（48.90 万吨）、吉林（41.83 万吨）、江西（33.14 万吨）；排名前十的净污染转出量为 102.13 万吨，占 30 个省份净污染转出总量的 78.45%；反映了省际贸易隐含大气污染排放转移方向的集中性特征，主要集中在北上广、江浙、山东等东部沿海经济较发达省份以及中部的安徽、江西等地。

2017 年，中国省域间大气污染转移关系有 900 对，其中正向隐含大气污染转出关系有 435 对，占全部关系的 48.33%。净转出总值为 778.55 万吨，其中最大值为 33.24 万吨，最小值为 0 吨；均值为 0.87 吨；超过均值的关系有 111 对。

进一步分析净大气污染转出量排序（见表 3-19）可见，排在第 1 位的是辽宁-广东，广东对辽宁的净污染转移为 33.24 万吨，占广东净转入量的 26.82%；第 2 位是安徽-江苏，安徽与江苏净污染转移为 24.21 万吨，占江苏净污染转入量的 52.52%；第 3 位是广西-广东，广西对广东净污染转移为 20.34 万吨，占广东净污染转入量的 16.42%；第 4 位是内蒙古-浙江，内蒙古对浙江净污染转出为 19.72 万吨，占浙江净污染转出量的 20.70%；第 5 位是陕西-山东，山东对陕西净污染转出为 12.76 万吨，占山东净污染转出量的 38.31%；第 6 位是内蒙古-广东，广东对内蒙古净污染转出为 11.34 万吨，占广东净污染转出量的 9.15%；第 7 位是江西-广东，广东对江西净污染转出为 11.15 万吨，占广东污染转出量的 9.00%；第 8 位是辽宁-河南，河南对辽宁的净污染转出为 10.96 万吨，占河南净污染转出量的 14.36%；第 9 位是辽宁-湖南，湖南对辽宁净污染转出为 10.44 万吨，占湖南净污染转出量的 36.64%；第 10 位是贵州-山东，山东对贵州净污染转出为 8.87 万吨，占山东净污染转出量的 26.61%；前十位的污染转出关系占总关系数的 2.30%，但净污染转出量占总转出量的 22.71%。

表 3-19　2017 年隐含大气污染转移前 10 位省份及主要转移方向构成

隐含污染消费地	隐含污染生产地	净转移（万吨）	占消费地转移总量百分比（%）	隐含污染消费地	隐含污染生产地	净转移（万吨）	占消费地转移总量百分比（%）
广东	辽宁	33.24	26.82	北京	河北	5.93	17.20
	广西	20.34	16.42		内蒙古	3.17	9.21
	内蒙古	11.34	9.15		江苏	2.07	6.00
	江西	11.15	9.00		江西	1.87	5.43
	吉林	4.89	3.95		安徽	1.83	5.33
浙江	内蒙古	19.72	20.70	山东	陕西	12.76	38.31
	江西	7.74	8.12		贵州	8.87	26.61
	安徽	5.18	5.44		内蒙古	2.23	6.71
	江苏	5.14	5.40		江西	1.85	5.57
	山西	4.88	5.12		甘肃	1.26	3.78
河南	辽宁	10.96	14.36	上海	内蒙古	5.55	18.37
	内蒙古	8.81	11.54		浙江	5.27	17.44
	江苏	7.04	9.23		江西	1.66	5.51
	江西	4.92	6.45		吉林	1.32	4.36
	甘肃	4.04	5.29		安徽	1.31	4.35
江苏	安徽	24.21	52.52	湖南	辽宁	10.44	34.64
	内蒙古	6.65	14.42		内蒙古	3.72	12.35
	山西	3.79	8.22		河北	3.26	10.80
	江西	2.96	6.41		江西	2.06	6.83
	辽宁	1.50	3.26		山西	1.59	5.28

隐含污染消费地	隐含污染生产地	净转移（万吨）	占消费地转移总量百分比（%）	隐含污染消费地	隐含污染生产地	净转移（万吨）	占消费地转移总量百分比（%）
云南	辽宁	8.19	18.43	陕西	四川	7.17	24.62
	内蒙古	4.36	9.80		内蒙古	3.87	13.27
	江西	3.95	8.88		江西	2.99	10.27
	安徽	2.85	6.42		甘肃	2.80	9.60
	吉林	2.48	5.57		海南	1.99	6.83

净污染转出量规模最大的是广东，净污染转出量为 24851.04 吨，之后依次为广东（123.93 万吨）、浙江（95.28 万吨）、河南（76.32 万吨）、江苏（46.10 万吨）、云南（44.45 万吨）、北京（34.44 万吨）、山东（33.31 万吨）、上海（30.20 万吨）、湖南（30.14 万吨）、陕西（29.14 万吨）；排名前十的净污染转出量为 11.49 万吨，占 30 个省域净污染转出总量的 69.78%；反映了省际贸易隐含大气污染排放转移方向的集中性特征，但与 2007 年相比，2017 年省际隐含大气污染转移的方向主要集中在北京、浙江、广东、山东等东部省份及中西部的河南、云南、湖南、重庆、陕西等地。

进一步地，结合中国八大区域隐含大气污染转移方向主要特征，如图 3-39 所示。研究发现：2007~2017 年，随着中国隐含大气污染排放规模减少，区域间隐含大气污染净转移规模和关系整体减少。2007 年，中国八大区域间隐含大气污染排放的主要转移路径是东部沿海、京津地区、北部沿海、南部沿海向中部地区转移，南部沿海向西南地区，东部沿海和京津地区向北部沿海的转移三个。其中，东部沿海、京津地区、北部沿海、南部沿海向中部地区的隐含大气污染净转移规模为 50.92 万吨、45.85 万吨、39.95 万吨、31.64 万吨；南部沿海向西南地区的净转移为 45.74 万吨；东部沿海和京津地区向北部沿海的净转移分别为 37.70 万吨

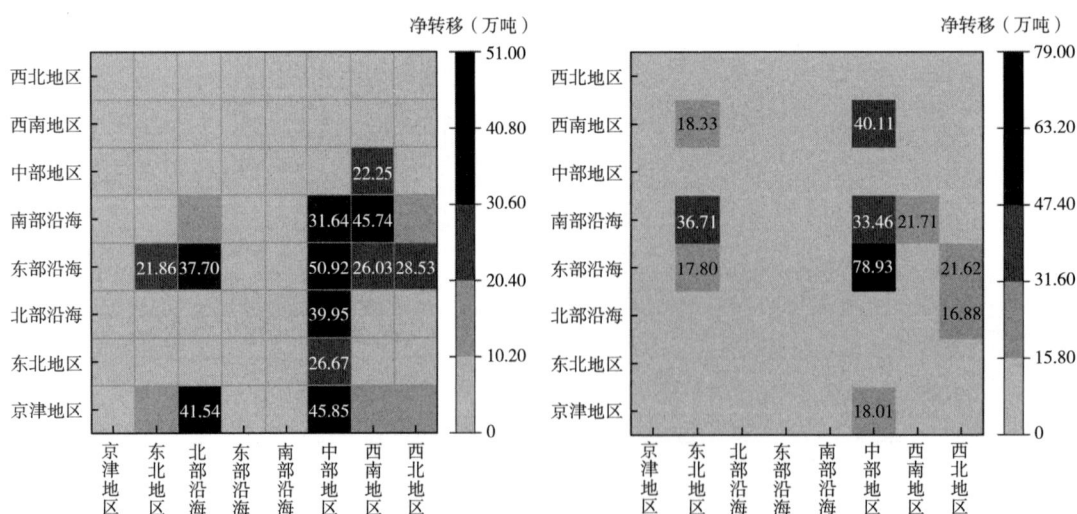

图 3-39　2007~2017 年中国八大区域隐含大气污染转移规模与方向

和 41.54 万吨。2017 年，中国八大区域间隐含大气污染排放的主要转移路径是东部沿海、南部沿海、西南地区向中部地区的转移，南部沿海向东北地区的转移，东部沿海和北部沿海向西北地区的转移。其中，东部沿海、南部沿海、西南地区向中部地区的隐含大气污染净转移规模分别为 78.93 万吨、33.46 万吨、40.11 万吨；南部沿海向东北地区的净转移为 36.71 万吨；东部沿海和北部沿海向西北地区的净转移分别为 21.62 万吨和 16.88 万吨。可见，中国隐含大气污染转移的主要路径是东部沿海向中部地区的转移，东南沿海向西南地区的转移和东部沿海向西北地区的转移。

3.4.2.2　省际隐含二氧化硫净转移分析

2007 年，中国省域间隐含二氧化硫污染转移关系有 900 对，其中正向隐含二氧化硫污染转出关系有 435 对，占全部关系的 48.33%。净转出总值为 435.22 万吨，其中最大值为 29.55 万吨，最小值为 0 万吨；均值为 0.48 万吨；超过均值的关系有 121 对。

进一步分析净二氧化硫污染转出量排序（见表 3-20）可见，排在第 1 位的是浙江-安徽，浙江对安徽的净污染转移为 29.55 万吨，占安徽净污染转入量的 35.89%；第 2 位是内蒙古-吉林，内蒙古对吉林净污染转移为 14.75 万吨，占吉林净污染转入量的 53.74%；第 3 位是山西-山东，山西对山东净污染转移为 8.59 万吨，占山东净污染转入量的 35.27%；之后依次为河南-安徽、广东-贵州、内蒙古-山东、河北-北京、浙江-上海、河南-浙江、河北-安徽；前 10 位的污染转出关系占总关系数的 2.30%，但净污染转出量占总转出量的 23.14%。

表 3-20　2017 年隐含二氧化硫污染转移前十位省份及主要转移方向构成

隐含污染消费地	隐含污染生产地	净转移（万吨）	占消费地转移总量百分比（%）	隐含污染消费地	隐含污染生产地	净转移（万吨）	占消费地转移总量百分比（%）
安徽	浙江	29.55	35.89	吉林	内蒙古	14.75	53.74
	河南	7.73	9.39		辽宁	2.47	9.01
	河北	5.41	6.56		山东	2.39	8.71
	内蒙古	3.86	4.69		河北	1.33	4.84
	陕西	3.82	4.65		山西	1.27	4.63
上海	浙江	5.51	13.04	山东	山西	8.59	35.27
	河南	4.35	10.30		内蒙古	6.72	27.60
	河北	3.66	8.66		河南	3.55	14.59
	内蒙古	3.46	8.20		湖北	1.34	5.50
	山东	3.31	7.83		四川	1.13	4.64
广东	贵州	7.39	18.31	天津	内蒙古	5.38	23.50
	广西	5.33	13.20		河北	3.68	16.06
	云南	4.47	11.08		山东	1.67	7.30
	重庆	3.59	8.88		山西	1.54	6.71
	陕西	2.53	6.26		河南	1.47	6.42

隐含污染消费地	隐含污染生产地	净转移（万吨）	占消费地转移总量百分比（%）	隐含污染消费地	隐含污染生产地	净转移（万吨）	占消费地转移总量百分比（%）
北京	河北	6.52	20.25	江苏	河南	3.95	18.47
	内蒙古	4.95	15.38		内蒙古	3.35	15.65
	山西	3.01	9.35		河北	2.59	12.10
	河南	1.84	5.70		山西	2.33	10.91
	辽宁	1.61	4.99		山东	2.12	9.91
浙江	河南	5.46	18.32	江西	贵州	4.82	24.19
	河北	3.99	13.36		湖北	2.66	13.36
	内蒙古	3.29	11.04		四川	2.39	12.00
	贵州	2.91	9.75		广西	2.03	10.21
	陕西	2.69	9.03		河南	1.72	8.66

净污染转出量规模最大的是安徽，净污染转出量为82.33万吨，之后依次为上海（41.92万吨）、广东（40.39万吨）、北京（32.19万吨）、浙江（29.82万吨）、吉林（27.45万吨）、山东（24.35万吨）、天津（22.91万吨）、江苏（21.38万吨）、江西（19.92万吨）；排名前十的净污染转出量为342.66万吨，占30个省份净污染转出总量的78.73%；反映了省际贸易隐含二氧化硫污染排放转移方向的集中性特征，主要集中在北上广、江浙、山东等东部沿海经济较发达省份以及中部的安徽、湖北等地。

2017年，中国省域间隐含二氧化硫污染转移关系有900对，其中正向隐含二氧化硫污染转出关系有435对，占全部关系的48.33%。净转出总值为102.99万吨，其中最大值为3.27万吨，最小值为0吨；均值为0.11万吨；超过均值的关系有121对。

进一步分析净隐含二氧化硫转出量排序（见表3-21）可见，排在第1位的是辽宁-广东，辽宁对广东的净污染转移为3.27万吨，占广东净污染转入量的18.59%；第2位是江西-广东，江西对广东净污染转移为2.40万吨，占广东净污染转入量的13.63%；第3位是江苏-河南，江苏对河南净污染转移为2.14万吨，占河南净污染转入量的16.42%；第4位是内蒙古-浙江，内蒙古对浙江净污染转移为1.88万吨，占浙江净污染转入量的14.22%；第5位是内蒙古-广东，内蒙古对广东净污染转移为1.73万吨，占广东净污染转入量的9.85%；第6位是山东-广东，山东对广东净污染转移为1.41万吨，占广东净污染转入量的8.01%；第7位是安徽-江苏，安徽对江苏净污染转移为1.41万吨，占江苏净污染转入量的39.55%；第8位是贵州-河南，贵州对河南净污染转移为1.24万吨，占河南净污染转入量的9.47%；第9位是江西-安徽，安徽对江西净污染转移为1.22万吨，占安徽净污染转入量的27.68%；第10位是辽宁-河南，河南对辽宁净污染转移为1.20万吨，占贵州净污染转入量的9.16%；前十位的污染转出关系占总关系数的2.30%，但净污染转出量占总转出量的18.65%。

净污染转出量规模最大的是广东，净污染转出量为17.58万吨，之后依次为浙江（13.22万吨）、河南（13.05万吨）、云南（5.23万吨）、北京（5.19万吨）、安徽（4.42万吨）、天津（4.16万吨）、湖南（3.87万吨）、陕西（3.61万吨）、江苏（3.57万吨）；

排名前十的净污染转出量为 11.49 万吨，占 30 个省份净污染转出总量的 66.83%；反映了省际贸易隐含二氧化硫污染排放转移方向的集中性特征，但与 2007 年相比，2017 年省际隐含二氧化硫污染转移的方向主要集中在北京、浙江、广东、山东等东部省份及中西部的河南、云南、山西、陕西、湖北、重庆等地。

表 3-21　2017 年隐含二氧化硫污染转移前 10 位省份及主要转移方向构成

隐含污染消费地	隐含污染生产地	净转移（万吨）	占消费地转移总量百分比（%）	隐含污染消费地	隐含污染生产地	净转移（万吨）	占消费地转移总量百分比（%）
广东	辽宁	3.27	18.59	安徽	江西	1.22	27.68
	江西	2.40	13.63		内蒙古	1.13	25.56
	内蒙古	1.73	9.85		山东	0.61	13.87
	山东	1.41	8.01		贵州	0.39	8.91
	广西	1.18	6.69		新疆	0.30	6.83
浙江	内蒙古	1.88	14.22	天津	新疆	0.95	22.82
	江西	1.16	8.81		贵州	0.34	8.16
	山东	1.00	7.55		河北	0.33	8.06
	江苏	0.98	7.44		江西	0.33	7.90
	贵州	0.88	6.62		内蒙古	0.28	6.68
河南	江苏	2.14	16.42	湖南	辽宁	1.00	25.80
	贵州	1.24	9.47		河北	0.70	18.00
	辽宁	1.20	9.16		江西	0.36	9.32
	河北	1.13	8.62		内蒙古	0.35	9.02
	内蒙古	0.99	7.57		贵州	0.29	7.46
云南	辽宁	0.82	15.62	陕西	四川	0.86	23.95
	江西	0.53	10.11		江西	0.43	11.77
	内蒙古	0.47	9.02		内蒙古	0.38	10.57
	河北	0.42	7.99		贵州	0.31	8.45
	贵州	0.41	7.78		海南	0.30	8.22
北京	河北	1.14	22.02	江苏	安徽	1.41	39.55
	江苏	0.36	6.89		内蒙古	0.50	14.02
	内蒙古	0.34	6.47		江西	0.42	11.80
	江西	0.29	5.61		山西	0.32	9.03
	贵州	0.28	5.44		贵州	0.27	7.55

进一步地，结合中国八大区域隐含二氧化硫转移主要方向特征，如图 3-40 所示。研究发现：2007 年，中国八大区域间隐含二氧化硫转移的主要转移路径是京津地区、东北地区、北部沿海向中部地区转移，中部地区、南部沿海和东部沿海向西南地区转移，东部沿海和京津地区向北部沿海的转移，东部沿海向西北地区转移等主要路径。其中，中部地区、南部沿海向西南地区的净转移规模比较突出，分别为 25.84 万吨和 22.46 万吨；京津地区、东北地区、北部沿海向中部地区的净转移规模分别为 19.60 万吨、20.55 万吨和 19.74 万吨。2017

年，中国八大区域间隐含二氧化硫污染排放的主要转移路径是东部沿海、南部沿海向中部地区的转移，南部沿海向东北地区的转移，中部地区和东部沿海向北部沿海的转移。其中，东部沿海、南部沿海向中部地区的转移的隐含二氧化硫污染净转移规模分别为 5.93 万吨、5.56 万吨；南部沿海向东北地区的净转移为 3.86 万吨；中部地区和东部沿海向北部沿海的净转移为 2.58 万吨和 2.49 万吨。可见，2007 年，中国隐含二氧化硫污染转移逐步呈现东部向中部，中部向西南的梯级转移特征，至 2017 年，除了继续梯级转移特征外，东部地区内部的转移以及中部地区向北部沿海的逆向转移也凸显出来，呈现更加复杂的特征。

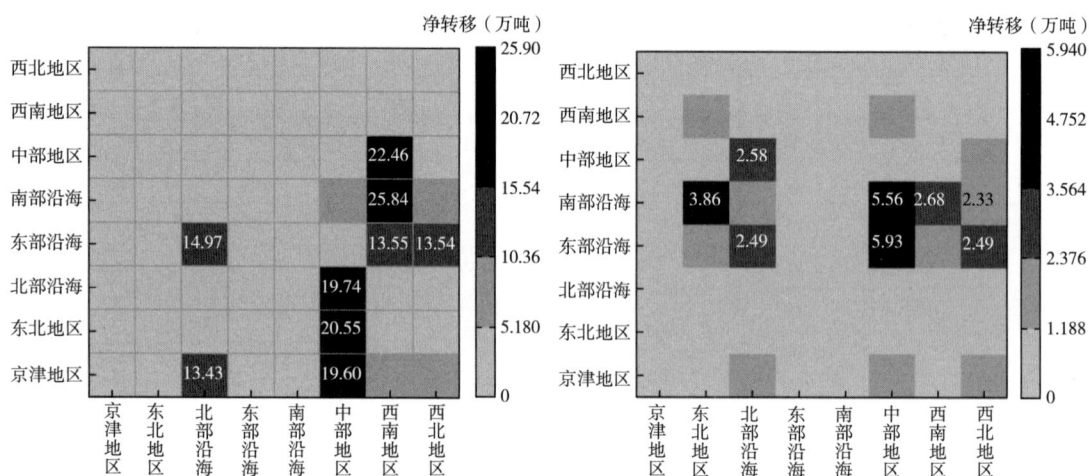

图 3-40　2007~2017 年中国八大区域隐含二氧化硫转移规模与方向

3.4.2.3　省际隐含烟粉尘净转移分析

2007 年，中国省域间隐含烟粉尘污染转移关系有 900 对，其中正向隐含烟粉尘污染转出关系有 435 对，占全部关系的 48.33%。净转出总值为 550.14 万吨，其中最大值为 23.18 万吨，最小值为 0 万吨；均值为 0.61 万吨；超过均值的关系有 119 对。

进一步分析隐含烟粉尘转出量排序（见表 3-22）可见，排在第 1 位的是浙江-安徽，浙江-安徽的净污染转移为 23.18 万吨，占安徽净污染转入量的 34.44%；第 2 位是河北-北京，河北-北京净污染转移为 17.59 万吨，占北京净污染转入量的 37.23%；第 3 位是河南-安徽，河南-安徽净污染转移为 7.73 万吨，占安徽净污染转入量的 9.01%；之后依次为河南-浙江、内蒙古-吉林、山西-山东、河南-上海、河北-天津、河南-江苏、广西-广东；前十位的污染转出关系占总关系数的 2.30%，但净污染转出量占总转出量的 20.96%。

净污染转出量规模最大的是安徽，净污染转出量为 85.80 万吨，之后依次为上海（54.66 万吨）、浙江（53.17 万吨）、广东（52.52 万吨）、北京（47.24 万吨）、江苏（43.78 万吨）、天津（32.57 万吨）、山东（26.12 万吨）、吉林（16.18 万吨）、河北（15.12 万吨）；排名前十的净污染转出量为 102.13 万吨，占 30 个省域净污染转出总量的 77.64%；反映了省际贸易隐含烟粉尘污染排放转移方向的集中性特征，主要集中在北上广、江浙、山东等东部沿海经济较发达省份以及中部的安徽、湖北等地。

表 3-22　2007 年隐含烟粉尘转移前 10 位省份及主要转移方向构成

隐含污染消费地	隐含污染生产地	净转移（万吨）	占消费地转移总量百分比（%）	隐含污染消费地	隐含污染生产地	净转移（万吨）	占消费地转移总量百分比（%）
安徽	浙江	23.18	34.44	江苏	河南	8.43	19.25
	河南	7.73	9.01		内蒙古	5.94	13.56
	河北	5.41	6.30		河北	5.40	12.34
	内蒙古	3.86	4.50		山西	4.91	11.23
	山西	3.82	4.46		辽宁	3.64	8.32
上海	河南	8.70	15.91	天津	河北	8.51	26.13
	内蒙古	5.67	10.37		内蒙古	7.08	21.75
	河北	5.01	9.17		山西	2.59	7.94
	浙江	4.46	8.15		河南	2.10	6.44
	山东	3.02	5.52		辽宁	2.06	6.34
浙江	河南	11.06	20.81	山东	山西	8.86	33.91
	河北	6.02	11.33		内蒙古	4.92	18.82
	内蒙古	5.64	10.60		黑龙江	3.54	13.56
	山西	4.73	8.90		河南	3.46	13.24
	陕西	3.25	6.12		河北	1.01	3.86
广东	广西	7.38	14.06	吉林	内蒙古	9.25	57.16
	湖南	6.40	12.19		黑龙江	3.00	18.56
	河南	4.89	9.31		山西	1.25	7.72
	贵州	3.95	7.53		河北	0.95	5.85
	山西	3.95	7.52		辽宁	0.74	4.56
北京	河北	17.59	37.23	河北	山西	5.71	37.73
	内蒙古	5.69	12.04		内蒙古	4.64	30.71
	山西	4.12	8.73		辽宁	1.98	13.12
	河南	2.62	5.56		河南	1.81	12.00
	辽宁	2.48	5.25		黑龙江	0.43	2.86

　　2017 年，中国省域间隐含烟粉尘污染转移关系有 900 对，其中正向隐含烟粉尘污染转出关系有 435 对，占全部关系的 48.33%。净转出总值为 684.66 万吨，其中最大值为 29.97 吨，最小值为 0 吨；均值为 0.76 吨；超过均值的关系有 114 对。

　　进一步分析隐含烟粉尘转出量排序（见表 3-23）可见，排在第 1 位的是辽宁-广东，辽宁对广东的净污染转移为 29.97 万吨，占广东净污染转入量的 28.13%；第 2 位是安徽-江苏，安徽对江苏净污染转移为 22.80 万吨，占江苏净污染转入量的 53.26%；第 3 位是广西-广东，广西对广东净污染转移为 19.17 万吨，占广东净污染转入量的 17.99%；之后依次为内蒙古-浙江、陕西-山东、辽宁-河南、内蒙古-广东、辽宁-湖南、江西-广东、内蒙古-河南；前十位的污染转出关系占总关系数的 2.30%，但净污染转出量占总转出量的 23.36%。

表 3-23　2017 年隐含烟粉尘转移前 10 位省份及主要转移方向构成

隐含污染消费地	隐含污染生产地	净转移（万吨）	占消费地转移总量百分比（%）	隐含污染消费地	隐含污染生产地	净转移（万吨）	占消费地转移总量百分比（%）
广东	辽宁	29.97	28.13	山东	陕西	11.61	37.66
	广西	19.17	17.99		贵州	7.29	23.64
	内蒙古	9.60	9.01		内蒙古	2.09	6.78
	江西	8.75	8.22		江西	1.66	5.38
	吉林	4.39	4.12		甘肃	1.23	3.97
浙江	内蒙古	17.84	21.74	北京	河北	4.78	16.35
	江西	6.58	8.01		内蒙古	2.84	9.70
	安徽	4.79	5.83		江苏	1.71	5.84
	山西	4.30	5.23		安徽	1.66	5.68
	江苏	4.16	5.07		江西	1.58	5.39
河南	辽宁	9.77	15.44	上海	内蒙古	5.06	18.56
	内蒙古	7.82	12.36		浙江	4.98	18.30
	江苏	4.90	7.74		江西	1.48	5.42
	江西	4.10	6.49		安徽	1.22	4.49
	甘肃	3.70	5.85		吉林	1.19	4.38
江苏	安徽	22.80	53.26	湖南	辽宁	9.44	35.81
	内蒙古	6.15	14.36		内蒙古	3.37	12.80
	山西	3.47	8.10		河北	2.56	9.71
	江西	2.54	5.92		江西	1.70	6.43
	辽宁	1.52	3.54		山西	1.42	5.38
云南	辽宁	7.37	18.79	陕西	四川	6.31	24.16
	内蒙古	3.89	9.90		内蒙古	3.48	13.34
	江西	3.42	8.71		甘肃	2.66	10.18
	安徽	2.66	6.78		江西	2.57	9.83
	吉林	2.26	5.75		海南	1.69	6.48

　　净污染转出量规模最大的是广东，净污染转出量为 106.53 万吨，之后依次为浙江、河南、江苏、云南、山东、北京、上海、湖南、陕西；排名前十的净污染转出量为 473.74 万吨，占 30 个省份净污染转出总量的 69.19%；反映了省际贸易隐含烟粉尘污染排放转移方向的集中性特征，但与 2007 年相比，2017 年省际隐含烟粉尘污染转移的方向主要集中在北京、浙江、广东、山东等东部省份及中西部的河南、云南、山西、陕西、湖北、重庆等地。

　　进一步地，结合中国八大区域隐含烟粉尘转移主要方向特征，如图 3-41 所示。研究发现：2007 年，中国八大区域间隐含烟粉尘转移的主要转移路径是南部沿海、东部沿海、京津地区、东北地区、北部沿海向中部地区转移，中部地区、南部沿海和东部沿海向西南地区转移，东部沿海和京津地区向北部沿海的转移，东部沿海向西北地区转移。其中，东部沿海、京津地区、北部沿海向中部地区转移的净转移规模比较突出，分别为 50.92 万吨、45.85 万吨和 39.95 万吨；中部地区、南部沿海和东部沿海向西南地区的净转移规模分别为

22. 25 万吨、45. 74 万吨和 26. 03 万吨；东部沿海和京津地区向北部沿海的净转移分别为 37. 70 万吨和 41. 54 万吨。2017 年，中国八大区域间隐含烟粉尘污染排放的主要转移路径是东部沿海、南部沿海和西南地区向中部地区的转移，南部沿海向东北地区的转移，南部沿海向西南地区转移，东部沿海和北部沿海向西北地区转移。其中，东部沿海、南部沿海和西南地区向中部地区转移的隐含烟粉尘污染净转移规模分别为 78. 93 万吨、33. 46 万吨和 40. 11 万吨；南部沿海向东北地区的净转移为 36. 71 万吨。可见，2007 年，中国隐含烟粉尘污染转移逐步呈现东部向中部、中部向西南的梯级转移特征，至 2017 年，除了继续梯级转移特征外，西南地区向中部地区转移及西南地区向东北地区的逆向转移也凸显出来，呈现更加复杂的特征。

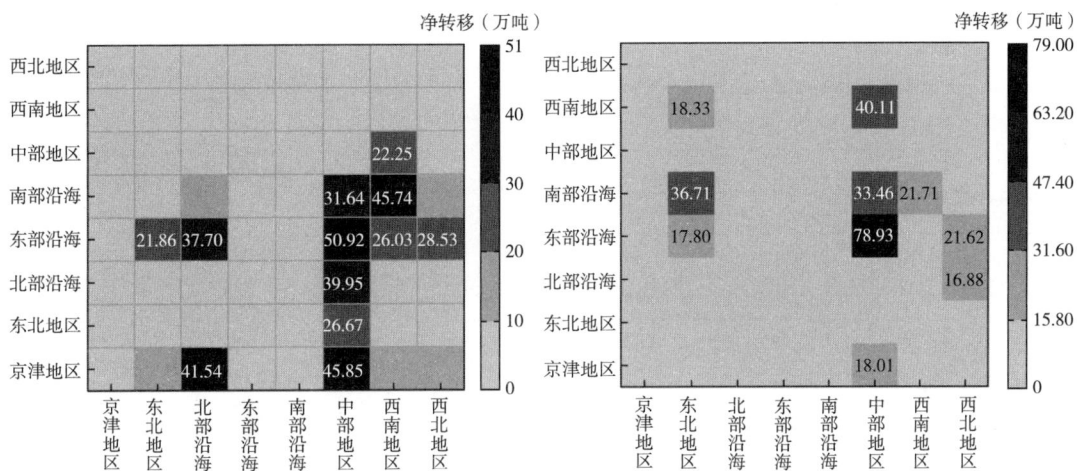

图 3-41　2007～2017 年中国八大区域隐含烟粉尘污染转移

3.4.3　中国隐含固体污染物净转移规模与方向分析

2007 年，中国省域间固废污染转移关系有 900 对，其中正向固废污染转出关系有 435 对，占全部关系的 48. 33%。净转出总值为 37546 万吨，其中最大值为 1017. 55 万吨，最小值为 0 万吨，均值为 41. 71 万吨，超过均值的关系有 184 对。

进一步分析固废污染转出量排序（见表 3-24）可见，排在第 1 位的是河北-安徽，河北对安徽的净污染转移为 1017. 55 万吨，占安徽净污染转入量的 17. 66%；第 2 位是河北-浙江，河北对浙江净污染转移为 1000. 42 万吨，占浙江净污染转入量的 21. 99%；第 3 位是浙江-安徽，浙江对安徽净污染转移为 864. 90 万吨，占安徽净污染转入量的 15. 01%；之后依次是河北-江苏、内蒙古-吉林、河北-上海、河北-北京、河南-安徽、辽宁-吉林、云南-广东；前十位的污染转出关系占总关系数的 2. 30%，但净污染转出量占总转出量的 19. 32%。

净污染转出量规模最大的是安徽，净污染转出量为 5746. 44 万吨，之后依次为浙江（4354. 20 万吨）、广东（4179. 87 万吨）、上海（3931. 50 万吨）、江苏（2794. 09 万吨）、北京（2253.15万吨）、吉林（1923.85万吨）、天津（1880.17万吨）、山东（1379.46万吨）、黑龙江（1084.02万吨）；排名前十的净污染转出量为29526.75万吨，占30个省份净污染转出总量的78.63%；反映了省际贸易隐含固废污染排放转移方向的集中性特征，主要集中在北上广、江浙、山东等东部沿海经济较发达省份以及中部的安徽、湖北等地。

表3-24　2007年隐含固废转移前10位省份及主要转移方向构成

隐含污染消费地	隐含污染生产地	净转移（万吨）	占消费地转移总量百分比（%）	隐含污染消费地	隐含污染生产地	净转移（万吨）	占消费地转移总量百分比（%）
安徽	河北	1017.55	17.66	北京	河北	641.43	28.47
	浙江	864.90	15.01		内蒙古	361.52	16.04
	河南	574.06	9.97		山西	253.89	11.27
	内蒙古	456.21	7.92		辽宁	180.14	7.99
	山西	327.33	5.68		山东	101.61	4.51
浙江	河北	1000.42	21.99	吉林	内蒙古	648.77	33.72
	河南	522.01	11.48		辽宁	565.08	29.37
	内蒙古	445.31	9.79		河北	275.94	14.34
	山西	310.99	6.84		山西	92.48	4.81
	陕西	292.83	6.44		山东	89.81	4.67
广东	云南	552.08	13.21	天津	河北	494.65	26.31
	河北	426.51	10.21		内蒙古	404.51	21.51
	贵州	409.01	9.79		辽宁	200.08	10.64
	四川	261.96	6.27		山西	158.12	8.41
	河南	257.31	6.16		山东	109.39	5.82
上海	河北	647.36	16.47	山东	山西	491.94	35.66
	内蒙古	389.24	9.99		内蒙古	352.91	25.58
	山东	366.90	9.42		河北	289.78	21.01
	浙江	350.47	9.00		辽宁	86.81	6.29
	河南	316.44	8.12		四川	45.48	3.30
江苏	河北	741.23	26.53	黑龙江	辽宁	523.04	48.25
	内蒙古	345.82	12.38		河北	225.48	20.80
	山西	320.51	11.47		内蒙古	212.64	19.62
	河南	315.02	11.27		山西	62.75	5.79
	山东	241.51	8.64		河南	13.02	1.20

2017年，中国省域间固废污染转移关系有900对，其中正向固废污染转出关系有205对，占全部关系的48.33%。净转出总值为87412.51万吨，其中最大值为2400.98万吨，最小值为0吨；均值为97.13吨；超过均值的关系有128对。进一步分析净碳转出量排序（见表3-25），排在第1位的是山西-黑龙江，黑龙江对山西的净污染转移为2400.98万吨，占黑龙江净污染转入量的62.21%；第2位是内蒙古-浙江，净污染转移为2308.14万吨，占浙江净污染转入量的18.01%；第3位是辽宁-广东，净污染转移为1946.35万吨，占广东净污

染转入量的 17.16%；之后依次为内蒙古-广东、山西-浙江、内蒙古-河南、山西-江苏、内蒙古-江苏、河北-浙江、山西-河南；前十位的污染转出关系占总关系数的 2.30%，但净污染转出量占总转出量的 15.89%。

表 3-25　2017 年隐含固废转移前 10 位省份及主要转移方向构成

隐含污染消费地	隐含污染生产地	净转移（万吨）	占消费地转移总量百分比（%）	隐含污染消费地	隐含污染生产地	净转移（万吨）	占消费地转移总量百分比（%）
浙江	内蒙古	2308.14	18.01	重庆	内蒙古	642.93	15.44
	山西	1527.98	11.92		山西	483.48	11.61
	河北	1307.66	10.21		河北	482.69	11.59
	山东	938.60	7.33		陕西	269.42	6.47
	河南	738.04	5.76		贵州	255.24	6.13
广东	辽宁	1946.35	17.16	黑龙江	山西	2400.98	62.21
	内蒙古	1690.59	14.90		内蒙古	436.93	11.32
	广西	1062.43	9.37		河北	370.68	9.60
	山东	898.76	7.92		安徽	199.98	5.18
	山西	839.67	7.40		山东	135.04	3.50
江苏	山西	1447.63	17.87	北京	河北	710.95	19.76
	内蒙古	1309.89	16.17		内蒙古	431.62	12.00
	安徽	1071.27	13.23		山西	370.25	10.29
	河北	912.70	11.27		山东	203.93	5.67
	山东	635.51	7.85		河南	203.53	5.66
河南	内蒙古	1460.70	19.13	云南	内蒙古	598.39	18.78
	山西	1227.20	16.08		辽宁	495.45	15.55
	河北	1178.40	15.44		河北	417.57	13.11
	辽宁	786.04	10.30		山西	408.29	12.82
	山东	478.70	6.27		山东	167.34	5.25
湖南	辽宁	680.39	15.80	天津	内蒙古	356.75	13.78
	内蒙古	622.79	14.46		河北	348.13	13.45
	山西	569.25	13.22		山西	271.66	10.49
	河北	540.60	12.56		新疆	260.91	10.08
	山东	246.26	5.72		山东	174.11	6.72

注："隐含固废污染消费地（a）"与隐含固废污染生产地（b）的含义是指 a 消费 b 地的中间产品或最终产品经过省际贸易进入 a 地，使得 a 地产生的贸易增加值。

净污染转出量规模最大的是浙江，净污染转出量为 12813.34 万吨，之后依次为广东（11343.95 万吨）、江苏（8098.94 万吨）、河南（7633.77 万吨）、湖南（4305.58 万吨）、重庆（4164.54 万吨）、黑龙江（3859.50 万吨）、北京（3598.30 万吨）、云南（3185.83 万吨）、天津（2589.04 万吨）；排名前十的净污染转出量为 61592.79 万吨，占 30 个省份净污染转出总量的 70.46%；反映了省际贸易隐含固废污染排放转移方向的集中性特征，但与

2007 年相比，2017 年省际隐含固废污染转移的方向主要集中在北京、浙江、广东、山东等东部省份及中西部的河南、云南、黑龙江、重庆等地。

进一步地，结合中国八大区域隐含固废污染转移主要方向特征，如图 3-42 所示。研究发现：2007 年，中国八大区域间隐含固废污染转移的主要转移路径是东部沿海向北部沿海、中部地区、西南地区和西北地区转移，京津地区向北部沿海和中部地区转移，南部沿海向中部和西南地区转移。其中，东部沿海向北部沿海、中部地区的净转移规模比较突出，分别为 3207 吨、3006 吨；京津地区向北部沿海和中部地区的净转移分别为 1347 吨和 1482 吨；南部沿海向中部和西南地区的净转移分别为 1338 吨和 1729 吨。2017 年，中国八大区域间隐含固废污染转移的主要转移路径是东部沿海、南部沿海、西南地区、东北地区和京津地区向中部地区的转移，南部沿海向东北地区的转移，东部沿海向北部沿海和西北地区转移。其中，东部沿海、南部沿海和西南地区向中部地区转移的隐含固废污染净转移规模分别为 10919 吨、4724 吨和 5042 吨；南部沿海向东北地区的净转移为 2363 吨。可见，中国隐含固废污染转移主要呈现为东部沿海地区向中西部地区的转移。

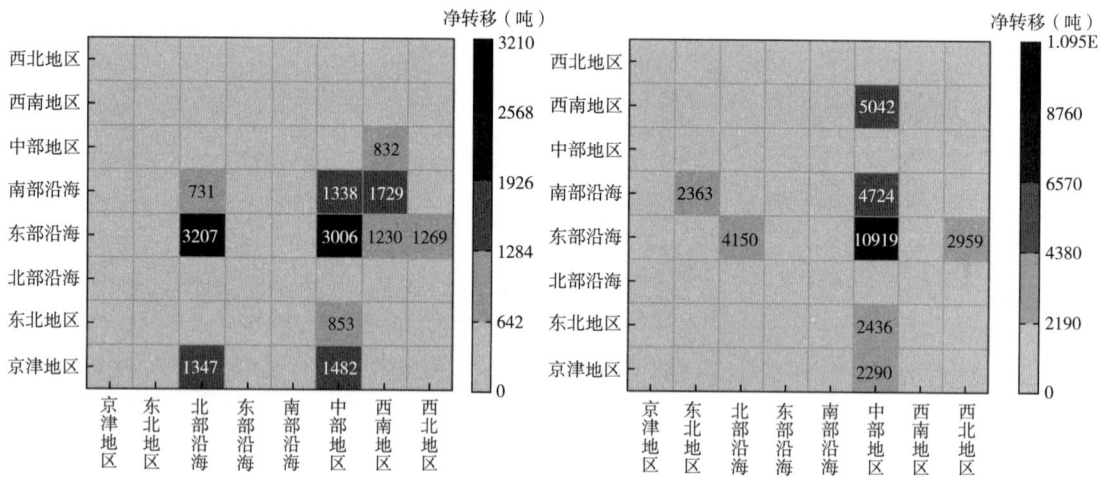

图 3-42　2007~2017 年中国八大区域隐含固废转移

3.5　本章小结

本章基于环境投入产出理论，构建了省际隐含污染转移测度模型，以水污染、大气污染和固废污染三类 5 种污染物为研究对象，测度了中国省际贸易隐含污染转移规模，刻画了中国省域生产侧与消费侧污染排放规模特征、省际贸易污染转移整体格局特征、中国省际隐含污染净转移方向特征，为后续研究奠定基础。

第一，省际隐含污染排放总量特征从生产侧和消费侧两个维度进行探讨。研究发现，

2007~2017 年三类污染物总体变化呈现"先升后降"趋势。对比三类 5 种污染物的生产侧与消费侧总量特征发现，东部沿海发达省份污染调入高于污染调出，表明消费污染排放远大于生产侧排放；而这与资源型省区不同。进一步地，结合四象限分类的空间格局分析更清晰地呈现了污染物总量分布的空间格局特征。不同的是 2007~2017 年水污染和大气污染排放的"高-高"区域经历了从华东和东北部集中到北部再分散到中西部的发展演变，呈现出向西向北发展趋势；但固废污染排放则呈现出向西南和东北双向的发展格局态势。

第二，中国省际隐含污染物转移整体格局分析发现：污染转移的主要路径是经济发达省区通过消费资源型地区的中间品和最终品，向资源型省区的隐含污染转移是贸易引致隐含污染转移的主要路径。这一点在 5 种污染物的污染转移分析中得到印证。

第三，不同污染物的隐含污染转移方向具有异质性特征。结果表明：①省际隐含水污染转出集中在北京、浙江、广东、山东等东部省区及中西部的河南、云南、山西、陕西、湖北、重庆等地。分析中国八大区间的转移路径发现，隐含水污染净转移的方向具有由东部沿海向中西部转移的特征，但值得关注的是西南地区向中部地区和西北地区转移的路径也凸显出来。这样的变化与水资源禀赋密切相关，但也反映出中西部隐含水污染转移关系网络日趋复杂的特征，这将为未来核算水污染责任增加难度。进一步地，对 COD 和氨氮进行异质性分析发现，隐含 COD 污染净转移的方向向西南和西北转移，隐含氨氮污染净转移的方向从东部沿海向中部转移逆转为西北向东部和中部的转移。②省际隐含大气污染净转出集中在北京、浙江、广东、山东等东部省区及中西部的河南、云南、湖南、重庆、陕西等地。隐含大气污染在区域间的转移主要路径是东部沿海向中部地区的转移，东南沿海向西南地区的转移和东部沿海向西北地区的转移。进一步地，对二氧化硫和烟粉尘进行异质性分析发现，2007年隐含二氧化硫污染转移逐步呈现从东部向中部，从中部向西南的梯级转移特征；至 2017 年出现了突变性的特征：东部地区内部的转移以及中部地区向北部沿海的逆向转移，反映了区域间二氧化硫污染转移呈现更加复杂的特征；隐含烟粉尘污染转移同样呈现了梯级转移特征，但其不同的变化在于西南地区向中部地区转移及西南地区向东北地区的逆向转移凸显出来。③省际隐含固废污染净转出集中在北京、浙江、广东、山东等东部省区及中西部的河南、云南、黑龙江、重庆等地。中国隐含固废污染转移主要呈现为东部沿海省区向中西部地区的转移。

第4章 中国省际隐含污染损益偏离测度与演变特征分析

4.1 模型构建

4.1.1 隐含增加值测度模型

定义 $\widehat{v_\iota}$ 为某地区 i 产业的单位总产出的增加值系数的对角矩阵，因此，地区各产业部门的贸易增加值的列向量为：

$$\widehat{v_\iota} X_\iota = \widehat{v_i} (I-A_{ii})^{-1} (\sum_{\substack{j=1\\j\neq i}}^{m} A_{ij}X_j + \sum_{\substack{j=1\\j\neq i}}^{m} Y_{ij} + \widehat{E_\iota} X_i) \tag{4-1}$$

因此，仅考虑国内贸易时，计算贸易隐含增加值的转移及净增加值：

$$VA^{od} = \widehat{v^o} (I-A)^{-1} Y^d \tag{4-2}$$

$$VA^{do} = \widehat{v^d} (I-A)^{-1} Y^o \tag{4-3}$$

$$VA^{od}_{net} = VA^{od} - VA^{do} \tag{4-4}$$

式（4-2）~式（4-4）中，$\widehat{v^o}$、$\widehat{v^d}$ 分别表示区域 o、区域 d 的增加值系数，对角化后，矩阵中仅有区域 o 与区域 d 的增加值系数，其他地区的增加值系数为 0。则 VA^{od} 表示区域 d 对所有地区的产品消费通过贸易产业链对区域 o 的增加值拉动，在本书定义为区域 o 到区域 d 的贸易隐含增加值转移（Trade-Embodied Transfers of GDP）；VA^{do} 表示区域 o 对所有地区的产品消费通过国内贸易产业链对区域 d 的增加值拉动，本书中定义为区域 d 到区域 o 的贸易隐含增加值转移；VA^{od}_{net} 表示区域 o 与区域 d 贸易隐含增加值净转移，如果 $VA^{od}_{net}>0$，表明增加值从区域 o 净转移到了区域 d；如果 $VA^{od}_{net}<0$，表示增加值从区域 d 净转移到了区域 o。

$$VA^o_P = \sum_{d=1}^{m} \widehat{v^o} (I-A)^{-1} (A^{od}X^d + Y^d) \tag{4-5}$$

$$VA^d_P = \sum_{o=1}^{m} \widehat{v^o} (I-A)^{-1} (A^{od}X^o + Y^o) \tag{4-6}$$

式（4-5）~式（4-6）中，VA^o_P 表示 m 个区域（包含区域 o）的国内消费对区域 o 的增加值拉动，本书中称为区域 o 的生产侧贸易隐含增加值（或 GDP）；VA^o_C 表示区域 o 消费 m 个区域（包含 o 区域）的消费侧贸易隐含增加值（或 GDP）。

4.1.2　损益偏离指数测度模型

区域损益偏离指数（Loss and Profit Deviation，LPD），用以评价 m 个区域之间贸易引发的隐含污染排放转移的公平问题，需要考虑在省际贸易中是否存在相应的隐含增加值转移作为补偿。因此，构建了表征区域间损益偏离指数，即区域污染转移与经济增长损益偏离指数。参照张伟（2018）[128] 等学者构建的环境不公平指数的构建思路，对区域间损益偏离指数构建如下：

评价源地 o 与汇地 d 之间贸易引发的隐含污染排放净转移 W_{net}^{od}，在省际贸易中是否存在相应的隐含贸易净增加值 VA_{net}^{od} 作为补偿，具体如下所示：

当任意两个区域 o 与 d 之间的贸易隐含污染转移净值 W_{net}^{od} 和区域间贸易增加值 VA_{net}^{od} 均为正值（也就是转移方向一致）时，LPD^{od} 表示为：

$$LPD^{od} = f\left(\frac{W_{net}^{od}}{VA_{net}^{od}}\right) \quad \text{if} \quad W_{net}^{od} > 0 \text{ 并且 } VA_{net}^{od} > 0 \tag{4-7}$$

此时，LPD^{od} 值在 $[0, 1]$，LPD^{od} 值越接近 1，表示源地 o 与汇地 d 之间隐含污染排放转移净值越大，而 o-d 之间贸易隐含增加值转移净值越小，表示区域 o 与区域 d 之间的贸易损益偏离越大，则区域 o 与区域 d 间的贸易中环境不公平越大。

当任意两个区域之间的 W_{net}^{od} 为正值，则增加值净转移值为负值（也就是转移方向不一致）时，LPD^{od} 表示为：

$$LPD^{od} = f\left(\frac{W_{net}^{od}}{VA_{net}^{od}}\right) + 1 \quad \text{if} \quad W_{net}^{od} > 0 \text{ 并且 } VA_{net}^{od} < 0 \tag{4-8}$$

此时，LPD^{od} 值大于 1，说明区域 o 通过国内贸易消费了区域 d 生产的高碳产品，向区域 d 转移隐含碳排放责任的同时，反而获得更多的隐含贸易增加值，此时存在更多的环境不公平，两区域之间贸易的损益偏离程度更严重，因此，在归一化后再加 1 表征其严重性[128]。

归一化函数 f 为：

$$f(a) = \frac{a - a_{\min}}{a_{\max} - a_{\min}} \tag{4-9}$$

4.2　省际贸易增加值测度及分布特征分析

2007 年，省际贸易净增加值转移规模最大的为安徽，净贸易增加值为 6246.80 亿元，之后依次为上海（2542.03 亿元）、广东（1441.68 亿元）、北京（992.55 亿元）、天津（985.45 亿元）、吉林（985.12 亿元）、福建（584.10 亿元）、新疆（523.52 亿元）、江西（522.88 亿元）、云南（522.41 亿元）。2007 年，中国省域间增加值转移关系有 900 对，其中正向增加值转移关系有 435 对，占全部关系的 48.33%。净转出总值为 20648.45 亿元，其中最大值为 4454.68 亿元，最小值为 0 亿元；均值为 22.94 亿元；超过均值的关系有 97 对。

进一步分析增加值净转移量排序（见表4-1）可见，排在第1位的安徽-浙江，浙江消费安徽的产品产生的增加值为4454.68亿元，占安徽净增加值转出总量的71.31%；之后依次为河北-天津、河北-上海、江苏-上海、浙江-上海、山东-上海、河北-安徽、浙江-安徽、河南-安徽、浙江-广东；前十位的增加值关系占总关系数的2.30%，但净增加值转移量占总转出量的34.82%，前十位的增加值转移主要发生在东部省份内部和中部与东部省份之间。

表4-1　2007年隐含增加值净转移前十位省份及主要转移方向构成

增加值转出地	增加值产生地	净转出量（亿元）	占转出地总量百分比（%）	增加值转出地	增加值产生地	净转出量（亿元）	占转出地总量百分比（%）
安徽	浙江	4454.68	71.31	吉林	内蒙古	194.74	19.77
	河北	278.84	4.46		辽宁	158.45	16.08
	河南	237.96	3.81		河北	125.61	12.75
	江苏	203.80	3.26		浙江	120.96	12.28
	山东	157.78	2.53		山东	85.49	8.68
上海	浙江	611.66	24.06	福建	浙江	141.13	24.42
	河北	278.47	10.95		河北	83.05	14.37
	山东	261.42	10.28		山东	52.09	9.01
	江苏	238.71	9.39		河南	50.68	8.77
	安徽	186.31	7.33		陕西	38.26	6.62
广东	浙江	315.52	21.89	新疆	江苏	187.36	35.79
	湖南	154.40	10.71		河南	138.31	26.42
	湖北	134.10	9.30		河北	54.68	10.44
	江苏	131.76	9.14		辽宁	25.87	4.94
	河南	121.33	8.42		陕西	24.65	4.71
北京	河北	250.96	25.28	江西	河南	70.39	13.46
	内蒙古	126.71	12.77		河北	63.64	12.17
	山东	112.16	11.30		陕西	43.48	8.31
	浙江	89.51	9.02		江苏	39.29	7.51
	广东	74.27	7.48		湖北	36.69	7.02
天津	河北	262.40	26.63	云南	重庆	262.40	52.54
	内蒙古	197.34	20.03		广东	197.34	39.52
	山东	102.82	10.43		江苏	102.82	20.59
	浙江	59.95	6.08		河北	59.95	12.00
	陕西	55.34	5.62		湖南	55.34	11.08

注："增加值转出地（a）"与增加值产生地（b）的含义是指a地的中间产品或最终产品经过省际贸易进入b地，使得b地产生的贸易增加值。

2017年，省际贸易增加值净转移规模最大的为浙江，净贸易增加值为7259.19亿元，之后依次为云南（6187.19亿元）、河南（5170.38亿元）、新疆（4423.15亿元）、广东（3603.55亿元）、湖北（2951.13亿元）、陕西（2717.34亿元）、山东（2559.84亿元）、宁夏（2515.02亿元）、广西（2501.02亿元）。2017年，中国省域间增加值转移关系有900对，其中正向增加值转移关系有435对，占全部关系的48.33%。净转出总值为64750.66亿元，其中最大值为 1777.98 亿元，最小值为 0 亿元；均值为 71.95 亿元；超过均值的关系有 125 对。进一步分析增加值净转移量排序（见表 4-2）可见，排在第 1 位的是广西-广东和重庆-广西，其中，广东消费广西的产品产生的增加值为 1777.98 亿元，占广东净增加值转出总量的 49.34%；广西消费重庆的产品产生的增加值为 1777.98 亿元，占广西净增加值转出总量的 71.09%；之后依次为浙江-河南、江苏-浙江、陕西-山东、广东-浙江、辽宁-广东、江苏-广西、四川-陕西、江苏-河南；前十位的增加值关系占总关系数的 2.30%，但净增加值转移量占总转出量的 34.82%；与 2007 年不同的是，增加值转移的关系从以东部省份转变为集中在东部与中部之间、中部与西部之间。

表 4-2　2017 年隐含增加值转移前十位省份及主要转移方向构成

增加值转出地	增加值产生地	净转出量（亿元）	占转出地总量百分比（%）	增加值转出地	增加值产生地	净转出量（亿元）	占转出地总量百分比（%）
浙江	江苏	1523.25	20.98	湖北	吉林	352.58	11.95
	广东	1129.31	15.56		安徽	284.13	9.63
	山东	584.34	8.05		湖南	258.27	8.75
	湖南	539.48	7.43		重庆	257.01	8.71
	内蒙古	486.00	6.69		北京	226.21	7.67
云南	广东	711.07	11.49	陕西	四川	951.24	35.01
	江苏	682.51	11.03		海南	542.73	19.97
	河南	654.73	10.58		江苏	302.57	11.13
	辽宁	410.18	6.63		安徽	266.60	9.81
	河北	331.81	5.36		吉林	184.67	6.80
河南	浙江	1695.00	32.78	山东	陕西	1174.13	45.87
	江苏	753.11	14.57		贵州	331.71	12.96
	辽宁	519.85	10.05		吉林	274.10	10.71
	陕西	422.59	8.17		北京	249.58	9.75
	北京	395.20	7.64		河北	187.22	7.31
新疆	重庆	488.40	11.04	宁夏	河北	313.83	12.48
	江西	485.74	10.98		江苏	252.80	10.05
	广东	465.96	10.53		广东	231.43	9.20
	江苏	458.88	10.37		陕西	148.07	5.89
	贵州	366.90	8.29		河南	141.67	5.63
广东	广西	1777.98	49.34	广西	重庆	1777.98	71.09
	辽宁	968.38	26.87		江苏	968.38	38.72
	北京	266.71	7.40		北京	266.71	10.66
	吉林	216.03	5.99		湖南	216.03	8.64
	贵州	168.78	4.68		四川	168.78	6.75

具体分析增加值净转出量排名前十位省份的转移特征发现：①贸易增加值净转移规模和方向的集中性和不对称性特征。排名前十位的省际贸易增加值总额为 15346.55 亿元，占 30 个省份净增加值的 74.32%；反映了省际贸易的增加值转移体现出集中的特征；增加值的转

出地集中在能源资源较为富集的中、东部省份如安徽、上海、广东、北京、天津、吉林、福建等地，增加值转入地集中在浙江、江苏、河北、湖北、湖南、山东等地区，且净增加值转移有 64.40%转移到北上广及山东与江苏等经济较为发达省份。②省际贸易经济收益存在不平衡特征；经济收益较大的省份主要有京津冀、长三角、山东、湖南、广东等地区；收益相对低的省份集中在山西、内蒙古、河南等中部地区，吉林等东北地区及陕西等西部地区；反映出各省份经济为东部及沿海省份服务的经济格局。

进一步地，结合中国八大区域隐含增加值转移主要方向特征，如图 4-1 所示。研究发现：2007 年，中国八大区域间隐含净增加值转移的主要转移路径是中部和南部沿海向东部地区转移，东部沿海和京津地区向北部沿海的转移两条。其中，中部向东部地区之间的隐含净增加值转移为 3934.47 亿元，南部沿海对东部地区的净转移为 565.35 亿元，东部沿海和京津地区向北部沿海的净转移分别为 1004.85 亿元和 728.34 亿元。2017 年，中国八大区域间隐含净增加值转移的主要转移路径是西南地区向中部地区和东部沿海转移，中部地区向京津地区转移，西北地区向南部沿海、中部地区和西南地区转移三条。其中，西南地区向中部地区和东部沿海转移的隐含增加值净转移规模分别为 2921 亿元和 1614 亿元；中部地区向京津地区净转移是 1886 亿元；西北地区向南部沿海、中部地区和西南地区的净转移为 1725 亿元、1920 亿元和 1816 亿元。可见，中国区域间隐含净增加值转移主要呈现为东部沿海向中西部地区的转移。

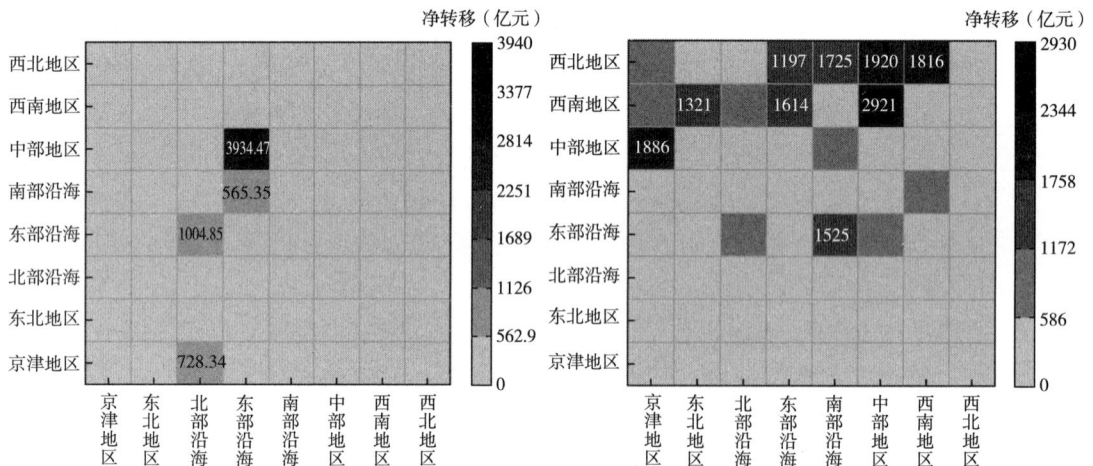

图 4-1　2007~2017 年省际隐含净增加值转移网络矩阵

4.3　省际隐含污染损益偏离分析

4.3.1　隐含水污染损益偏离分析

4.3.1.1　隐含水污染的损益偏离

根据隐含污染排放和隐含增加值净转移，可以将中国 30 个省份分为四个类型：第 I 类型位于四象限的左下区域，其特征为隐含污染和隐含增加值均为净流入；第Ⅱ类型位于四象限的左上区域，其特征为隐含污染为净流出且隐含增加值为净流入；第Ⅲ类型位于四象限的右上区域，其特征为隐含污染和隐含增加值均为净流出；第Ⅳ类型位于四象限的右下区域，其特征为隐含污染为净流入且隐含增加值为净流出。

2007年，根据隐含水污染净转移和隐含增加值净转移（见图4-2）具体分析如下：第Ⅰ类型包含12个省份（北京、天津、上海、广东、福建、安徽、云南、重庆、贵州、甘肃、青海、海南），这些省份通过消费其他区域的水污染密集产品将隐含水污染转移到其他地区，但同时在贸易过程中也付出了相应的经济成本。第Ⅱ类型包含5个省份（吉林、江西、广西、宁夏、新疆），这些省份在省际贸易中通过供给其他区域的水污染密集产品，为其他区域承担了隐含污染责任，但在贸易中也未获得更多的经济收益，是省际贸易的相对受损区。第Ⅲ类型包含9个省份（四川、黑龙江、陕西、辽宁、内蒙古、河南、河北、浙江、湖南），这些省份在省际贸易中通过供给其他区域高污染产品，为其他区域承担了隐含的污染转移，同时也在贸易过程中获得了相应经济收益。第Ⅳ类型包含4个省份（山西、江苏、山东、湖北），这些省份通过消费其他区域的水污染密集产品将隐含水污染转移到其他地区，同时也在贸易过程中获得了相应经济收益，造成了其他地区的环境不公平。

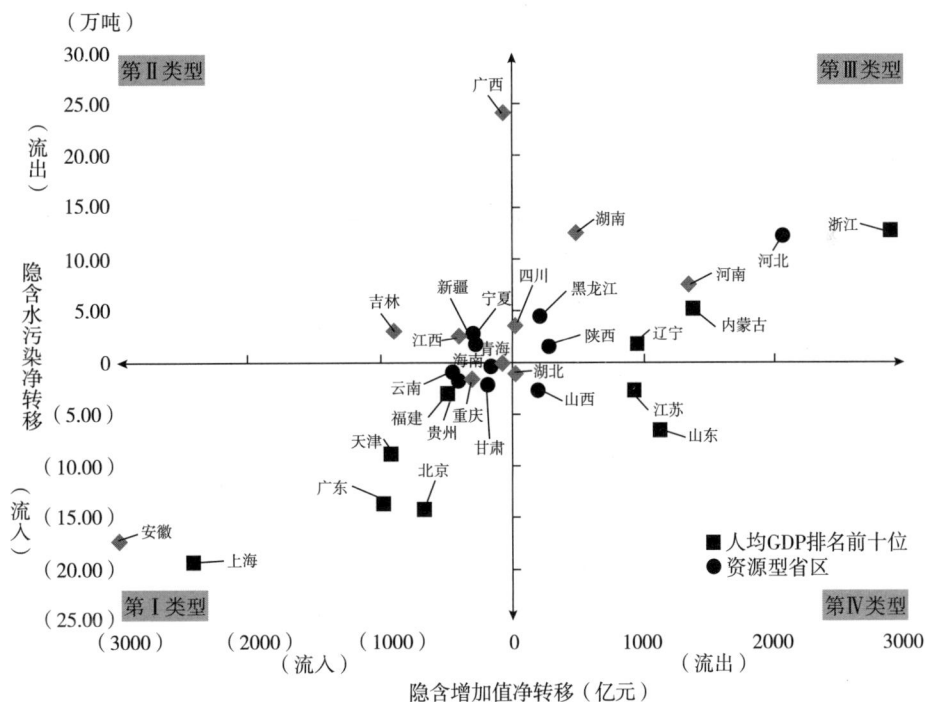

图4-2　2007年省际贸易隐含水污染净转移与隐含增加值净转移

2017年，根据隐含水污染净转移和隐含增加值净转移（见图4-3）具体分析如下：第Ⅰ类型包含10个省份（分别是北京、上海、浙江、山东、河南、湖北、海南、贵州、云南、陕西、青海）。第Ⅱ类型包含5个省份（黑龙江、广西、甘肃、宁夏、新疆），这些省区多为资源型省区,以高污染产品输出为主,是省际贸易的相对受损区。第Ⅲ类型包含8个省份(河北、内蒙古、吉林、江苏、安徽、江西、湖南、广东),这些省份在省际贸易中通过供给其他区域高污染产品,为其他区域承担了隐含的污染转移,同时也在贸易过程中获得了相应经济收益。第Ⅳ类型包含7个省份(北京、天津、山西、辽宁、福建、重庆、四川),这些省区是省际贸易的相对受益区。

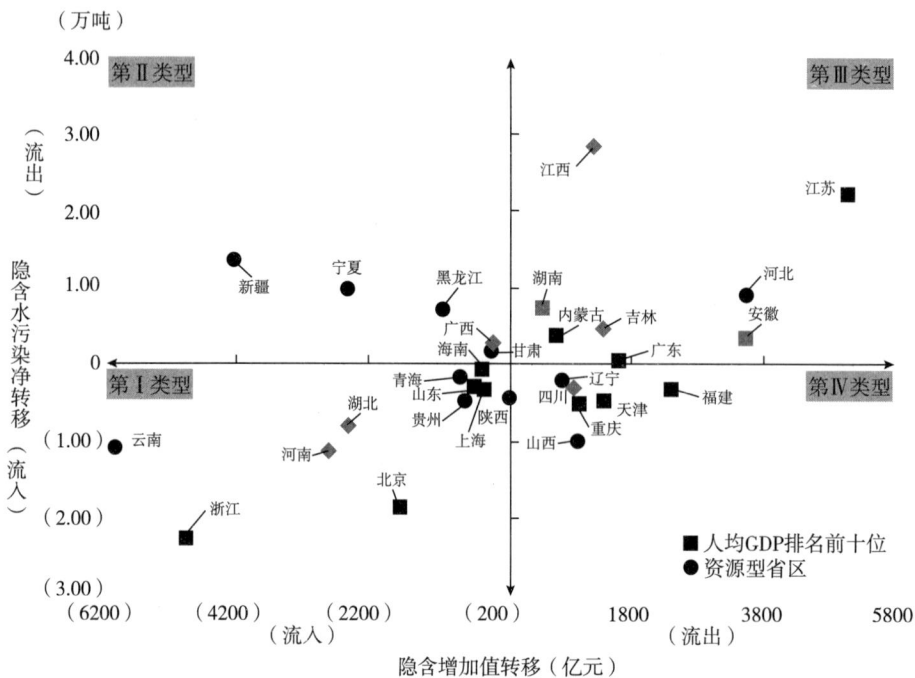

图4-3　2017年省际贸易隐含水污染净转移与隐含增加值净转移

对比2007~2017年可以发现:四象限类别空间跃迁有两个特点:第一,隐含水污染的相对受损区集中在吉林、黑龙江、江西、广西、甘肃、宁夏、新疆等中西部资源型省区,这些省区在水污染密集型产品生产中消耗并产生了水污染,为其他省区承担了一定的水污染责任,但并未得到相应的经济收益作为补偿。第二,相对收益区集中在了天津、辽宁、山西、江苏、山东、湖北、福建、重庆、四川等工业较为发达省区,但值得注意的是,天津、四川、福建等省份在十年间实现了类型跃迁,这主要是由于这些省份在经济发展中通过产业结构调整,减少了水污染密集型产品的生产。

4.3.1.2　隐含COD的损益偏离

2007年,根据隐含COD净转移和隐含增加值净转移(见图4-4)具体分析如下:第Ⅰ类包含12个省份(北京、天津、上海、安徽、福建、广东、海南、重庆、贵州、云南、甘肃、青海),这些省份通过消费其他区域的高污染产品将隐含的污染转移到其他地区,但同时在贸易过程中也付出了相应的经济成本。第Ⅱ类型包含5个省份(吉林、江西、宁夏、新疆、广西),这些省份在省际贸易中通过供给其他区域的高污染产品,为其他区域承担了隐含的污染转移,但在贸易中也未获得更多的经济收益,是省际贸易的相对受损区。这些省区多为通过资源输出换取经济收益的省区。第Ⅲ类型包含9个省份（河北、内蒙古、辽宁、黑龙江、浙江、河南、湖南、四川、陕西），这些省份在省际贸易中通过供给其他区域的高污染产品，为其他区域承担了隐含的污染转移，同时也在贸易过程中获得了相应经济收益。第Ⅳ类型包含4个省份（山西、江苏、山东、湖北），这些省份通过消费其他区域的高污染产品将隐含的污染转移到其他地区，同时也在贸易过程中获得了相应经济收益，造成了其他地区的环境不公平。

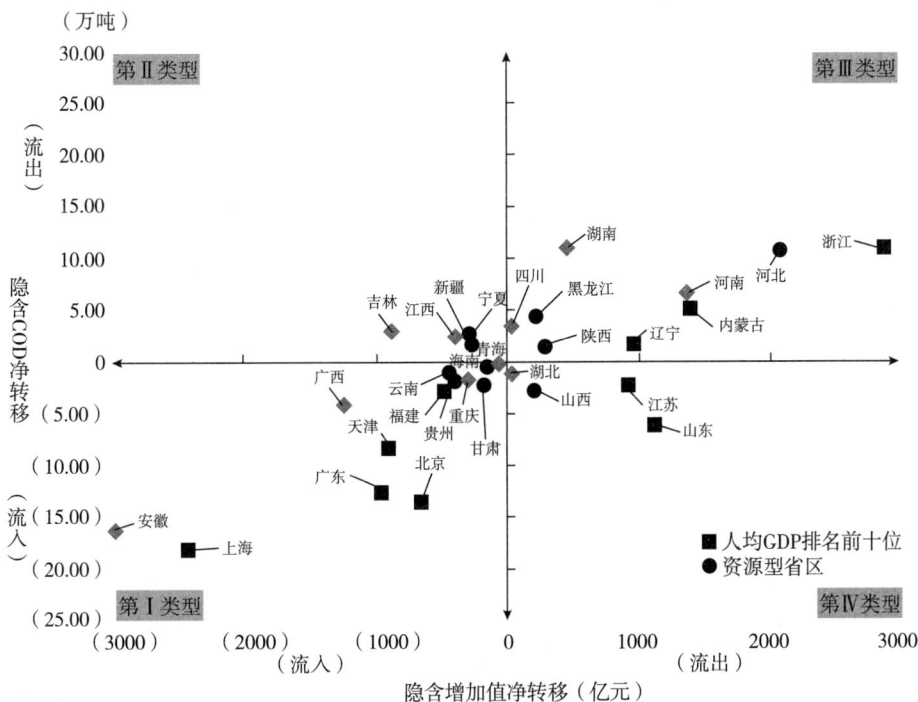

图 4-4　2007 年省际贸易隐含 COD 净转移与隐含增加值净转移

2017 年，根据隐含 COD 净转移和隐含增加值净转移（见图 4-5）具体分析如下：第Ⅰ类型包含 10 个省份（浙江、山东、河南、湖北、海南、四川、贵州、云南、陕西、青海），这些省份通过消费其他区域的高污染产品将隐含的污染转移到其他地区，但同时在贸易过程中也付出了相应的经济成本。第Ⅱ类型包含 5 个省份（黑龙江、广西、甘肃、宁夏、新疆），这些省份在省际贸易中通过供给其他区域的高污染产品，为其他区域承担了隐含的污染转移，但在贸易中未获得更多的经济收益，是省际贸易的相对受损区。第Ⅲ类型包含 8 个省份（河北、内蒙古、吉林、江苏、安徽、江西、湖南、广东），这些省份在省际贸易中通过供给其他区域的高污染产品，为其他区域承担了隐含的污染转移，同时也在贸易过程中获得了相应经济收益。第Ⅳ类型包含 7 个省份（北京、天津、山西、辽宁、上海、福建、重庆），这些省份通过消费其他区域的高污染产品将隐含的污染转移到其他地区，同时也在贸易过程中获得了相应经济收益，造成了其他地区的环境不公平。

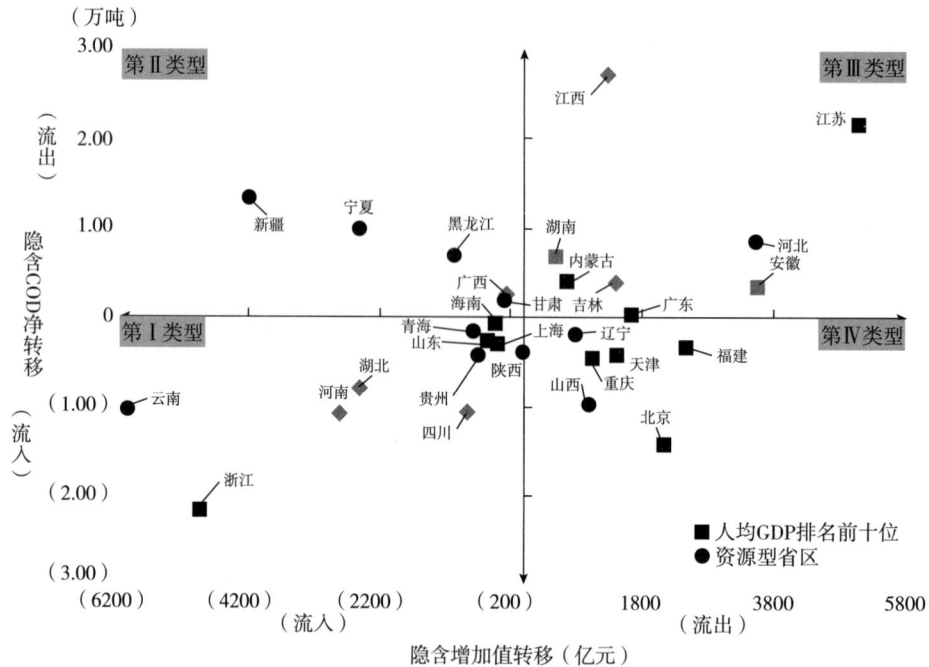

图4-5　2017年省际贸易隐含COD净转移与隐含增加值净转移

对比2007年和2017年隐含COD净转移和隐含增加值净转移的类型跃迁，结合空间格局可以发现：一方面，在中国省际贸易中，如山西、江苏、山东、湖北等能源加工工业更发达的省份，通过消费其他省区低附加值、高排放的污染密集型中间品，在贸易过程中实现了增加值的净转入。但至2017年，经过十年的发展，北京、天津、辽宁、安徽、广东、重庆实现了类型跃迁，从第Ⅰ类型跃迁至第Ⅳ类型，即通过产业结构的持续优化或者水污染处理技术的进步，在省际贸易中不仅转移了污染至其他省区，还获得了一定的经济净收益。另一方面，东北和西部欠发达省份如吉林、黑龙江、甘肃、宁夏、新疆，在贸易过程中承担了其他省份的隐含COD污染转移，同时在贸易上实现了逆差。可见，资源型省区在省际贸易中未获得相应的经济优势。

4.3.1.3　隐含氨氮的损益偏离

根据隐含污染净排放和隐含增加值净转移，可以将中国30个省份分为四个类型（见图4-6）。2007年，根据隐含氨氮净转移和隐含增加值净转移具体分析如下：

第Ⅰ类型包含13个省份（北京、天津、辽宁、上海、安徽、福建、广东、海南、重庆、贵州、云南、甘肃、青海），这些省份通过消费其他区域的高污染产品将隐含的污染转移到其他地区，但同时在贸易过程中也付出了相应的经济成本。

第Ⅱ类型包含5个省份（吉林、江西、广西、宁夏、新疆），这些省份在省际贸易中通过供给其他区域的高污染产品，为其他区域承担了隐含的污染转移，但在贸易中也未获得更多的经济收益，是省际贸易的相对受损区。这些省区多为通过资源输出换取经济收益的省区。

第Ⅲ类型包含9个省份（河北、内蒙古、黑龙江、浙江、河南、湖南、四川、陕西），这些省份在省际贸易中通过供给其他区域的高污染产品，为其他区域承担了隐含的污染转移，同时也在贸易过程中获得了相应经济收益。

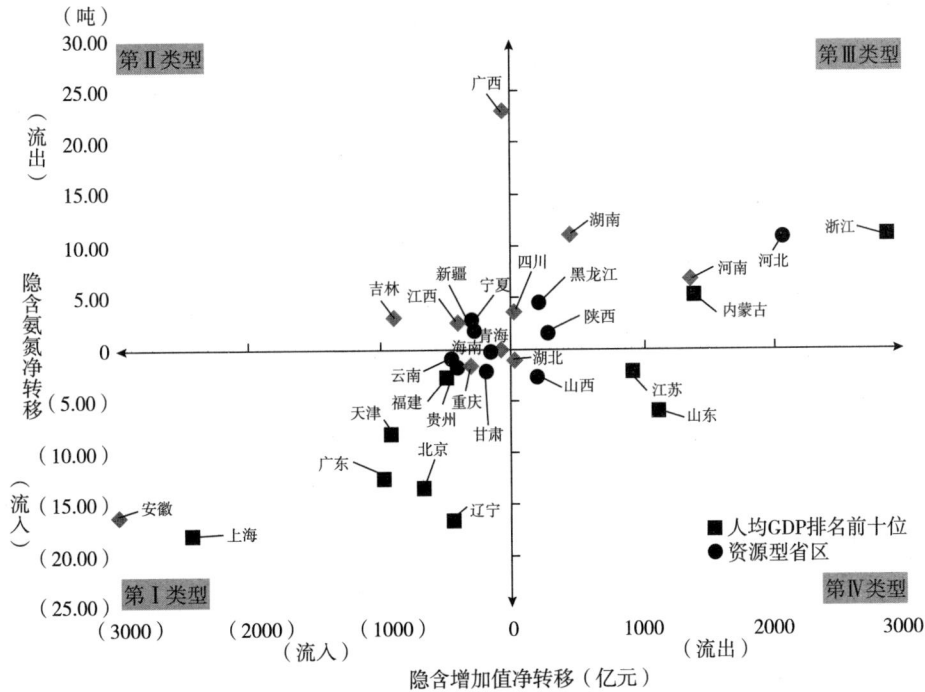

图 4-6　2007 年省际贸易隐含氨氮净转移与隐含增加值净转移

第Ⅳ类型包含 4 个省份（山西、江苏、山东、湖北），这些省份通过消费其他区域的高污染产品将隐含的污染转移到其他地区，同时也在贸易过程中获得了相应经济收益，造成了其他地区的环境不公平。

2017 年，根据隐含氨氮净转移和隐含增加值净转移具体分析如下（见图 4-7）：

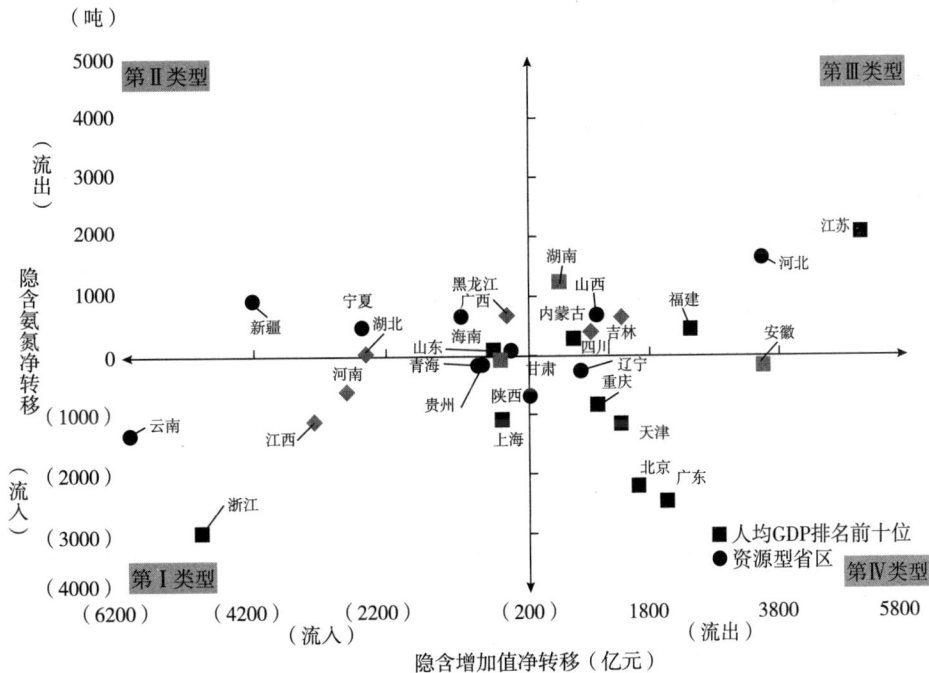

图 4-7　2017 年省际贸易隐含氨氮净转移与隐含增加值净转移

第Ⅰ类型包含10个省份（上海、浙江、江西、河南、海南、贵州、云南、陕西、甘肃、青海），这些省份通过消费其他区域的高污染产品将隐含的污染转移到其他地区，但同时在贸易过程中也付出了相应的经济成本。

第Ⅱ类型包含6个省份（黑龙江、山东、湖北、广西、宁夏、新疆），这些省份在省际贸易中通过供给其他区域的高污染产品，为其他区域承担了隐含的污染转移，但在贸易中也未获得更多的经济收益，是省际贸易的相对受损区。

第Ⅲ类型包含8个省份（河北、山西、内蒙古、吉林、江苏、福建、湖南、四川），这些省份在省际贸易中通过供给其他区域的高污染产品，为其他区域承担了隐含的污染转移，同时也在贸易过程中获得了相应的经济收益。

第Ⅳ类包含6个省份（北京、天津、辽宁、安徽、广东、重庆），这些省份通过消费其他区域的高污染产品将隐含的污染转移到其他地区，同时也在贸易过程中获得了相应经济收益，造成了其他地区的环境不公平。

对比2007年和2017年隐含氨氮污染净转移和增加值净转移的类型跃迁，结合空间格局可以发现：一方面，在中国省际贸易中，部分发达省份如山西、江苏、山东、湖北等能源加工工业更发达的省份，通过消费其他省份低附加值、高排放的污染密集型中间品，在贸易过程中实现了增加值的净转入。但至2017年，经过十年的发展，北京、天津、辽宁、安徽、广东、重庆实现类型跃迁，从第Ⅰ类型跃迁至第Ⅳ类型，即通过产业结构的持续优化，在省际贸易中不仅转移了污染至其他省区，还获得了一定的经济净收益。另一方面，东北和西部欠发达省份如吉林、黑龙江、甘肃、宁夏、新疆，在贸易过程中承担了其他省份的隐含氨氮污染转移，同时贸易上实现了逆差。可见，资源型省份在省际贸易中未获得相应的经济优势。

4.3.2　隐含大气污染损益偏离分析

4.3.2.1　隐含大气污染的损益偏离

2007年，根据隐含大气污染净转移和隐含增加值净转移具体分析如下（见图4-8）：

第Ⅰ类型包含12个省份（北京、天津、河北、吉林、上海、安徽、福建、江西、广东、海南、重庆、青海），这些省份通过消费其他区域的高污染产品将隐含的污染转移到其他地区，但同时在贸易过程中也付出了相应的经济成本。

第Ⅱ类型包含6个省份（广西、贵州、云南、甘肃、宁夏、新疆），这些省份在省际贸易中通过供给其他区域的高污染产品，为其他区域承担了隐含的污染转移，但在贸易中也未获得更多的经济收益，是省际贸易的相对受损区。

第Ⅲ类型包含9个省份（山西、内蒙古、辽宁、黑龙江、河南、湖北、湖南、四川、陕西），这些省份在省际贸易中通过供给其他区域的高污染产品，为其他区域承担了隐含的污染转移，同时也在贸易过程中获得了相应经济收益。

第Ⅳ类型包含3个省份（江苏、浙江、山东），这些省份通过消费其他区域的高污染产品将隐含的污染转移到其他地区，同时也在贸易过程中获得了相应经济收益，造成了其他地区的环境不公平。

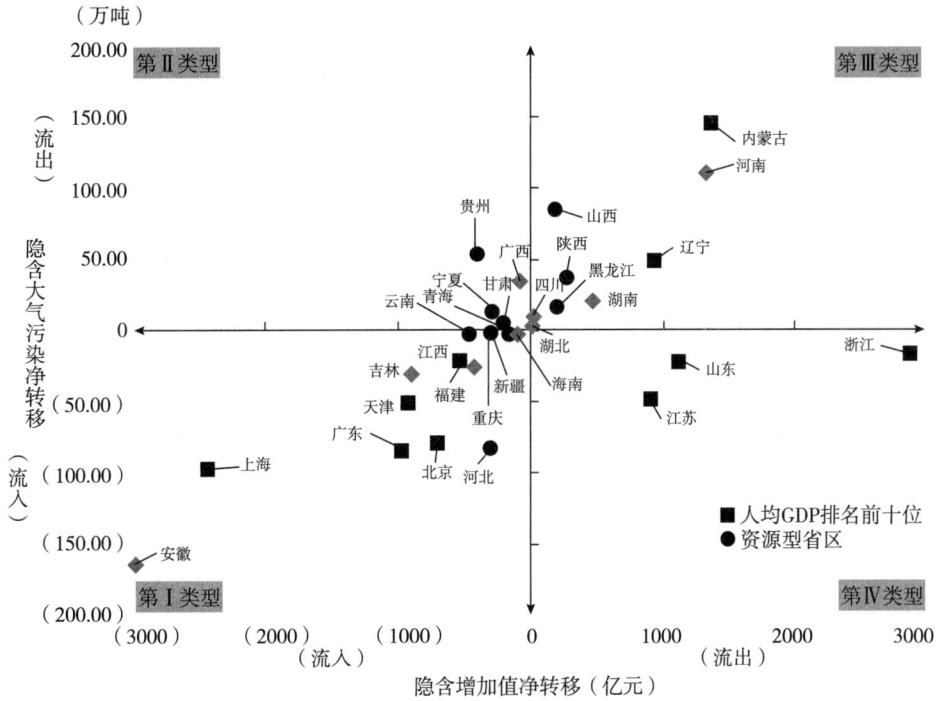

图 4-8　2007 年省际贸易隐含大气污染净转移与隐含增加值净转移

2017 年，根据隐含大气污染净转移和隐含增加值净转移具体分析如下（见图 4-9）：

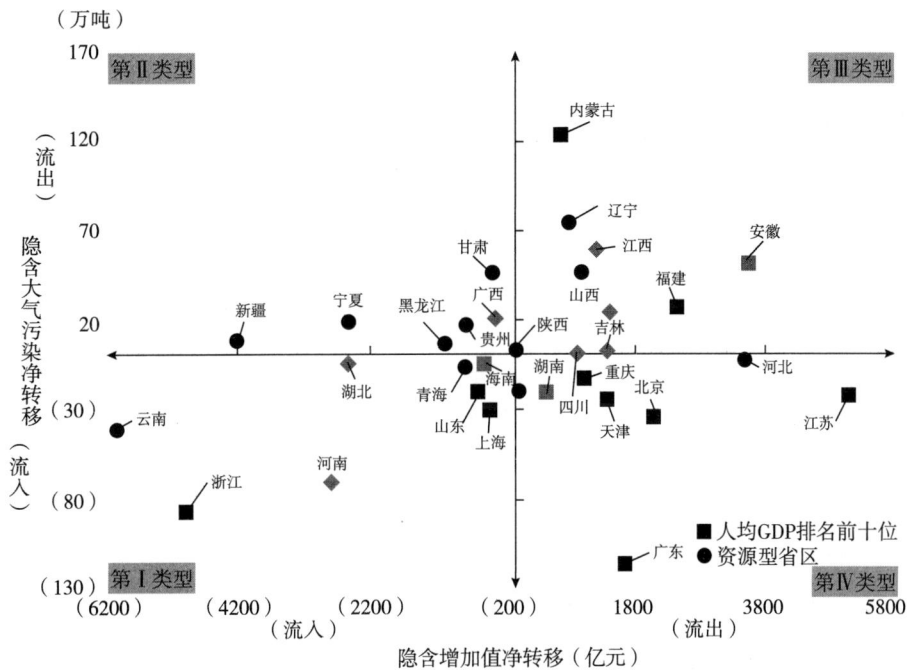

图 4-9　2017 年省际贸易隐含大气污染净转移与隐含增加值净转移

第 I 类型包含 8 个省份（上海、浙江、山东、河南、湖北、海南、云南、青海），这些省份通过消费其他区域的高污染产品将隐含的污染转移到其他地区，但同时在贸易过程中也付出了相应的经济成本。

第 II 类型包含 6 个省份（黑龙江、广西、贵州、甘肃、宁夏、新疆），这些省份在省际贸易中通过供给其他区域的高污染产品，为其他区域承担了隐含的污染转移，但在贸易中也未获得更多的经济收益，是省际贸易的相对受损区。这些省份多为通过资源输出换取经济收益的省份。

第 III 类型包含 9 个省份（山西、内蒙古、辽宁、吉林、安徽、福建、江西、四川、陕西），这些省份在省际贸易中通过供给其他区域的高污染产品，为其他区域承担了隐含的污染转移，同时也在贸易过程中获得了相应经济收益。

第 IV 类型包含 7 个省份（北京、天津、河北、江苏、湖南、广东、重庆），这些省份通过消费其他区域的高污染产品将隐含的污染转移到其他地区，同时也在贸易过程中获得了相应经济收益，造成了其他地区的环境不公平。

对比 2007 年和 2017 年隐含大气污染净转移和增加值净转移的类型跃迁，结合空间格局可以发现：一方面，工业化初期，如江苏、浙江、山东等资源型加工业更发达的省份，通过消费其他省区低附加值、高排放的污染密集型中间品，在贸易过程中获得了更多的经济收益。但至 2017 年，经过十年的发展，北京、天津、河北、江苏、湖南、广东、重庆实现了类型跃迁，从第 I 类型跃迁至第 IV 类型，即通过产业结构的持续优化，在省际贸易中不仅转移了污染至其他省区，还获得了一定的经济净收益。另一方面，西部欠发达省份如广西、贵州、云南、甘肃、宁夏、新疆，在贸易过程中承担了其他省份的隐含大气污染转移，但却未获得相应的经济补偿；可见，资源型省区在省际贸易中未获得相应的经济优势。

4.3.2.2 隐含二氧化硫的损益偏离

根据隐含二氧化硫净转移和隐含增加值净转移，可以将中国 30 个省份分为四个类型。2007 年，根据隐含二氧化硫净转移和隐含增加值净转移具体分析如下（见图 4-10）：

第 I 类型包含 11 个省份（北京、天津、吉林、上海、安徽、福建、江西、广东、海南、青海、新疆），这些省份通过消费其他区域的高污染产品将隐含的污染转移到其他地区，但同时在贸易过程中也付出了相应的经济成本。

第 II 类型包含 6 个省份（广西、重庆、贵州、云南、甘肃、宁夏），这些省份在省际贸易中通过供给其他区域的高污染产品，为其他区域承担了隐含的污染转移，但在贸易中未获得更多的经济收益，是省际贸易的相对受损区。这些省区多为通过资源输出换取经济收益的省区。

第 III 类型包含 10 个省份（河北、山西、内蒙古、辽宁、浙江、河南、湖北、湖南、四川、陕西），这些省份在省际贸易中通过供给其他区域的高污染产品，为其他区域承担了隐含的污染转移，同时也在贸易过程中获得了相应经济收益。

第 IV 类型包含 3 个省份（黑龙江、江苏、山东），这些省份通过消费其他区域的高污染产品将隐含的污染转移到其他地区，同时也在贸易过程中获得了相应的经济收益，造成了其他地区的环境不公平。

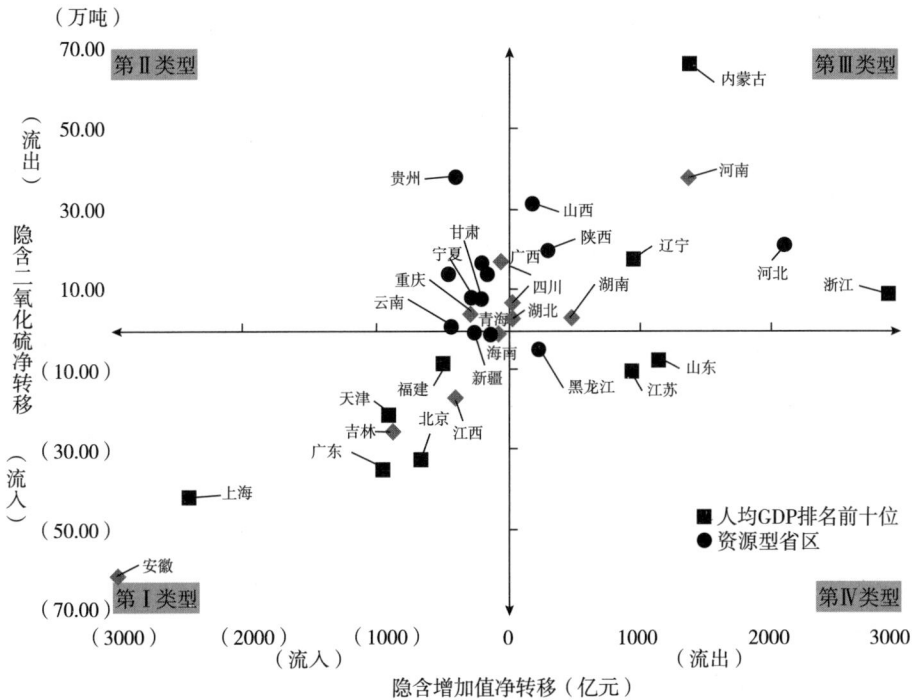

图 4-10　2007 年省际贸易隐含二氧化硫净转移与隐含增加值净转移

2017 年，根据隐含二氧化硫净转移和隐含增加值净转移具体分析如下（见图 4-11）：

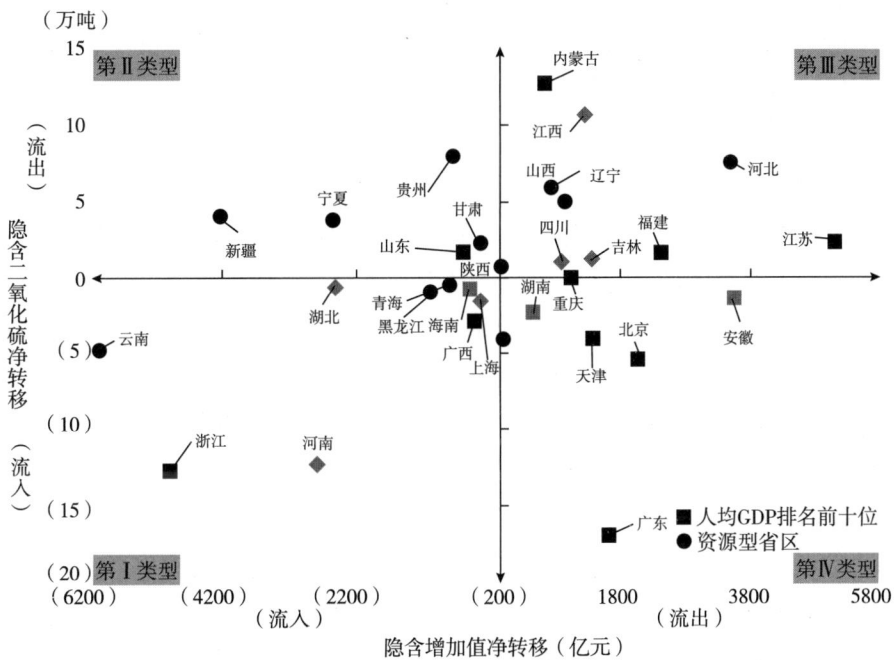

图 4-11　2017 年省际贸易隐含二氧化硫净转移与隐含增加值净转移

第 I 类型包含 9 个省份（黑龙江、上海、浙江、河南、湖北、广西、海南、云南、青海），这些省份通过消费其他区域的高污染产品将隐含的污染转移到其他地区，但同时在贸易过程中也付出了相应的经济成本。

第Ⅱ类型包含6个省份（山东、贵州、陕西、甘肃、宁夏、新疆），这些省份在省际贸易中通过供给其他区域的高污染产品，为其他区域承担了隐含的污染转移，但在贸易中未获得更多的经济收益，是省际贸易的相对受损区。这些省份多为通过资源输出换取经济收益的省份。

第Ⅲ类型包含9个省份（河北、山西、内蒙古、辽宁、吉林、江苏、福建、江西、四川），这些省份在省际贸易中通过供给其他区域的高污染产品，为其他区域承担了隐含的污染转移，同时也在贸易过程中获得了相应经济收益。

第Ⅳ类型包含6个省份（北京、天津、安徽、湖南、广东、重庆），这些省份通过消费其他区域的高污染产品将隐含的污染转移到其他地区，同时也在贸易过程中获得了相应经济收益，造成了其他地区的环境不公平。

对比2007年和2017年隐含二氧化硫污染净转移和增加值净转移的类型跃迁，结合空间格局可以发现：一方面，在中国省际贸易中，如黑龙江、江苏、山东等能源加工工业较发达的省份，通过消费其他省区低附加值、高排放的污染密集型中间品，在贸易过程中实现了增加值的净转入。但至2017年，经过十年的发展，北京、天津、安徽、湖南、广东、重庆实现类型跃迁，从第Ⅰ类型跃迁至第Ⅳ类型，即通过产业结构的持续优化，在省际贸易中不仅转移了污染至其他省区，还获得了一定的经济净收益。另一方面，东北和西部欠发达省份如陕西、甘肃、宁夏、新疆和西南的贵州，在贸易过程中承担了其他省份的隐含二氧化硫污染转移，同时贸易上实现了逆差。而山东则从第Ⅳ类型跃迁至第Ⅱ类型，山东省在近十年的经济发展中，重工业的发展承接了来自北上广等经济发达省份的污染转移和产业转移，在复杂的贸易网络中未获得相应的经济收益，付出了更多的环境代价。

4.3.2.3 隐含烟粉尘的损益偏离

根据隐含烟粉尘净转移和隐含增加值净转移，可以将中国30个省份分为四个类型。2007年，根据隐含烟粉尘净转移和隐含增加值净转移具体分析如下（见图4-12）：

第Ⅰ类型包含13个省份（北京、天津、吉林、上海、安徽、福建、江西、广东、海南、重庆、云南、甘肃、新疆），这些省份通过消费其他区域的高污染产品将隐含的污染转移到其他地区，但同时在贸易过程中也付出了相应的经济成本。

第Ⅱ类型包含4个省份（广西、贵州、青海、宁夏），这些省份在省际贸易中通过供给其他区域的高污染产品，为其他区域承担了隐含的污染转移，但在贸易中未获得更多的经济收益，是省际贸易的相对受损区。

第Ⅲ类型包含10个省份（河北、山西、内蒙古、辽宁、黑龙江、河南、湖北、湖南、四川、陕西），这些省份在省际贸易中通过供给其他区域的高污染产品，为其他区域承担了隐含的污染转移，同时也在贸易过程中获得了相应经济收益。

第Ⅳ类型包含3个省份（江苏、浙江、山东），这些省份通过消费其他区域的高污染产品将隐含的污染转移到其他地区，同时也在贸易过程中获得了相应经济收益，造成了其他地区的环境不公平。

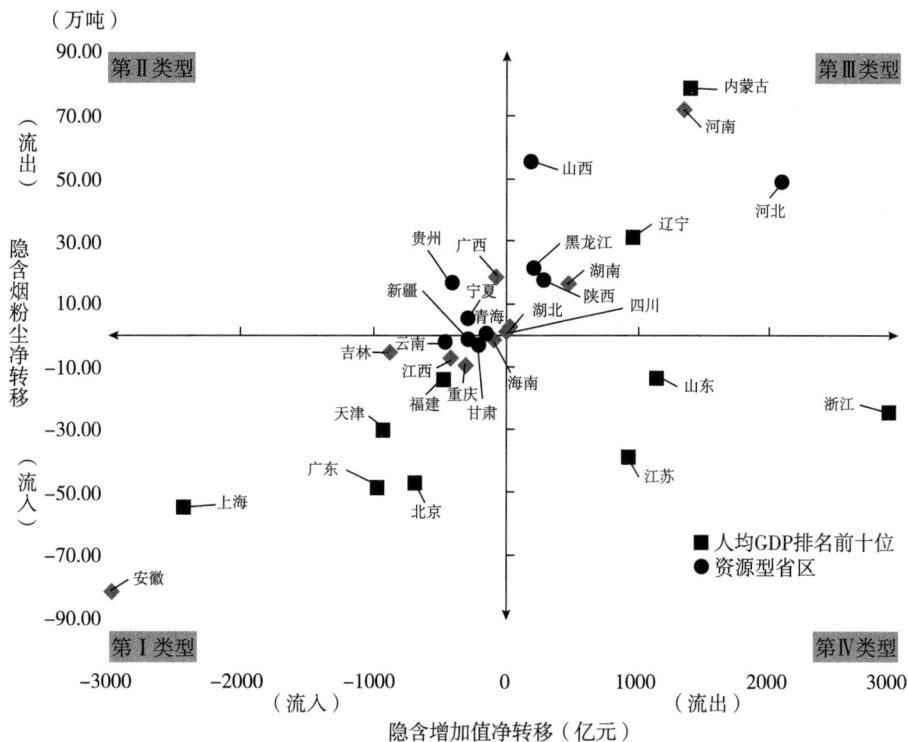

图 4-12　2007 年省际贸易隐含烟粉尘净转移与隐含增加值净转移

2017 年，根据烟粉尘净转移和隐含增加值净转移具体分析如下（见图 4-13）：

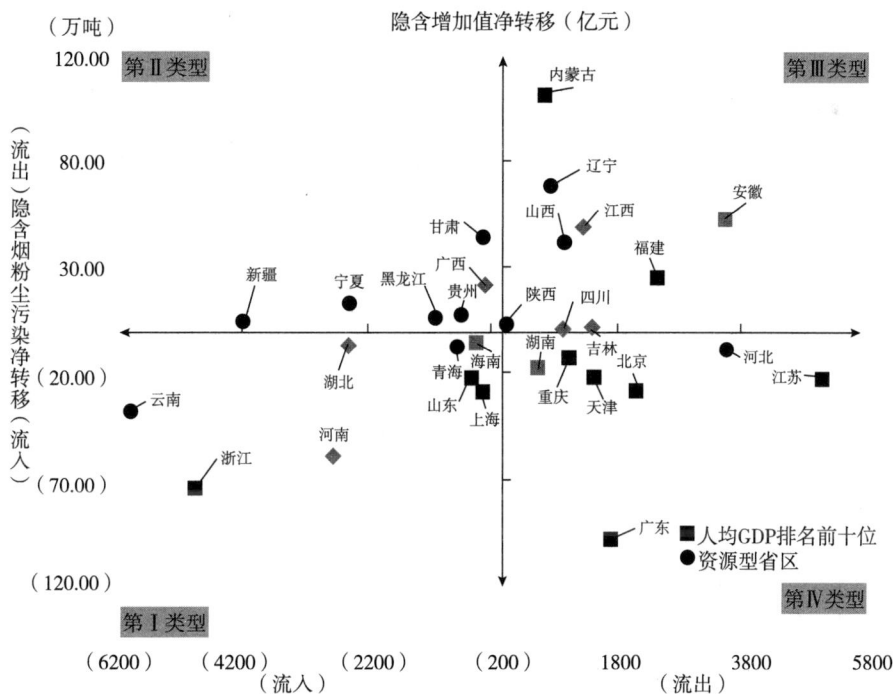

图 4-13　2017 年省际贸易隐含烟粉尘净转移与隐含增加值净转移

第 Ⅰ 类型包含 8 个省份（上海、浙江、山东、河南、湖北、海南、云南、青海），这些省份通过消费其他区域的高污染产品将隐含的污染转移到其他地区，但同时在贸易过程中也付出了相应的经济成本。

第Ⅱ类型包含6个省份（黑龙江、广西、甘肃、宁夏、新疆、贵州），这些省份在省际贸易中通过供给其他区域的高污染产品，为其他区域承担了隐含的污染转移，但在贸易中未获得更多的经济收益，是省际贸易的相对受损区。

第Ⅲ类型包含9个省份（内蒙古、江西、山西、辽宁、吉林、安徽、福建、四川、陕西），这些省份在省际贸易中通过供给其他区域的高污染产品，为其他区域承担了隐含的污染转移，同时也在贸易过程中获得了相应经济收益。

第Ⅳ类型包含7个省份（北京、天津、河北、江苏、湖南、广东、重庆），这些省份通过消费其他区域的高污染产品将隐含的污染转移到其他地区，同时也在贸易过程中获得了相应经济收益，造成了其他地区的环境不公平。

对比2007年和2017年隐含烟粉尘污染净转移和增加值净转移的类型跃迁，结合空间格局可以发现：一方面，在中国省际贸易中，如江苏、浙江、山东等资源型加工业较发达的省份，通过消费其他省份低附加值、高排放的污染密集型中间品，在贸易过程中实现了增加值的净转入。但至2017年，经过十年的发展，北京、天津、河北、江苏、湖南、广东、重庆等省份实现了类型跃迁，从第Ⅰ类型跃迁至第Ⅳ类型，即通过产业结构的持续优化或污染治理技术的进步，在省际贸易中不仅转移了污染至其他省区，还获得了一定的经济净收益。另一方面，东北和西部欠发达省份如黑龙江、广西、甘肃、宁夏、新疆，在贸易过程中承担了其他省份的隐含烟粉尘污染转移，并且未得到相应的经济收益，是贸易中的相对受损区，付出了更多的环境代价。

4.3.3 隐含固废污染损益偏离分析

根据隐含固废净转移和隐含增加值净转移，可以将中国30个省份分为四个类型（见图4-14）。2007年，根据隐含固废净转移和隐含增加值净转移具体分析如下：

第Ⅰ类型包含11个省份（北京、天津、辽宁、吉林、上海、安徽、福建、广东、海南、重庆、新疆），这些省份通过消费其他区域的高污染产品将隐含的污染转移到其他地区，但同时在贸易过程中也付出了相应的经济成本。

第Ⅱ类型包含7个省份（江西、广西、贵州、云南、甘肃、青海、宁夏），这些省份在省际贸易中通过供给其他区域的高污染产品，为其他区域承担了隐含的污染转移，但在贸易中未获得更多的经济收益，是省际贸易的相对受损区。这些省份多为通过资源输出换取经济收益的省份。

第Ⅲ类型包含8个省份（河北、山西、内蒙古、山东、河南、湖北、四川、陕西），这些省份在省际贸易中通过供给其他区域的高污染产品，为其他区域承担了隐含的污染转移，同时也在贸易过程中获得了相应经济收益。

第Ⅳ类型包含4个省份（黑龙江、江苏、浙江、湖南），这些省份通过消费其他区域的高污染产品将隐含的污染转移到其他地区，同时也在贸易过程中获得了相应经济收益，造成了其他地区的环境不公平。

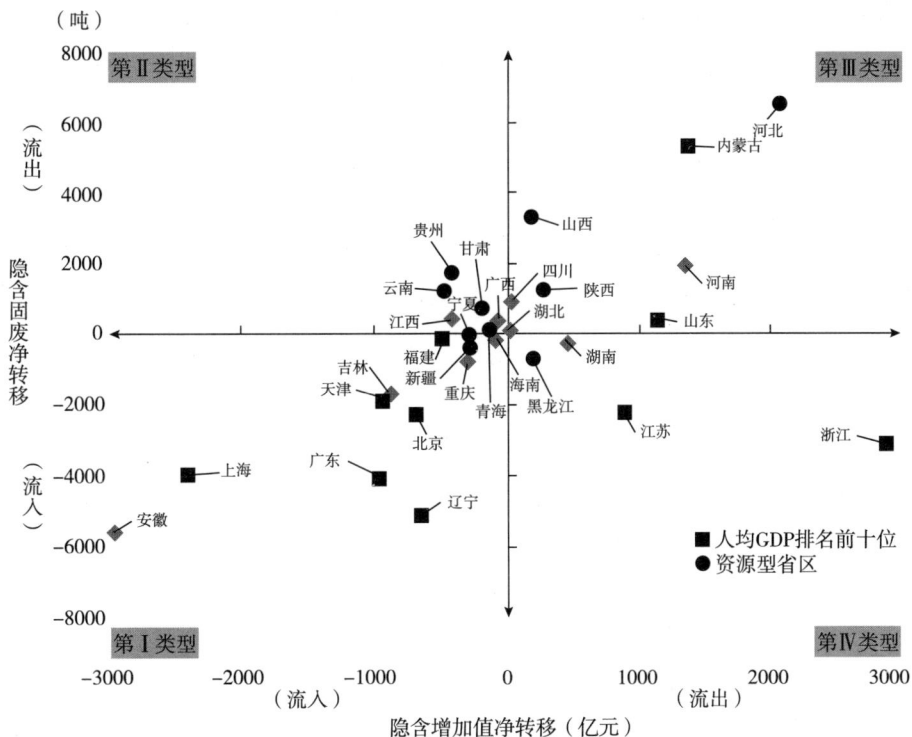

图 4-14　2007 年省际贸易隐含固废净转移与隐含增加值净转移

2017 年，根据隐含固废净转移和隐含增加值净转移具体分析如下（见图 4-15）：

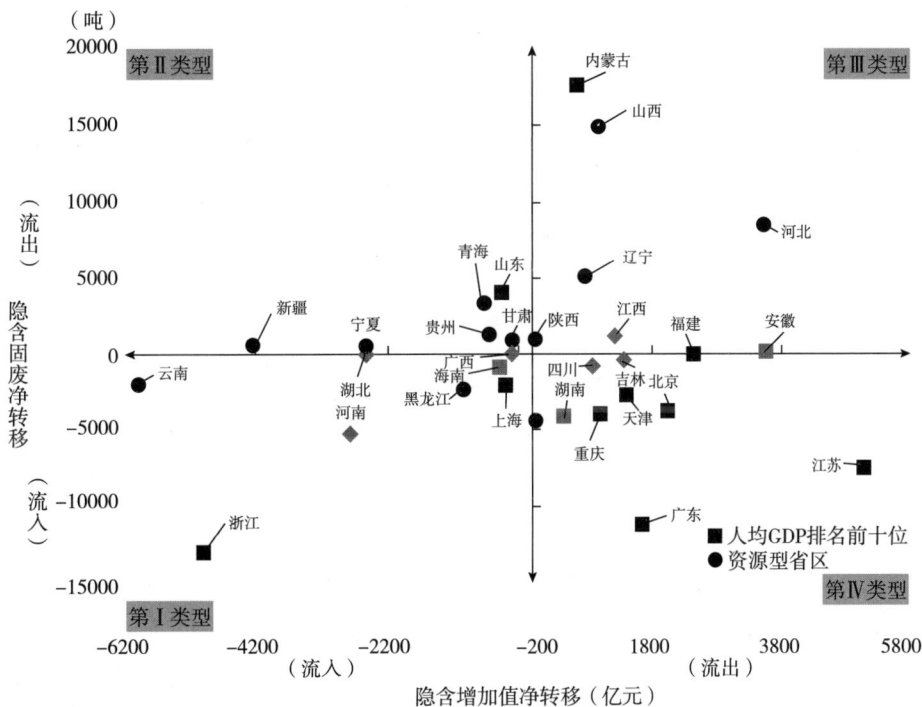

图 4-15　2017 年省际贸易隐含固废净转移与隐含增加值净转移

第 I 类型包含 7 个省份（黑龙江、上海、浙江、河南、广西、海南、云南），这些省份通过消费其他区域的高污染产品将隐含的污染转移到其他地区，但同时在贸易过程中也付出了相应的经济成本。

第 II 类型包含 7 个省份（山东、湖北、贵州、甘肃、青海、宁夏、新疆），这些省份在省际贸易中通过供给其他区域的高污染产品，为其他区域承担了隐含的污染转移，但在贸易中未获得更多的经济收益，是省际贸易的相对受损区。

第 III 类型包含 8 个省份（河北、山西、内蒙古、辽宁、安徽、福建、江西、陕西），这些省份在省际贸易中通过供给其他区域的高污染产品，为其他区域承担了隐含的污染转移，同时也在贸易过程中获得了相应经济收益。

第 IV 类型包含 8 个省份（北京、天津、吉林、江苏、湖南、广东、重庆、四川），这些省份通过消费其他区域的高污染产品将隐含的污染转移到其他地区，同时也在贸易过程中获得了相应经济收益，造成了其他地区的环境不公平。

对比 2007 年和 2017 年隐含固废污染净转移和增加值转移的类型跃迁，结合空间格局可以发现：一方面，在中国省际贸易中，如黑龙江、江苏、浙江、湖南等资源型加工业较发达的省份，通过消费其他省区低附加值、高排放的污染密集型中间品，在贸易过程中实现了增加值的净转入。但至 2017 年，经过十年的发展，北京、天津、吉林、江苏、湖南、广东、重庆、四川等省份实现了类型跃迁，从第 I 类型跃迁至第 IV 类型，即通过产业结构的持续优化或污染治理技术的进步，在省际贸易中不仅转移了污染至其他省区，还获得了一定的经济净收益。另一方面，东北和西部欠发达省份如贵州、甘肃、青海、宁夏、新疆，在贸易过程中承担了其他省份的隐含固废污染转移，并且未得到相应的经济收益，是贸易中的相对受损区；而山东、湖北则在承接邻近发达省区污染转移中，付出了更多的环境代价。

4.4 省际隐含污染损益偏离测度与特征事实分析

4.4.1 隐含水污染转移的损益偏离特征分析

4.4.1.1 隐含水污染转移的损益偏离时空特征

省际损益偏离矩阵图（见图 4-16）汇报了 30 个省份之间贸易隐含增加值转移与隐含水污染转移的不公平程度。矩阵图中颜色越深表示损益偏离度越高。损益偏离度反映了参与省际贸易中获得经济收益与承受环境损失的不均衡关系，如 a-b 的贸易关系中，若损益偏离度大于 1 表明 a 与 b 的贸易中 b 获得的经济收益相对少，但产生的污染排放多。

2007 年，省际隐含水污染转移中产生损益偏离（大于 1）的关系有 585 对，占总贸易关系数的 65%；其中，最大值为 2.83，最小值为 0.00001，均值为 0.76；按照四分位法将损益偏离程度（大于 1）划分四分位，可以分为四类："轻度偏离（LPD<1.008）""中低偏离（1.008≤LPD<1.032）""中高偏离（1.032≤LPD<1.093）""高度偏离（LPD≥1.093）"，

反映了中国省际贸易中较为普遍地存在损益偏离。

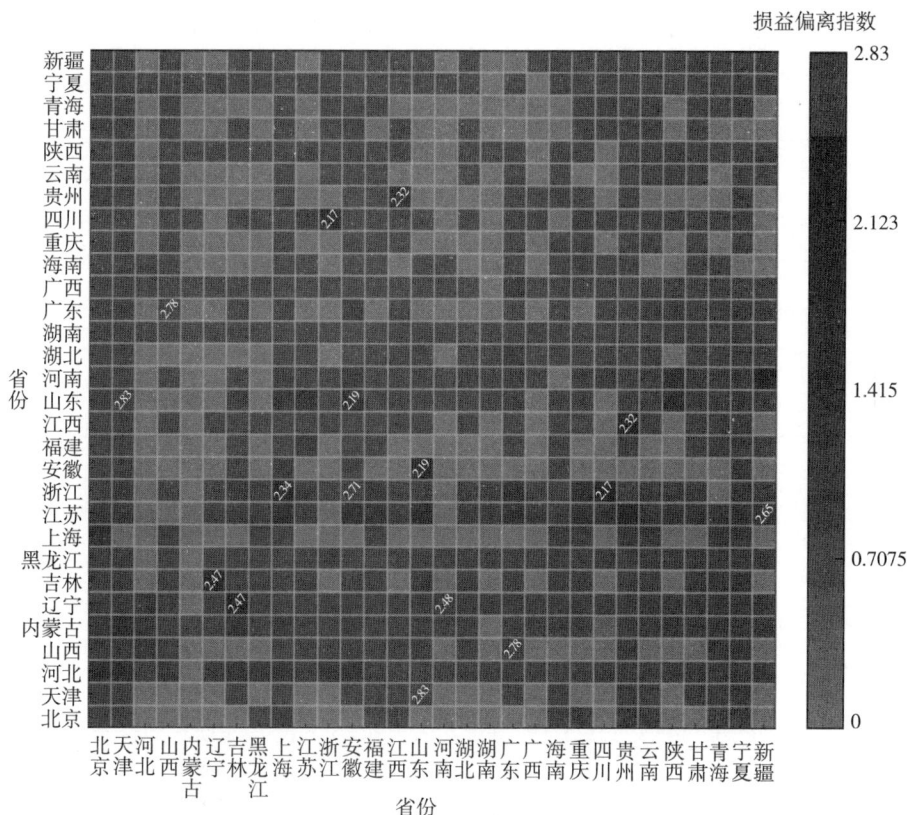

图 4-16　2007 年省际隐含水污染损益偏离指数矩阵

表 4-3 汇报了 2007 年省际贸易水污染损益偏离指数前 30 位偏离关系。2007 年，省际贸易水污染转移前 30 位损益偏离关系中，偏离指数最高的是山东与天津，偏离指数为 2.847，说明山东与天津的商品交换中，天津获得了更多的经济收益但承担的环境后果相对较少，更多的水污染排放在山东产生；之后是天津与山东（2.830）、广东-山西（2.830）、山西-广东（2.782）、新疆-江苏（2.782）、安徽-浙江（2.710）、河南-辽宁（2.480）、吉林-辽宁（2.473）、辽宁-吉林（2.473）、上海-浙江（2.336）。

按照东、中、西部①分区域考察省际贸易损益偏离关系发现：2007 年，东部内部省份损益以高度偏离为主（21.29%），中部和西部内部省份以低度偏离为主（分别占比 13.73% 和 15.69%）；三大区域之间的偏离关系中，东部和中部的偏离以中高偏离和高度偏离为主，分别占比 34.44% 和 37.42%；东部和西部偏离以中低偏离和中高偏离为主，分别占比 23.08% 和 28.48%；中部和西部偏离以低度偏离和中低偏离为主，分别占比 21.57% 和 29.49%。可见，高度偏离的关系主要集中在东部经济发展程度较高的广东、山东、浙江等省份与资源较为富集的山西、辽宁、吉林等省份之间；但也有特别的，如上海与浙江、安徽与浙江之间也

_____

① 东部地区：北京、天津、河北、辽宁、上海、江苏、浙江、福建、山东、广东和海南共计 11 个省份；中部地区：重庆、山西、内蒙古、吉林、黑龙江、安徽、江西、河南、湖北、湖南和广西共 11 个省份；西部地区：四川、贵州、云南、陕西、甘肃、青海、宁夏、新疆 8 个省份。

存在较高的偏离，这主要是因为这些省份均为经济活动活跃、产业体系和链条延伸较长，中间原材料与中间品的贸易广泛，产业合作分工程度深，经济收益与环境成本核算复杂。

表 4-3　2007 年省际隐含水污染损益偏离指数前 30 位列表

贸易链路	损益偏离度	排序	贸易链路	损益偏离度	排序
山东-天津	2.847	1	浙江-四川	2.168	16
天津-山东	2.830	2	新疆-河南	1.802	17
广东-山西	2.830	3	贵州-江苏	1.747	18
山西-广东	2.782	4	山东-江苏	1.729	19
新疆-江苏	2.782	5	江苏-山东	1.729	20
安徽-浙江	2.710	6	广东-浙江	1.701	21
河南-辽宁	2.480	7	重庆-浙江	1.644	22
吉林-辽宁	2.473	8	上海-山东	1.642	23
辽宁-吉林	2.473	9	上海-河北	1.627	24
上海-浙江	2.336	10	安徽-河北	1.601	25
贵州-江西	2.318	11	天津-河北	1.562	26
江西-贵州	2.318	12	北京-河北	1.541	27
山东-安徽	2.186	13	陕西-山东	1.529	28
安徽-山东	2.186	14	上海-江苏	1.513	29
四川-浙江	2.168	15	安徽-河南	1.512	30

2017 年中国 30 个省份的省际隐含水污染转移中，产生损益偏离（大于 1）的关系有 624 对，占总贸易关系数的 69.33%；其中，最大值为 2.89，最小值为 0.000001，均值为 0.84；按照四分位法将损益偏离程度（大于 1）划分四分位，可以分为四类："轻度偏离（LPD>1.0319）""中低偏离（1.0319≤LPD<1.0868）""中高偏离（1.0868≤LPD<1.2125）""高度偏离（LPD≥1.2125）"。

图 4-17、表 4-4 汇报了 2017 年省际贸易水污染损益偏离指数前 30 位偏离关系。2017 年，省际贸易水污染转移前 30 位损益偏离关系中，偏离指数最高的是四川与重庆，偏离指数为 2.894，而重庆对四川的偏离指数也是 2.894，呈现一定的对称性；之后依次是江苏-安徽（2.860）、黑龙江-山西（2.727）、吉林-福建（2.694）、河南-天津（2.688）、湖北-上海（2.624）、上海-湖北（2.624）、广西-重庆（2.602）、山东-陕西（2.601）。可见，隐含水污染转移的高度偏离的关系主要集中在东部和中部经济发展程度较高与水资源较为丰富的区域之间，东部和西部的偏离有山东与陕西，偏离度为 2.601。

按照东、中、西部分区域考察省际贸易损益偏离关系发现：2017 年，东部内部省份损益以低度偏离（17.09%）为主，中部内部省份损益以中低偏离（14.94%）和中高偏离（12.82%）为主，西部内部省份以低度偏离和中低偏离为主，分别占比 13.92% 和 7.79%；三大区域之间的偏离关系中，东部和中部的偏离以中高偏离和高度偏离为主，分别占比 26.92% 和 36.54%；东部和西部偏离以中高偏离和高度偏离为主，分别占比 21.79% 和 22.44%；中部和西部偏离以中低偏离和中高偏离为主，分别占比 22.73% 和 21.79%。

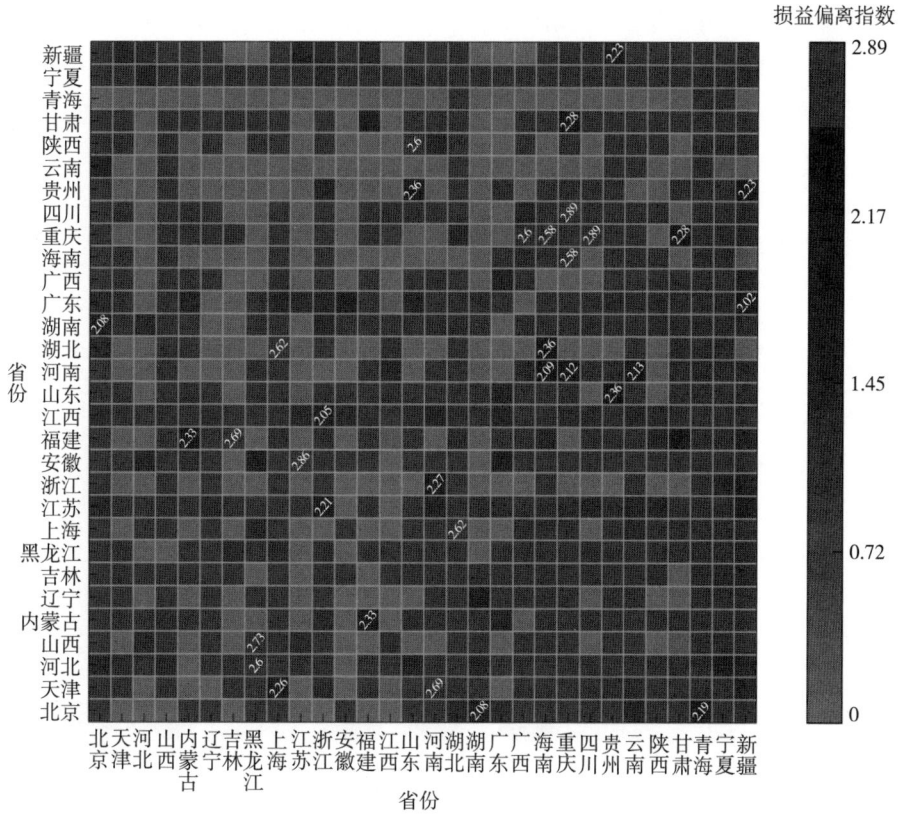

图 4-17　2017 年省际隐含水污染损益偏离指数矩阵

表 4-4　2017 年省际隐含水污染损益偏离指数前 30 位列表

贸易链路	损益偏离度	排序	贸易链路	损益偏离度	排序
四川-重庆	2.894	1	海南-湖北	2.358	16
重庆-四川	2.894	2	福建-内蒙古	2.335	17
江苏-安徽	2.860	3	内蒙古-福建	2.335	18
黑龙江-山西	2.727	4	甘肃-重庆	2.275	19
吉林-福建	2.694	5	重庆-甘肃	2.275	20
河南-天津	2.688	6	河南-浙江	2.268	21
湖北-上海	2.624	7	上海-天津	2.260	22
上海-湖北	2.624	8	新疆-贵州	2.229	23
广西-重庆	2.602	9	贵州-新疆	2.229	24
山东-陕西	2.601	10	浙江-江苏	2.215	25
黑龙江-河北	2.599	11	青海-北京	2.189	26
重庆-海南	2.579	12	云南-河南	2.129	27
海南-重庆	2.579	13	重庆-河南	2.121	28
贵州-山东	2.359	14	海南-河南	2.087	29
山东-贵州	2.359	15	湖南-北京	2.082	30

进一步地，按照中国八大区域①划分识别区域间的高度损益偏离特征。如图4-18所示，区域间高度损益偏离关系发生在中部地区内部、东南部沿海与中部地区之间、西南地区与中部地区之间。其中，中部区域内部高度偏离关系占5.73%，东部沿海和中部省份间高度偏离关系占比为5.1%，南部沿海和西南地区与中部之间高度偏离关系占比均为4.46%；东部地区与中部和西南地区高度偏离关系占比均为3.82%。

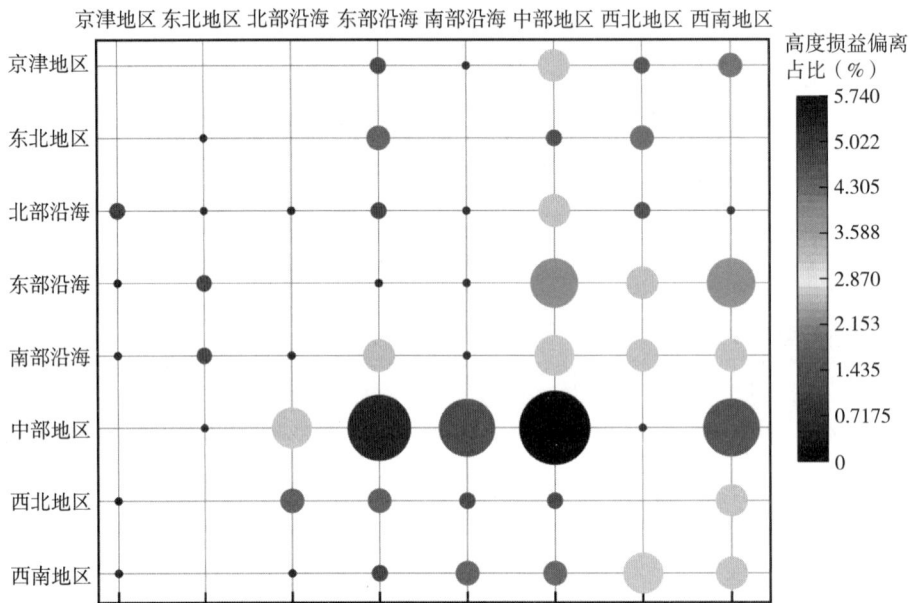

图4-18　2017年八大区域隐含水污染高度损益偏离分布

4.4.1.2　隐含COD转移的损益偏离时空特征

2007年，中国30个省份的省际隐含COD污染转移中，产生损益偏离（大于1）的关系有604对，占总贸易关系数的67.11%；其中，最大值为3.09，最小值为0.000001，均值为0.76；按照四分位法将损益偏离程度（大于1）划分四分位，可以分为四类："轻度偏离（LPD>1.012）""中低偏离（1.012≤LPD<1.039）""中高偏离（1.039≤LPD<1.103）""高度偏离（LPD≥1.104）"。按照东、中、西部分区域考察省际贸易损益偏离关系发现，东部内部省区隐含COD污染损益以高度偏离（21.71%）为主，中部内部省区隐含COD污染损益以中高偏离（13.91%）和高度偏离（13.82%）为主，西部内部省份隐含COD污染以低度偏离和中低偏离为主，分别占比11.11%和12.18%；三大区域之间的偏离关系中，东部和中部的偏离以中高偏离和高度偏离为主，分别占比34.76%和40.13%；东部和西部偏离以中低和中高偏离为主，分别占比29.49%和23.18%；中部和西部偏离以低度偏离和中低偏离为主，分别占比30.07%和21.79%。低度偏离关系主要发生在中部和西部省份之

---

① 参照郭正权（2021）8个区域的划分，东北地区：辽宁、吉林、黑龙江；京津地区：北京、天津；北部沿海地区：河北、山东；东部沿海地区：上海、江苏、浙江；南部沿海地区：福建、广东、海南；中部地区：山西、安徽、江西、河南、湖南、湖北；西北地区：内蒙古、陕西、甘肃、青海、宁夏、新疆；西南地区：广西、四川、重庆、贵州、云南。

间（30.07%）、东部和中部省份之间（17.65%）；中低偏离主要发生在东部和西部省份之间（29.49%）、中部和西部省份之间（21.79%）；中高偏离关系主要发生在东部和中部省份之间（35.76%）、东部和西部省份之间（23.18%）；高度偏离关系主要发生在东部和中部省份之间（40.13%）、东部省份内部（21.71%）。

图4-19、表4-5汇报了2007年省际贸易隐含COD损益偏离指数前30位偏离关系。2007年，省际贸易隐含COD前30位损益偏离关系中，偏离指数最高的是江苏-贵州，偏离指数为3.091，说明江苏-贵州的商品贸易中江苏获得了更多的经济收益，但承担的环境后果相对较少，更多的污染排放发生在贵州；之后是山东-安徽（2.704）、安徽-山东（2.704）、上海-浙江（2.446）、新疆-河南（2.328）、山东-天津（2.283）、天津-山东（2.283）、重庆-浙江（2.209）、新疆-江苏（2.179）、贵州-江苏（2.091）。由此可见，高度偏离的关系主要集中在东部经济发展程度较高的上海、山东、浙江等省份与资源较为富集的山西、辽宁、吉林等省份之间；但也有特别的，如上海与浙江、安徽与浙江之间也存在较高的偏离，这主要是因为这些省份经济活动活跃，产业体系和链条延伸较长，中间原材料与中间品的贸易广泛，产业合作分工程度深，故而经济收益与环境成本核算复杂。

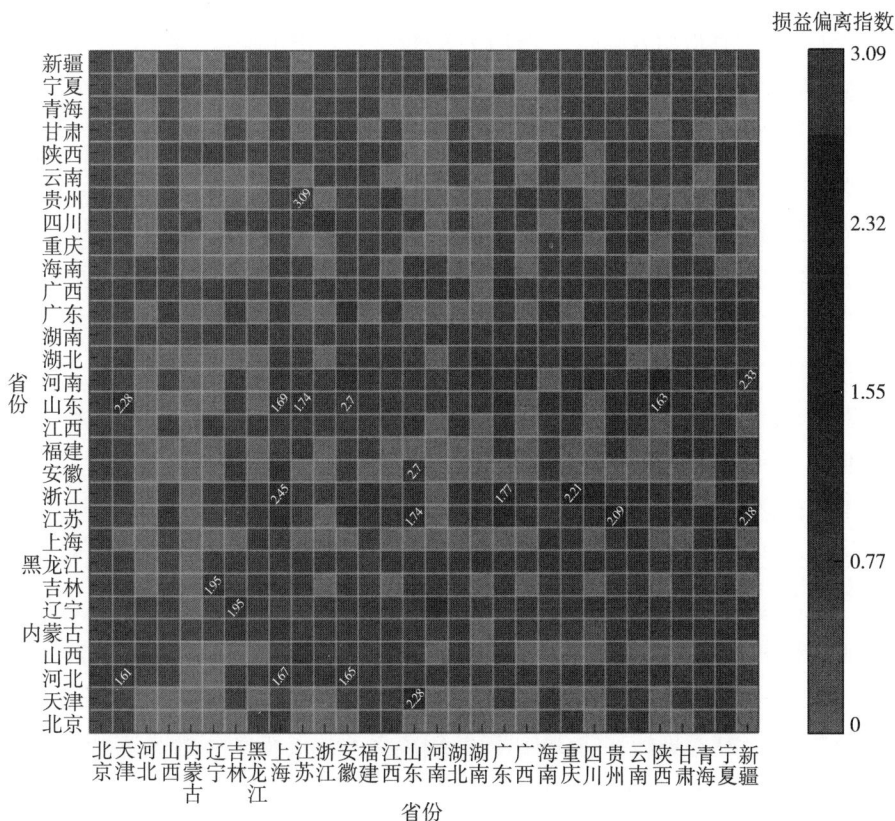

图4-19　2007年省际隐含COD损益偏离指数矩阵

表 4-5　2007 年省际隐含 COD 污染损益偏离指数前 30 位列表

贸易链路	损益偏离度	排序	贸易链路	损益偏离度	排序
江苏-贵州	3.091	1	上海-山东	1.694	16
山东-安徽	2.704	2	上海-河北	1.669	17
安徽-山东	2.704	3	安徽-河北	1.648	18
上海-浙江	2.446	4	陕西-山东	1.633	19
新疆-河南	2.328	5	天津-河北	1.605	20
山东-天津	2.283	6	北京-河北	1.581	21
天津-山东	2.283	7	广东-江苏	1.561	22
重庆-浙江	2.209	8	陕西-河南	1.554	23
新疆-江苏	2.179	9	安徽-河南	1.553	24
贵州-江苏	2.091	10	上海-江苏	1.552	25
吉林-辽宁	1.946	11	河南-辽宁	1.546	26
辽宁-吉林	1.946	12	江苏-山西	1.545	27
广东-浙江	1.766	13	山西-江苏	1.545	28
山东-江苏	1.744	14	四川-浙江	1.524	29
江苏-山东	1.744	15	浙江-四川	1.524	30

2017 年中国 30 个省份的省际隐含 COD 污染转移中，产生损益偏离（大于 1）的关系有 635 对，占总贸易关系数的 70.56%；其中，最大值为 3.47，最小值为 0.000002，均值为 0.86；按照四分位法将损益偏离程度（大于 1）划分四分位，可以分为四类："轻度偏离（LPD > 1.0292）""中低偏离（1.0292 ≤ LPD < 1.0915）""中高偏离（1.0915 ≤ LPD < 1.2222）""高度偏离（LPD ≥ 1.2222）"。反映了中国省际贸易中较为普遍地存在损益偏离。东部内部省份损益以低度偏离（15.09%）为主，中部内部省区损益以中低偏离（14.38%）和中高偏离（14.56%）为主，西部内部省份以低度偏离（13.84%）为主；三大区域之间的偏离关系中，东部和中部的偏离以中低偏离和高度偏离为主，分别占比 28.13% 和 37.34%；东西偏离以低度偏离和高度偏离为主，分别占比 21.38% 和 24.05%；中西偏离以中低偏离和中高偏离为主，分别占比 21.38% 和 21.25%。低度偏离关系主要发生在中部和西部省区之间（21.38%）、东部和西部省区之间（21.38%）；中低偏离主要发生在东部和中部省区之间（28.13%）、中部和西部省区之间（21.25%）；中高偏离关系主要发生在东部和中部省区之间（25.95%）、中部和西部省区之间（22.15%）；高度偏离关系主要发生在东部和中部省区之间（37.34%）、东部和西部省区之间（24.05%）。

图 4-20、表 4-6 汇报了 2017 年省际隐含 COD 污染损益偏离指数前 30 位偏离关系。2017 年，省际贸易 COD 污染转移前 30 位损益偏离关系中，偏离指数最高的是河南-天津，偏离指数为 3.479，之后依次是黑龙江-山西（3.401）、海南-福建（3.201）、江苏-安徽（3.095）、四川-重庆（3.088）、重庆-四川（3.088）、广东-安徽（2.904）、安徽-广东（2.904）。可见，隐含 COD 污染转移的高度偏离关系主要集中在东部和中部经济发展程度较高与水资源较为丰富的区域之间，东部和西部偏离关系较少。

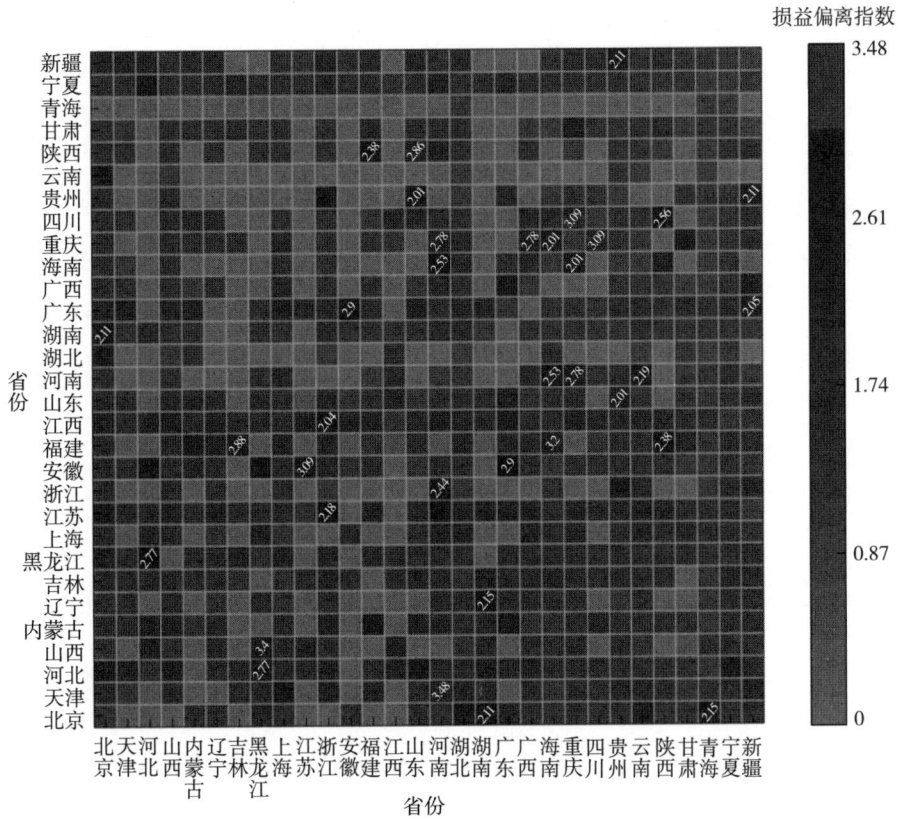

图 4-20　2017 年省际隐含 COD 损益偏离指数矩阵

表 4-6　2017 年省际隐含 COD 污染损益偏离指数前 30 位列表

贸易链路	损益偏离度	排序	贸易链路	损益偏离度	排序
河南-天津	3.479	1	陕西-四川	2.556	16
黑龙江-山西	3.401	2	海南-河南	2.529	17
海南-福建	3.201	3	河南-海南	2.529	18
江苏-安徽	3.095	4	河南-浙江	2.444	19
四川-重庆	3.088	5	陕西-福建	2.382	20
重庆-四川	3.088	6	福建-陕西	2.382	21
广东-安徽	2.904	7	云南-河南	2.190	22
安徽-广东	2.904	8	浙江-江苏	2.181	23
吉林-福建	2.877	9	湖南-辽宁	2.154	24
山东-陕西	2.856	10	青海-北京	2.148	25
广西-重庆	2.784	11	湖南-北京	2.112	26
重庆-河南	2.781	12	北京-湖南	2.112	27
河南-重庆	2.781	13	新疆-贵州	2.105	28
黑龙江-河北	2.773	14	贵州-新疆	2.105	29
河北-黑龙江	2.773	15	新疆-广东	2.045	30

2007 年隐含 COD 污染转移损益偏离和 2017 年隐含 COD 污染转移损益偏离关系，反映出中国省区间损益偏离主要发生在东部省区与中部省区及东部省区与西部省区之间；但中部与西部的偏离关系并不突出，尚未形成东部—中部—西部的环境不公平转移路径，这主要与经济梯度差异与产业结构互补有关。

进一步地，按照中国八大区域划分识别区域间的隐含 COD 的高度损益偏离特征。如图 4-21 所示，区域间隐含 COD 的高度损益偏离关系主要发生在中部地区内部、东部沿海与西南地区之间、南部沿海与中部地区之间、中部地区与东部沿海之间、中部与南部沿海之间、中部地区与西南地区之间、西南地区与西北地区之间。其中，隐含 COD 的高度偏离关系中，中部区域内部高度偏离关系占比 6.25%，较隐含水污染的偏离程度更高；东部沿海和中部省区间高度偏离关系占比 5%，南部沿海与中部之间高度偏离占比均为 4.38%；中部地区与东部沿海之间高度偏离关系占比均为 4.38%。

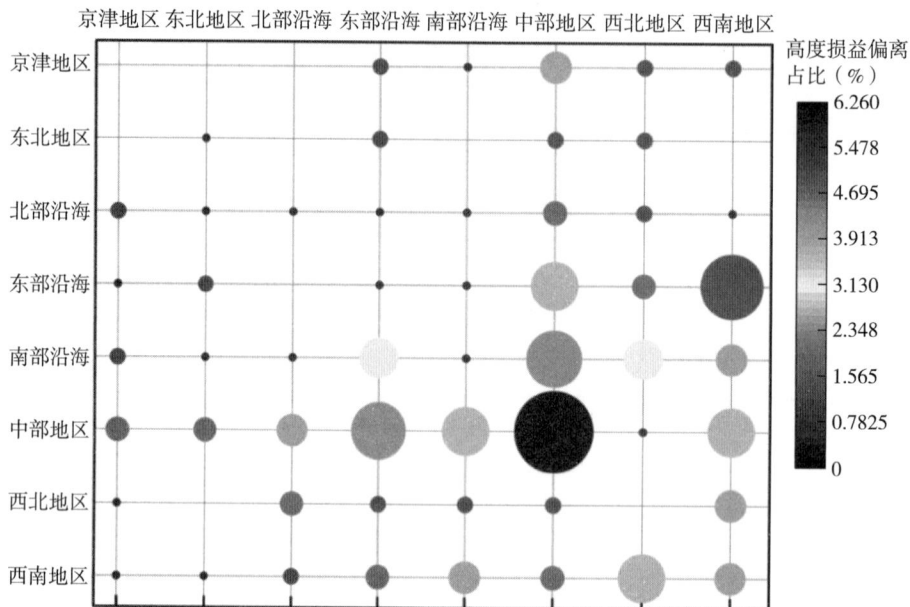

图 4-21　2017 年八大区域隐含 COD 污染高度损益偏离分布

4.4.1.3　隐含氨氮转移的损益偏离时空特征

2007 年中国 30 个省份的省际隐含氨氮污染转移中，产生损益偏离（大于 1）的关系有 648 对，占总贸易关系数的 72%；其中，最大值为 3.66，最小值为 0.000005，均值为 0.96；按照四分位法将损益偏离程度（大于 1）划分四分位，可以分为四类："轻度偏离（LPD＞1.0478）""中低偏离（1.0478≤LPD＜1.1321）""中高偏离（1.1321≤LPD＜1.3282）""高度偏离（LPD≥1.3282）"。反映了中国省际贸易中较为普遍地存在损益偏离。按照东、中、西部分区域考察省际贸易损益偏离关系发现，如图 4-22 所示，东部内部省份损益以高度偏离（20.99%）为主，中部内部省份损益以中低偏离（18.87%）和中高偏离（16.77%）为主，西部内部省份以低度偏离和中低偏离为主，分别占比

8.13%和10.69%；三大区域之间的偏离关系中，东部和中部的偏离以中高偏离和高度偏离为主，分别占比32.93%和37.65%；东部和西部偏离以低度偏离和中高偏离为主，分别占比23.13%和28.14%；中部和西部偏离以低度偏离和中低偏离为主，分别占比33.75%和20.13%。低度偏离关系主要发生在中部和西部省区之间（33.75%）、东部和中部省区之间（23.13%）；中低偏离主要发生在东部和西部省区之间（22.01%）、中部和西部省区之间（20.13%）；中高偏离关系主要发生在东部和中部省区之间（32.93%）、东部和西部省区之间（28.14%）；高度偏离关系主要发生在东部和中部省区之间（37.65%）、东部省区内部（20.99%）。

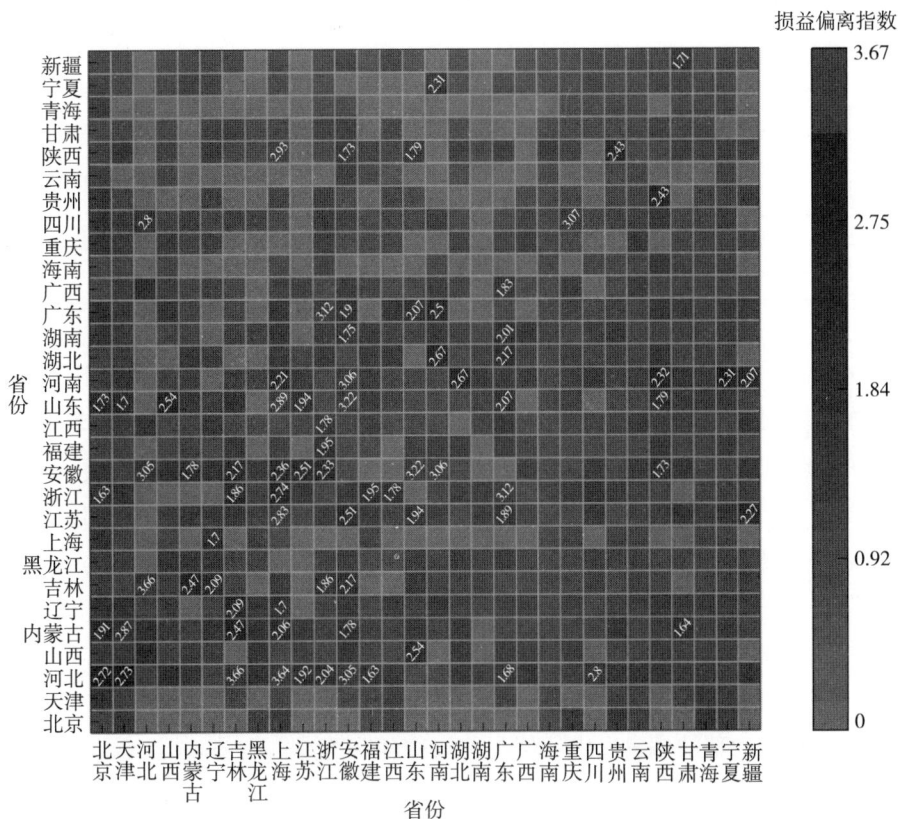

图 4-22　2007 年省际隐含氨氮损益偏离指数矩阵

表4-7汇报了2007年省际贸易隐含氨氮损益偏离指数前30位偏离关系。损益偏离关系中，偏离指数最高的是吉林-河北，偏离指数为3.662，说明吉林-河北的商品贸易中，吉林获得了更多的经济收益，但承担的环境后果相对较少，更多的氨氮污染发生在河北；之后是河北-吉林（3.662）、上海-河北（3.642）、山东-安徽（3.225）、安徽-山东（3.225）、广东-浙江（3.123）、浙江-广东（3.123）、重庆-四川（3.072）、河南-安徽（3.059）、安徽-河南（3.059）。

表 4-7   2007 年省际隐含氨氮损益偏离指数前 30 位列表

贸易链路	损益偏离度	排序	贸易链路	损益偏离度	排序
吉林-河北	3.662	1	上海-江苏	2.835	16
河北-吉林	3.662	2	四川-河北	2.801	17
上海-河北	3.642	3	河北-四川	2.801	18
山东-安徽	3.225	4	上海-浙江	2.737	19
安徽-山东	3.225	5	天津-河北	2.730	20
广东-浙江	3.123	6	北京-河北	2.715	21
浙江-广东	3.123	7	湖北-河南	2.667	22
重庆-四川	3.072	8	河南-湖北	2.667	23
河南-安徽	3.059	9	山东-山西	2.545	24
安徽-河南	3.059	10	山西-山东	2.545	25
安徽-河北	3.045	11	安徽-江苏	2.510	26
河北-安徽	3.045	12	江苏-安徽	2.510	27
上海-陕西	2.935	13	河南-广东	2.502	28
上海-山东	2.889	14	吉林-内蒙古	2.472	29
天津-内蒙古	2.868	15	内蒙古-吉林	2.472	30

2017 年中国 30 个省份的省际隐含氨氮污染转移中，产生损益偏离（大于 1）的关系有 602 对，占总贸易关系数的 66.89%；其中，最大值为 3.59，最小值为 0.000114，均值为 0.86；按照四分位法将损益偏离程度（大于 1）划分四分位，可以分为四类："轻度偏离（LPD>1.0295）""中低偏离（1.0295≤LPD<1.0945）""中高偏离（1.0945≤LPD<1.2812）""高度偏离（LPD≥1.2812）"。反映了中国省际隐含氨氮中较为普遍地存在损益偏离。按照东、中、西部分区域考察省际贸易损益偏离关系发现，如图 4-23 所示，东部内部省区损益以中高偏离（15.33%）为主，中部内部省区损益以中高偏离（14.67%）和高度偏离（15.79%）为主，西部内部省份以低度偏离（15.89%）为主；三大区域之间的偏离关系中，东部和中部的偏离以中低偏离和高度偏离为主，分别占比 31.54% 和 29.61%；东部和西部偏离以中低偏离和高度偏离为主，分别占比 22.15% 和 21.71%；中部和西部偏离以中低偏离和中高偏离为主，分别占比 18.12% 和 20.67%。低度偏离关系主要发生在中部和西部省区之间（21.19%）、东部和西部省区之间（17.88%）；中低偏离主要发生在东部和中部省区之间（31.54%）、东部和西部省区之间（22.15%）；中高偏离关系主要发生在东部和中部省区之间（27.33%）、中部和西部省区之间（20.67%）；高度偏离关系主要发生在东部和中部省区之间（29.61%）、东部和西部省区之间（21.71%）。

图 4-23、表 4-8 汇报了 2017 年省际贸易隐含氨氮损益偏离指数前 30 位偏离关系。损益偏离关系中，偏离指数最高的是山东-陕西，偏离指数为 3.595，说明山东-陕西的商品贸易中，山东获得了更多的经济收益，但承担的环境后果相对较少，更多的氨氮污染发生在陕西；之后是新疆-广东（3.529）、陕西-河南（3.509）、河南-陕西（3.509）、湖北-河南（3.356）、河南-湖北（3.356）、宁夏-河南（3.325）、河南-宁夏（3.325）、新疆-重庆（3.324）、浙江-广东（3.251）。

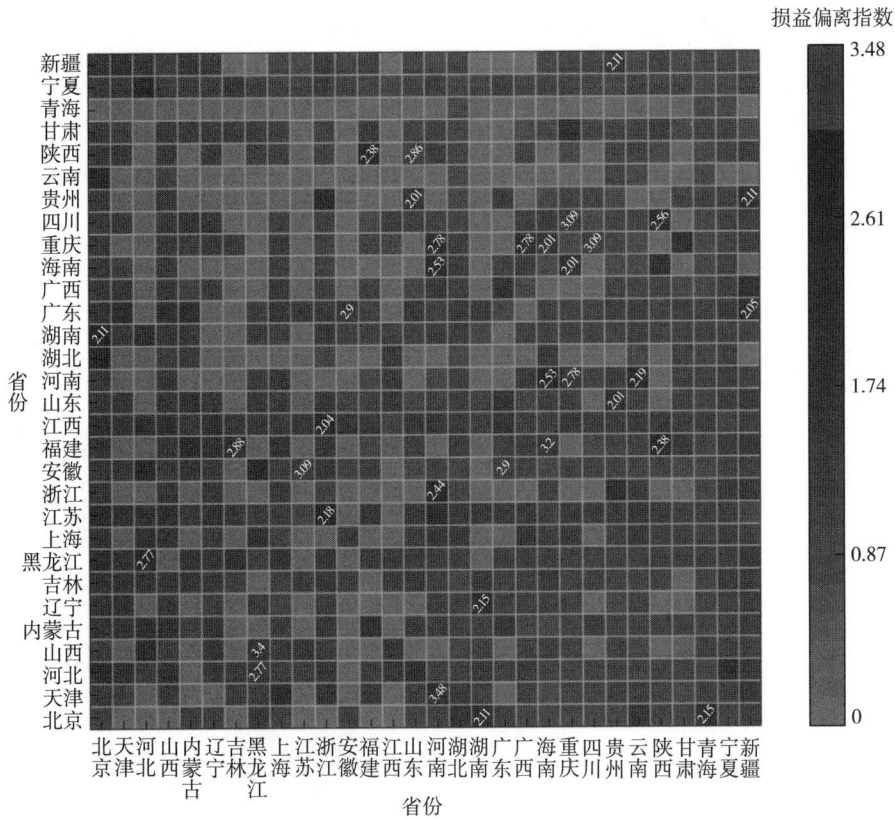

图 4-23　2012 年省际隐含氨氮损益偏离指数矩阵

表 4-8　2017 年省际隐含氨氮损益偏离指数前 30 位列表

贸易链路	损益偏离度	排序	贸易链路	损益偏离度	排序
山东-陕西	3.595	1	吉林-福建	3.041	16
新疆-广东	3.529	2	河南-浙江	3.010	17
陕西-河南	3.509	3	四川-重庆	2.967	18
河南-陕西	3.509	4	重庆-四川	2.967	19
湖北-河南	3.356	5	内蒙古-山西	2.718	20
河南-湖北	3.356	6	山西-内蒙古	2.718	21
宁夏-河南	3.325	7	云南-北京	2.629	22
河南-宁夏	3.325	8	北京-云南	2.629	23
新疆-重庆	3.324	9	山东-广东	2.554	24
浙江-广东	3.251	10	湖南-北京	2.539	25
江西-湖北	3.152	11	北京-湖南	2.539	26
河南-广东	3.146	12	广西-重庆	2.473	27
广东-湖北	3.088	13	云南-广东	2.452	28
湖北-广东	3.088	14	云南-河南	2.348	29
青海-北京	3.068	15	新疆-天津	2.301	30

进一步地，按照中国八大区域划分识别区域间的隐含氨氮污染的高度损益偏离的分布特

征。如图 4-24 所示，区域间隐含氨氮污染的高度损益偏离关系主要发生在中部地区内部、中部地区与西北地区之间、中部地区与东部沿海之间、中部与京津地区之间、北部沿海与中部地区之间、中部和东部沿海与西南地区之间。隐含氨氮污染的高度偏离关系中，中部区域内部高度偏离关系占比 8.55%，较隐含水污染的偏离程度更高；中部地区与西北地区之间高度偏离关系占比 5.92%，中部地区与东部沿海之间高度偏离占比均为 4.61%；中部与京津地区之间高度偏离关系占比均为 3.29%。

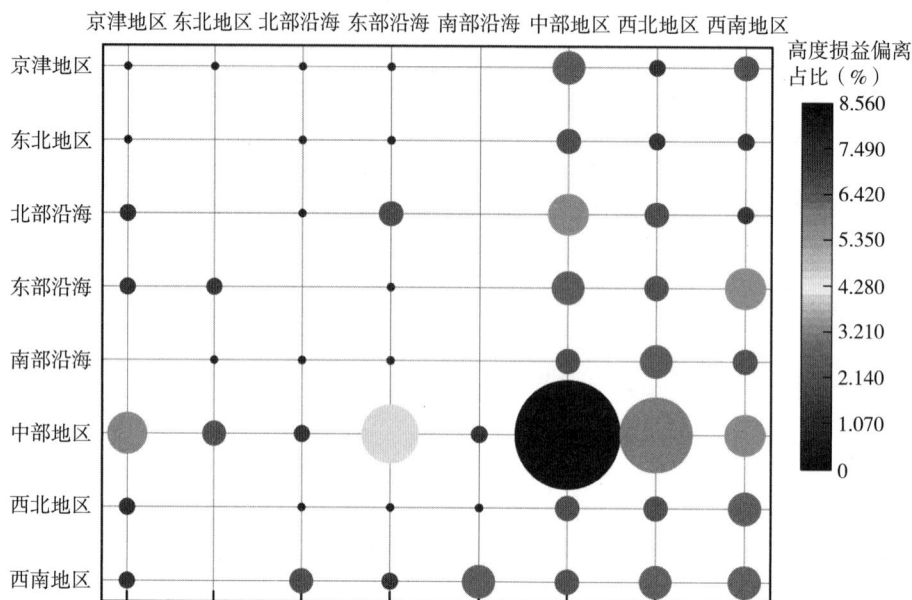

图 4-24　2017 年八大区域隐含氨氮污染高度损益偏离分布

4.4.2　隐含大气污染转移的损益偏离特征分析

4.4.2.1　隐含大气污染转移的损益偏离分析

损益偏离度反映了参与省级双边贸易中获得经济收益与承受环境损失的不均衡关系，如 a-b 的贸易关系中，若损益偏离度大于 1 则表明 a 与 b 的贸易中 b 获得的经济收益相对少，但产生的大气污染排放多。

2007 年中国 30 个省份的省际隐含大气污染转移关系中，产生损益偏离（大于 1）的关系有 456 对，占总贸易关系数的 50.67%；其中，最大值为 1.5，最小值为 0.000005，均值为 0.71；按照四分位法将损益偏离程度（大于 1）划分四分位，可以分为四类："轻度偏离（LPD>1.004）""中低偏离（1.004≤LPD<1.018）""中高偏离（1.018≤LPD<1.045）""高度偏离（LPD≥1.045）"。反映了中国省际贸易中较为普遍地存在损益偏离。东部内部省区隐含大气污染损益偏离以高度偏离（18.42%）为主，中部内部省区损益以高度偏离（7.24%）为主，西部内部省区损益以低度偏离（24.84%）为主。三大区域之间的偏离关系中，东部和中部的偏离以中高偏离和高度偏离为主，分别占比 21.85% 和 23.68%；东部和西部偏离以中高偏离为主，占比 40.40%；中部和西部偏离以低度偏离和中低偏离为主，分别占比 23.53% 和 21.79%。低度偏离关系主要发生在西部省区内部、东部和西部省区之

间、中部和西部省区之间；中低偏离主要发生在东部和西部省区之间、中部和西部省区之间；中高偏离关系主要发生在东部和中部省区之间、东部和西部省区之间；高度偏离关系主要发生在东部和中部省区之间、东部和西部省区之间。表 4-9 汇报了 2007 年省际贸易隐含大气污染转移损益偏离指数前 30 位偏离关系。损益偏离关系中，偏离指数最高的是新疆与江苏、江苏与新疆，偏离指数均为 1.503，之后是四川-江苏（1.473）、江苏-四川（1.473）、北京-河北（1.460）、吉林-内蒙古（1.458）、江西-吉林（1.435）、吉林-江西（1.435）、安徽-河南（1.383）、广东-浙江（1.353）。

2017 年中国 30 个省份的省际隐含大气污染转移关系中，产生损益偏离（大于1）的关系有 660 对，占总贸易关系数的 73.33%；其中，最大值为 2.598，最小值为 0.000003，均值为 0.83；按照四分位法将损益偏离程度（大于1）划分四分位，可以分为四类："轻度偏离（LPD<1.0361）""中低偏离（1.0361≤LPD<1.070）""中高偏离（1.070≤LPD<1.1383）""高度偏离（LPD≥1.1383）"。反映了中国省际贸易中较为普遍地存在损益偏离。

如图 4-25 所示，东部内部省区损益以高度偏离（15.15%）为主，中部内部省区损益以高度偏离（16.36%）为主，西部内部省区损益以低度偏离（15.06%）为主。三大区域之间的偏离关系中，东部和中部的偏离以中高偏离和中高偏离为主，分别占比 30.67% 和 33.13%；东西偏离以低度偏离和高度偏离为主，分别占比 22.29% 和 21.82%；中西偏离以低度偏离和中低偏离为主，分别占比 23.49% 和 19.02%。

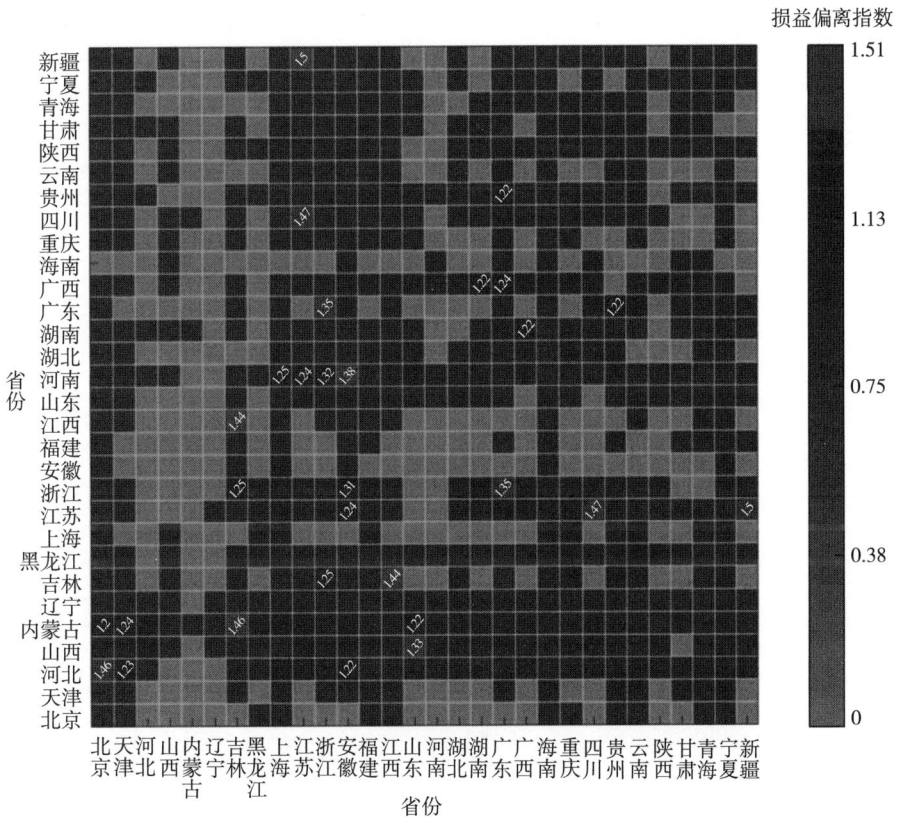

图 4-25　2007 年省际隐含大气污染损益偏离指数矩阵

表4-9　2007年省际隐含大气污染损益偏离指数前30位列表

贸易链路	损益偏离度	排序	贸易链路	损益偏离度	排序
新疆-江苏	1.503	1	吉林-浙江	1.253	16
江苏-新疆	1.503	2	上海-河南	1.249	17
四川-江苏	1.473	3	广东-广西	1.242	18
江苏-四川	1.473	4	天津-内蒙古	1.236	19
北京-河北	1.460	5	江苏-河南	1.235	20
吉林-内蒙古	1.458	6	安徽-江苏	1.235	21
江西-吉林	1.435	7	天津-河北	1.228	22
吉林-江西	1.435	8	广西-湖南	1.223	23
安徽-河南	1.383	9	湖南-广西	1.223	24
广东-浙江	1.353	10	山东-内蒙古	1.222	25
浙江-广东	1.353	11	安徽-河北	1.221	26
山东-山西	1.332	12	贵州-广东	1.216	27
浙江-河南	1.315	13	广东-贵州	1.216	28
安徽-浙江	1.310	14	北京-内蒙古	1.203	29
浙江-吉林	1.253	15	浙江-河北	1.190	30

图4-26、表4-10汇报了2017年省际贸易隐含大气污染损益偏离指数前30位偏离关系。损益偏离关系中，偏离指数最高的是广东-广西，偏离指数为2.598，之后是广东-辽宁（2.540）、江苏-安徽（2.316）、山东-陕西（2.035）、河南-浙江（2.015）、浙江-江苏（1.982）、吉林-福建（1.973）、浙江-内蒙古（1.864）、黑龙江-山西（1.819）、贵州-内蒙古（1.755）。

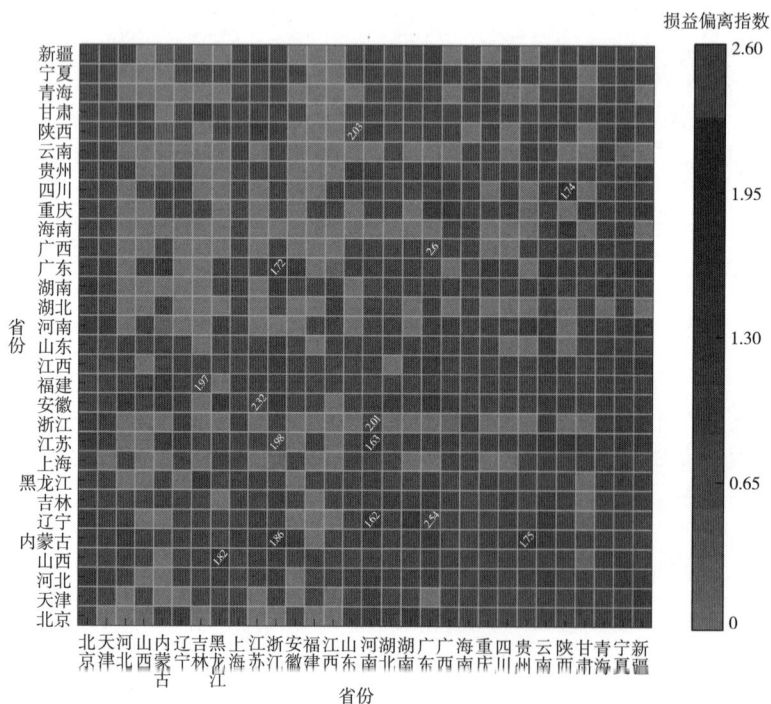

图4-26　2017年省际隐含大气污染损益偏离指数矩阵

表 4-10　2017 年省际隐含大气污染损益偏离指数前 30 位列表

贸易链路	损益偏离度	排序	贸易链路	损益偏离度	排序
广东-广西	2.598	1	广东-内蒙古	1.509	16
广东-辽宁	2.540	2	内蒙古-广东	1.509	17
江苏-安徽	2.316	3	云南-辽宁	1.475	18
山东-陕西	2.035	4	内蒙古-福建	1.465	19
河南-浙江	2.015	5	浙江-江西	1.460	20
浙江-江苏	1.982	6	山东-贵州	1.452	21
吉林-福建	1.973	7	新疆-江西	1.431	22
浙江-内蒙古	1.864	8	北京-河北	1.430	23
黑龙江-山西	1.819	9	浙江-山东	1.421	24
贵州-内蒙古	1.755	10	云南-江苏	1.421	25
陕西-四川	1.741	11	云南-广东	1.420	26
浙江-广东	1.715	12	吉林-甘肃	1.406	27
河南-江苏	1.629	13	吉林-黑龙江	1.405	28
河南-辽宁	1.619	14	广东-安徽	1.389	29
湖南-辽宁	1.521	15	安徽-广东	1.389	30

对比 2007 年和 2017 年省际大气污染转移损益偏离关系可以发现，低度偏离关系主要发生在东部和西部省区之间、中部和西部省区之间；中低度偏离主要发生在东部和中部省区之间、东部和西部省区之间；中高度偏离关系主要发生在东部和中部省区之间、东部和西部省区之间；高度偏离关系主要发生在东部和中部省区之间、东部和西部省区之间；反映出中国省区间损益偏离主要发生在东部省区与中部省区及东部省区与西部省区之间；但中部与西部的偏离关系并不突出，尚未形成东部—中部—西部的环境不公平转移路径，这主要与经济梯度差异与产业结构互补有关。

进一步地，按照中国八大区域划分识别区域间的隐含大气污染的高度损益偏离的分布特征。如图 4-27 所示，区域间隐含大气污染的高度损益偏离关系主要发生在中部地区内部，及东部沿海、西北地区、西南地区与中部地区之间，东部沿海与西北地区之间，东部沿海、南部沿海、西南地区与西北地区之间。隐含大气污染的高度偏离关系中，中部区域内部高度偏离关系占比 7.03%；东部沿海、西北地区、西南地区与中部地区之间高度偏离关系分别占比 4.86%、4.32% 与 5.41%，东部沿海与西北地区之间高度偏离占比 3.24%；东部沿海、南部沿海、西南地区与西北地区之间高度偏离关系分别占比 3.24%、3.78% 和 4.32%。

4.4.2.2　隐含二氧化硫转移的损益偏离分析

2007 年中国 30 个省份的省际隐含二氧化硫污染转移中，产生损益偏离（大于 1）的关系有 615 对，占总贸易关系数的 68.33%；其中，最大值为 2.35，最小值为 0.0000003，均值为 0.72；按照四分位法将损益偏离程度（大于 1）划分四分位，可以分为四类："轻度偏离（LPD>1.0047）""中低偏离（1.00047≤LPD<1.0187）""中高偏离（1.0187≤LPD<

1.0449）""高度偏离（LPD≥1.0449）"。反映了中国省际贸易中较为普遍地存在损益偏离。按照东、中、西部分区域考察省际贸易损益偏离关系发现，如图4-28所示，东部内部省区损益以中高偏离和高度偏离为主，分别占比15.23%和14.94；中部内部省区损益以中低偏离（16.03%）和中高偏离（13.91%）为主；西部内部省份以低度偏离和中低偏离为主，分别占比14.38%和8.97%。三大区域之间的偏离关系中，东部和中部的偏离以中高偏离和高度偏离为主，分别占比28.48%和38.31%；东西偏离以中低偏离和中高偏离为主，分别占比21.79%和25.83%；中西偏离以低度偏离和中低偏离为主，分别占比27.45%和23.72%。

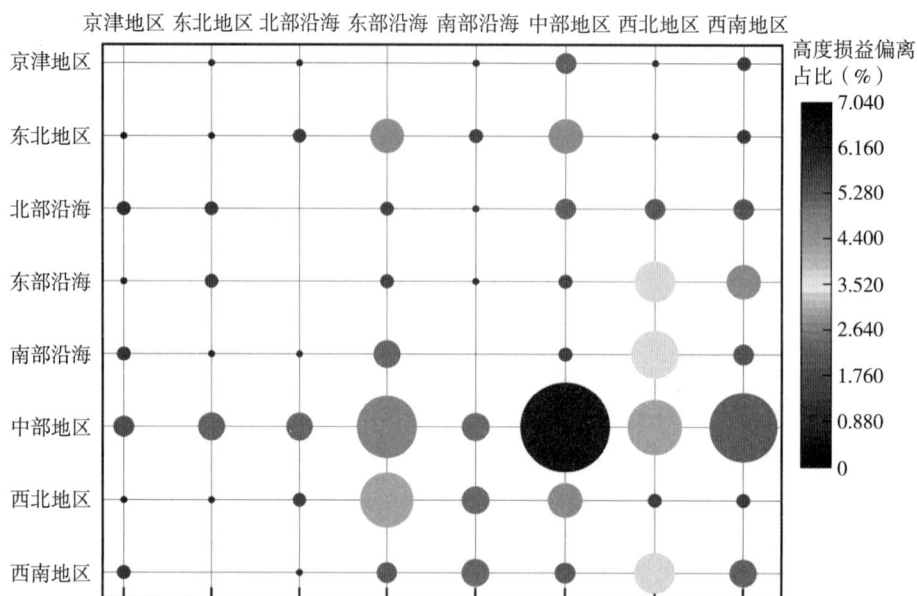

图4-27　2017年八大区域隐含大气污染高度损益偏离分布

表4-11、图4-28汇报了2007年省际贸易隐含二氧化硫污染损益偏离指数前30位偏离关系。损益偏离关系中，偏离指数最高的是安徽-上海，偏离指数为2.346；上海-安徽的损益指数也是2.346，具有一定的对称性；之后是广东-浙江（2.297）、浙江-广东（2.297）、安徽-浙江（2.015）、海南-北京（1.961）、贵州-辽宁（1.683）、辽宁-贵州（1.683）、上海-浙江（1.683）、湖北-黑龙江（1.539）。

表4-11　2007年隐含二氧化硫污染损益偏离指数前30位列表

贸易链路	损益偏离度	排序	贸易链路	损益偏离度	排序
安徽-上海	2.346	1	安徽-浙江	2.015	5
上海-安徽	2.346	2	海南-北京	1.961	6
广东-浙江	2.297	3	贵州-辽宁	1.683	7
浙江-广东	2.297	4	辽宁-贵州	1.683	8

贸易链路	损益偏离度	排序	贸易链路	损益偏离度	排序
上海-浙江	1.683	9	山东-内蒙古	1.217	20
湖北-黑龙江	1.539	10	江西-浙江	1.209	21
新疆-江苏	1.511	11	福建-浙江	1.179	22
四川-江苏	1.482	12	广东-广西	1.175	23
吉林-内蒙古	1.471	13	浙江-河南	1.175	24
山东-山西	1.287	14	北京-河北	1.170	25
湖南-江苏	1.255	15	广东-湖北	1.164	26
江苏-湖南	1.255	16	江西-贵州	1.159	27
贵州-广东	1.247	17	广东-江苏	1.154	28
广东-贵州	1.247	18	北京-内蒙古	1.146	29
安徽-河南	1.218	19	贵州-陕西	1.145	30

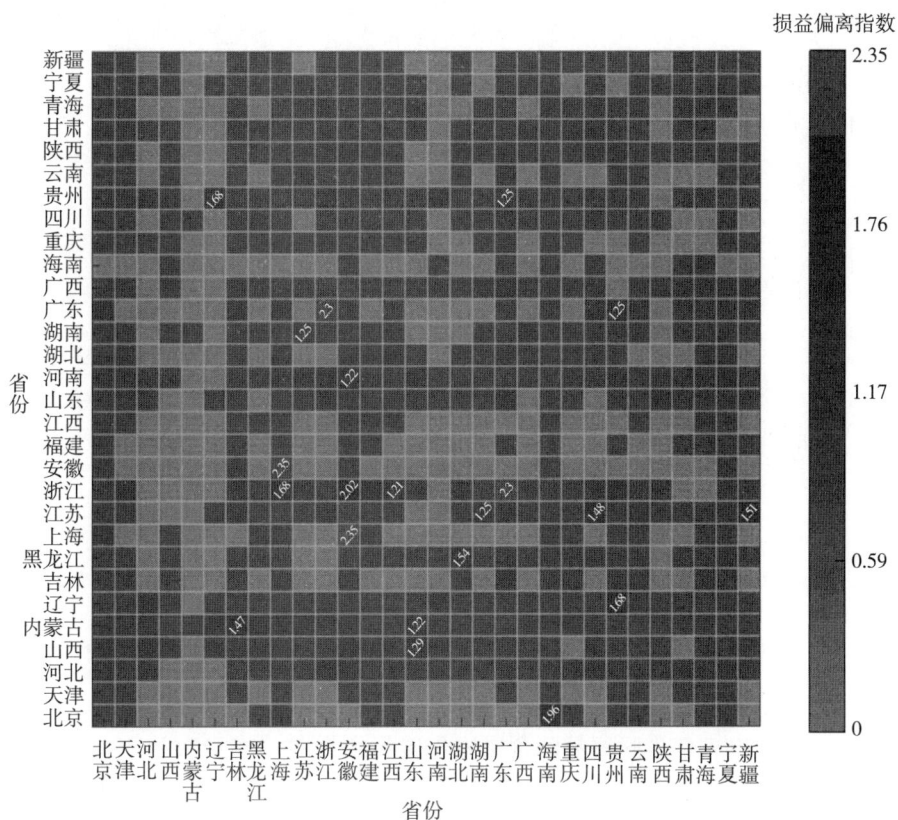

图 4-28　2007 年省际隐含二氧化硫损益偏离指数矩阵

2017 年，中国 30 个省份的省际隐含二氧化硫污染转移中，产生损益偏离（大于 1）的关系有 656 对，占总贸易关系数的 72.89%；其中，最大值为 3.64，最小值为 0.00032，均值为 0.84；按照四分位法将损益偏离程度（大于 1）划分四分位，可以分为四类："轻度偏离（LPD>1.0309）""中低偏离（1.0309≤LPD<1.0736）""中高偏离（1.0736≤LPD<

1.1449)""高度偏离（LPD≥1.1449）"。反映了中国省际贸易中较为普遍地存在损益偏离。按照东、中、西部分区域考察省际贸易损益偏离关系发现，如图4-29所示，东部内部省区损益以低度偏离和高度偏离为主，分别占比12.80%和17.18%；中部内部省区损益以低度偏离（15.24%）和高度偏离（14.72%）为主；西部内部省份以低度偏离为主，占比13.41%。三大区域之间的偏离关系中，东部和中部的偏离以中低偏离和中高偏离为主，分别占比38.04%和28.31%；东西偏离以低度和高度偏离为主，分别占比21.34%和3.31%；中西偏离以低度偏离和中高偏离为主，分别占比26.22%和19.28%。

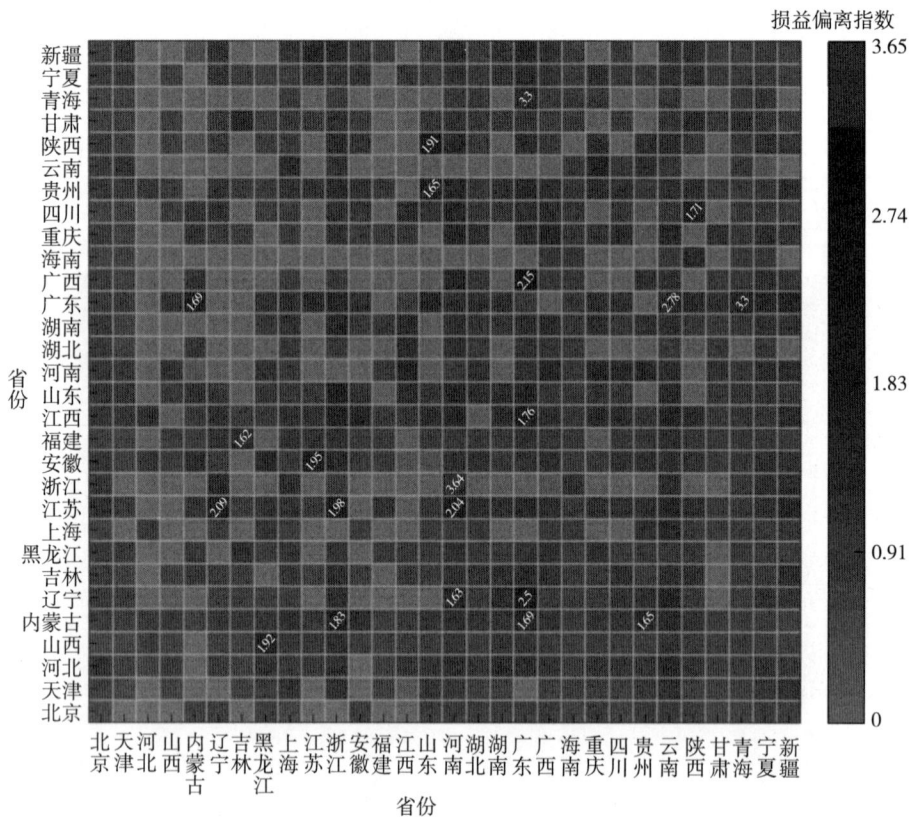

图4-29　2017年省际贸易隐含二氧化硫损益偏离指数矩阵

表4-12汇报了2007年省际贸易隐含二氧化硫污染损益偏离指数前30位偏离关系。损益偏离关系中，偏离指数最高的是河南-浙江，偏离指数为3.643，之后是青海-广东（3.304）、云南-广东（2.785）、广东-辽宁（2.499）、广东-青海（2.304）、广东-广西（2.154）、辽宁-江苏（2.089）、河南-江苏（2.041）、浙江-江苏（1.978）、江苏-安徽（1.948）。

对比2007年和2017年省际隐含二氧化硫转移损益偏离关系发现，低度偏离关系重要发生在中部和西部省区之间、东部和西部省区之间；中低偏离主要发生在东部和西部省区之间、东部和中部省区之间；中高偏离关系主要发生在东部和中部省区之间、东部和西部省区之间；高度偏离关系主要发生在东部和中部省区之间、东部和西部省区之间。

表 4-12　2017 年隐含二氧化硫污染损益偏离指数前 30 位列表

贸易链路	损益偏离度	排序	贸易链路	损益偏离度	排序
河南-浙江	3.643	1	广东-内蒙古	1.687	16
青海-广东	3.304	2	内蒙古-广东	1.687	17
云南-广东	2.785	3	山东-贵州	1.655	18
广东-辽宁	2.499	4	贵州-内蒙古	1.651	19
广东-青海	2.304	5	河南-辽宁	1.630	20
广东-广西	2.154	6	吉林-福建	1.623	21
辽宁-江苏	2.089	7	浙江-山东	1.597	22
河南-江苏	2.041	8	北京-河北	1.581	23
浙江-江苏	1.978	9	浙江-江西	1.566	24
江苏-安徽	1.948	10	新疆-广东	1.552	25
黑龙江-山西	1.921	11	广东-新疆	1.552	26
山东-陕西	1.909	12	新疆-江苏	1.552	27
浙江-内蒙古	1.827	13	江苏-新疆	1.552	28
广东-江西	1.755	14	广东-山东	1.502	29
陕西-四川	1.712	15	山东-广东	1.502	30

进一步地，按照中国八大区域划分识别区域间的隐含二氧化硫污染的高度损益偏离的分布特征。如图 4-30 所示，区域间隐含二氧化硫污染的高度损益偏离关系主要发生在东部沿海与中部地区之间，西南地区与中部地区、中部地区内部、中部与西北和西南地区之间，东部沿海与西南地区之间。隐含二氧化硫污染的高度偏离关系中，东部沿海与中部地区之间高度偏离关系占比 5.75%；西南地区与中部地区高度偏离关系占比 5.17%，中部地区内部高度偏离关系占比 4.6%，中部与西北和西南地区之间高度偏离关系分别占比 4.6% 和 4.02%。

4.4.2.3　隐含烟粉尘转移的损益偏离分析

2007 年中国 30 个省份的省际隐含烟粉尘污染转移中，产生损益偏离（大于 1）的关系有 610 对，占总贸易关系数的 67.78%；其中，最大值为 2.84，最小值为 0.0000001，均值为 0.71；按照四分位法将损益偏离程度（大于 1）划分四分位，可以分为四类："轻度偏离（LPD > 1.0062）""中低偏离（1.0062 ≤ LPD < 1.0235）""中高偏离（1.0235 ≤ LPD < 1.0653）""高度偏离（LPD ≥ 1.0653）"。反映了中国省际贸易中较为普遍地存在损益偏离。

按照东、中、西部分区域考察省际贸易损益偏离关系发现，如图 4-31 所示，东部内部省区损益以低度偏离和高度偏离为主，分别占比 9.15% 和 21.33%；中部内部省区损益以中高偏离（17.22%）和低度偏离（14.38%）为主；西部内部省份以低度偏离和中低偏离为主，分别占比 16.99% 和 8.33%。三大区域之间的偏离关系中，东部和中部的偏离以中高偏离和高度偏离为主，分别占比 28.48% 和 40.67%；东西偏离以中低偏离和中高偏离为主，分别占比 33.97% 和 21.85%；中西偏离以低度偏离和中低偏离为主，分别占比 25.49% 和 21.15%。

京津地区 东北地区 北部沿海 东部沿海 南部沿海 中部地区 西北地区 西南地区

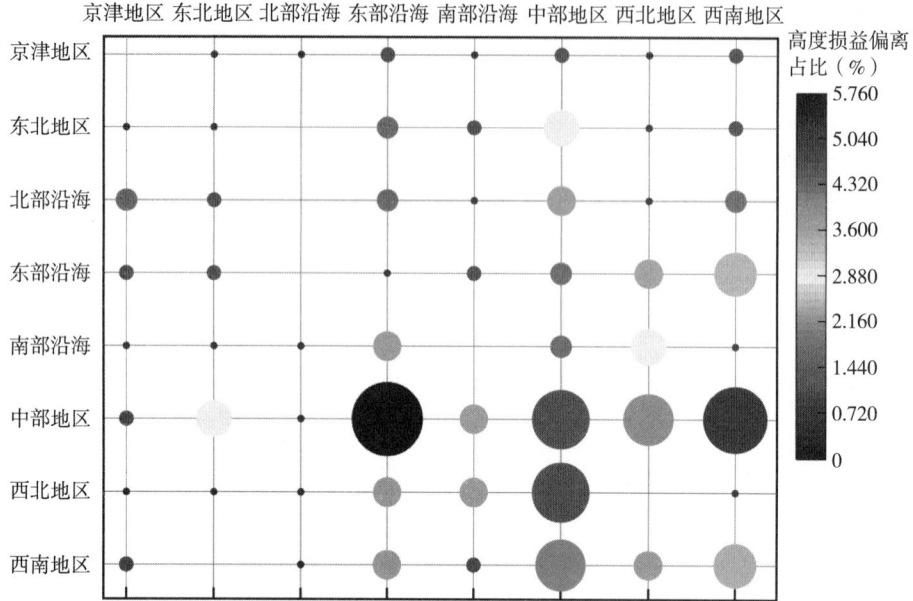

图 4-30　2017 年八大区域隐含二氧化硫高度损益偏离分布

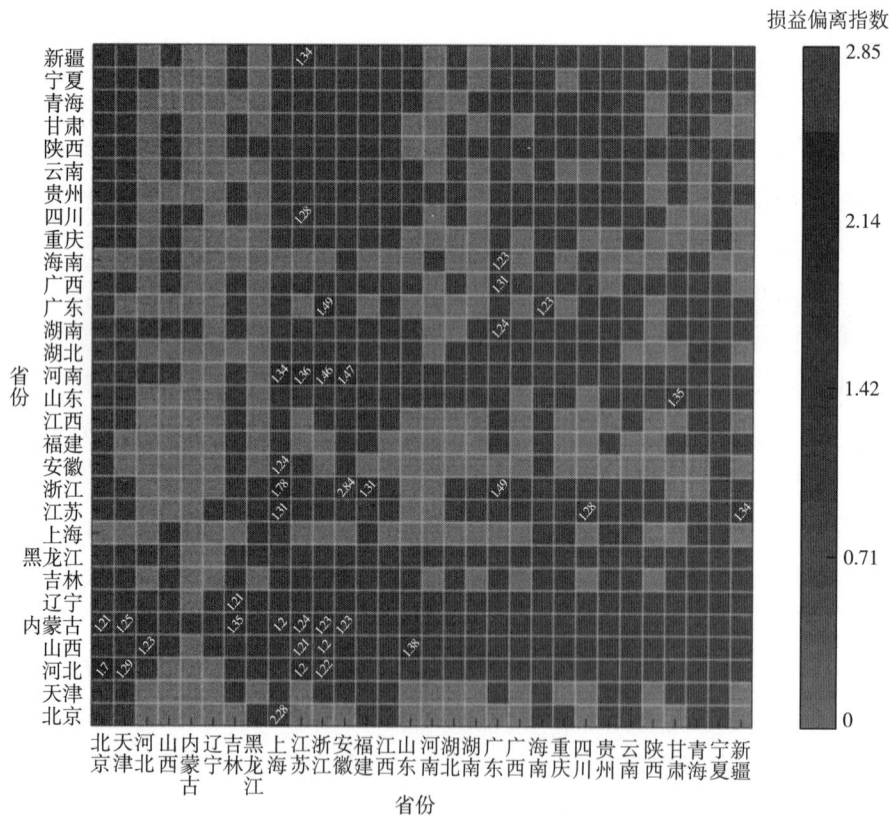

图 4-31　2007 年省际隐含烟粉尘损益偏离指数矩阵

表 4-13 汇报了 2007 年省际贸易隐含烟粉尘损益偏离指数前 30 位偏离关系。损益偏离关系

中，偏离指数最高的是安徽-浙江，偏离指数为 2.843，之后是上海-北京（2.283）、上海-浙江（1.782）、北京-河北（1.699）、广东-浙江（1.492）、浙江-广东（1.492）、安徽-河南（1.473）、浙江-河南（1.462）、山东-山西（1.376）、江苏-河南（1.361）。

表 4-13　2007 年省际隐含烟粉尘损益偏离指数前 30 位列表

贸易链路	损益偏离度	排序	贸易链路	损益偏离度	排序
安徽-浙江	2.843	1	上海-江苏	1.311	16
上海-北京	2.283	2	广东-广西	1.310	17
上海-浙江	1.782	3	福建-浙江	1.309	18
北京-河北	1.699	4	天津-河北	1.295	19
广东-浙江	1.492	5	四川-江苏	1.278	20
浙江-广东	1.492	6	江苏-四川	1.278	21
安徽-河南	1.473	7	天津-内蒙古	1.252	22
浙江-河南	1.462	8	江苏-内蒙古	1.243	23
山东-山西	1.376	9	上海-安徽	1.241	24
江苏-河南	1.361	10	广东-湖南	1.236	25
吉林-内蒙古	1.350	11	海南-广东	1.231	26
甘肃-山东	1.346	12	广东-海南	1.231	27
新疆-江苏	1.344	13	浙江-内蒙古	1.230	28
江苏-新疆	1.344	14	安徽-内蒙古	1.229	29
上海-河南	1.342	15	河北-山西	1.227	30

2017 年中国 30 个省份的省际隐含烟粉尘污染转移中，产生损益偏离（大于 1）的关系有 610 对，占总贸易关系数的 67.78%；其中，最大值为 2.62，最小值为 0.00022，均值为 0.82；按照四分位法将损益偏离程度（大于 1）划分四分位，可以分为四类："轻度偏离（LPD > 1.0353）""中低偏离（1.0353 ≤ LPD < 1.0683）""中高偏离（1.0683 ≤ LPD < 1.1303）""高度偏离（LPD ≥ 1.1303）"。反映了中国省际贸易中较为普遍地存在损益偏离。

按照东、中、西部分区域考察省际贸易损益偏离关系发现，如图 4-32 所示，东部内部省区损益以低度偏离和高度偏离为主，分别占比 15.66% 和 15.15%；中部内部省区损益以中高偏离（15.24%）和高度偏离（14.55%）为主；西部内部省份以低度偏离和中低偏离为主，分别占比 13.86% 和 7.36%。三大区域之间的偏离关系中，东部和中部的偏离以中高偏离和高度偏离为主，分别占比 33.13% 和 29.70%；东西偏离以中低偏离和高度偏离为主，分别占比 22.70% 和 21.82%；中西偏离以低度偏离和中高偏离为主，分别占比 26.51% 和 16.46%。

表 4-14 汇报了 2017 年省际贸易隐含烟粉尘污染转移损益偏离指数前 30 位偏离关系。损益偏离关系中，偏离指数最高的是广东-广西，偏离指数为 2.624，之后是广东-辽宁（2.540）、江苏-安徽（2.348）、山东-陕西（2.037）、河南-浙江（2.024）、吉林-福建（1.976）、浙江-江苏（1.959）、浙江-内蒙古（1.866）、黑龙江-山西（1.805）、贵州-内蒙古（1.764）。

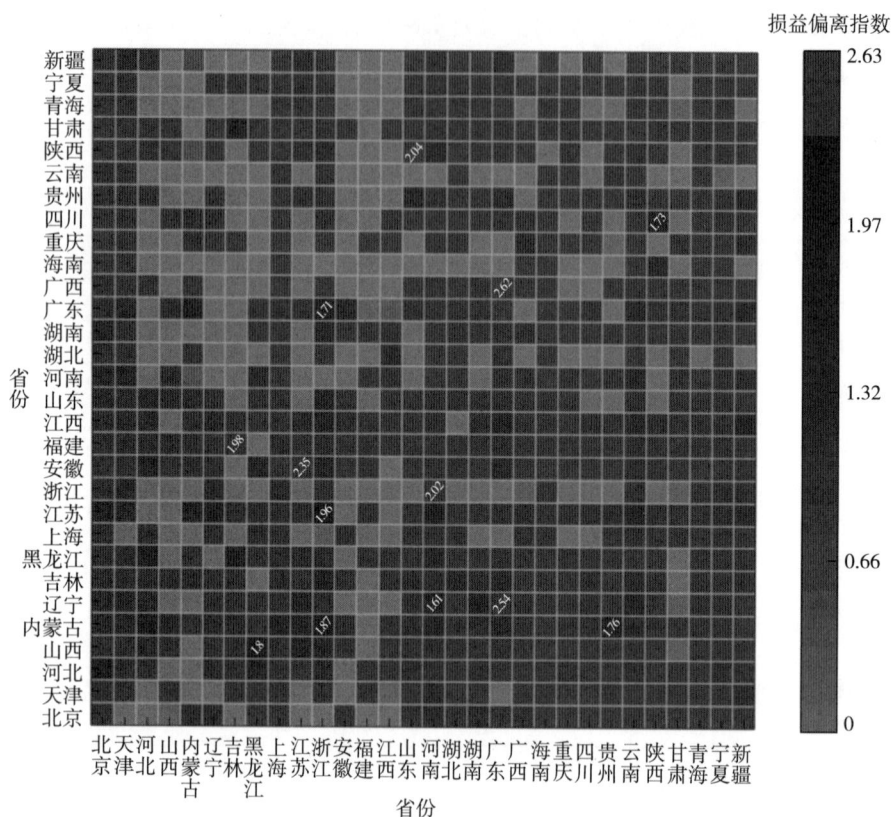

图 4-32　2017 年省际隐含烟粉尘损益偏离指数矩阵

表 4-14　2017 年省际隐含烟粉尘损益偏离指数前 30 位列表

贸易链路	损益偏离度	排序	贸易链路	损益偏离度	排序
广东-广西	2.624	1	黑龙江-河北	1.507	16
广东-辽宁	2.540	2	河北-黑龙江	1.507	17
江苏-安徽	2.348	3	广东-内蒙古	1.488	18
山东-陕西	2.037	4	内蒙古-广东	1.488	19
河南-浙江	2.024	5	云南-辽宁	1.474	20
吉林-福建	1.976	6	浙江-江西	1.446	21
浙江-江苏	1.959	7	山东-贵州	1.428	22
浙江-内蒙古	1.866	8	新疆-江西	1.425	23
黑龙江-山西	1.805	9	云南-广东	1.424	24
贵州-内蒙古	1.764	10	吉林-甘肃	1.422	25
陕西-四川	1.734	11	吉林-黑龙江	1.416	26
浙江-广东	1.712	12	云南-江苏	1.411	27
河南-辽宁	1.615	13	北京-河北	1.410	28
河南-江苏	1.578	14	广东-安徽	1.398	29
湖南-辽宁	1.521	15	安徽-广东	1.398	30

对比 2007 年和 2017 年省际贸易隐含烟粉尘污染转移损益偏离关系空间格局发现：低度偏离关系主要发生在中部和西部省区之间、西部省区内部；中低偏离主要发生在东部和西部省区之间、东部和中部省区之间；中高偏离关系主要发生在东部和中部省区之间、东部和西部省区之间；高度偏离关系主要发生在东部和中部省区之间、东部和西部省区之间。反映出中国省区间损益偏离主要发生在东部省区与中部省区及东部省区与西部省区之间；但中部与西部的偏离关系并不突出，尚未形成东部—中部—西部的环境不公平转移路径，这主要与经济梯度差异与产业结构互补有关。

进一步地，按照中国八大区域划分识别区域间的隐含烟粉尘污染的高度损益偏离的分布特征。如图 4-33 所示，区域间隐含烟粉尘污染的高度损益偏离关系主要发生在中部地区之间，东部沿海、西北地区、西南地区与中部地区之间，东部沿海和中部地区与东北地区之间。隐含烟粉尘污染的高度偏离关系中，中部地区之间高度偏离关系占比 8.67%；东部沿海、西北地区、西南地区与中部地区之间高度偏离关系分别占比 6%、3.33% 和 6%，东部沿海和中部地区与东北地区之间高度偏离关系分别占比 4% 和 3.33%。

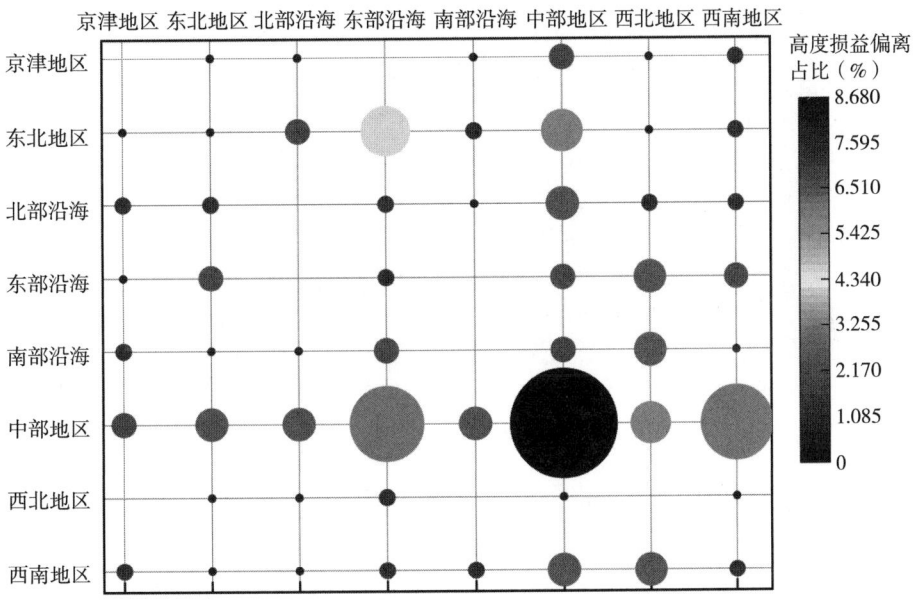

图 4-33　2017 年八大区域隐含烟粉尘污染高度损益偏离分布

4.4.3　隐含固废污染转移的损益偏离特征分析

2007 年中国 30 个省份的省际隐含固废污染转移关系中，产生损益偏离（大于 1）的关系有 613 对，占总贸易关系数的 68.11%；其中，最大值为 3.473，均值为 0.749；按照四分位法将损益偏离程度（大于 1）划分四分位，可以分为四类："轻度偏离（LPD>1.01）""中低偏离（1.01≤LPD<1.0410）""中高偏离（1.0410≤LPD<1.1053）""高度偏离（LPD≥1.1053）"。反映了中国省际贸易中较为普遍地存在损益偏离。如图 4-34 所示，东部内部省区损益以高度偏离（24.18%）和低度偏离（13.07%）为主，中部内省区损益以中高

偏离（15.89%）和高度偏离（15.69%）为主，西部内部省区损益以低度偏离（13.07%）为主。三大区域之间的偏离关系中，东部和中部的偏离以中高偏离和中低偏离为主，分别占比23.18%和33.99%；东部和西部偏离以中低偏离和中高偏离为主，分别占比25.00%和24.50%；中部和西部偏离以中低偏离和中高偏离为主，分别占比27.56%和25.83%。

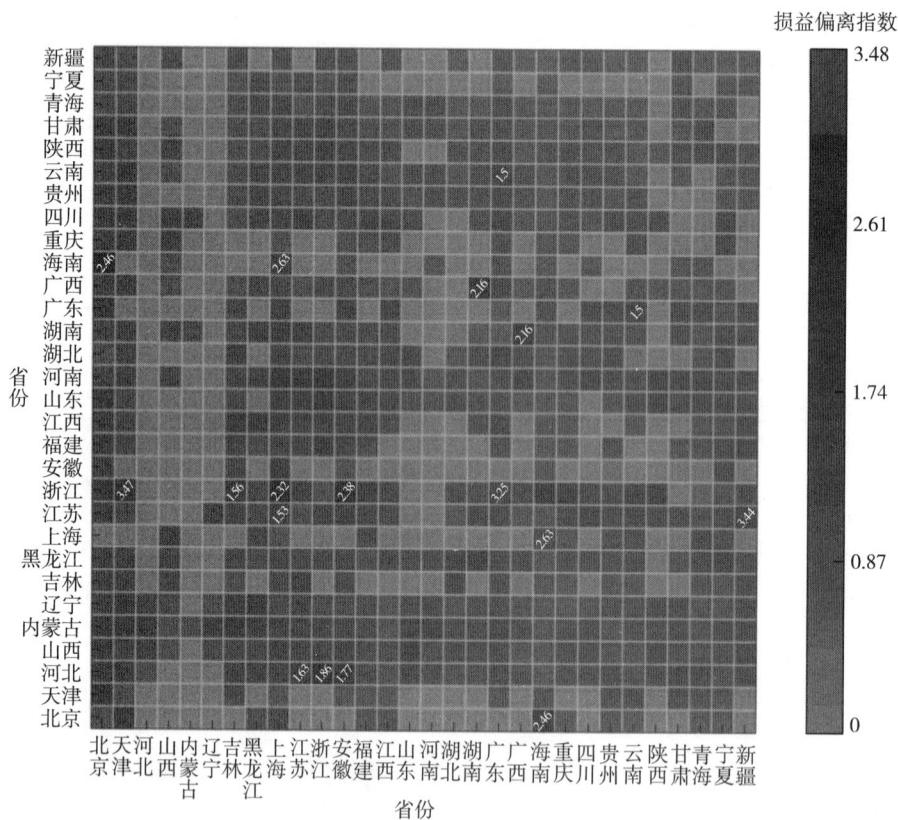

图4-34 2007年省际隐含固废损益偏离指数矩阵

表4-15汇报了2007年省际贸易隐含固废损益偏离指数前30位偏离关系。损益偏离关系中，偏离指数最高的是天津-浙江，偏离指数为3.473，之后是新疆-江苏（3.444）、广东-浙江（3.249）、海南-上海（2.632）、上海-海南（2.632）、海南-北京（2.459）、北京-海南（2.459）、安徽-浙江（2.378）、上海-浙江（2.322）、广西-湖南（2.159）。

表4-15 2007年省际隐含固废损益偏离指数前30位列表

贸易链路	损益偏离度	排序	贸易链路	损益偏离度	排序
天津-浙江	3.473	1	上海-海南	2.632	5
新疆-江苏	3.444	2	海南-北京	2.459	6
广东-浙江	3.249	3	北京-海南	2.459	7
海南-上海	2.632	4	安徽-浙江	2.378	8

贸易链路	损益偏离度	排序	贸易链路	损益偏离度	排序
上海-浙江	2.322	9	黑龙江-辽宁	1.482	20
广西-湖南	2.159	10	吉林-内蒙古	1.477	21
湖南-广西	2.159	11	天津-北京	1.470	22
浙江-河北	1.858	12	北京-天津	1.470	23
安徽-河北	1.771	13	山东-山西	1.461	24
江苏-河北	1.629	14	浙江-河南	1.457	25
吉林-浙江	1.557	15	安徽-江苏	1.438	26
上海-江苏	1.530	16	吉林-辽宁	1.425	27
云南-广东	1.502	17	北京-河北	1.418	28
广东-云南	1.502	18	上海-安徽	1.401	29
海南-浙江	1.495	19	上海-河北	1.398	30

2017 年中国 30 个省份的省际隐含固废转移中，产生损益偏离（大于 1）的关系有 680 对，占总贸易关系数的 75.56%；其中，最大值为 3.50，最小值为 0.000002，均值为 0.89；按照四分位法将损益偏离程度（大于 1）划分四分位，可以分为四类："轻度偏离（LPD>1.0374）""中低偏离（1.0374≤LPD<1.0801）""中高偏离（1.0801≤LPD<1.1718）""高度偏离（LPD≥1.1718）"。反映了中国省际贸易中较为普遍地存在损益偏离。如图 4-35 所示，东部内部省区损益以低度偏离和高度偏离为主，分别占比 14.71% 和 18.24%；中部内部省区损益以中高偏离（17.54%）和高度偏离（15.88%）为主；西部内部省份以低度偏离和中低偏离为主，分别占比 12.35% 和 11.83%。三大区域之间的偏离关系中，东部和中部的偏离以中高偏离和高度偏离为主，分别占比 27.22% 和 28.07%；东西偏离以低度偏离和高度偏离为主，分别占比 30.00% 和 19.41%；中西偏离以中低偏离和中高偏离为主，分别占比 24.26% 和 26.90%。

表 4-16 汇报了 2017 年省际贸易隐含固废损益偏离指数前 30 位偏离关系。损益偏离关系中，偏离指数最高的是新疆-吉林，偏离指数为 3.502，之后是吉林-新疆（3.502）、广东-上海（2.986）、上海-广东（2.986）、云南-江苏（2.537）、江苏-云南（2.537）、黑龙江-山西（2.318）、海南-浙江（2.318）、浙江-海南（2.318）、广东-辽宁（2.288）。

对比 2007 年和 2017 年省际贸易隐含固废损益偏离空间分布发现：低度偏离关系主要发生在东部和西部省区之间、东部和中部省区之间；中低度偏离主要发生在东部和西部省区之间、中部和西部省区之间；中高度偏关系主要发生在中部和西部省区之间、东西省区之间；高度偏离关系主要发生在东部和中部省区之间、东部省区内部。低度偏离关系主要发生在东部和西部省区之间（30.00%）、中部和西部省区之间（17.06%）；中低偏离主要发生在东部和中部省区之间（27.22%）、中部和西部省区之间（24.26%）；中高度偏离关系主要发生在东部和中部省区之间（28.07%）、中部和西部省区之间（26.90%）；高度偏离关系主要发生在东部和中部省区之间（31.76%）、东部和西部省区之间（19.41%）。

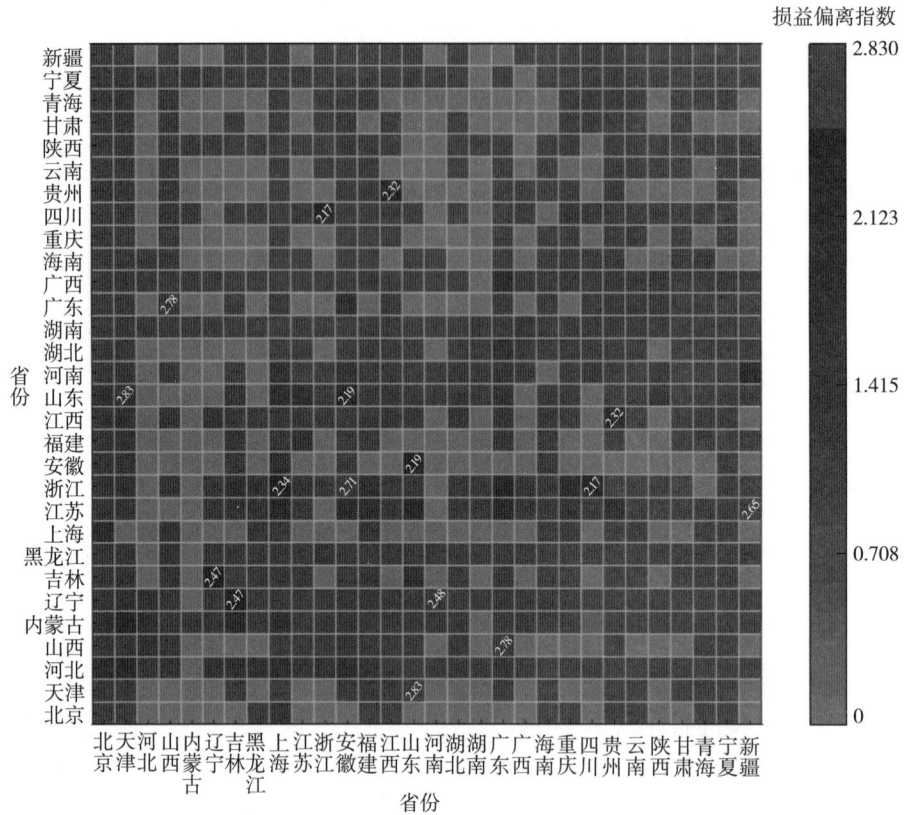

图 4-35　2017 年贸易隐含固废损益偏离指数矩阵

表 4-16　2017 年贸易隐含固废损益偏离指数前 30 位列表

贸易链路	损益偏离度	排序	贸易链路	损益偏离度	排序
新疆-吉林	3.502	1	河南-浙江	1.971	16
吉林-新疆	3.502	2	浙江-河南	1.971	17
广东-上海	2.986	3	江苏-安徽	1.937	18
上海-广东	2.986	4	广东-内蒙古	1.858	19
云南-江苏	2.537	5	内蒙古-广东	1.858	20
江苏-云南	2.537	6	浙江-河北	1.773	21
黑龙江-山西	2.318	7	重庆-广西	1.738	22
海南-浙江	2.318	8	广西-重庆	1.738	23
浙江-海南	2.318	9	湖南-天津	1.735	24
广东-辽宁	2.288	10	浙江-山西	1.728	25
湖南-北京	2.284	11	安徽-辽宁	1.693	26
浙江-内蒙古	2.209	12	辽宁-安徽	1.693	27
广东-广西	2.201	13	江苏-山西	1.691	28
山东-河北	2.175	14	贵州-内蒙古	1.685	29
上海-天津	2.062	15	浙江-山东	1.675	30

　　进一步地，按照中国八大区域划分识别区域间的隐含固废污染的高度损益偏离的分布特征。如图 4-36 所示，区域间隐含固废污染的高度损益偏离关系主要发生在中部地区之间，京津地区、东北地区和北部沿海与中部地区之间，中部地区与东北地区之间。隐含固废污染的高度偏离关系中，中部地区之间高度偏离关系占比 7.19%；京津地区、东北地区和北部沿海与中部地区之间高度偏离关系分别占比 2.99%、3.59% 和 3.59%，中部地区与东北地区之间高度偏离关系占比 4.19%。

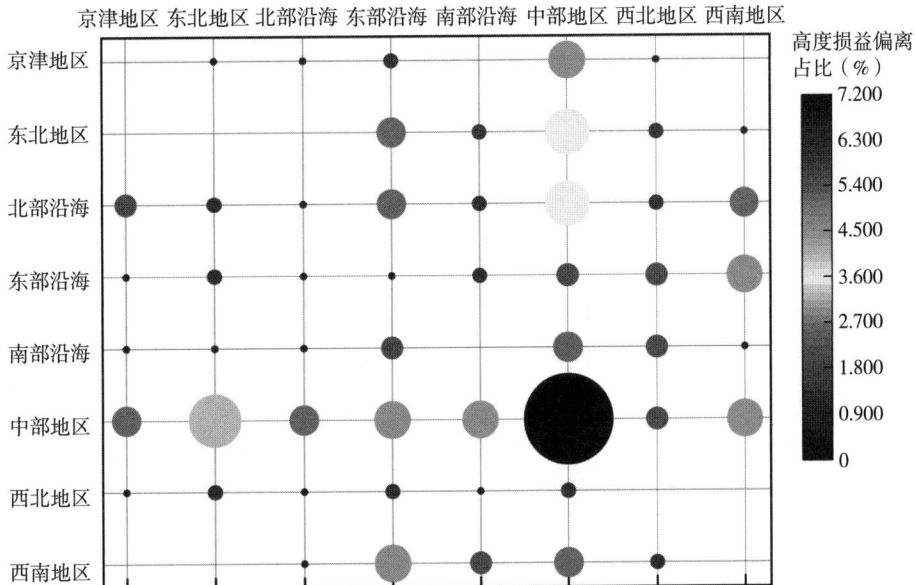

图 4-36　2017 年八大区域隐含固废污染高度损益偏离分布

4.5　本章小结

　　本章基于 MRIO 模型测度了区域间隐含增加值转移，构建了区域间损益偏离指数（LPD），以此考察隐含污染排放转移的公平问题。本章主要研究问题有：测度与分析中国省际贸易隐含增加值及其转移特征；构建损益偏离指数，测度与分析中国省际贸易损益偏离程度；刻画中国省际贸易损益偏离的时空演变特征。研究显示：

　　第一，省际贸易经济收益存在不平衡特征；经济收益较大的省份主要有京津冀、长三角、山东、湖南、广东等地区；收益相对低的地区集中在山西、内蒙古、河南等中部地区，吉林等东北地区及陕西等西部省区。反映出各省区经济为东部及沿海省区服务的经济格局，以及贸易增加净值转移规模和方向的集中性和不对称性。增加值的转出地集中在安徽、上海、广东、北京、天津、吉林、福建等地区，增加值转入地集中在浙江、江苏、河北、湖北、湖南、山东等地区，且净增加值有 64.40% 转移到北上广及山东与江苏等经济较为发达省区；中国区域间隐含增加值转移主要呈现为东部沿海省区向中西部地区的转移。中国八大区域隐含增加值转移主要方向特征显示：2007 年，中国八大区域间隐含增加值转移的主要转移路径是中部和南部沿海向东部地区转移，东部沿海和京津地区向北部沿海转移两条。2017 年，中国八大区域间隐含增加值的主要转移路径是西南地区向中部地区和东部沿海转移，中部地区向京津地区转移，西北地区向南部沿海、中部地区和西南地区转移三条。

第二，中国省域间贸易隐藏着显著的损益偏离现象。结合四象限图对比分析区域间隐含增加值转移与隐含污染转移的整体格局，发现了区域间隐含增加值转移与隐含污染转移形成的贸易固化格局，进一步识别了"价值流"与"污染流"逆向而行的事实，揭示了区域间经济收益与污染转移损益偏离现象的成因。省际贸易中，部分发达省份将隐含污染转移到其他省份，同时由于产业结构具有显著优势，通过高附加值低排放的产品和生产性服务业获得贸易上的顺差，在贸易过程中实现了 GDP 的净转入。另外，西部欠发达省份由于产业结构劣势，主导产业产品属于低附加值高污染产品，因此在贸易过程中承担了其他省份的隐含污染转移，同时贸易上实现了逆差。这种经济收益与污染损失逆向分布的空间分离现象明显。

第三，不同污染物的隐含污染转移方向具有异质性特征。结果表明：①省际隐含水污染偏离指数最高的是山东与天津，区域间隐含水污染高度损益偏离关系发生在中部地区内部、东南部沿海与中部地区之间、西南地区与中部地区之间。进一步地，对 COD 和氨氮进行异质性分析发现：区域间隐含 COD 的高度损益偏离关系主要发生在中部地区内部、东部沿海与西南地区之间、南部沿海与中部地区之间；区域间隐含氨氮污染的高度损益偏离关系主要发生在中部地区内部、中部地区与西北地区之间、中部地区与东部沿海之间。②省际隐含大气污染偏离指数最高的是广东-广西，偏离指数为 2.598；其次是广东-辽宁（2.540）、江苏-安徽（2.316）、山东-陕西（2.035）、河南-浙江（2.015）等。区域间隐含大气污染的高度损益偏离关系主要发生在中部地区内部、东部沿海、西北地区、西南地区与中部地区之间，东部沿海与西北地区之间，东部沿海、南部沿海、西南地区与西北地区之间。进一步地，对 COD 和氨氮进行异质性分析发现：区域间隐含二氧化硫污染的高度损益偏离关系主要发生在东部沿海与中部地区之间、西南地区与中部地区之间、中部地区内部；区域间隐含烟粉尘污染的高度损益偏离关系主要发生在中部地区之间，东部沿海、西北地区、西南地区与中部地区之间，东部沿海和中部地区与东北地区之间。③省际隐含固废损益偏离关系中，偏离指数最高的是天津-浙江，偏离指数为 3.473；之后是新疆-江苏（3.444）、广东-浙江（3.249）、海南-上海（2.632）等；区域间隐含固废污染的高度损益偏离关系主要发生在中部地区之间，京津地区、东北地区和北部沿海与中部地区之间，中部地区与东北地区之间。

第5章 中国省际贸易隐含污染转移影响因素分析

5.1 结构分解模型

5.1.1 隐含污染排放总量变化结构分解模型

结构分解分析（Structural Decomposition Analysis，SDA）的基本思想是通过将经济系统中某因变量的变动分解为与之相关的各独立自变量变动的和，以测度其中每一自变量变动对因变量变动贡献的大小。由于 SDA 以能够分析部门间的完全关联的投入产出法为理论基础，因此，SDA 所测度的贡献既能反映直接贡献，又能包含间接贡献，这成为 SDA 方法的重要优势。

SDA 结构分解法在实际运用过程中，第一步是在所需要测算的经济体中，对变量中的因变量的变动分解，第二步是分解成为与因变量相关的而又独立的自变量的和，这样就可以建立起来其中每一个自变量变动和因变量变动的影响关系。SDA 结构分解法的优势在于：可检验长期的技术进步和结构变动的影响；仅需至少两年度的投入产出表就可以进行比较分析，从而可以加强分解结果的准确性。

SDA 模型的核心思想是将某个因变量的变动通过投入产出的关联关系分解成若干个影响因素的变动合计，以此计量各自变量变动对因变量变动的影响（Zhu 等，2020）[179]。记终期污染排放量为 W^t，上一期污染排放量为 W^0，则这段时间内污染排放量为 $\Delta W = W^t - W^0$，符号"Δ"表示变化量。结构分解模型通常有 4 种形式，其中，两级分解法相对其他 3 种形式具有计算合理、更加直观的优点（Dietzenbacher 和 Los，1998）[180]。本书选取两级分解法对新疆分行业碳排放进行结构分解。根据前文 MRIO 模型计算的省际隐含污染排放总量为：

$$TT\_wp_i = E_i X_i = E_i (I - A_{ii})^{-1} \left(\sum_{\substack{j=1 \\ j \neq i}}^{m} A_{ij} X_j + \sum_{\substack{j=1 \\ j \neq i}}^{m} Y_{ij} \right) \tag{5-1}$$

令 $L = (I-A)^{-1}$，简化表达为：

$$TT = E \cdot L \cdot Y \tag{5-2}$$

基于 SDA 模型的分解思路，t 期到 0 期的省际隐含污染排放总量变化为：

$$\Delta TT = TT\_wp_i^t - TT\_wp_i^0 \tag{5-3}$$

应用两级分解法对 ΔTT 进行分解有：

$$\Delta TT = \underbrace{1/2(\Delta EX^t + \Delta EX^0)}_{\text{污染排放强度效应}} + \underbrace{1/2(E^t \Delta LY^t + E^0 \Delta LY^0)}_{\text{产业关联结构效应}} + \underbrace{1/2(E^t L^t \Delta Y + E^0 L^0 \Delta Y)}_{\text{需求变动效应}} \quad (5-4)$$

最终需求 Y 可表示为由需求行业结构 D_{jk}（$k=1$，2，…，26）、该 k 大类需求类别结构 M_{jk}、人口（p）、人均最终需求（f）相乘后求和组成（Liang 等，2013；Wang 等，2013）[181]-[182]，$Y = D \cdot M \cdot f \cdot p$ 为最终使用。令 $L = (I-A)^{-1}$，L_{ij} 为列昂惕夫逆矩阵的元素。因此，隐含污染排放总量 ΔTT 变化结构分解 SDA 模型推导如下：

$$\begin{aligned}
\Delta TT &= f(\Delta E) + f(\Delta L) + f(\Delta D) + f(\Delta M) + f(\Delta f) + f(\Delta p) \\
&= \underbrace{1/2(\Delta E^t L^t D^t M^t f^t p^t + \Delta E^0 L^0 D^0 M^0 f^0 p^0)}_{\text{污染强度效应}} \\
&\quad + \underbrace{1/2(E^t L^t \Delta D M^t f^t p^t + E^0 L^0 \Delta D M^0 f^0 p^0)}_{\text{需求产业结构效应}} \\
&\quad + \underbrace{1/2(E^t L^t D^t \Delta M f^t p^t + E^0 L^0 D^0 \Delta M f^0 p^0)}_{\text{需求类别结构效应}} \\
&\quad + \underbrace{1/2(E^t L^t D^t M^t \Delta f p^t + E^0 L^0 D^0 M^0 \Delta f p^0)}_{\text{经济规模效应}} \\
&\quad + \underbrace{1/2(E^t L^t D^t M^t f^t \Delta p + E^0 L^0 D^0 M^0 f^0 \Delta p)}_{\text{人口规模效应}} \\
&\quad + \underbrace{1/2\left(E^t \left(L^t \left(\sum_{j=1}^{n} \Delta A_j^d\right) L^0\right) Y^t + E^0 \left(L^t \left(\sum_{j=1}^{n} \Delta A_j^d\right) L^0\right) Y^0\right)}_{\text{产业关联结构效应}}
\end{aligned} \quad (5-5)$$

式（5-5）中，$f(\Delta E)$ 是污染排放强度效应，反映其他变化在分析过程中保持不变时，各部门污染强度变化引起的污染排放总量的变化；$f(\Delta L)$ 为产业关联结构效应[1]，反映产业关联的直接消耗系数变化引起的中间投入结构变化引起的污染排放总量的变化；$f(\Delta D)$ 为需求行业结构效应，是指最终需求行业分布结构变化引起的污染排放总量的变化；$f(\Delta M)$ 为需求类别结构效应；$f(\Delta p)$ 为人口规模效应，是指人口规模变化引起的污染排放总量的变化；$f(\Delta f)$ 为经济规模效应，是指由人均最终需求变化反映的经济规模变化引起的污染排放总量变化。

5.1.2 隐含污染转移变化结构分解模型

综合前文关于源地 o 与汇地 d 的隐含污染转移测算式（3-5）、式（3-6），进一步简化为：

$$T\_w_{od} = E \cdot L \cdot Y_{od} \quad (5-6)$$

基于 SDA 模型的分解思路，t 期到 0 期的省际隐含污染转移变化为：

$$\Delta T\_w = T\_w_i^t - T\_w_i^0 \quad (5-7)$$

---

[1] 由于 $L = (I-A^d)^{-1} = I + A^d + A^{d2} + \cdots + A^{dk} + \cdots$，$\Delta L$ 为列昂惕夫逆矩阵的变化，本质上来源于直接消耗系数 ΔA^d 的变动。那么，某一列 j 变动时，ΔA^d 的变动表示为：$\Delta A_j^d = \begin{bmatrix} 0 & \Delta a_{1j}^d & 0 \\ \vdots & \vdots & \vdots \\ 0 & \Delta a_{nj}^d & 0 \end{bmatrix}$，那么，$\Delta A^d = \begin{bmatrix} \Delta a_{11}^d & \Delta a_{1j}^d & \Delta a_{1n}^d \\ \vdots & \vdots & \vdots \\ \Delta a_{n1}^d & \Delta a_{nj}^d & \Delta a_{nn}^d \end{bmatrix} = \Delta A_1^d + \cdots +$

$\Delta A_j^d + \cdots + \Delta A_n^d = \sum_{j=1}^{n} \Delta A_j^d$；则 $\Delta L = L^t \Delta A^d L^0 = L^t \sum_{j=1}^{n} \Delta A_j^d L^0$。

参照前文对隐含污染总量变化 SDA 分解思路，隐含污染转移变化的分解公式为：

$$\Delta T\_w = \underbrace{1/2(\Delta EX_{od}{}^t + \Delta EX_{od}{}^0)}_{\text{污染排放强度效应}} + \underbrace{1/2(E^t\Delta LY_{od}{}^t + E^0\Delta LY_{od}{}^0)}_{\text{产业关联效应}} + \underbrace{1/2(E^tL^t\Delta D + E^0L^0\Delta D)}_{\text{需求行业结构效应}}$$

$$+ \underbrace{1/2(E^tL^t\Delta M + E^0L^0\Delta M)}_{\text{需求类别结构效应}} + \underbrace{1/2(E^tL^t\Delta f + E^0L^0\Delta f)}_{\text{经济规模效应}} + \underbrace{1/2(E^tL^t\Delta p + E^0L^0\Delta p)}_{\text{人口规模效应}}$$

$$= f(\Delta E) + f(\Delta L) + f(\Delta D) + f(\Delta M) + f(\Delta f) + f(\Delta p) \tag{5-8}$$

5.2　省际贸易隐含污染排放总量变化驱动因素分析

5.2.1　隐含水污染排放驱动因素分析

5.2.1.1　全国层面分解分析

2007~2017 年中国国内贸易隐含水污染排放总量先升后降的变化趋势，2007~2012 年增长了 98.75%，2017 年相较于 2012 年水污染排放总量快速下降至 103.61 万吨，降低了 92.06%。将 2007~2017 年全国隐含水污染排放总量的变化分别分解为 6 个组成部分，如图 5-1 所示。2007~2012 年全国隐含水污染排放总量从 656.75 万吨增长至 1305.30 万吨，增长了 98.75%。图 5-1 显示，经济规模效应（Δf）、产业关联效应（Δl）、人口规模效应（Δp）是隐含水污染排放总量增加的主要驱动因素，分别增加了 1264.93 万吨、9.90 万吨、86.03 万吨；而需求类别结构效应（Δm）是刺激全国隐含水污染排放总量减少的唯一因素，Δm 引起了隐含水污染排放总量减少 186.22 万吨，贡献率为 15.24%。2017 年相较于 2012 年水污染排放总量快速下降至 103.61 万吨，降低了 92.06%。其中，污染排放强度效应（Δe）、产业关联效应（Δl）、需求行业结构效应（Δd）、需求类别结构效应（Δm）是主要的驱动因素，分别刺激全国隐含水污染排放总量减少了 2770.17 万吨、117.46 万吨、30.56 万吨、232.86 万吨，贡献率分别为 115.3%、4.89%、1.27%、9.69%；在此时期，驱动全国隐含水污染排放总量增加的因素是经济规模效应（Δf）和人口规模效应（Δp）扩张引起的，贡献率分别为 29.13% 和 2.02%。

5.2.1.2　省级层面分解分析

基于 MRIO-SDA 模型，分解了 2007~2017 年 6 个社会经济因素对省级隐含水污染排放的贡献。2007~2012 年 30 个省隐含水污染排放变化分解中，只有上海、浙江和广西出现了负效应，分别减少了 5.21 万吨、26.33 万吨和 51.45 万吨；2012~2017 年 30 个省隐含水污染排放变化分解全部呈现负效应。如图 5-2 所示，经济规模效应（Δf）是驱动大多数省份隐含水污染排放增长的因素，污染排放强度效应（Δe）也是抑制大多数省份隐含水污染排放增长的因素。其中，2007~2012 年经济规模效应（Δf）驱动了山西、福建、江西、湖北、湖南、重庆、四川、贵州、云南、陕西、青海等省隐含水污染排放增长，分别贡献了259%、118%、112%、106%、140%、436%、139%、195%、150%、414%、117%；污染排放强度效应（Δe）抑制了山西、江苏、福建、江西、重庆、陕西、青海、四川、贵州、云南等省隐含水污染排放增长；其他因素中，产业关联效应（Δl）主要驱动了上海（127%）、浙江（200%）、重庆（156%）等省份的水污染排放增长；需求行业结构效应（Δd）、需求类别结构效应（Δm）和人口规模效应（Δp）对各省影响不显著，且作用方向不一。

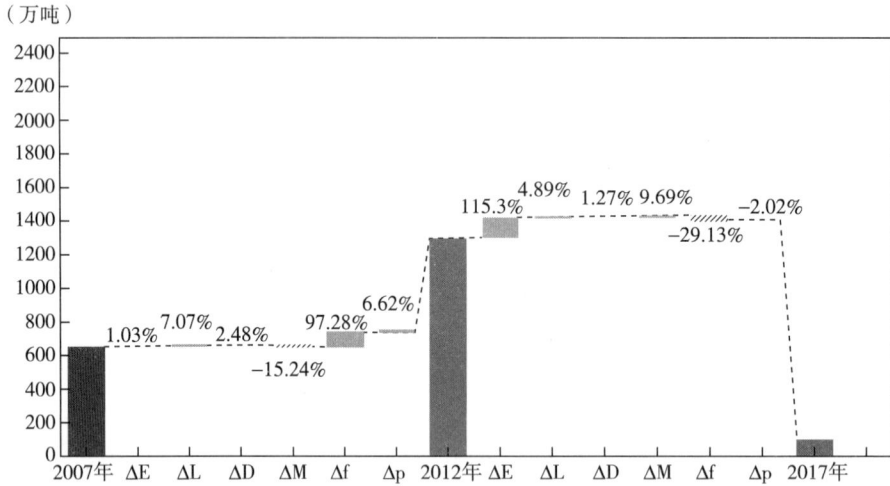

图 5-1 2007~2017 年省际隐含水污染排放驱动因素

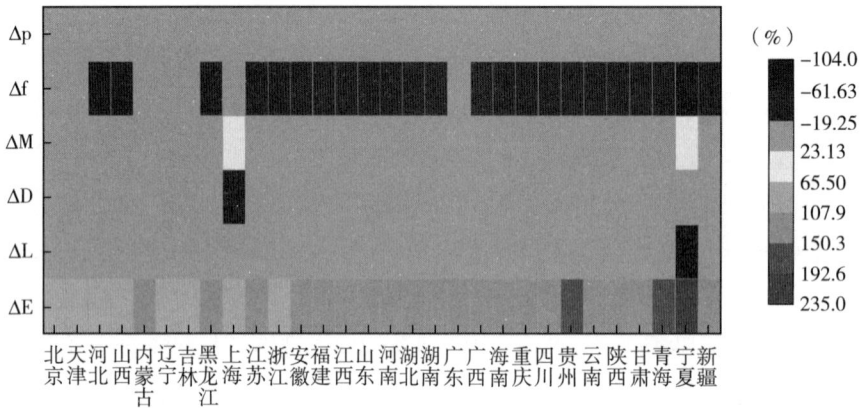

图 5-2 2007~2012 年省域隐含水污染排放驱动因素

2012~2017 年 30 个省隐含水污染排放变化分解全部呈现负效应。如图 5-3 所示，2012~2017 年，污染排放强度效应（Δe）对各个省份隐含水污染排放增长起到了抑制作用，其中，Δe 对安徽、福建、江西、贵州、陕西、青海、宁夏、新疆等省区的贡献最大，贡献率分别为 121%、130%、123%、176%、148%、155%、235%、137%。经济规模效应（Δf）是驱动大多数省份隐含水污染排放增长的因素，其中，Δf 对宁夏（104%）、贵州（53%）、浙江（47%）、江西（46%）、重庆（43%）等省份的贡献最大；其他因素中，产业关联效应（Δl）主要驱动了宁夏（75%）、黑龙江（17%）等省份的水污染排放增长；需求行业结构效应（Δd）主要驱动了上海（49%）、青海（15%）等省份的水污染排放增长；需求类别结构效应（Δm）则抑制了上海（53%）、宁夏（43%）、浙江（20%）、山东（22%）等省份的水污染排放增长；人口规模效应（Δp）对各省影响贡献较小。

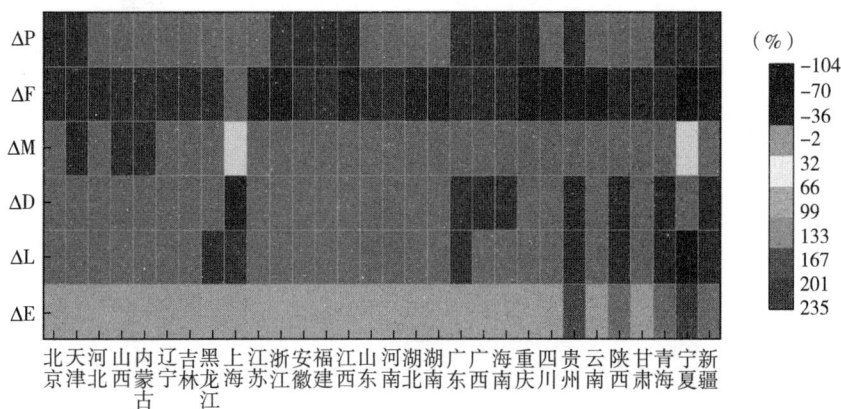

图 5-3　2012~2017 年省域隐含水污染排放驱动因素

5.2.1.3　污染物异质性分析

2007~2017 年中国国内贸易隐含 COD 污染排放总量呈先升后降的变化趋势，2007~2012 年从 641.91 万吨增长至 1224.84 万吨，增长了 99.19%；2017 年相较于 2012 年 COD 污染排放总量快速下降至 97.22 万吨。将 2007~2017 年全国隐含 COD 污染排放总量的变化分解为 6 个组成部分。2007~2012 年全国隐含 COD 污染排放总量从 641.91 万吨增长至 1224.84 万吨，增长了 99.19%。图 5-4 显示，经济规模效应（Δf）、产业关联效应（Δl）、人口规模效应（Δp）是隐含 COD 污染排放总量增加的主要驱动因素，分别增加了 1188.40 万吨、86.50 万吨、80.96 万吨；而需求类别结构效应（Δm）是刺激全国隐含 COD 污染排放总量减少的唯一因素，Δm 引起了隐含 COD 污染排放总量减少 176.41 万吨，贡献率为 14.43%。2017 年相较于 2012 年 COD 污染排放总量快速下降至 97.22 万吨。其中，产业关联效应（Δl）、需求行业结构效应（Δd）、需求类别结构效应（Δm）是主要的驱动因素，分别刺激全国隐含 COD 污染排放总量减少了 109.86 万吨、29.61 万吨、230.13 万吨，贡献率分别为 31.58%、8.15%、66.146%；在此时期，驱动全国隐含 COD 污染排放总量增加的因素是经济规模效应（Δf）、人口规模效应（Δp）和污染排放强度效应（Δe）扩张引起的，贡献率分别为 187.51%、13.00% 和 5.18%。

5.2.2　隐含大气污染排放驱动因素分析

5.2.2.1　全国层面分解分析

将 2007~2017 年全国隐含大气污染排放总量的变化分解为 6 个组成部分。2007~2012 年全国隐含大气污染排放总量从 4019.19 万吨增长至 5513.66 万吨，增长了 37.18%。图 5-5 显示，污染排放强度效应（Δe）和产业关联效应（Δl）是抑制这一时期全国隐含大气污染排放增长的关键因素，贡献率分别为 111.69% 和 23.03%。经济规模效应（Δf）、人口规模效应（Δp）、需求行业结构效应（Δd）、需求类别结构效应（Δm）是隐含大气污染排放总量增加的主要驱动因素，分别增加了 6456.69 万吨、416.82 万吨、91.55 万吨、76.93 万吨，贡献率分别为 215.22%、13.89%、7.49%、6.29%。

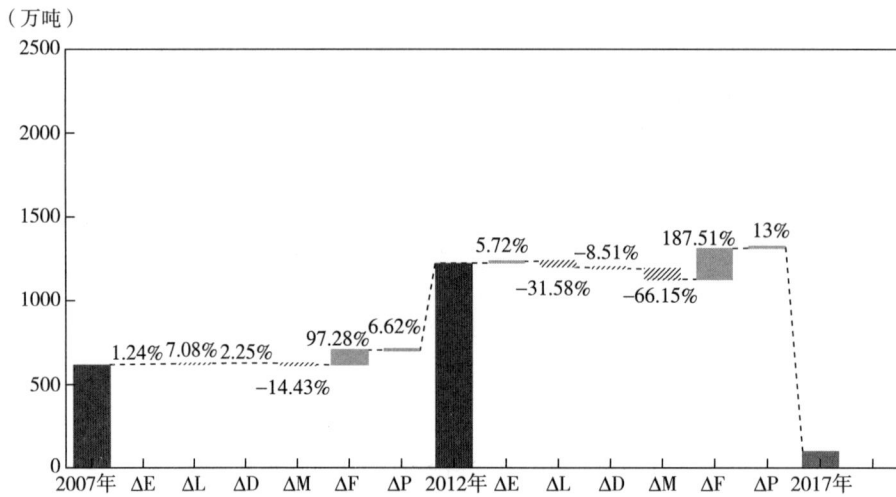

图 5-4　2007~2017 年省域隐含 COD 污染排放驱动因素

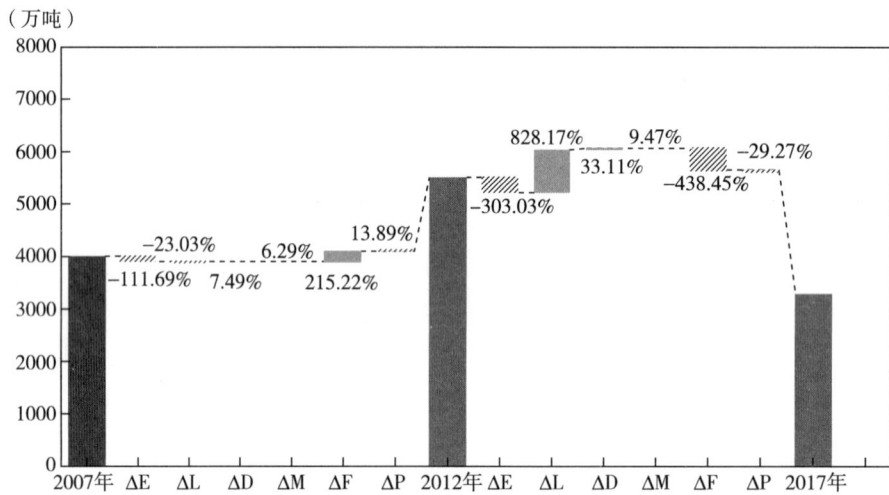

图 5-5　2007~2017 年省域隐含大气污染排放驱动因素

2017 年相较于 2012 年大气污染排放总量快速下降至 3307.26 万吨，减少了 40.02%。其中，产业关联效应（Δl）、需求行业结构（Δd）、需求类别结构（Δm）是刺激这一时期污染排放的主要抑制因素，贡献率分别为 828.17%、33.11%、9.47%；驱动这一时期全国隐含大气污染排放总量增加的因素是经济规模（Δf）和人口规模（Δp）扩张引起的，贡献率分别为 438.45% 和 29.27%；遗憾的是，污染排放强度（Δe）未能起到减排作用，Δe 促进隐含大气污染排放增长了 2947.46 万吨，贡献了 303.03%。

5.2.2.2　省级层面分解分析

基于 MRIO-SDA 模型，分解了 2007~2017 年 6 个社会经济因素对省级隐含大气污染排放的贡献。2007~2012 年 30 个省隐含大气污染排放变化分解中，只有上海、浙江、广东、广西、四川和贵州出现了负效应，分别减少了 21.72 万吨、141.38 万吨、24.55 万吨、52.16 万吨、48.50 万吨和 12.94 万吨；2012~2017 年 30 个省隐含大气污染排放变化分解全部呈现负效应。如图 5-6 所示，经济规模效应（Δf）是驱动各省份隐含大气污染排放增长的因素，污染排放强度效应（Δe）也是抑制大多数省份隐含大气污染排放增长的因素。其中，2007~2012 年污染排放强度效应（Δe）抑制了北京、天津、内蒙古、吉林、江西、河南、湖南、重庆、陕西等省份隐含大气污染排放增长，分别贡献了 256.41%、165.04%、362.78%、262.87%、116.58%、775.43%、557.69%、1303.79%、262.20%；经济规模效应（Δf）驱动了大部分省份的大气污染排放，特别是对湖南、重庆、河南、内蒙古、北京、陕西等的驱动作用最大，贡献率分别为 4371.06%、1109.42%、987.01%、587.35%、338.92%、319.25%。其他因素中，产业关联效应（Δl）主要驱动了上海（219.65%）、浙江（216.75%）、广东（485.77%）、贵州（293.06%）、吉林（159.70%）等省份的大气污染排放增长；需求行业结构（Δd）、需求类别结构（Δm）和人口规模（Δp）对各省份影响不显著，且作用方向不一。

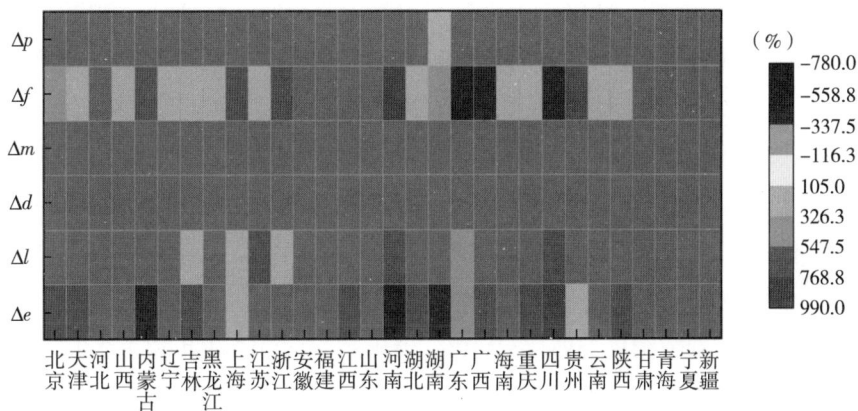

图 5-6　2007~2012 年省域隐含大气污染排放驱动因素

2012~2017 年 30 个省隐含大气污染排放变化分解全部呈现负效应。如图 5-7 所示，2012~2017 年，污染排放强度效应（Δe）对大多数省份隐含大气污染排放增长起到了抑制作用，其中，Δe 对甘肃、云南、内蒙古、贵州、辽宁、广西、江西、安徽等省份的贡献最大，贡献率分别为 2739%、1753%、722%、456%、304%、230%、123%、103%。经济规模效应（Δf）是驱动大多数省份隐含大气污染排放增长的因素，其中，Δf 对广东（831%）、甘肃（895%）、云南（704%）、河南（600%）、安徽（465%）、贵州（371%）等省份的贡献最大；其他因素中，产业关联效应（Δl）主要驱动了甘肃（3669%）、云南（2749%）、内蒙古（1023%）等省份的大气污染排放增长；需求行业结构效应（Δd）主要抑制了广东（416%）、陕西（44%）和甘肃（53%）等省份的大气污染排放增长；需求类别结构效应（Δm）则抑制了河南（122%）、云南（130%）、四川（67%）等省份的大气污染排放增长；

人口规模（Δp）效应则主要影响了广东的污染排放，对其他省份的影响贡献较小。

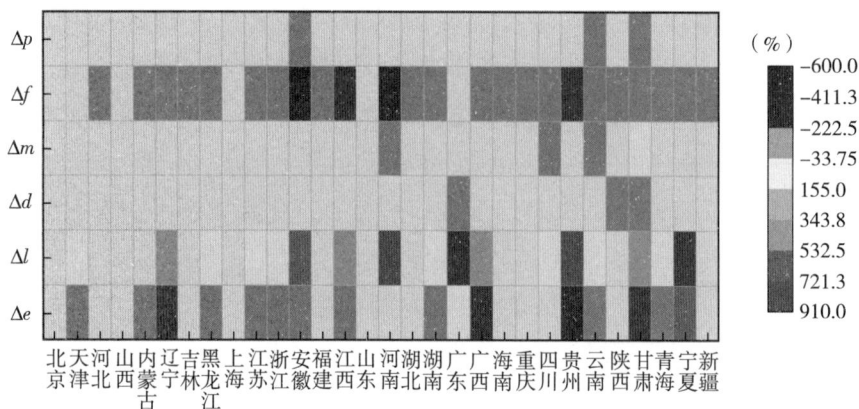

图5-7　2012~2017年省域隐含大气污染排放驱动因素

5.2.2.3　污染物异质性分析

（1）省际国内贸易隐含二氧化硫污染排放驱动因素分解：将2007~2017年全国隐含二氧化硫排放总量的变化分解为6个组成部分。2007~2012年全国隐含二氧化硫排放总量从1780.63万吨下降至1499.70万吨，减少了15.78%。图5-8显示，污染排放强度（Δe）、产业关联效应（Δl）和需求类别结构（Δm）是促进这一时期全国隐含二氧化硫排放实现减排的关键因素，分别刺激减排2568.65万吨、345.63万吨、66.18万吨，贡献率分别为575.76%、77.47%、14.83%。经济规模效应（Δf）、人口规模（Δp）、需求行业结构（Δd）是隐含二氧化硫排放总量增加的主要驱动因素，分别增加了2317.01万吨、147.76万吨、69.55万吨，贡献率分别为519.35%、33.12%、15.59%。2017年相较于2012年二氧化硫排放总量快速下降至463.05万吨，减少了69.12%。其中，产业关联效应（Δl）、需求行业结构（Δd）、污染排放强度（Δe）、需求类别结构（Δm）是刺激这一时期二氧化硫排放的抑制因素，贡献率分别为81.98%、35.15%、10.64%、4.87%；驱动这一时期全国隐含二氧化硫排放总量增加的因素是经济规模（Δf）和人口规模（Δp）扩张引起的，贡献率分别为3058%和2.06%。可见，2007~2017年经济规模是驱动二氧化硫排放总量增加的关键因素，而刺激二氧化硫排放减排的因素主要是污染排放强度（Δe）和产业关联效应（Δl）。

（2）省际国内贸易隐含烟粉尘污染排放驱动因素分解分析：将2007~2017年全国隐含烟粉尘污染排放总量的变化分解为6个组成部分。2007~2012年全国隐含烟粉尘污染排放总量从1780.63万吨下降至1507.69万吨，减少了15.33%。图5-9显示，经济规模效应（Δf）驱动全国隐含烟粉尘污染排放增长了4076.69万吨，贡献率为117.09%，是驱动全国隐含烟粉尘污染排放的关键因素；这一时期主要的减排因素是污染排放强度（Δe）和产业关联效应（Δl），分别为隐含烟粉尘污染减排贡献了18.27%和9.33%。需求类别结构（Δm）、需求行业结构（Δd）、经济规模（Δf）、人口规模（Δp）的影响不显著，作用方向不一。2017年相较于2012年烟粉尘污染排放总量快速下降至466.16万吨，减少了69.08%。其中，产业关联效应（Δl）、需求类别结构（Δm）是刺激这一时期烟粉尘污染排放的抑制因素，贡献率分别为 233.28%、21.75%；驱动这一时期全国隐含烟粉尘污染排放总量增加的因素是经济规模效应（Δf）和污染排放强度（Δe）引起的，贡献率分别为 113.70% 和 36.77%。可见，2007~2017 年经济规模扩张和污染排放强度变化是驱动烟粉尘污染排放总量增加的关键因素，而刺激烟粉尘污染排放减排的因素主要是产业关联效应（Δl）和需求类别结构（Δm）。

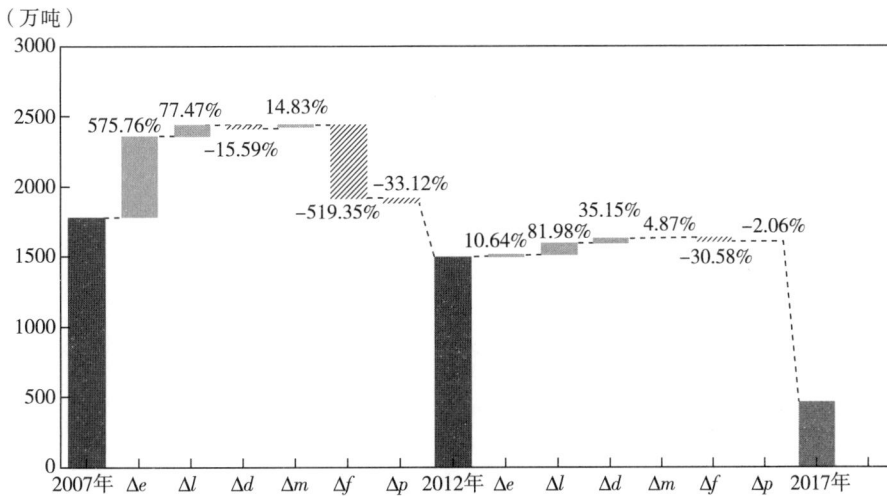

图 5-8 2007~2017 年省域隐含二氧化硫污染排放驱动因素

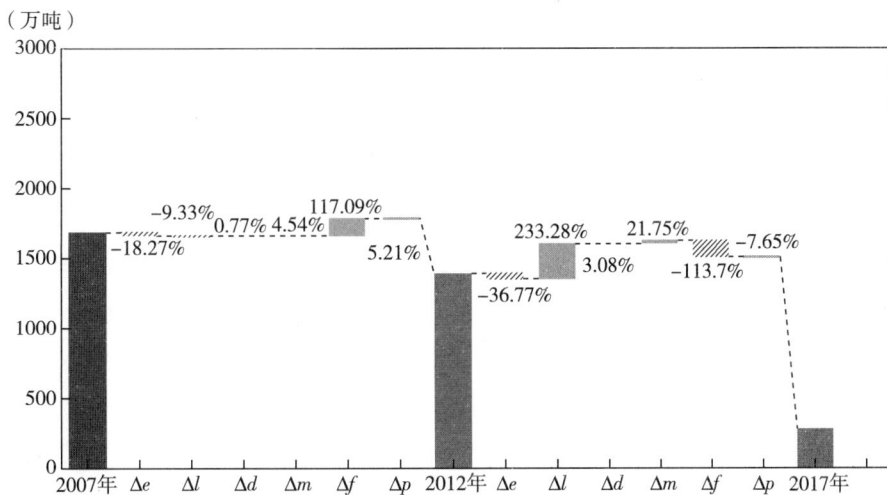

图 5-9 2007~2017 年省域隐含烟粉尘污染排放驱动因素

5.2.3 隐含固废排放驱动因素分析

5.2.3.1 全国层面分解分析

将 2007~2017 年全国隐含固废污染排放总量的变化分解为 6 个组成部分，如图 5-10 所示。2007~2012 年全国隐含固废污染排放总量从 1290 万吨增长至 2536 万吨，增长了 96.59%。图 5-10 显示，经济规模效应（Δf）、污染排放强度（Δe）、需求行业结构（Δd）、产业关联效应（Δl）是驱动隐含固废污染排放总量增加的主要因素，贡献率分别为 98.9%、8.86%、3.42%、2.77%；而需求类别结构（Δm）是刺激全国隐含固废污染排放总量减少的唯一因素，Δm 引起了隐含固废污染排放总量减少 5.09 万吨，贡献率为 20.53%。2017 年相较于 2012 年固废污染排放总量快速上升至 3183 万吨，增长了 25.51%。其中，经济规模效应（Δf）、污染排放强度（Δe）和人口规模（Δp）是主要的促进因素，贡献率分别为 132.44%、63.63% 和 8.97%；在此时期，产业关联效应（Δl）、需求类别结构（Δm）、需求行业结构（Δd）是主要的减排因素，分别刺激全国隐含固废污染排放总量减少了 11.51 万吨、53.24 万吨、1.29 万吨，贡献率分别为 66.72%、30.86%、7.45%。

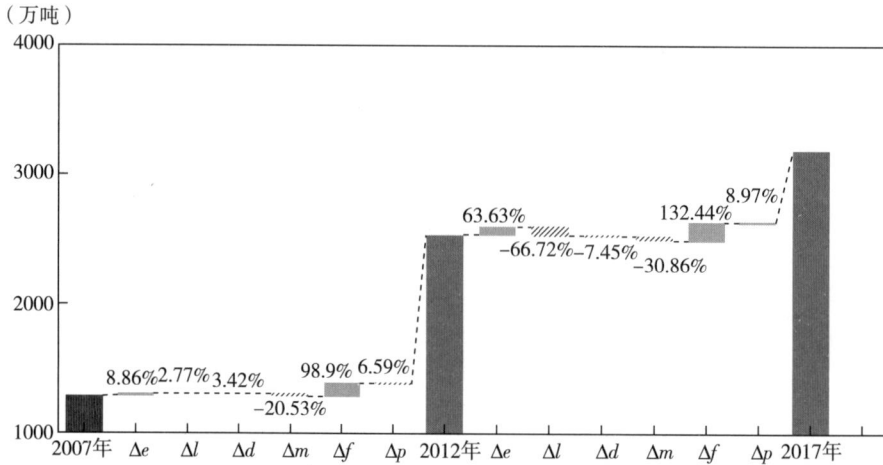

图 5-10　2007~2017 年省域隐含固废污染排放驱动因素

5.2.3.2　省级层面分解分析

基于 MRIO-SDA 模型，分解了 2007~2017 年 6 个社会经济因素对省级隐含固废污染排放的贡献。2007~2012 年 30 个省隐含固废污染排放变化分解中，只有北京、浙江出现了负效应，分别减少了 192.04 万吨、2418.97 万吨；2012~2017 年 30 个省隐含固废污染排放变化分解中，北京、天津、河北、辽宁、湖南、重庆、甘肃等省份出现负效应，其中河北、辽宁、湖南和重庆因为减排规模较大为放缓固废污染做出贡献。如图 5-11 所示，经济规模效应（Δf）是驱动大多数省份隐含固废污染排放增长的因素，污染排放强度效应（Δe）和产业关联效应（Δl）是抑制大多数省份隐含固废污染排放增长的因素。其中，2007~2012 年经济规模效应（Δf）驱动了上海（1009%）、陕西（575%）、海南（434%）、贵州（279%）、江苏（260%）、四川（213%）、广东（157%）、江西（153%）、黑龙江（148%）、重庆（144%）等省份隐含固废污染排放增长；污染排放强度效应（Δe）抑制了海南（971%）、天津（667%）、上海（490%）、陕西（384%）、四川（231%）、江西（189%）、湖北（112%）等省份隐含固废污染排放增长；产业关联效应（Δl）则对北京（637%）、山东（142%）、广东（129%）、贵州（92%）、黑龙江（87%）、青海（66%）等省份的固废污染排放增长起到了显著的抑制作用，而对海南（991%）、天津（667%）、浙江（290%）、四川（117%）、江西（115%）等省份的固废污染排放增长起到了显著的驱动作用；其他因素中，需求行业结构（Δd）、需求类别结构（Δm）和人口规模（Δp）对各省份影响不显著，且作用方向不一。

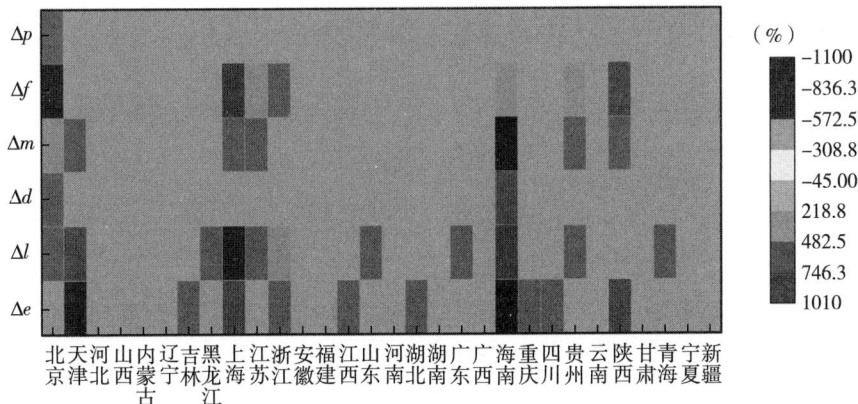

图 5-11　2007~2012 年省域隐含固废污染排放驱动因素

如图 5-12 所示，2012~2017 年，经济规模效应（Δf）和污染排放强度（Δe）是驱动大多数省份隐含固废污染排放增长的因素，其中，Δf 对福建（1197%）、上海（564%）、云南（421%）、江西（270%）、河南（244%）、四川（192%）、青海（179%）、安徽（176%）、广西（172%）、浙江（153%）等省份的贡献最大；污染排放强度（Δe）对省份隐含固废污染排放变化的影响作用不一，其中，Δe 显著抑制了辽宁（1500%）、天津（1352%）、甘肃（1310%）、河北（466%）、北京（460%）、湖南（390%）等省份的固废污染排放增长；但却对上海（3361%）、云南（2324%）、青海（2254%）、广西（1574%）、福建（883%）、江西（749%）、河南（741%）、浙江（724%）等省份的固废污染排放增长影响显著。产业关联效应（Δl）显著抑制了上海、云南、青海、广西、福建、河南、江西、浙江、吉林、海南、贵州、安徽等省份的固废污染排放增长；其他因素中，需求类别结构效应（Δm）则抑制了福建（701%）、上海（619%）、青海（344%）等省份的固废污染排放增长；需求行业结构（Δd）和人口规模（Δp）对各省份影响贡献较小。

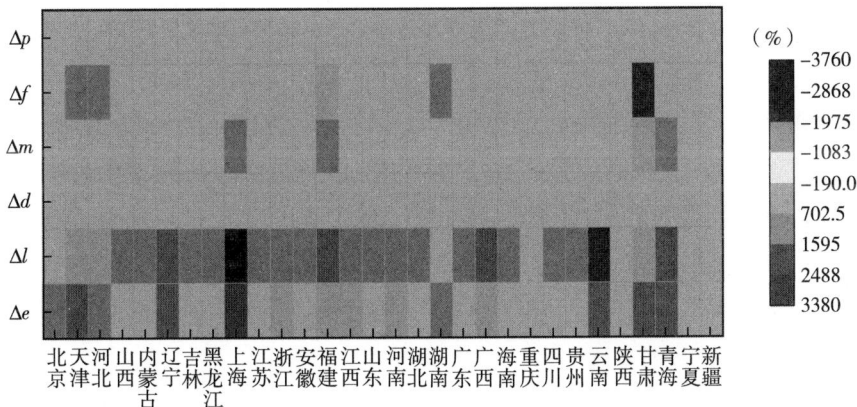

图 5-12　2012~2017 年省域隐含固废污染排放驱动因素

5.3 省际贸易隐含污染转移变化驱动因素分析

5.3.1 隐含水污染转移驱动因素分析

5.3.1.1 全国层面分解分析

将 2007~2017 年全国隐含水污染转移量的变化分解为 6 个组成部分，如图 5-13 所示。2007~2012 年全国隐含水污染转移量从 280.97 万吨增长至 504.39 万吨，增长了 79.52%。图 5-13 显示，经济规模效应（Δf）、人口规模（Δp）是隐含水污染转移增长的主要驱动因素，分别增加了 508.65 万吨、48.79 万吨；而污染排放强度（Δe）、产业关联效应（Δl）、需求行业结构（Δd）、需求类别结构（Δm）是刺激全国隐含水污染转移减少的因素，其中，Δd 对隐含水污染转移贡献最大，贡献率为 4.26%；其次是 Δm，贡献率为 3.91%。

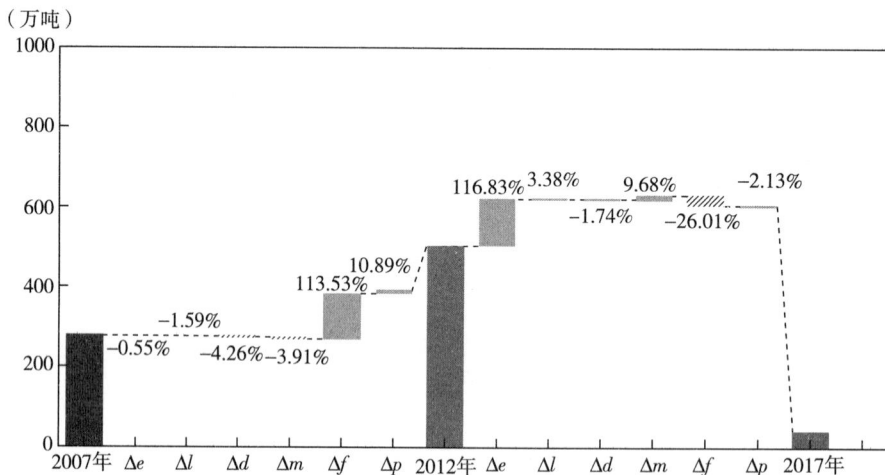

图 5-13 2007~2017 年省际隐含水污染转移驱动因素

2017 年相较于 2012 年水污染转移量快速下降至 39.98 万吨，降低了 92.07%。其中，污染排放强度（Δe）、产业关联效应（Δl）、需求类别结构（Δm）是主要的驱动减排因素，分别刺激全国隐含水污染转移量减少了 1084.98 万吨、31.39 万吨、89.88 万吨，贡献率分别为 116.83%、3.38%、9.68%；在此时期，驱动全国隐含水污染转移的因素是经济规模效应（Δf）和人口规模（Δp）扩张，贡献率分别为 26.01% 和 2.13%。

5.3.1.2 省级层面分解分析

基于 MRIO-SDA 模型，分解了 2007~2017 年 6 个社会经济因素对省级隐含水污染转移量的贡献。2007~2012 年 30 个省隐含水污染转移量变化分解中，只有山西、上海、浙江、广东、广西出现了负效应，其余省份均为正效应；2012~2017 年 30 个省隐含水污染转移量变化分解全部呈现负效应，表明伴随水污染总量的减少，各省份间贸易转移量也在减少。经济规模效应（Δf）是驱动大多数省份隐含水污染转移量增长的因素，污染排放强度效应（Δe）也是抑制大多数省份隐含水污染转移量增长的因素。其中，2007~2012 年经济规模效应（Δf）驱动了福建、湖北、陕西、宁夏、重庆、云南、江苏、贵州、青海、天津、山东等省份隐含水污染转移量增长，分别贡献了 1368%、590%、422%、299%、215%、193%、192%、159%、158%、152%、116%；污染排放强度效应（Δe）抑制了福建、陕西、重庆、青海、宁夏、江苏、云南、湖南等省份隐含水污染转移量增长，贡献率分别为 637%、284%、283%、135%、117%、90%、42%、41%；需求类别结构（Δm）驱动了山西（293%）、四川（225%）等省份水污染转移的增加；需求行业结构（Δd）驱动了四川（814%）水污染转移的增加，但却减少了福建（499%）、山西（404%）、湖北（250%）等省份的水污染转移规模，作用方向具有异质性；其他因素中，产业关联效应（Δl）和人口规模（Δp）对各省份影响不显著，且作用方向不一。

2012~2017 年 30 个省隐含水污染转移量变化分解全部呈现负效应。2012~2017 年，污染强度效应（Δe）对各个省份隐含水污染转移量增长起到了抑制作用，其中，Δe 对广东、宁夏、上海、贵州、陕西、新疆、青海、四川、福建、黑龙江等省份的贡献最大，贡献率分别为 1258%、294%、240%、194%、157%、131%、130%、129%、128%、126%。经济规模效应（Δf）是驱动大多数省份隐含水污染转移量增长的因素，其中，Δf 对广东（234%）、上海（73%）、江西（36%）、宁夏（36%）、四川（33%）、江苏（32%）、浙江（31%）、贵州（31%）、福建（30%）等省份的贡献最大；其他因素中，产业关联效应（Δl）主要抑制了广东（522%）、宁夏（159%）、上海（49%）、贵州（38%）、陕西（24%）、黑龙江（22%）等省份的水污染转移量；需求行业结构（Δd）、需求类别结构（Δm）和人口规模（Δp）对各省影响贡献较小。

5.3.1.3　污染物异质性分析

省际贸易隐含 COD 污染排放驱动因素分解：2007~2017 年中国国内贸易隐含 COD 污染转移量呈先升后降的变化趋势，2007~2012 年从 262.32 万吨增长至 475.98 万吨，增长了 81.45%；2017 年相较于 2012 年 COD 污染转移量快速下降至 37.91 万吨。将 2007~2017 年全国隐含 COD 污染转移量的变化分解为 6 个组成部分。2007~2012 年从 262.32 万吨增长至 475.98 万吨，增长了 81.45%。图 5-14 显示，经济规模效应（Δf）、人口规模（Δp）是隐含 COD 污染转移量增加的主要驱动因素，分别增加了 478.07 万吨、45.99 万吨，贡献率分别为 111.64%、10.74%；而需求行业结构（Δd）和需求类别结构（Δm）是刺激全国隐含 COD 污染转移量减少的主要因素，Δd 和 Δm 的贡献率分别为 11.50% 和 10.89%。遗憾的是，污染排放强度（Δe）未起到整体减排的效应，反而增加 1.45% 的 COD 污染转移量。2017 年相较于 2012 年 COD 污染转移量减少了 92.04%。经济规模效应（Δf）、人口规模（Δp）是隐含 COD 污染转移量增加的主要驱动因素，贡献率分别为 146.46%、12%；而需求类别结构（Δm）和产业关联效应（Δl）是刺激全国隐含 COD 污染转移量减少的主要因素，Δm 和 Δl 的贡献率分别为 55.78% 和 18.48%。遗憾的是，污染排放强度（Δe）在这一时期也未起到整体减排的效应。

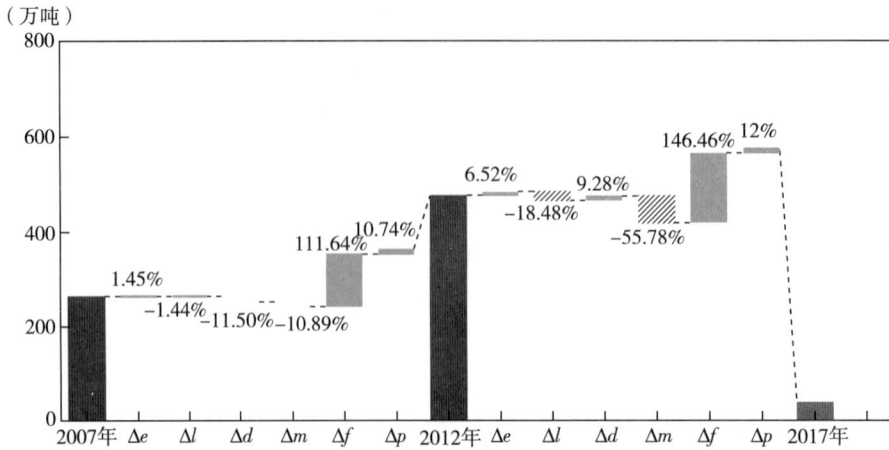

图 5-14　2007~2017 年省际隐含 COD 污染转移驱动因素

5.3.2　隐含大气污染转移驱动因素分析

5.3.2.1　全国层面分解分析

将 2007~2017 年全国隐含大气污染转移量的变化分解为 6 个组成部分。2007~2012 年全国隐含大气污染转移量从 1837.48 万吨增长至 2445.59 万吨，增长了 33.09%。图 5-15 显示，污染排放强度（Δe）和产业关联效应（Δl）是抑制这一时期全国隐含大气污染转移量增长的关键因素，分别抑制减排 1285.79 万吨和 996.81 万吨，贡献率分别为 106.14% 和 82.28%。经济规模效应（Δf）、人口规模（Δp）、需求行业结构（Δd）、需求类别结构（Δm）是隐含大气污染转移量增加的主要驱动因素，贡献率分别为 239.61%、20.71%、14.86%、13.00%。2017 年相较于 2012 年大气污染转移量快速下降至 1449.13 万吨，减少了 40.02%。其中，产业关联效应（Δl）、需求类别结构（Δm）、需求行业结构（Δd）是刺激这一时期大气污染转移量的主要抑制因素，贡献率分别为 407.03%、13.54%、4.68%；驱动这一时期全国隐含大气污染转移量增加的因素是经济规模效应（Δf）和人口规模（Δp）扩张，贡献率分别为 174.85% 和 13.51%；遗憾的是，污染排放强度（Δe）未能起到减排作用，Δe 促进隐含大气污染转移量增长了 1295.43 万吨，贡献了 136.9%。

5.3.2.2　省级层面分解分析

基于 MRIO-SDA 模型，分解了 2007~2017 年 6 个社会经济因素对省级隐含大气污染转移量的贡献。2007~2012 年 30 个省隐含大气污染转移量变化分解中，天津、上海、浙江、湖北、广东、广西、贵州和陕西出现了负效应，2012~2017 年绝大多数省份隐含大气污染转移量变化分解全部呈现负效应，为全国减排贡献了力量。经济规模效应（Δf）是驱动各省份隐含大气污染转移量增长的因素，污染排放强度（Δe）也是抑制大多数省份隐含大气污染转移量增长的因素。其中，2007~2012 年污染排放强度（Δe）抑制了吉林、黑龙江、河南、内蒙古、湖南、四川、北京、重庆等省份隐含大气污染转移量增长，分别贡献了 2018%、1069%、720%、564%、449%、448%、175%、160%；经济规模效应（Δf）驱动了大部分省份的大气污染转移，特别是对黑龙江、吉林、河南、内蒙古、湖南、四川、北京、江苏、福建、重庆、河北、云南、辽宁、山东等的驱动作用最大，贡献率分别为5512%、1857%、879%、731%、394%、286%、209%、166%、161%、154%、141%、135%、122%、114%。其他因素中，产业关联效应（Δl）主要驱动了湖北（1302%）、贵州（371%）、吉林（343%）、浙江（209%）、天津（180%）等省份的大气污染转移增长，但对黑龙江（4609%）、河南（254%）、河北（155%）、江苏（115%）等省份的大气污染转移起到了显著的抑制作用；需求行业结构（Δd）、需求类别结构（Δm）和人口规模（Δp）对各省份影响不显著，且作用方向不一。

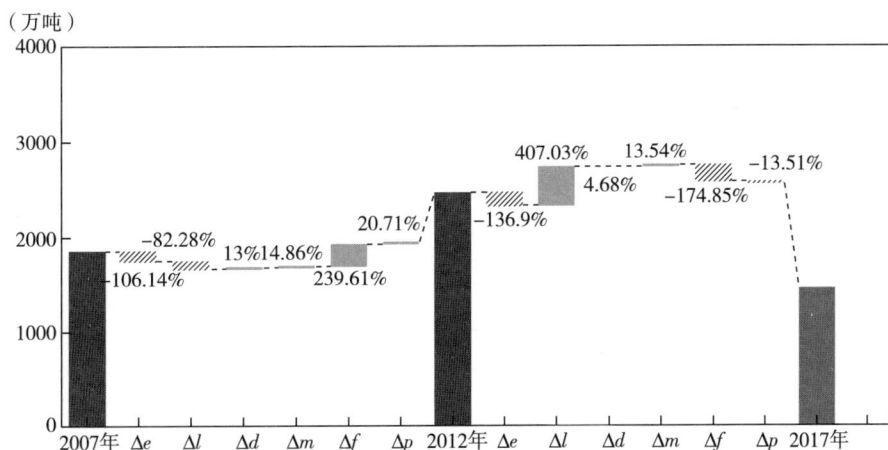

图 5-15　2007~2017 年省际隐含大气污染转移驱动因素

2012~2017 年 30 个省隐含大气污染转移量变化分解全部呈现负效应。2012~2017 年，污染排放强度（Δe）对大多数省份隐含大气污染转移增长起到了抑制作用，其中，Δe 对广西、甘肃、贵州、内蒙古、河南、黑龙江、辽宁、天津等省份的贡献最大，贡献率分别为2063%、946%、690%、373%、372%、308%、301%、245%。经济规模效应（Δf）是驱动大多数省份隐含大气污染转移量增长的因素，其中，Δf 对新疆（1236%）、广西（961%）、吉林（634%）、海南（612%）、黑龙江（597%）、贵州（330%）、江西（317%）、甘肃（255%）、陕西（174%）、内蒙古（162%）、安徽（150%）、四川（100%）等省份的贡献最大；产业关联效应（Δl）主要驱动了广西（3811%）、新疆（1421%）、甘肃（1314%）、贵州（1229%）、黑龙江（1210%）、吉林（620%）、海南（620%）、内蒙古（614%）、江西（540%）、辽宁（478%）、天津（406%）、青海（318%）、安徽（297%）、云南（277%）、四川（242%）、浙江（205%）等省份的大气污染转移量增长；其他因素中，需求行业结构（Δd）主要抑制了广东（416%）、陕西（44%）和甘肃（53%）等省份的大气污染排放增长；需求类别结构（Δm）则抑制了河南（897%）、海南（676%）、黑龙江（282%）、新疆（135%）、四川（116%）等省份的大气污染转移量增长；人口规模（Δp）则主要影响了河南的污染转移，对其他省份影响贡献较小。

5.3.2.3　污染物异质性分析

（1）省际贸易隐含二氧化硫污染排放驱动因素分解：将 2007~2017 年全国隐含二氧化

硫转移量的变化分解为 6 个组成部分。2007~2012 年全国隐含二氧化硫转移量从 744.79 万吨上升至 869.59 万吨。图 5-16 显示，污染排放强度（Δe）、产业关联效应（Δl）是促进这一时期全国隐含二氧化硫转移量的关键因素，分别刺激减排 1185.79 万吨、390.81 万吨，贡献率分别为 403.79%、133.08%。经济规模效应（Δf）、人口规模（Δp）、需求类别结构（Δm）和需求行业结构（Δd）是隐含二氧化硫转移量增加的主要驱动因素，贡献率分别为 373.11%、31.35%、16.62%、15.80%。2017 年相较于 2012 年二氧化硫转移量快速下降至 95.82 万吨，减少了 88.98%。其中，污染排放强度（Δe）、产业关联效应（Δl）和需求类别结构（Δm）是刺激这一时期二氧化硫转移量的抑制因素，贡献率分别为 113.09%、14.23% 和 14.95%；驱动这一时期全国隐含二氧化硫转移量增加的因素是经济规模效应（Δf）和人口规模（Δp）扩张，贡献率分别为 36.97% 和 2.88%。可见，2007~2017 年经济规模是驱动二氧化硫转移量增加的关键因素，而刺激二氧化硫排放减排的因素主要是污染排放强度（Δe）和产业关联效应（Δl）。

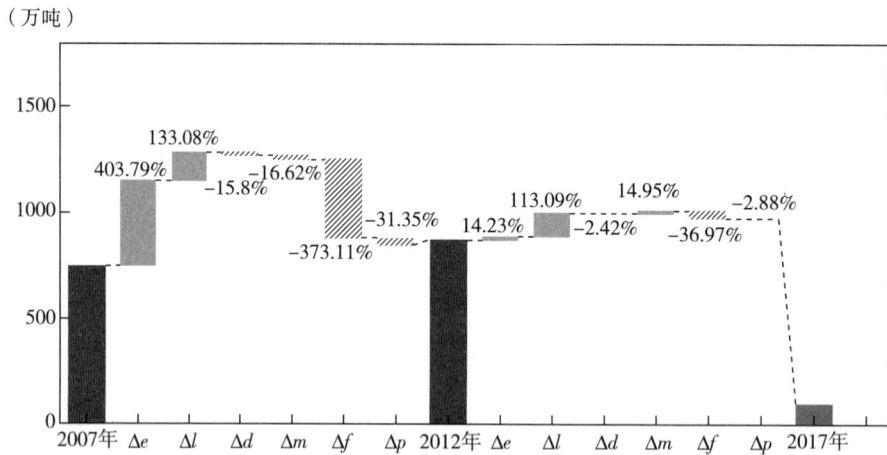

图 5-16 2007~2017 年省际隐含二氧化硫污染转移驱动因素

（2）省际贸易隐含烟粉尘污染排放驱动因素分解分析：将 2007~2017 年全国隐含烟粉尘污染转移量的变化分解为 6 个组成部分。2007~2012 年全国隐含烟粉尘污染转移量从 3183.36 吨下降至 2375.38 吨，减少了 25.38%。图 5-17 显示，经济规模效应（Δf）驱动全国隐含烟粉尘污染转移量增长了 4076.69 万吨，贡献率为 117.09%，是驱动全国隐含烟粉尘污染转移量的关键因素；这一时期主要的减排因素是污染排放强度（Δe）和产业关联效应（Δl），分别为隐含烟粉尘污染减排贡献了 18.27% 和 9.33%。需求类别结构（Δm）、需求行业结构（Δd）、经济规模效应（Δf）、人口规模（Δp）的影响不显著，作用方向不一。2017 年相较于 2012 年烟粉尘污染转移量快速下降至 2126.03 万吨，减少了 10.50%。其中，产业关联效应（Δl）、需求类别结构（Δm）是刺激这一时期烟粉尘污染转移量增长的主要抑制因素，贡献率分别为 250.09%、21.06%；驱动这一时期全国隐含烟粉尘污染转移量增加的因素是经济规模效应（Δf）和污染排放强度（Δe），贡献率分别为 106.58% 和 50.54%。可见，2007~2017 年经济规模效应和污染排放强度变化是驱动烟粉尘污染转移量减少的关键因素，而刺激烟粉尘污染转移增长的因素主要是产业关联效应（Δl）和需求类别结构（Δm）。

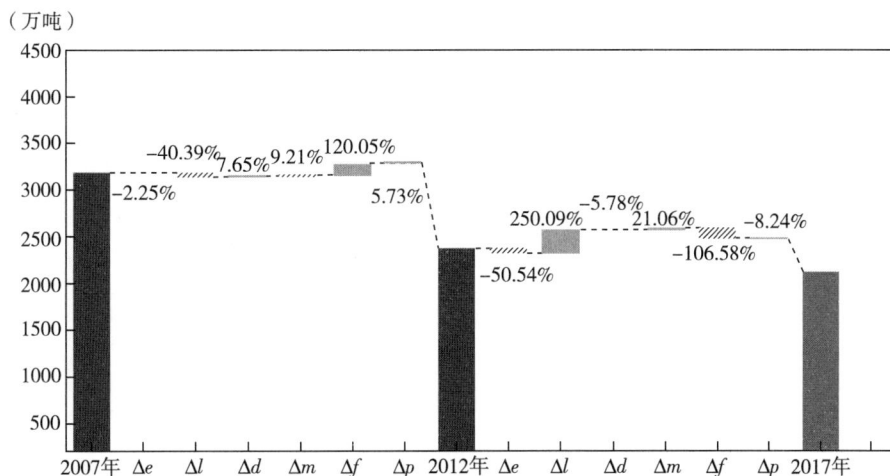

图 5-17　2007~2017 年省际隐含烟粉尘污染转移驱动因素

5.3.3　隐含固废污染转移驱动因素分析

5.3.3.1　全国层面分解分析

2007~2017 年全国隐含固废污染转移量的变化分解为 6 个组成部分，如图 5-18 所示。2007~2012 年全国隐含固废污染转移量从 1383.49 万吨增长至 2505.53 万吨，增长了 81.10%。图 5-18 显示，经济规模效应（Δf）、污染排放强度（Δe）、需求行业结构（Δd）、人口规模（Δp）是驱动隐含固废污染转移量增加的主要因素，贡献率分别为 89.02%、12.5%、9.61%、7.54%；而产业关联效应（Δl）和需求类别结构（Δm）是刺激全国隐含固废污染转移量减少的因素，Δl 引起了隐含固废污染转移量减少 1.70 万吨，贡献率为 11.84%，Δm 引起了隐含固废污染转移量减少 0.98 万吨，贡献率为 6.82%。2017 年相较于 2012 年固废污染转移量快速上升至 2560.17 万吨，增长了 2.18%。其中，经济规模（Δf）、污染排放强度（Δe）、需求行业结构（Δd）、人口规模（Δp）是驱动隐含固废污染转移量增加的主要因素，贡献率分别为 108.28%、47.44%、1.58%、8.07%；而产业关联效应（Δl）和需求类别结构（Δm）是刺激全国隐含固废污染转移量减少的因素，Δl 引起了隐含固废污染转移量减少 5.24 万吨，贡献率为 53.31%，Δm 引起了隐含固废污染转移量减少 1.19 万吨，贡献率为 12.06%。

5.3.3.2　省级层面分解分析

基于 MRIO-SDA 模型，分解了 2007~2017 年 6 个社会经济因素对省级隐含固废污染排放的贡献。2007~2012 年 30 个省隐含固废污染排放变化分解中，只有上海、浙江出现了负效应，分别减少了 15.59 万吨、2644.23 万吨；2012~2017 年 30 个省隐含固废污染排放变化分解中，北京、河北、辽宁、安徽、湖南等省份出现负效应，其中河北、辽宁、湖南和云南因为减排规模较大为放缓固废污染做出贡献。经济规模效应（Δf）是驱动大多数省份隐含固废污染排放增长的因素，污染强度效应（Δe）和产业关联效应（Δl）是抑制大多数省份隐含固废污染排放增长的因素。其中，2007～2012 年经济规模效应（Δf）驱动了陕西（1124%）、福建（1448%）、湖北（574%）、海南（476%）、黑龙江（445%）、广东（404%）、吉林（223%）、天津（206%）、贵州（188%）等省份隐含固废污染排放增长；污染强度效应（Δe）抑制了陕西（8389%）、天津（1133%）、海南（919%）、湖北（544%）、北京（494%）、四川（139%）、吉林（104%）等省份隐含固废污染排放增长；产业关联效应（Δl）则对陕西（2509%）、福建（1334%）、广东（446%）、黑龙江（400%）、山东（313%）、湖北（206%）、青海（150%）、贵州（105%）等省份的固废污染排放增长起到了显著的抑制作用，而 Δl 则对上海、天津、海南、北京、浙江等省份的固废污染排放增长起到了显著的驱动作用；其他因素中，需求行业结构（Δd）、需求类别结构（Δm）和人口规模（Δp）对各省份影响不显著，且作用方向不一。

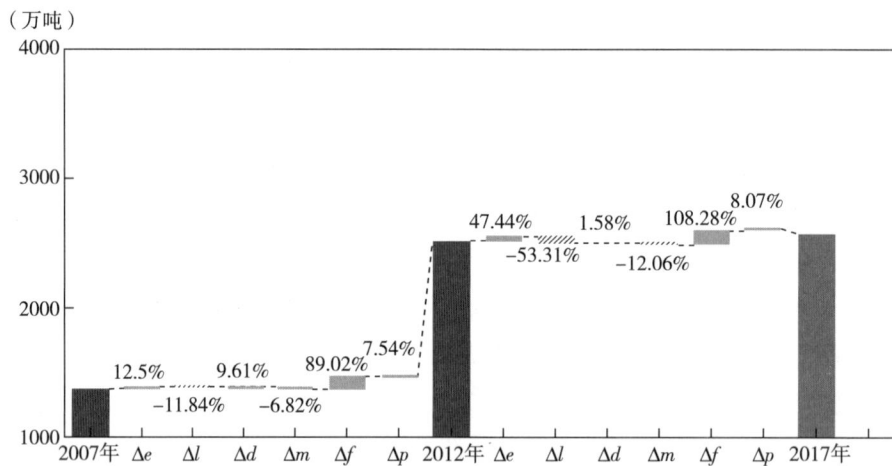

图 5-18　2007～2017 年省际隐含固废污染转移驱动因素

2012～2017 年，经济规模效应（Δf）和污染排放强度效应（Δe）是驱动大多数省份隐含固废污染排放增长的因素，其中，Δf 对江西（480%）、天津（435%）、河南（189%）、江苏（116%）、广西（105%）、海南（103%）、山西（95%）、贵州（93%）、内蒙古（81%）等省份的贡献最大；污染强度效应（Δe）对省份隐含固废污染排放变化的影响作用不一，其中，Δe 显著抑制了青海（2865%）、安徽（1579%）、甘肃（1283%）、辽宁（1230%）、四川（746%）、北京（565%）、云南（337%）、河北（159%）、湖南（105%）等省份的固废污染排放增长；但却对江西（1255%）、天津（1121%）、广西（734%）、山西（510%）、河南（491%）、内蒙古（473%）、江苏（427%）、贵州（381%）、浙江（379%）、重庆（300%）、海南（259%）、宁夏（243%）等省份的固废污染排放增长影响显著。产业关联效应（Δl）显著抑制了江西、天津、广西、河南、山西、内蒙古、江苏、贵州、浙江、海南、宁夏等省份的固废污染排放增长；其他因素中，需求类别结构（Δm）则抑制了江西（256%）、四川（253%）、江苏（50%）等省份的固废污染排放增长；需求行业结构（Δd）和人口规模（Δp）对各省份影响贡献较小。

5.4　本章小结

本章基于 EIO-SDA 模型从规模、结构、技术三个维度构建了省际贸易隐含污染总量变化的分解模型和省际贸易隐含污染转移变化的分解模型，并将总量变化和转移变化分解为污染排放强度效应（Δe）、产业关联效应（Δl）、需求行业结构效应（Δd）、需求类别结构效应（Δm）、人口规模效应（Δp）和经济规模效应（Δf）。分解结果显示：

第一，省际贸易隐含污染排放总量变化和转移变化影响因素大致趋同。经济规模效应（Δf）、人口规模（Δp）是隐含水污染排放总量增加的主要驱动因素；而污染排放强度（Δe）和产业关联效应（Δl）是主要的减排驱动因素，但在不同时期其作用方向不一；需求行业结构（Δd）和需求类别结构（Δm）在整个影响中作用有异质性，但总体较小。可见，总体来看，驱动省际污染转移的仍然是不断增长的需求。

第二，中国省际隐含污染转移 2007~2012 年增加 2012~2017 年减少，由于两个阶段变化趋势不同，在驱动因素探讨中也呈现出异质性特征。污染排放强度效应（Δe）在 2012~2017 年未能发挥减排作用，此时，产业关联效应（Δl）则成为主要的减排因素。其中，大气污染和固废污染转移的驱动因素印证了这一特征。

第三，区域一级的分解结果显示，经济发达省份的污染减排主要受到污染强度效应（Δe）影响，这主要是因为经济发达省份面对严格的环境规制往往在减排技术方面投入较大；而经济规模效应（Δf）对东北、中部和西部的资源型省份的驱动作用更大；产业关联效应（Δl）对各省的影响作用不一，但对北京、上海、天津等经济较发达的省份往往具有减排作用，这间接反映了区域间的产业关联有助于通过要素流动和要素合理配置实现减排。

第6章 中国省际贸易隐含污染转移对损益偏离的影响研究

6.1 空间互动模型设定与变量说明

6.1.1 空间互动模型设定

6.1.1.1 空间互动模型

传统的空间计量经济模型通常分析的是地理空间中与区位关联的经济主体个体，常以"点"或"面"的几何形态呈现，如"景区（点）"或"行政区划"等。与传统空间计量模型不同，空间互动模型分析的是"流"状数据，即两个空间单元间两两配对的流量数据。流量数据反映了从源地 o（Origin）流向汇地 d（Destination）的要素流量水平，这些要素可以是有形的，如人口、货币，也可以是无形的，如技术、信息等。如省域之间的贸易，从山东省迁入浙江省的人口有 10 万，源地为山东，汇地为浙江，流量水平为 10 万人；不将港澳台地区纳入研究范围的话，中国有 21 个省级行政单元，两两配对后形成 31×31 共 961 个流量观测数据（包括自身到自身的内部流量）。

空间互动模型的目的是研究源地与汇地（o-d）间的流量水平由哪些因素影响和决定。由于此流量水平是两个空间单元间相互作用的结果，因此，应从三个方面进行探究：一是源地的特征因素，如源地的市场化水平；二是汇地的特征因素，如汇地的环境规制等；三是源地与汇地间的"邻近程度"，这种"邻近程度"不仅表现为地理空间的真实距离，也表现为经济距离、技术距离等。

6.1.1.2 空间互动模型的一般形式表达

空间互动模型由地理学的引力模型发展而来。将地理学的"引力定律"（即两物体之间的引力与各自的质量成正比，与距离成反比）引入贸易中，认为两地之间的贸易流量与两地的经济规模成正比，与地理距离等贸易成本成反比，可以表示为：

$$F_{ij} = \beta_0 (Y_i)^{\beta_1} (Y_j)^{\beta_2} (D_{ij})^{\beta_3} (A_{ij})^{\beta_4} u_{ij} \tag{6-1}$$

式（6-1）中，F_{ij} 是从空间单元 i 到空间单元 j 的流量水平；Y_i、Y_j 是空间单元的质量相关指标，如人口、经济规模等；D_{ij} 是空间单元 i 到空间单元 j 直接的中心距离；A_{ij} 是促进或阻碍两空间单元间流量水平的其他因素；u_{ij} 是服从对数正态分布的误差项，$E(u_{ij}) = 0$。

假设在所考察的地理空间上有 n 个空间单元，基于引力模型的原理，空间单元 o_i 到空间单元 d_j 之间的平均互动水平可以用模型表达为：

$$\mu_{ij} = C \cdot O(i) \cdot D(j) \cdot P(i, j) \tag{6-2}$$

式（6-2）中，$\mu_{ij} = E[F(i, j)]$ 为流量的期望值；C 为常数项；$O(i)$ 和 $D(j)$ 分别表示源地与汇地的特征因素；$P(i, j)$ 表示空间阻力因素，即 $O(i)$ 和 $D(j)$ 间的邻近程度。此为经典空间互动模型的一般形式，如考虑 $O(i)$ 和 $D(j)$ 函数设定，一般设定为指数形式，那么当有多个源地特征变量和多个汇地特征变量时，其函数形式相应可设定为：

$$O(i) = \prod_{l \in L} (O_{il})^{\alpha_l}, \quad D(i) = \prod_{m \in M} (D_{jm})^{\beta_m} \tag{6-3}$$

式（6-3）中，$O_{il}(l \in L)$ 和 $D_{hm}(m \in M)$ 分别表示测量源地和汇地变量属性的变量集，指数（α_l：$l \in L$）和（β_m：$m \in M$）为待估参数。

距离阻滞函数（反映邻近程度）在空间互动模型中处于和弦地位，可以有幂函数和指数函数两种，设定为指数函数时，对于任何一组距离测度 $P^{(k)}$，结合距离敏感度向量，可将指数距离函数设定如下：

$$P(i, j) = \exp\left\{ \sum_{k \in K} \gamma_k P^{(k)}(i, j) \right\} \tag{6-4}$$

则具体的空间互动模型设定为：

$$F(i, j) = C \prod_{l \in L} (O_{il})^{\alpha_l} \prod_{m \in M} (D_{jm})^{\beta_m} \exp\left\{ \sum_{k \in K} \gamma_k P^{(k)}(i, j) \right\}$$
$$\varepsilon(i, j) \quad i, j = 1, 2, \cdots, n \tag{6-5}$$

对式（6-5）两边取自然对数，则可以变换为：

$$\ln F(i, j) = \ln C + \sum_{l \in L} \alpha_l [\ln O_l(i)] + \sum_{m \in M} \beta_m [\ln D_m(j)] + \sum_{k \in K} \gamma_k P^{(k)}(i, j) + \ln \varepsilon(i, j) \tag{6-6}$$

式（6-6）中，$\ln C$ 为常数项，α_l、β_m 和 γ_k 为待估参数，$\ln \varepsilon(i, j)$ 为误差项。

6.1.2　污染转移对损益偏离影响机理的模型设计

6.1.2.1　基准空间互动模型设定

基于上文关于空间互动模型的设定，学者们研究发现传统模型分析下模型应用存在一些问题，如残差项存在空间依赖性（Porojan，2001）[183]，但若忽略这种空间相关性，模型的估计结果面临质疑（Tiefelsdorf，2003）[184]，而且研究中对流量数据的独立性假设也存在过分严苛的问题（Lesage 和 Pace，2008）[185]；随着空间计量经济分析技术的发展，学者们将空间相关技术引入估计，使得模型得以优化，并且系数更加稳健，解释更加合理（才国伟等，2013）[186]。

基于空间计量经济建模原理，空间互动模型的一般形式为（Lesage 等，2016；王庆喜等，2014）[187]-[188]：

$$\begin{cases} F_{ij} = \alpha + \lambda \cdot Slag(F_{ij}) + \sum_{e \in E} \varphi^e A_i^e + \sum_{f \in F} \tau^f B_j^f + \theta \cdot D_{ij} + u_{ij} \\ u_{ij} = \rho \cdot Slag(u_{ij}) + \varepsilon_{ij} \end{cases} \tag{6-7}$$

式（6-7）中，F_{ij} 为取对数后的双边流量水平，A_i^e 和 B_j^f 分别表示源地和汇地的特征变量取对数后的数据集，指数 φ^e（$e \in E$）和 τ^f（$f \in F$）为待估的弹性系数。D_{ij} 为 i 和 j 之间的距离，θ 为距离效应系数。u_{ij} 是具有空间自回归特性的误差项，$\varepsilon_{ij} \sim N$（0，δ^2）。$Slag$（F_{ij}）和 $Slag$（u_{ij}）分别为因变量和误差项的空间滞后项，基于空间权重矩阵与对应的因变量向量或误差向量相乘得来。λ、ρ 为空间自回归系数。

6.1.2.2 隐含污染转移对损益偏离影响机理模型构建

根据上文，构建基于空间互动模型的省际隐含污染转移对损益偏离的空间互动影响机理模型，如图6-1所示。参照王庆喜等（2014）[188] 的研究，将构建思路阐释如下：模型的核心是揭示省际贸易隐含污染转移如何影响省际污染-收益的损益偏离度。结合空间互动模型的研究逻辑，两者之间的影响主要通过三个方面揭示，分别是源地特征、汇地特征、多维距离。图6-1中带箭头的线分别表示三种空间互动形态：源地相邻、汇地相邻和双重相邻，值得注意的是 A、B 之间的关系不仅受到双边属性和空间相对位置影响，在空间溢出机制和外部效应作用下，与"A-B"之间关系有着源地相邻的"C-B"的关系和"D-B"的关系，有着汇地相邻关系的"A-E"关系和"A-F"关系，以及有着双重相邻关系的"C-E"和"D-F"，均会对"A-B"之间的关系产生不同程度的影响。通过空间建模技术实现对此机理的刻画，具体如下：

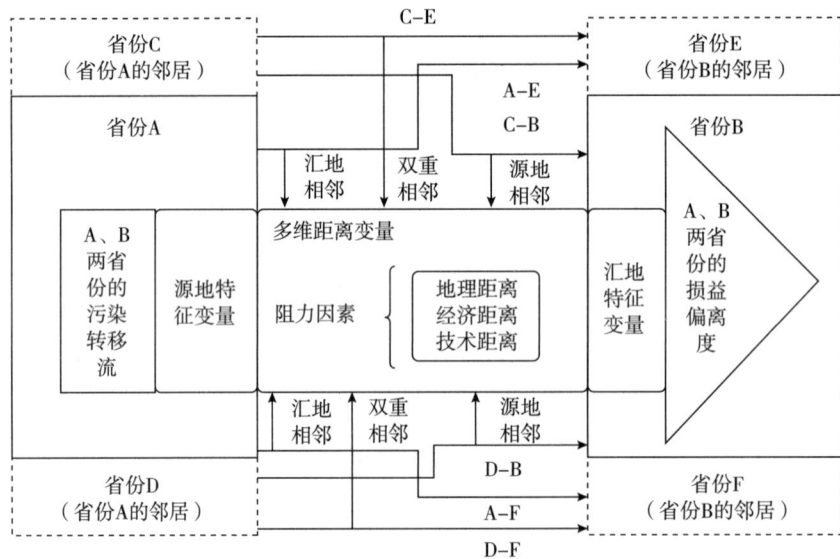

图6-1 省际贸易隐含污染转移对损益偏离空间互动影响机理

结合式（6-8），本书将省际贸易隐含污染转移对损益偏离空间互动影响模型设计为：

$$\begin{cases} PLD_{ij} = \alpha + \rho \cdot \sum_{j=1,\, i \neq j}^{N} W_{ij} PLD_{ij} + \beta_1 T\_w_i + \gamma_1 \sum_{j=1,\, i \neq j}^{N} W_{ij} T\_w_i + \beta_2 X_i + \gamma_3 D_{ij} + u_{ij} \\ u_{ij} = \lambda \cdot Slag(u_{ij}) + \varepsilon_{ij} \end{cases} \quad (6-8)$$

式（6-8）中，ρ 和 λ 是空间自回归系数和空间自相关系数，W_{ij} 表示空间权重矩阵，用来衡量省份之间的相互联系，u_{ij} 为残差项。PLD_{ij} 为两省之间的损益偏离度，PLD_{ij} 为污染转移量，X 为控制变量，其中包括环境规制、政府竞争、政府腐败、市场化程度等控制变量。

6.1.2.3　空间权重设定

在 O-D 流量数据中，根据源地与汇地的相邻关系，可能存在三种空间关联性（见图 6-1），一是源地相邻，基于汇地一定情况下，源地相邻的流量数据具有空间相关性；二是汇地相邻，基于源地一定情况下，汇地相邻的流量数据具有空间相关性；三是双重相邻，在源地-汇地双边流量数据中，源地要相邻，同时汇地也相邻，源汇地双重相邻的流量数据具有空间相关性。

通过空间权重矩阵刻画以上三种空间结构，从而形成基于原始空间权重矩阵 W_0。W_0 为一个 $n×n$ 的方阵，它是由排列顺序相同且行与列对应 n 个空间单元形成的方阵，其对角线元素为 0，对应现实意义就是本省份与本省份不相邻；若 i 和 j 相邻，则对应元素 $W_0(i,j)$ 赋值为 1，否则为 0。因此，基于源地相邻的空间权重矩阵 $W_1 = W_0 \otimes I_n$，其中 I_n 为 n 阶单位矩阵；基于汇地相邻的空间权重矩阵 $W_2 = I_n \otimes W_0$，其中 I_n 为 n 阶单位矩阵；基于双重相邻的空间权重矩阵 $W_3 = W_0 \otimes W_0$；W_1、W_2、W_3 的位数均为 N，其中 $N = n×n$。

6.1.3　变量说明与数据来源

6.1.3.1　变量说明

（1）被解释变量。模型的被解释变量为省份与省份之间的损益偏离度（Profit and Loss Deviation，PLD），是通过构建的区域间损益偏离指数，即区域污染转移与经济收益的损益偏离指数（Loss and Prifit Deviation，LPD）进行表征的，按照污染物的种类，分为三类 5 种污染物的损益偏离度，具体测算详见第 4 章第 4 节省际隐含污染损益偏离测度与特征事实分析部分。

（2）解释变量。该模型的解释变量为省域间的污染转移量，文章基于 MRIO 模型，测度了三类 5 种污染物的贸易隐含污染转移量（Pollution Transfer，PT），具体测算详见第 3 章第 3~4 节污染转移测度与特征分析部分。

（3）控制变量。控制变量为源地特征变量、汇地特征变量和多维距离变量。首先是源地和汇地特征变量部分。考虑到本书中损益偏离的测算思路，为尽可能避免多重共线和内生性，研究选取了城镇化率（UR）、能源利用率（EE）、能源结构（ES）、能源富裕度（EA）、对外开放（Open）、技术创新（TI）、市场化指数（MI）、政府腐败（GC）、地方政府竞争（LGC）、研发强度（RDI）、市场分割指数（MSI）、产业结构（IS）等控制变量，通过在模型中加以控制，尽可能降低这些因素给回归结果带来的偏误。具体测算及参考文献见表 6-1。

（4）多维距离变量。模型中不管是隐含污染转移还是两省之间的损益偏离，均是伴随省份间的贸易产生的。在国际（国内）贸易体系中，多维距离是重要的影响因素。以往的研究中多考虑地理空间距离对贸易的影响，近年来，经济地理学领域中将区域间互动关系的影响因素从单维拓展到了多维，并提出了多维临近思想（Boschma，2005）[189]，考虑到中国国内贸易中制度和文化环境的相对一致性，对影响双边互动关系的距离因素赋予了三种维度：地理距离、经济距离和技术距离。其中，地理距离是最常见的距离维度，其对区域间互动关系的影响作用已得到众多研究所验证。经济距离用源地与汇地之间的人均 GDP 绝对差来衡量，反映的是两省份之间的经济发展水平规模差异。技术距离采用高技术产业占比的绝对差衡量，反映的是产品技术方面的差异对两省份间损益偏离的影响。具体测算及参考文献详见表6-1。

表6-1　控制变量

变量名称	简写	变量表征
城镇化率	UR	借鉴雷潇雨和龚六堂（2014）[190]、朱孔来等（2011）[191] 采用城镇人口占常住人口的比重表征
能源利用率	EE	借鉴薛飞和周民良（2022）[192] 等采用每一亿元 GDP 所消耗的实际能源状况表征
能源结构	ES	借鉴朱欢等（2020）[193] 采用清洁能源与能源消费总量的比值，根据《能源法》，清洁能源包括天然气、水电能、核能、地热能以及生物能等，考虑到数据的可获得性和连续性，本书的清洁能源仅涉及天然气和水电能
能源禀赋	EA	借鉴赵领娣等（2013）[194] 采用中国各省市一次能源生产量/GDP（万吨标准煤/亿元）
对外开放	Open	采用刘晓明等（2017）[195] 采用进出口贸易占 GDP 比重来衡量对外开放度，同时采用平均人民币汇率折算
技术创新	TI	借鉴蔡乌赶等（2019）[196] 的研究，采用研发人员占比表征
市场化指数	MI	借鉴王小鲁等（2018）[197] 测算的中国省份市场化综合指数表征
政府腐败	GC	借鉴史青（2013）[198] 采用每万人公职人员职务犯罪案件数来衡量政府廉洁度
地方政府竞争	LGC	借鉴陆铭等（2009）[199] 采用政府财政支出规模情况来衡量政府干预程度，具体为地方财政支出/GDP
研发强度	RDI	借鉴刘军等（2017）[200] 的研究，表征为 R&D 经费支出占 GDP 的比重（%）
市场分割指数	MSI	借鉴樊纲等（2011）[201] 的研究，市场分割指数以及农产品市场分割指数分别是由国家统计局所公布的 22 个不同种类商品以及 7 个种类的农产品价格指数测算所得
产业结构	IS	采用资源型产业中加工型产业占比资源型产业产值比表征
环境规制	ER	借鉴郭进（2019）[202] 采用命令-控制型的环境规制，并以当年颁布地方性环保法规与规章数作为环境规制的替代变量
交通运输	TS	借鉴蔡璐（2020）[203] 的研究，采用年末实有道路长度来衡量交通运输的通达性
地理距离	GD	借鉴王庆喜等（2014）[188] 地理相邻两地区经度或纬度之间的地表距离
经济距离	ED	借鉴王华春等（2022）[204] 源地与汇地之间的人均 GDP 绝对差衡量
技术距离	TD	借鉴王庆喜等（2014）[188] 采用高技术产业占比的绝对差衡量

资料来源：笔者整理。

6.1.3.2　数据矩阵表达结构

结合区域间投入产出表数据形式，每个空间单元在省际贸易中既可以是源地（O）同时也可以是汇地（D）。结合投入产出表表达形式，源地用行表示，汇地用列表示，用 N * N 的方阵 M 来表示从源地到汇地的流量水平。用矩阵表示为：

$$M = \begin{bmatrix} m_{1,1} & \cdots & m_{1,j} & \cdots & m_{1,n} \\ \cdots & & \cdots & & \cdots \\ m_{i,1} & \cdots & m_{i,j} & \cdots & m_{i,n} \\ \cdots & & \cdots & & \cdots \\ m_{n,1} & \cdots & m_{n,j} & \cdots & m_{n,n} \end{bmatrix} \tag{6-9}$$

相应地，空间互动模型的数据结构如表6-2所示。

表6-2　空间互动模型的数据结构

编号	源地	汇地	流量	源地特征变量	汇地特征变量	距离阻滞变量
1	1	1	$y_{1,1}$	$O_1(1)$, …, $O_l(1)$	$D_1(1)$, …, $D_m(1)$	$P_1(1, 1)$, …, $P_k(1, 1)$
…	…	…	…	…	…	…
n	1	n	$y_{1,n}$	$O_1(1)$, …, $O_l(1)$	$D_1(n)$, …, $D_m(n)$	$P_1(1, n)$, …, $P_k(1, n)$
$n+1$	2	1	$y_{2,1}$	$O_1(2)$, …, $O_l(2)$	$D_1(1)$, …, $D_m(1)$	$P_1(2, 1)$, …, $P_k(2, 1)$
…	…	…	…	…	…	…
$2n$	2	n	$y_{2,n}$	$O_1(2)$, …, $O_l(2)$	$D_1(n)$, …, $D_m(n)$	$P_1(2, n)$, …, $P_k(2, n)$
…	…	…	…	…	…	…
$N-n+1$	n	1	$y_{n,1}$	$O_1(n)$, …, $O_l(n)$	$D_1(1)$, …, $D_m(1)$	$P_1(n, 1)$, …, $P_k(n, 1)$
…	…	…	…	…	…	…
N	n	n	$y_{n,n}$	$O_1(n)$, …, $O_l(n)$	$D_1(n)$, …, $D_m(n)$	$P_1(n, n)$, …, $P_k(n, n)$

6.1.3.3　数据来源

由于港澳台地区和西藏自治区部分年份数据严重缺失，鉴于原始数据的可得性与连续性，文章的研究对象最终选为2000~2019年中国的30个省级行政单位为研究对象。控制变量相关数据主要来源于2000~2019年历年《中国统计年鉴》《中国固定资产投资统计年鉴》《中国科技统计年鉴》《中国环境统计年鉴》《中国环境年鉴》《中国能源统计年鉴》《中国工业统计年鉴》和各省市统计年鉴等；部分缺失数据来源于历年各省市统计年鉴、ESP数据库、Wind数据库和各省市统计公报，少量缺失数据本书采用灰色预测法或插值法补齐。

6.2　隐含水污染转移对损益偏离的实证结果分析

6.2.1　模型设计与变量说明

6.2.1.1　空间相关性分析

根据前文关于空间权重矩阵的阐述，在隐含水污染损益偏离空间交互影响模型中有三种空间权重矩阵：源地相邻矩阵（oswm）、汇地相邻矩阵（dswm）、双重相邻矩阵（o_dswm），应用R软件中空间交互模型的空间相关性分析计算其莫兰指数（Moran's I），如表6-3所示。结果显示，在这三种权重矩阵下，省域间隐含水污染转移损益偏离表现为正向的空间自相关，且非常显著。其中，汇地相邻矩阵（dswm）下Moran's I值为0.2448，比另外两种矩阵下的Moran's I值高，后文主要基于这三种空间权重矩阵的空间互动模型进行分析。

表6-3　隐含水污染的空间权重矩阵 **Moran's I** 检验

	oswm	dswm	o_ dswm
Moran I statistic	0.1916***	0.2448***	0.1998***
Expectation	−0.0011	−0.0011	−0.0011
Variance	0.0001	0.0001	0.0003
p. value	0.0000	0.0000	0.0000

注：*** 表示在1%的水平上显著。

6.2.1.2　隐含水污染转移对损益偏离空间交互影响模型

空间相关性分析显示，省域间损益偏离存在空间自相关性，那么 OLS 估计不再有效，需要利用空间计量经济方法来估计系数。结合空间交互模型设定与模型特性，研究主要采用空间滞后模型（SLM）和空间误差模型（SEM）进行分析。具体如下：

$$
\begin{cases}
PLD\_WP_{ij} = \alpha + \rho \cdot \sum_{j=1,\,i\neq j}^{N} W_{ij}PLD\_WP_{ij} + \delta T\_WP_{ij} + \alpha_1 EU_i + \alpha_2 MSI_i + \alpha_3 RA_i + \\
\quad \alpha_4 ER_i + \alpha_5 IS_i + \beta_1 Open_j + \beta_2 RDI_j + \beta_3 GC_j + \beta_4 MSI_j + \beta_5 ER_j + \gamma_1 gD_{ij} + \gamma_2 eD_{ij} + \\
\quad \gamma_3 tD_{ij} + u_{ij} \\
u_{ij} = \lambda \cdot \sum_{j=1,\,i\neq j}^{N} u_{ij} + \varepsilon_{ij}; \; \varepsilon_{ij} = [(l_T \otimes I_N)\mu]_{ij} + v_{ij}; \; 其中,\; i,j = 1,2,\cdots,n; \\
N = n \times n
\end{cases}
$$

$$(6-10)$$

式（6-10）中，l_T 为元素全为1的向量，I_N 为 N 阶单位矩阵，μ 为各配对观测的个体截距向量。

6.2.2　隐含水污染转移与损益偏离的全域性估计

在探讨隐含水污染对损益偏离影响的全域性估计前，需要对各变量进行相关性可视化分析，如图6-2所示，图中对角线为变量自身的分布图，对角线之外则为对应向量的两两之间的散点图，这里未将距离变量纳入绘图。结果显示，源地特征变量、汇地特征变量内部变量之间相关性较弱，而两块变量之间的相关性很弱。这说明该模型主体变量间多重共线问题并不会为模型估计带来困扰。

基于三种空间权重矩阵的空间滞后模型和空间误差模型分析（见表6-4），空间自回归系数（ρ）和空间自相关系数（λ）显著为正，表明空间交互效应显著，在探讨污染转移对损益偏离影响时，不能忽视空间依赖关系产生的影响。

核心解释变量隐含水污染转移（T_ WP）不管是在非空间模型还是在空间计量模型估计中，隐含水污染转移与损益偏离显著正相关，表明隐含水污染转移会加剧区域间环境不公平程度，扩大了损益偏离程度，且结果比较稳健。伴随省域间国内贸易开展，基于污染避难假说，污染更多地转移到欠发达的受损区，而隐含贸易增加值则反向转移，因此，隐含水污染转移越多，区域间的损益偏离程度越大。

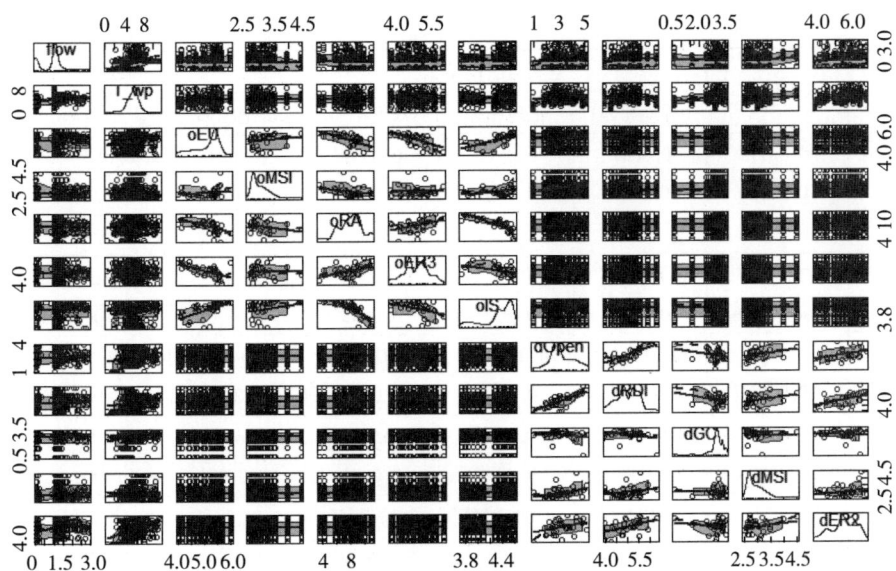

图 6-2　隐含水污染损益偏离空间互动模型的变量分布及关系

表 6-4　隐含水污染损益偏离空间互动模型全域性分析结果

变量	OLS	空间滞后模型			空间误差模型		
		源地相邻	汇地相邻	双重相邻	源地相邻	汇地相邻	双重相邻
T_ WP	0.2367***	0.2252***	0.2260***	0.2076***	0.2332***	0.2350***	0.2312***
	(0.0000)	(0.0000)	(0.0000)	(0.0000)	(0.0000)	(0.0000)	(0.0000)
Propulsion							
EU	−0.3096***	−0.3032***	−0.2917***	−0.2738***	−0.3183***	−0.3146***	−0.3264***
	(0.0000)	(0.0000)	(0.0000)	(0.0000)	(0.0000)	(0.0000)	(0.0000)
MSI	−0.2243***	−0.2099***	−0.1922***	−0.1792***	−0.2128***	−0.2123***	−0.1967***
	(0.0000)	(0.0000)	(0.0022)	(0.0000)	(0.0022)	(0.0000)	(0.0002)
RA	−0.1832***	−0.1756***	−0.1639***	−0.1544***	−0.1809***	−0.1836***	−0.1799***
	(0.0000)	(0.0000)	(0.0000)	(0.0000)	(0.0000)	(0.0000)	(0.0000)
ER	0.1371***	0.1233**	0.1149**	0.1021*	0.1184**	0.1328**	0.1057*
	(0.0000)	(0.0024)	(0.0049)	(0.0114)	(0.0043)	(0.0069)	(0.0315)
IS	−0.7237***	−0.6981***	−0.7237***	−0.6065***	−0.7372***	−0.7212***	−0.7392***
	(0.0000)	(0.0000)	(0.0000)	(0.0000)	(0.0000)	(0.0000)	(0.0000)
Attraction							
Open	−0.0824**	−0.0796**	−0.6443***	−0.0776**	−0.0774*	−0.0744*	−0.0685*
	(0.0060)	(0.0070)	(0.0060)	(0.0077)	(0.0208)	(0.0110)	(0.0449)
RDI	0.1299*	0.1232*	−0.0749*	0.1134*	0.1384*	0.1172*	0.1283*
	(0.0133)	(0.0174)	(0.0108)	(0.0264)	(0.0133)	(0.0187)	(0.0272)
GC	−0.1303***	−0.1294***	0.1141***	−0.1173***	−0.1325***	−0.1160***	−0.1192**
	(0.0003)	(0.0003)	(0.0008)	(0.0008)	(0.0009)	(0.0009)	(0.0034)
MSI	0.1157**	0.1021*	0.1055*	0.0945*	0.1112**	0.1187**	0.1136*
	(0.0094)	(0.0204)	(0.0158)	(0.0298)	(0.0266)	(0.0065)	(0.0275)

变量	OLS	空间滞后模型			空间误差模型		
		源地相邻	汇地相邻	双重相邻	源地相邻	汇地相邻	双重相邻
ER	−0.0617*	−0.0667*	−0.0571*	−0.0651*	−0.0664*	−0.0634*	−0.0697*
	(0.0294)	(0.0169)	(0.0405)	(0.0181)	(0.0348)	(0.0238)	(0.0316)
Distance							
gD	0.1101***	0.1031***	0.1018***	0.0921***	0.1114***	0.1112***	0.1138***
	(0.0000)	(0.0002)	(0.0002)	(0.0008)	(0.0000)	(0.0000)	(0.0000)
eD	0.0318**	0.0313**	0.0286**	0.0271**	0.0342**	0.0321**	0.0352**
	(0.0000)	(0.0025)	(0.0055)	(0.0081)	(0.0014)	(0.0024)	(0.0014)
tD	0.0919***	0.0881***	0.0874***	0.0823***	0.0862***	0.0877***	0.0814***
	(0.0049)	(0.0000)	(0.0000)	(0.0001)	(0.0000)	(0.0000)	(0.0003)
(Intercept)	4.5667***	4.5133***	4.0277***	3.8868***	4.7013***	4.5751***	4.7498***
	(0.0000)	(0.0000)	(0.0000)	(0.0000)	(0.0000)	(0.0000)	(0.0000)
Sp. Effect							
λ					0.0300**	0.0438***	0.0378***
ρ		0.1055**	0.1488***	0.2807***			
Model Test							
Adj. R²	0.2467						
F−statistic	22.03						
Obs		900	900	900		900	900
n		17	17	17	17	17	17

注：***、**、*分别表示在1%、5%、10%的水平上显著。

在控制变量中，能源利用率（EU）、市场分割程度（ISU）、能源丰裕度（ES）和产业结构（IS）与区域间损益偏离呈显著负相关；表明提高能源利用率、缓解市场分割程度、依托资源优势、改善产业结构等能显著降低源地的损益偏离程度。而环境规制（ER）则与源地的损益偏离呈显著正相关。对于汇地而言，对外开放程度（Open）、政府腐败（GC）、环境规制（ER）则对汇地的损益偏离呈显著负相关，有抑制作用；而市场化程度则会加剧汇地的损益偏离程度。

距离变量中，地理距离（gD）、经济距离（eD）和技术距离（tD）均对与区域间损益偏离呈显著正相关，其中，地理距离（gD）的系数为0.1101，远远高于技术距离（tD）和经济距离（eD）。可见，国内贸易中距离因素对损益偏离有促进作用。

6.2.3 隐含水污染转移对损益偏离影响的进一步探讨

为进一步探讨隐含水污染转移对损益偏离的影响，接下来研究从隐含COD污染转移、隐含氨氮转移对损益偏离的异质性影响。隐含COD污染与隐含氨氮污染损益偏离空间交互影响模型设定如下：

$$
\begin{cases}
PLD\_WP_{ij} = \alpha + \rho \cdot \sum_{j=1,\ i \neq j}^{N} W_{ij} PLD\_COD_{ij} + \delta T\_COD_{ij} + \alpha_1 EU_i + \alpha_2 MSI_i + \alpha_3 RA_i + \\
\alpha_4 ER_i + \alpha_5 IS_i + \beta_1 Open_j + \beta_2 RDI_j + \beta_3 GC_j + \beta_4 MSI_j + \beta_5 ER_j + \gamma_1 gD_{ij} + \\
\gamma_2 eD_{ij} + \gamma_3 tD_{ij} + u_{ij} \\
u_{ij} = \lambda \cdot \sum_{j=1,\ i \neq j}^{N} u_{ij} + \varepsilon_{ij};\ \varepsilon_{ij} = \left[(l_T \otimes I_N)\mu \right]_{ij} + v_{ij};\ \text{其中,}\ i,\ j = 1,\ 2,\ \cdots,\ n; \\
N = n \times n
\end{cases}
$$

$$(6-11)$$

$$
\begin{cases}
PLD\_AN_{ij} = \alpha + \rho \cdot \sum_{j=1,\ i \neq j}^{N} W_{ij} PLD\_AN_{ij} + \delta T\_AN_{ij} + \alpha_1 EU_i + \alpha_2 MSI_i + \\
\alpha_3 RA_i + \alpha_4 ER_i + \alpha_5 IS_i + \beta_1 FD_j + \beta_2 TI_j + \gamma_1 gD_{ij} + \gamma_2 eD_{ij} + \gamma_3 tD_{ij} + u_{ij} \\
u_{ij} = \lambda \cdot \sum_{j=1,\ i \neq j}^{N} u_{ij} + \varepsilon_{ij};\ \varepsilon_{ij} = \left[(l_T \otimes I_N)\mu \right]_{ij} + v_{ij};\ \text{其中,}\ i,\ j = 1,\ 2,\ \cdots,\ n; \\
N = n \times n
\end{cases}
$$

$$(6-12)$$

在探讨隐含 COD 污染和隐含氨氮污染对损益偏离影响的全域性估计前,需要对各变量进行相关性可视化分析,如图 6-3 和图 6-4 所示,图中对角线为变量自身的分布图,对角线之外则为对应向量两两之间的散点图,这里未将距离变量纳入绘图中。结果显示,源地特征变量、汇地特征变量内部变量之间相关性较弱,而两块变量之间的相关性很弱。这说明该模型主体变量间多重共线问题并不会给模型估计带来困扰。

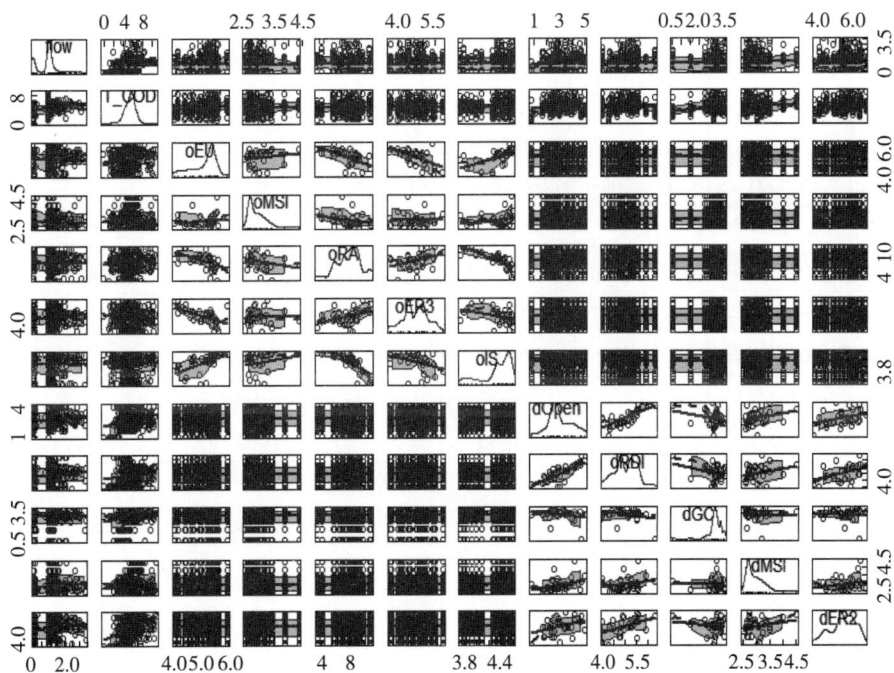

图 6-3　隐含 COD 污染损益偏离空间互动模型的变量分布及关系

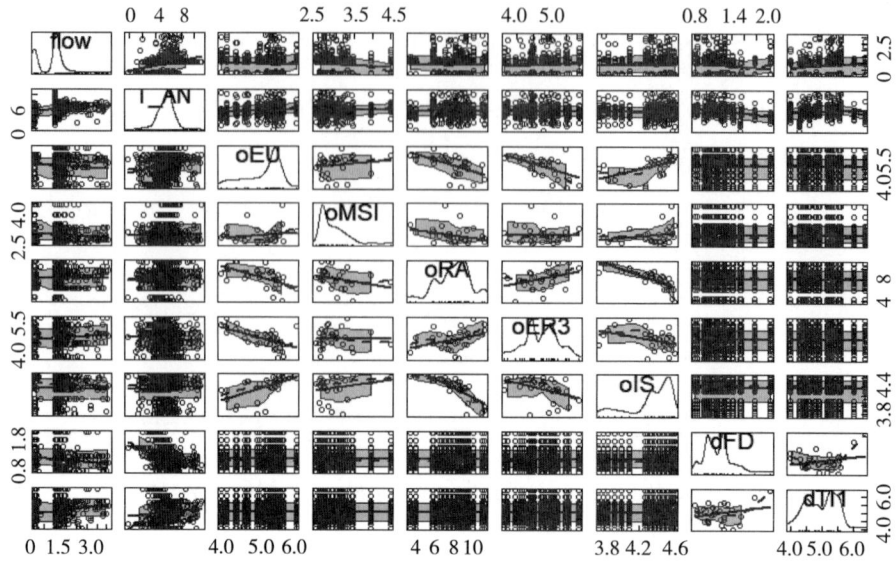

图 6-4　隐含氨氮污染损益偏离空间互动模型的变量分布及关系

进一步地，分析水污染中 COD 和氨氮污染转移对损益偏离的空间互动影响（见表 6-5、表 6-6）。

表 6-5　隐含 COD 污染损益偏离空间互动模型全域性分析结果

变量	OLS	空间滞后模型			空间误差模型		
		源地相邻	汇地相邻	双重相邻	源地相邻	汇地相邻	双重相邻
T_COD	0.2407 ***	0.2279 ***	0.2309 ***	0.2098 ***	0.2365 ***	0.2391 ***	0.2342 ***
	(0.0000)	(0.0000)	(0.0000)	(0.0000)	(0.0000)	(0.0000)	(0.0000)
Propulsion							
EU	−0.2613 ***	−0.2540 ***	−0.2519 ***	−0.2320 ***	−0.2704 ***	−0.2678 ***	−0.2807 ***
	(0.0000)	(0.0000)	(0.0000)	(0.0000)	(0.0000)	(0.0000)	(0.0000)
MSI	−0.2179 ***	−0.2038 ***	−0.1852 ***	−0.1712 ***	−0.2080 ***	−0.2023 ***	−0.1895 ***
	(0.0000)	(0.0000)	(0.0000)	(0.0001)	(0.0000)	(0.0003)	(0.0005)
RA	−0.1688 ***	−0.1612 ***	−0.1514 ***	−0.1414 ***	−0.1676 ***	−0.1665 ***	−0.1649 ***
	(0.0000)	(0.0000)	(0.0000)	(0.0000)	(0.0000)	(0.0000)	(0.0000)
ER	0.1521 ***	0.1393 **	0.1252 **	0.1147 **	0.1392 **	0.1449 **	0.1262 *
	(0.0005)	(0.0011)	(0.0035)	(0.0068)	(0.0014)	(0.0052)	(0.0137)
IS	−0.7117 ***	−0.6877 ***	−0.6316 ***	−0.5967 ***	−0.7292 ***	−0.6960 ***	−0.7258 ***
	(0.0000)	(0.0000)	(0.0000)	(0.0000)	(0.0000)	(0.0000)	(0.0000)
Attraction							
Open	−0.0593 *	−0.0579 *	−0.0509 *	−0.0549 *	−0.0521	−0.0501	−0.0409
	(0.0596)	(0.0618)	(0.0988)	(0.0731)	(0.1348)	(0.1037)	(0.2524)
RDI	0.1093 *	0.1034 *	0.0924 *	0.0918 *	0.1103 *	0.0955 *	0.0976
	(0.0133)	(0.0571)	(0.0871)	(0.0866)	(0.0697)	(0.0678)	(0.1081)

续表

变量	OLS	空间滞后模型			空间误差模型		
		源地相邻	汇地相邻	双重相邻	源地相邻	汇地相邻	双重相邻
GC	−0.1391 ***	−0.1374 ***	−0.1273 ***	−0.1246 ***	−0.1412 ***	−0.1252 ***	−0.1291 **
	(0.0003)	(0.0002)	(0.0006)	(0.0007)	(0.0007)	(0.0007)	(0.0024)
MSI	0.0919 *	0.0800 *	0.0782 *	0.0710	0.0863 **	0.0887 **	0.0810
	(0.0493)	(0.0832)	(0.0885)	(0.1193)	(0.0971)	(0.0534)	(0.1323)
ER	−0.0741 *	−0.0780 **	−0.0679 *	−0.0750 **	−0.0774 *	−0.0744 *	−0.0793 *
	(0.0126)	(0.0077)	(0.0199)	(0.0094)	(0.0176)	(0.0113)	(0.0190)
Distance							
gD	0.1229 ***	0.1146 ***	0.1155 ***	0.1029 ***	0.1226 ***	0.1239 ***	0.1242 ***
	(0.0000)	(0.0002)	(0.0000)	(0.0003)	(0.0000)	(0.0000)	(0.0000)
eD	0.0328 **	0.0325 **	0.0300 **	0.0283 **	0.0353 **	0.0334 **	0.0369 **
	(0.0028)	(0.0028)	(0.0055)	(0.0085)	(0.0016)	(0.0027)	(0.0014)
tD	0.0695 **	0.0657 ***	0.0666 **	0.0618 ***	0.0646 ***	0.0683 ***	0.0622 ***
	(0.0026)	(0.0039)	(0.0032)	(0.0059)	(0.0050)	(0.0032)	(0.0077)
(Intercept)	4.2119 ***	4.1545 ***	3.7312 ***	3.5875 ***	4.3919 ***	4.1603 ***	4.4328 ***
	(0.0000)	(0.0000)	(0.0000)	(0.0000)	(0.0000)	(0.0000)	(0.0000)
Sp. Effect							
λ					0.0269 *	0.0438 ***	0.0361 ***
ρ		0.1077 **	0.1531 ***	0.2881 ***			
Model Test							
Adj. R²	0.2198						
F-statistic	19.09						
Obs		900	900	900		900	900
n		17	17	17	17	17	17

注：***、**、*分别表示在1%、5%、10%的水平上显著。

表 6-6 隐含氨氮污染损益偏离空间互动模型全域性分析结果

变量	OLS	空间滞后模型			空间误差模型		
		源地相邻	汇地相邻	双重相邻	源地相邻	汇地相邻	双重相邻
T_ AN	0.1306 ***	0.1236 ***	0.1137 ***	0.1039 ***	0.1329 ***	0.1228 ***	0.1283 ***
	(0.0000)	(0.0000)	(0.0000)	(0.0000)	(0.0000)	(0.0000)	(0.0000)
Propulsion							
EU	−0.2443 **	−0.2395 **	−0.2069 **	−0.1937 **	−0.2495 ***	−0.2338 **	−0.2461 ***
	(0.0000)	(0.0000)	(0.0006)	(0.0013)	(0.0000)	(0.0029)	(0.0006)
MSI	−0.2542 ***	−0.2364 ***	−0.1852 ***	−0.1782 ***	−0.2060 ***	−0.2092 **	−0.1865 **
	(0.0000)	(0.0000)	(0.0004)	(0.0006)	(0.0000)	(0.0024)	(0.0048)
RA	−0.1278 ***	−0.1232 ***	−0.0998 ***	−0.0993 ***	−0.1298 ***	−0.1208 ***	−0.1252 ***
	(0.0000)	(0.0000)	(0.0000)	(0.0000)	(0.0000)	(0.0000)	(0.0000)

变量	OLS	空间滞后模型			空间误差模型		
		源地相邻	汇地相邻	双重相邻	源地相邻	汇地相邻	双重相邻
ER	0.1393 **	0.1245 *	0.1061 *	0.0928 *	0.1254 *	0.1452 *	0.1124 ***
	(0.0052)	(0.0116)	(0.0283)	(0.0542)	(0.0124)	(0.0246)	(0.0727)
IS	−0.4548 **	−0.4578 **	−0.3443 *	−0.3773 **	−0.5150 ***	−0.4250 *	−0.5465 **
	(0.0023)	(0.0019)	(0.0172)	(0.0091)	(0.0006)	(0.0254)	(0.0025)
Attraction							
FD	−0.2645 **	−0.2204 *	−0.2725 **	−0.1856 *	−0.2497 *	−0.2848 **	−0.2574 *
	(0.0045)	(0.0180)	(0.0024)	(0.0398)	(0.0158)	(0.0015)	(0.0188)
TI	0.1676 ***	0.1439 ***	0.1482 **	0.1143 **	0.1748 **	0.1566 **	0.1690 ***
	(0.0478)	(0.0008)	(0.0003)	(0.0059)	(0.0001)	(0.0001)	(0.0006)
Distance							
gD	−0.0229	−0.0269	−0.0332	−0.0358	−0.0173	−0.0227	−0.0126
	(0.4853)	(0.4082)	(0.2968)	(0.2594)	(0.6020)	(0.4865)	(0.7076)
eD	0.0031	0.0036	−0.0019	−0.0008	0.0060 ***	0.0044	0.0097
	(0.8004)	(0.7652)	(0.8715)	(0.0004)	(0.6334)	(0.7151)	(0.4524)
tD	0.1025 ***	0.0997 ***	0.0976 ***	0.0920 ***	0.0978 **	0.0997 *	0.0922 ***
	(0.0559)	(0.0001)	(0.0001)	(0.0003)	(0.0002)	(0.0001)	(0.0005)
(Intercept)	3.9030 ***	3.9162 ***	3.0632 **	3.2063	4.1030 ***	3.6379 **	4.1308 ***
	(0.0000)	(0.0000)	(0.0015)	(0.0008)	(0.0000)	(0.0027)	(0.0003)
Sp. Effect							
λ					0.0294 **	0.0630 ***	0.0486 ***
ρ		0.1078 *	0.2442 ***	0.3759 ***			
Model Test							
Adj. R^2	0.1603						
F−statistic	16.61						
Obs		900	900	900	900	900	900
n		14	14	14	14	14	14

注：***、**、*分别表示在1%、5%、10%的水平上显著。

首先，基于三种空间权重矩阵的两种污染的空间分析显示，空间自回归系数（ρ）和空间自相关系数（λ）均显著为正，表明空间交互效应显著，在探讨污染转移对损益偏离影响时，不能忽视空间依赖关系产生的影响。同时，正向效应也意味着存在空间溢出效应。

其次，核心解释变量隐含 COD 污染转移（T_COD）不管是在非空间模型还是在空间计量模型估计中，隐含 COD 污染转移与损益偏离显著正相关，表明隐含 COD 污染转移会加剧区域间环境不公平程度，扩大损益偏离程度，且结果比较稳健。隐含氨氮污染转移（T_AN）与损益偏离显著正相关，表明隐含氨氮污染转移同样会扩大损益偏离程度，且结果稳健。

再次，控制变量中，隐含 COD 污染转移对损益偏离的空间互动影响模型中，源地的能源利用率（EU）、市场分割程度（MSI）、能源丰裕度（ES）和产业结构（IS）与区域间损益偏离呈显著负相关；而环境规制（ER）则与源地的损益偏离呈显著正相关。对于汇地而言，对外开放程度（Open）、政府腐败（GC）、环境规制（ER）则对汇地的损益偏离呈显著负相关，有抑制作用；而市场分割程度（MSI）则会加剧汇地的损益偏离程度。

最后，隐含氨氮污染转移对损益偏离的空间互动影响模型中，源地的能源利用率（EU）、市场分割程度（MSI）、能源丰裕度（ES）和产业结构（IS）与区域间损益偏离呈显著负相关；而环境规制（ER）则与源地的损益偏离呈显著正相关。对于汇地而言，金融发展（FD）、对汇地的损益偏离呈显著负相关，有抑制作用；而技术创新（TI）则会加剧汇地的损益偏离程度。

两个模型中地理距离（gD）、经济距离（eD）和技术距离（tD）均与区域间损益偏离呈显著正相关。可见，国内贸易中距离因素对损益偏离的促进作用显著且结果稳健。

6.3　隐含大气污染转移对损益偏离的实证结果分析

6.3.1　模型设定

6.3.1.1　空间相关性分析

根据前文中关于空间权重矩阵的阐述，在隐含大气污染损益偏离空间交互影响模型中有三种空间权重矩阵：源地相邻矩阵（oswm）、汇地相邻矩阵（dswm）、双重相邻矩阵（o_dswm），应用 R 软件中空间交互模型的空间相关性分析计算其莫兰指数如表 6-7 所示。结果显示，在这三种权重矩阵下，省域间隐含大气污染转移损益偏离表现为正向的空间自相关，且非常显著。其中，汇地相邻矩阵（dswm）下 Moran's I 为 0.1609，比另外两种矩阵下 Moran's I 低，后文主要基于这三种空间权重矩阵的空间互动模型进行分析。

表 6-7　隐含大气污染的空间权重矩阵 Moran's I 检验

	oswm	dswm	o_ dswm
Moran I statistic	0.3419 ***	0.1609 ***	0.2574 ***
Expectation	−0.0011	−0.0011	−0.0011
Variance	0.0006	0.0006	0.0003
p. value	0.0000	0.0000	0.0000

注：*** 表示在1%的水平上显著。

6.3.1.2　隐含大气污染转移对损益偏离空间交互影响模型

空间相关性分析显示，省域间损益偏离存在空间自相关性，那么 OLS 估计不再有效，需要利用空间计量经济方法来估计系数。结合空间交互模型设定与模型特性，研究主要采用空间滞后模型（SLM）和空间误差模型（SEM）进行分析。具体如下：

$$
\begin{cases}
PLD\_AP_{ij} = \alpha + \rho \cdot \sum_{j=1,\,i\neq j}^{N} W_{ij}PLD\_AP_{ij} + \delta T\_AP_{ij} + \alpha_1 EU_i + \alpha_2 TI_i + \alpha_3 RA_i + \\
\alpha_4 MSI_i + \alpha_5 IS_i + \alpha_6 ER_i + \beta_1 Open_j + \beta_2 UR_j + \beta_3 GC_j + \gamma_1 gD_{ij} + \gamma_2 eD_{ij} + \\
\gamma_3 tD_{ij} + u_{ij} \\
u_{ij} = \lambda \cdot \sum_{j=1,\,i\neq j}^{N} u_{ij} + \varepsilon_{ij};\ \varepsilon_{ij} = [(l_T \otimes I_N)\mu]_{ij} + v_{ij};\ 其中,\ i,\ j = 1,\ 2,\ \cdots,\ n; \\
N = n \times n
\end{cases}
$$

(6-13)

式（6-13）中，l_T 为元素全为 1 的向量，I_N 为 N 阶单位矩阵，μ 为各配对观测的个体截距向量。

6.3.2 隐含大气污染转移与损益偏离的全域性估计

在探讨隐含大气污染对损益偏离影响的全域性估计前，需要对各变量进行相关性可视化分析，如图 6-5 所示，图中对角线为变量自身的分布图，对角线之外则为对应向量的两两之间的散点图，这里未将距离变量纳入绘图中。结果显示，源地特征变量、汇地特征变量内部变量之间相关性较弱，而两块变量之间的相关性很弱。这说明该模型主体变量间多重共线问题并不会给模型估计带来困扰。

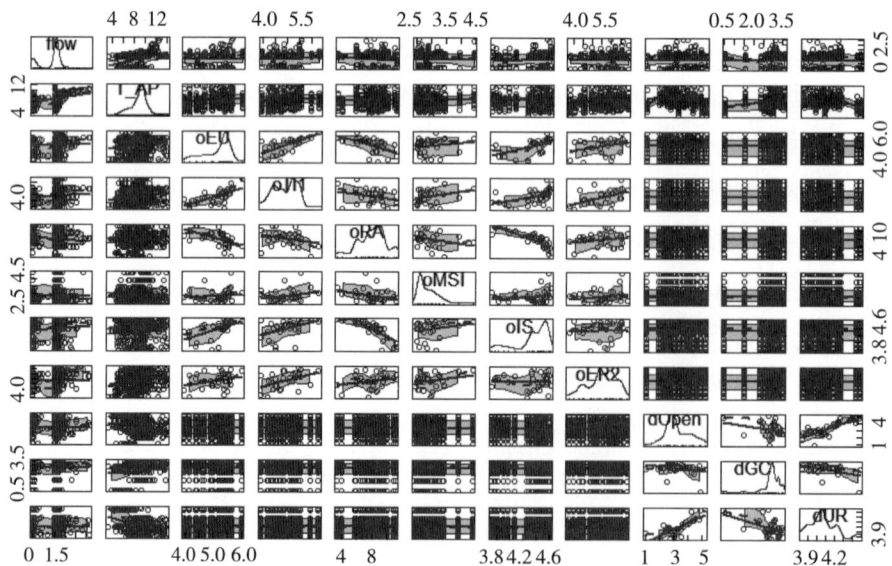

图 6-5 隐含大气污染损益偏离空间互动模型的变量分布及关系

实证结果显示（见表 6-8）：首先，基于三种空间权重矩阵的空间滞后模型和空间误差模型分析，空间自回归系数（ρ）和空间自相关系数（λ）显著为正，表明空间交互效应显著；且 $\rho > 0$，表明存在溢出效应。

表 6-8　隐含大气污染损益偏离空间互动模型全域性分析结果

变量	OLS	空间滞后模型			空间误差模型		
		源地相邻	汇地相邻	汇地相邻	源地相邻	汇地相邻	汇地相邻
T_AP	0.1922***	0.1789***	0.1768***	0.1634***	0.1953***	0.1859***	0.1916***
	(0.0000)	(0.0000)	(0.0000)	(0.0000)	(0.0000)	(0.0000)	(0.0000)
Propulsion							
EU	−0.2755***	−0.2714***	−0.2311***	−0.2319***	−0.2683***	−0.2633***	−0.2555***
	(0.0000)	(0.0000)	(0.0000)	(0.0000)	(0.0000)	(0.0000)	(0.0000)
TI	0.1789***	0.1913***	0.1399***	0.1663***	0.1883***	0.1901***	0.2013***
	(0.0000)	(0.0000)	(0.0002)	(0.0000)	(0.0000)	(0.0000)	(0.0000)
RA	−0.1113***	−0.1081***	0.0894***	−0.0905***	−0.1078***	−0.1076***	−0.1031***
	(0.0000)	(0.0000)	(0.0000)	(0.0000)	(0.0000)	(0.0000)	(0.0000)
MSI	−0.1506***	−0.1483***	−0.1136**	−0.1264***	−0.1334***	−0.1460***	−0.1204*
	(0.0000)	(0.0000)	(0.0026)	(0.0007)	(0.0006)	(0.0031)	(0.0124)
IS	−0.3222**	−0.3222**	−0.2502*	−0.2812**	−0.3449**	−0.3126*	−0.3519**
	(0.0027)	(0.0018)	(0.0159)	(0.0065)	(0.0013)	(0.0220)	(0.0076)
ER	−0.0599*	−0.0577*	−0.0547*	−0.0549*	−0.0740**	−0.0602*	−0.0820**
	(0.0217)	(0.0249)	(0.0302)	(0.0292)	(0.0044)	(0.0698)	(0.0099)
Attraction							
Open	−0.0766**	−0.0711**	−0.0799***	−0.0721**	−0.0769**	−0.0752**	−0.0765*
	(0.0019)	(0.0035)	(0.0008)	(0.0023)	(00.0072)	(0.0019)	(0.0109)
GC	−0.0712*	−0.0699*	−0.0517*	−0.0533*	−0.0795*	−0.0494*	−0.0599*
	(0.0127)	(0.0130)	(0.0613)	(0.0531)	(0.0162)	(0.0714)	(0.0781)
UR	0.8694***	0.8031***	0.8042***	0.7436***	0.9053***	0.8526***	0.9104***
	(0.0000)	(0.0000)	(0.0000)	(0.0000)	(0.0000)	(0.0000)	(0.0000)
Distance							
gD	0.0996***	0.0925***	0.0866***	0.0811***	0.1077***	0.0971***	0.1085***
	(0.0000)	(0.0000)	(0.0000)	(0.0002)	(0.0000)	(0.0000)	(0.0000)
eD	0.0194*	0.0187*	0.0157*	0.0160*	0.0226**	0.0212*	0.0254**
	(0.0195)	(0.0226)	(0.0507)	(0.0465)	(0.0080)	(0.0107)	(0.0038)
tD	0.0759***	0.0717***	0.0742***	0.0685***	0.0698***	0.0692***	0.0629***
	(0.0000)	(0.0000)	(0.0000)	(0.0000)	(0.0000)	(0.0000)	(0.0004)
(Intercept)	−1.3886	−1.1602	−1.7548*	−1.4071	−1.5888*	−1.5067	−1.7719
	(0.1174)	(0.1862)	(0.0410)	(0.0990)	(0.0993)	(0.1322)	(0.1072)
Sp. Effect							
λ					0.0371***	0.0604***	0.0491***
ρ		0.1273**	0.2233***	0.3464***			
Model Test							
Adj. R²	0.2685						
F-statistic	26.38						
Obs		900	900	900	900	900	900
n		16	16	16	16	16	16

注：***、**、*分别表示在 1%、5%、10%的水平上显著。

其次，核心解释变量隐含大气污染转移（T_ AP）不管是在非空间模型中还是在空间计量模型估计中，隐含大气污染转移与损益偏离显著正相关，表明隐含大气污染转移会加剧区域间环境不公平程度，扩大损益偏离程度，且结果比较稳健。

再次，在源地的控制变量中，能源利用率（EU）、资源禀赋（RA）、市场分割（MSI）、产业结构（IS）、环境规制（ER）与区域间损益偏离呈显著负相关；表明提高能源利用率、依托资源优势、缓解市场分割程度、改善产业结构、有效的环境规制等能显著降低源地的损益偏离程度。技术创新（TI）与源地的损益偏离呈显著正相关。

最后，对于汇地而言，对外开放程度（Open）和政府腐败（GC）对汇地的损益偏离呈显著负相关，有抑制作用；城镇化水平（UR）则会加剧汇地的损益偏离程度。

距离变量中，地理距离（gD）、经济距离（eD）和技术距离（tD）均与区域间损益偏离呈比较显著的正相关，但经济距离（eD）的显著程度低于地理距离（gD）和技术距离（tD），但显而易见的是国内贸易中距离因素对损益偏离有明显的促进作用。

6.3.3 隐含大气污染转移与损益偏离的进一步探讨

为进一步探讨隐含大气污染转移对损益偏离的影响，接下来研究从隐含二氧化硫污染转移、隐含烟粉尘转移对损益偏离的异质性影响。隐含二氧化硫污染与隐含烟粉尘污染损益偏离空间交互影响模型设定如下：

$$\begin{cases} PLD\_ SO_{2ij} = \alpha + \rho \cdot \sum_{j=1,\ i\neq j}^{N} W_{ij}PLD\_ SO_{2ij} + \delta T\_ SO_{2ij} + \alpha_1 EU_i + \alpha_2 TI_i + \alpha_3 RA_i + \\ \alpha_4 MSI_i + \alpha_5 IS_i + \alpha_6 ER_i + \beta_1 Open_j + \beta_2 UR_j + \beta_3 GC_j + \gamma_1 gD_{ij} + \gamma_2 eD_{ij} + \gamma_3 tD_{ij} + u_{ij} \\ u_{ij} = \lambda \cdot \sum_{j=1,\ i\neq j}^{N} u_{ij} + \varepsilon_{ij};\ \varepsilon_{ij} = \left[(l_T \otimes I_N)\mu \right]_{ij} + v_{ij};\ 其中，i,\ j = 1,\ 2,\ \cdots,\ n; \\ N = n \times n \end{cases}$$

$$(6-14)$$

$$\begin{cases} PLD\_ SP_{ij} = \alpha + \rho \cdot \sum_{j=1,\ i\neq j}^{N} W_{ij}PLD\_ SP_{ij} + \delta T\_ SP_{ij} + \alpha_1 EU_i + \alpha_2 TI_i + \alpha_3 RA_i + \\ \alpha_4 MSI_i + \alpha_5 IS_i + \alpha_6 ER_i + \beta_1 Open_j + \beta_2 UR_j + \beta_3 GC_j + \gamma_1 gD_{ij} + \gamma_2 eD_{ij} + \gamma_3 tD_{ij} + u_{ij} \\ u_{ij} = \lambda \cdot \sum_{j=1,\ i\neq j}^{N} u_{ij} + \varepsilon_{ij};\ \varepsilon_{ij} = \left[(l_T \otimes I_N)\mu \right]_{ij} + v_{ij};\ 其中，i,\ j = 1,\ 2,\ \cdots,\ n;\ N = n \times n \end{cases}$$

$$(6-15)$$

在探讨隐含二氧化硫污染和隐含烟粉尘污染对损益偏离影响的全域性估计前，需要对各变量进行相关性可视化分析，如图6-6、图6-7所示，图中对角线为变量自身的分布图，对角线之外则为对应向量的两两之间的散点图，这里未将距离变量纳入绘图中。结果显示，源地特征变量、汇地特征变量内部变量之间相关性较弱，而两块变量之间的相关性很弱。这说明该模型主体变量间多重共线问题并不会给模型估计带来困扰。

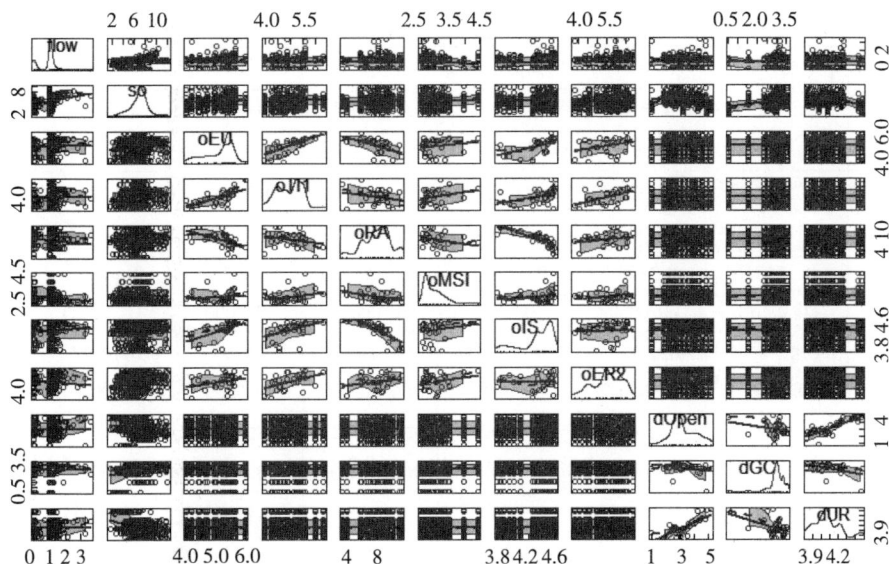

图 6-6　隐含二氧化硫污染损益偏离空间互动模型的变量分布及关系

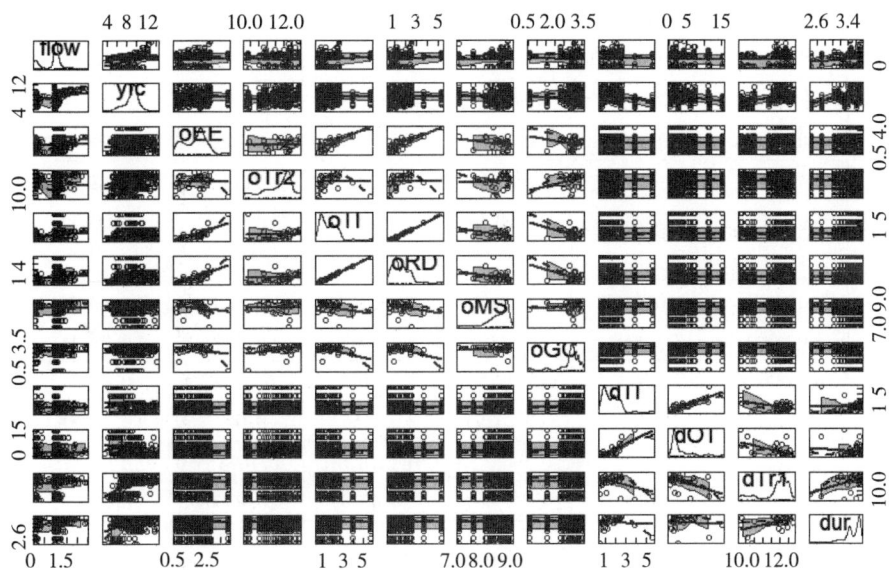

图 6-7　隐含烟粉尘污染损益偏离空间互动模型的变量分布及关系

进一步地，分析大气污染中二氧化硫和烟粉尘污染转移对损益偏离的空间互动影响（见表6-9、表6-10）。

表 6-9　隐含二氧化硫污染损益偏离空间互动模型全域性分析结果

变量	OLS	空间滞后模型			空间误差模型		
		源地相邻	汇地相邻	双重相邻	源地相邻	汇地相邻	双重相邻
T_ SO$_2$	0.1965 ***	0.1865 ***	0.1814 ***	0.1714 ***	0.1982 ***	0.1904 ***	0.1956 ***
	(0.0000)	(0.0000)	(0.0000)	(0.0000)	(0.0000)	(0.0000)	(0.0000)

变量	OLS	空间滞后模型			空间误差模型		
		源地相邻	汇地相邻	双重相邻	源地相邻	汇地相邻	双重相邻
Propulsion							
EU	−0.2809**	−0.2720**	−0.2412***	−0.2341**	−0.2679***	−0.2709**	−0.2476**
	(0.0000)	(0.0000)	(0.0000)	(0.0000)	(0.0009)	(0.0000)	(0.0000)
TI	0.1563*	0.1623*	0.1224**	0.1420***	0.1567***	0.1632**	0.1594***
	(0.0001)	(0.0000)	(0.0021)	(0.0003)	(0.0000)	(0.0012)	(0.0005)
RA	−0.1254***	−0.1217***	−0.1034***	−0.1058***	−0.1236***	−0.1232***	−0.1209***
	(0.0000)	(0.0000)	(0.0000)	(0.0000)	(0.0000)	(0.0000)	(0.0000)
MSI	−0.2610***	−0.2569***	−0.2046***	−0.2221***	−0.2463***	−0.2657***	−0.2356***
	(0.0000)	(0.0000)	(0.0000)	(0.0001)	(0.0000)	(0.0000)	(0.0000)
IS	−0.3894***	−0.3893***	−0.3060**	−0.3415**	−0.4106***	−0.3653*	−0.4181**
	(0.0006)	(0.0005)	(0.0055)	(0.0019)	(0.0003)	(0.0102)	(0.0020)
ER	−0.0541*	−0.0537*	−0.0506***	−0.0522*	−0.0652*	−0.0582*	−0.0788*
	(0.0492)	(0.0481)	(0.0576)	(0.0507)	(0.0175)	(0.0917)	(0.0157)
Attraction							
Open	−0.0739**	−0.0691***	−0.0806**	−0.0711**	−0.0707*	−0.0753**	−0.0695*
	(0.0044)	(0.0071)	(0.0014)	(0.0047)	(0.0134)	(0.0031)	(0.0242)
GC	−0.1214**	−0.1167***	−0.1024**	−0.0987***	−0.1251***	−0.1012***	−0.1098**
	(0.0000)	(0.0001)	(0.0006)	(0.0009)	(0.0002)	(0.0006)	(0.0020)
UR	0.7058***	0.6655***	0.6517***	0.6134***	0.7156***	0.6788***	0.7048***
	(0.0000)	(0.0000)	(0.0000)	(0.0000)	(0.0000)	(0.0000)	(0.0002)
Distance							
gD	0.1029***	0.0982***	0.0879***	0.0855***	0.1092***	0.0964***	0.1085***
	(0.0000)	(0.0000)	(0.0002)	(0.0003)	(0.0000)	(0.0000)	(0.0000)
eD	0.0142***	0.0136	0.0101***	0.0105	0.0162*	0.0143	0.0179*
	(0.1017)	(0.1131)	(0.2329)	(0.2155)	(0.0677)	(0.1005)	(0.0515)
tD	0.1071***	0.1037***	0.1066***	0.1018***	0.1023**	0.1074***	0.0999***
	(0.0000)	(0.0000)	(0.0000)	(0.0000)	(0.0000)	(0.0000)	(0.0000)
(Intercept)	0.5601	0.6126	0.0486	0.2857	0.4874	0.5319	0.4397
	(0.5423)	(0.5003)	(0.9567)	(0.7489)	(0.6153)	(0.6071)	(0.6914)
Sp. Effect							
λ					0.0250*	0.0574***	0.0422***
ρ		0.0921*	0.2089***	0.2964***			
Model Test							
Adj. R²	0.2805						
F-statistic	27.95						
Obs		900	900	900	900	900	900
n		16	16	16	16	16	16

注：***、**、*分别表示在1%、5%、10%的水平上显著。

表 6-10　隐含烟粉尘污染损益偏离空间互动模型全域性分析结果

变量	OLS	空间滞后模型			空间误差模型		
		源地相邻	汇地相邻	双重相邻	源地相邻	汇地相邻	双重相邻
T_ SP	0.1879***	0.1732***	0.1749***	0.1609***	0.1919***	0.1823***	0.1874***
	(0.0000)	(0.0000)	(0.0000)	(0.0000)	(0.0000)	(0.0000)	(0.0000)
Propulsion							
EU	−0.2827***	−0.2788***	−0.2425***	−0.2405***	−0.2783***	−0.2738***	−0.2690***
	(0.0000)	(0.0000)	(0.0000)	(0.0000)	(0.0000)	(0.0000)	(0.0000)
TI	0.1751***	0.1890***	0.1421***	0.1631***	0.1869***	0.1824***	0.1971***
	(0.0000)	(0.0000)	(0.0002)	(0.0000)	(0.0000)	(0.0001)	(0.0000)
RA	−0.1115***	−0.1077***	−0.0924***	−0.0909***	−0.1074***	−0.1083***	−0.1029***
	(0.0000)	(0.0000)	(0.0000)	(0.0000)	(0.0000)	(0.0000)	(0.0000)
MSI	−0.1429***	−0.1405***	−0.1124**	−0.1200**	−0.1250**	−0.1362***	−0.1128*
	(0.0000)	(0.0002)	(0.0032)	(0.0014)	(0.0013)	(0.0043)	(0.0189)
IS	−0.3208**	−0.3286**	−0.2587*	−0.2790**	−0.3461**	−0.3115*	−0.3457**
	(0.0030)	(0.0019)	(0.0139)	(0.0075)	(0.0013)	(0.0183)	(0.0087)
ER	−0.0537*	−0.0515*	−0.0496*	−0.0495*	−0.0696**	−0.0509	−0.0721*
	(0.0410)	(0.0467)	(0.0525)	(0.0513)	(0.0079)	(0.1131)	(0.0232)
Attraction							
Open	−0.0829***	−0.0752***	−0.0863***	−0.0769**	−0.0815**	−0.0832***	−0.0825***
	(0.0008)	(0.0021)	(0.0004)	(0.0013)	(0.0054)	(0.0007)	(0.0061)
GC	−0.0562*	−0.0566*	−0.0401*	−0.0422	−0.0669*	−0.0387	−0.0475
	(0.0500)	(0.0446)	(0.0500)	(0.1278)	(0.0485)	(0.1643)	(0.1624)
UR	0.9047***	0.8242***	0.8483***	0.7769***	0.9454***	0.8936***	0.9468***
	(0.0000)	(0.0000)	(0.0000)	(0.0000)	(0.0000)	(0.0000)	(0.0000)
Distance							
gD	0.0974***	0.0893***	−0.0863***	0.0796***	0.1060***	0.0948***	0.1047***
	(0.0000)	(0.0000)	(0.0001)	(0.0003)	(0.0000)	(0.0000)	(0.0000)
eD	0.0201*	0.0195*	0.0169*	0.0172*	0.0245**	0.0218**	0.0269**
	(0.0166)	(0.0179)	(0.0379)	(0.0339)	(0.0044)	(0.0095)	(0.0023)
tD	0.0704**	0.0653**	0.0690**	0.0633**	0.0630***	0.0650***	0.0576**
	(0.0001)	(0.0002)	(0.0000)	(0.0003)	(0.0005)	(0.0002)	(0.0014)
(Intercept)	−1.4748	−1.1940	−1.7996	−1.4878	−1.6926	−1.5902	−1.8599
	(0.0988)	(0.1763)	(0.0391)	(0.0842)	(0.0849)	(0.1075)	(0.0906)
Sp. Effect							
λ					0.0417***	0.0507***	0.0471***
ρ		0.1446***	0.1930***	0.3366***			
Model Test							
Adj. R²	0.2583						
F-statistic	25.08						
Obs		900	900	900	900	900	900
n		16	16	16	16	16	16

注：***、**、*分别表示在1%、5%、10%的水平上显著。

首先，基于三种空间权重矩阵的两种污染的空间分析显示，空间自回归系数（ρ）和空间自相关系数（λ）均显著为正，表明空间交互效应显著；同时，且 $\rho>0$，表明存在溢出效应。

其次，核心解释变量隐含二氧化硫污染转移（T_ SO$_2$）不管是在非空间模型中还是在空间计量模型估计中，隐含二氧化硫污染转移与损益偏离显著正相关，表明隐含二氧化硫污染转移会加剧区域间环境不公平程度，扩大损益偏离程度，且结果比较稳健。隐含烟粉尘污染转移（T_ SP）与损益偏离显著正相关，表明隐含氨氮污染转移同样扩大了损益偏离程度，且结果稳健。

再次，隐含 COD 污染转移对损益偏离的空间互动影响模型中，在源地的控制变量中，能源利用率（EU）、资源禀赋（RA）、市场分割（MSI）、产业结构（IS）、环境规制（ER）与区域间损益偏离呈显著负相关；技术创新（TI）与源地的损益偏离呈显著正相关。对于汇地而言，对外开放程度（Open）和政府腐败（GC）对汇地的损益偏离呈显著负相关，有抑制作用；城镇化水平（UR）则会加剧汇地的损益偏离程度。

最后，隐含氨氮污染转移对损益偏离的空间互动影响模型中，在源地的控制变量中，能源利用率（EU）、资源禀赋（RA）、市场分割（MSI）、产业结构（IS）、环境规制（ER）与区域间损益偏离呈显著负相关；技术创新（TI）与源地的损益偏离呈显著正相关。对于汇地而言，对外开放程度（Open）和政府腐败（GC）对汇地的损益偏离呈显著负相关，有抑制作用；城镇化水平（UR）则会加剧汇地的损益偏离程度。

两个模型中，地理距离（gD）、经济距离（eD）和技术距离（tD）均与区域间损益偏离呈显著正相关。可见，国内贸易中距离因素对损益偏离的促进作用显著且结果稳健。

6.4 隐含固废污染转移对损益偏离的实证结果分析

6.4.1 模型设定

6.4.1.1 空间相关性分析

根据前文中关于空间权重矩阵的阐述，在隐含固废污染损益偏离空间交互影响模型中有三种空间权重矩阵：源地相邻矩阵（oswm）、汇地相邻矩阵（dswm）、双重相邻矩阵（o_dswm），应用 R 软件中空间交互模型的空间相关性分析计算其莫兰指数如表6-11所示。结果显示，在这三种权重矩阵下，省域间隐含固废污染转移损益偏离表现为正向的空间自相关，且非常显著。其中，汇地相邻矩阵（dswm）下 Moran's I 值为 0.1992，比另外两种矩阵下 Moran's I 值高，后文主要基于这三种空间权重矩阵的空间互动模型进行分析。

6.4.1.2 隐含固废污染转移对损益偏离空间交互影响模型

空间相关性分析显示，省域间损益偏离存在空间自相关性，那么 OLS 估计不再有效，需要利用空间计量经济方法来估计系数。结合空间交互模型设定与模型特性，研究主要采用空间滞后模型（SLM）和空间误差模型（SEM）进行分析。具体如下：

表 6-11　隐含固废污染的空间权重矩阵 Moran's I 检验

	oswm	dswm	O_ dswm
Moran I statistic	0. 1291***	0. 1992***	0. 1462***
Expectation	−0. 0011	−0. 0011	−0. 0011
Variance	0. 0006	0. 0006	0. 0003
p. value	0. 0000	0. 0000	0. 0000

注：***表示在 1%水平上显著。

$$
\begin{cases}
PLD\_\,SWP_{ij} = \alpha + \rho \cdot \sum_{j=1,\ i\neq j}^{N} W_{ij}PLD\_\,SWP_{ij} + \delta T\_\,SWP_{ij} + \alpha_1 TS_i + \alpha_2 TI_i + \alpha_3 RD_i + \\
\alpha_4 MS_i + \alpha_5 EA_i + \beta_1 UR_j + \beta_2 TS_j + \beta_3 EA_j + \gamma_1 gD_{ij} + \gamma_2 eD_{ij} + \gamma_3 tD_{ij} + u_{ij} \\
u_{ij} = \lambda \cdot \sum_{j=1,\ i\neq j}^{N} u_{ij} + \varepsilon_{ij};\ \varepsilon_{ij} = [(l_T \otimes I_N)\mu]_{ij} + v_{ij};\ 其中，i,\ j = 1,\ 2,\ \cdots,\ n; \\
N = n \times n
\end{cases}
$$

$$(6\text{-}16)$$

式（6-16）中，l_T 为元素全为 1 的向量，I_N 为 N 阶单位矩阵，μ 为各配对观测的个体截距向量。

在探讨隐含固废污染对损益偏离影响的全域性估计前，需要对各变量进行相关性可视化分析，如图 6-8 所示，图中对角线为变量自身的分布图，对角线之外则为对应向量的两两之间的散点图，这里未将距离变量纳入绘图中。结果显示，源地特征变量、汇地特征变量内部变量之间相关性较弱，而两块变量之间的相关性很弱。这说明该模型主体变量间多重共线问题并不会给模型估计带来困扰。

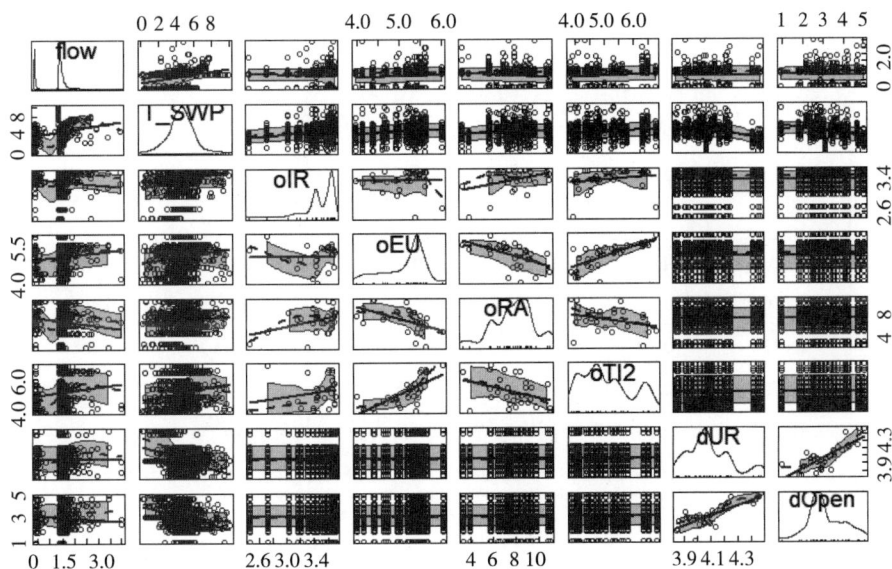

图 6-8　隐含固废污染损益偏离空间互动模型的变量分布及关系

6.4.2 隐含固废污染转移与损益偏离的全域性估计

实证结果显示（见表6-12）：首先，基于三种空间权重矩阵的空间滞后模型和空间误差模型分析，空间自回归系数（ρ）和空间自相关系数（λ）显著为正，表明空间交互效应显著；且$\rho>0$，表明存在溢出效应。

表6-12 隐含固废污染损益偏离空间互动模型全域性分析结果

变量	OLS	空间滞后模型			空间误差模型		
		源地相邻	汇地相邻	双重相邻	源地相邻	汇地相邻	双重相邻
T_SWP	0.2049***	0.2010***	0.1973***	0.1925***	0.2055***	0.2047***	0.2059***
	(0.0000)	(0.0000)	(0.0000)	(0.0000)	(0.0000)	(0.0000)	(0.0000)
Propulsion							
ER	−0.1270***	−0.1250***	−0.1156***	−0.1159***	−0.1292***	−0.1236***	−0.1285***
	(0.0000)	(0.0000)	(0.0000)	(0.0000)	(0.0000)	(0.0000)	(0.0000)
TI	0.6035**	0.5905**	0.5470**	0.5273**	0.5950**	0.5771*	0.5671**
	(0.0018)	(0.0020)	(0.0039)	(0.0055)	(0.0018)	(0.0110)	(0.0082)
RD	−0.6284**	−0.6108**	−0.5753***	−0.5445**	−0.6153**	−0.5984*	−0.5812***
	(0.0024)	(0.0029)	(0.0046)	(0.0075)	(0.0026)	(0.0138)	(0.0114)
MS	0.1781***	0.1765***	0.1468***	0.1616***	0.1780***	0.1676***	0.1713***
	(0.0000)	(0.0000)	(0.0002)	(0.0000)	(0.0000)	(0.0004)	(0.0001)
EA	−0.0474***	−0.0461***	−0.0399***	−0.0415***	−0.0471***	−0.0454***	−0.0455***
	(0.0000)	(0.0000)	(0.0001)	(0.0000)	(0.0000)	(0.0002)	(0.0000)
Attraction							
UR	0.6049***	0.5855***	0.5250***	0.5228***	0.6184***	0.5738***	0.6002***
	(0.0000)	(0.0000)	(0.0000)	(0.0000)	(0.0000)	(0.0000)	(0.0000)
Tr	−0.0616**	−0.0616**	−0.0651***	−0.0599***	−0.0617**	−0.0549***	−0.0554*
	(0.0056)	(0.0051)	(0.0028)	(0.0061)	(0.0090)	(0.0131)	(0.0255)
EA	0.0115	0.0088	0.0084	0.0052	0.0116	0.0076	0.0084
	(0.3118)	(0.4417)	(0.4464)	(0.6415)	(0.3306)	(0.4977)	(0.4965)
Distance							
gD	0.1145***	0.1130***	0.1070***	0.1067***	0.1184***	0.1119***	0.1190***
	(0.0000)	(0.0000)	(0.0000)	(0.0000)	(0.0000)	(0.0000)	(0.0000)
eD	0.0126	0.0120	0.0103	0.0098	0.0114	0.0133***	0.0114
	(0.1750)	(0.1914)	(0.2530)	(0.2807)	(0.2237)	(0.1575)	(0.2369)
tD	0.0647**	0.0631**	0.0639**	0.0615**	0.0610**	0.0647**	0.0589**
	(0.0013)	(0.0016)	(0.0012)	(0.0019)	(0.0024)	(0.0013)	(0.0050)
(Intercept)	−2.5252***	−2.4667***	−2.0924**	−2.2604**	−2.5852***	−2.4004**	−2.5339**
	(0.0004)	(0.0005)	(0.0029)	(0.0013)	(0.0004)	(0.0015)	(0.0038)
Sp. Effect							
λ					0.0186*	0.0404***	0.0302***

变量	OLS	空间滞后模型			空间误差模型		
		源地相邻	汇地相邻	双重相邻	源地相邻	汇地相邻	双重相邻
ρ		0.0541	0.1608 ***	0.2071			
Model Test							
Adj. R²	0.2179						
F-statistic	21.88						
Obs		900	900	900	900	900	900
n		15	15	15	15	15	15

注：***、**、*分别表示在1%、5%、10%的水平上显著。

其次，核心解释变量隐含固废污染转移（T_SWP）不管是在非空间模型还是在空间计量模型估计中，隐含固废污染转移与损益偏离显著正相关，表明隐含固废污染转移会加剧区域间环境不公平程度，扩大损益偏离程度，且结果比较稳健。

再次，在源地的控制变量中，环境规制（ER）、研发强度（RDI）、资源禀赋（RA）与区域间损益偏离呈显著负相关；表明有效的环境规制、提高研发强度、依托资源优势等能显著降低源地的损益偏离程度。技术创新（TI）和市场分割（MSI）与源地的损益偏离呈显著正相关。对于汇地而言，能源结构（ES）对汇地的损益偏离呈显著负相关，有抑制作用；城镇化水平（UR）和资源禀赋（RA）则会加剧汇地的损益偏离程度。

最后，距离变量中，地理距离（gD）、经济距离（eD）均与区域间损益偏离呈比较显著的正相关，技术距离（tD）与区域间损益偏离呈正相关，但不具有显著性，但国内贸易中距离因素对损益偏离有明显的促进作用，不容忽视。

6.5　隐含污染转移对损益偏离的稳健性分析

为保证本书核心变量基准结论的可靠性和转曲线，除了采用了不同空间计量模型来考察稳健性之外，本书还置换了不同的变量来检验主效应结果的稳健性和可靠性。本书通过置换损益偏离为碳排放损益偏离，置换核心解释变量为隐含碳转移（T_CO₂）重新构建检验模型进行稳健性分析。

实证结果显示（见表6-13）：首先，基于三种空间权重矩阵的空间滞后模型和空间误差模型分析，空间自回归系数（ρ）和空间自相关系数（λ）显著为正，表明空间交互效应显著；且ρ>0，表明存在溢出效应。

其次，核心解释变量隐含碳转移（T_CO₂）不管是在非空间模型还是在空间计量模型估计中，隐含碳转移与损益偏离显著正相关，表明隐含碳转移会加剧区域间环境不公平程度，扩大损益偏离程度，且结果比较稳健。

表 6-13　隐含污染转移对损益偏离稳健性检验

变量	OLS	空间滞后模型			空间误差模型		
		源地相邻	汇地相邻	双重相邻	源地相邻	汇地相邻	双重相邻
T_CO_2	0.1999***	0.1953***	0.1783***	0.1781***	0.1971***	0.1898***	0.1867***
	(0.0000)	(0.0000)	(0.0000)	(0.0000)	(0.0000)	(0.0000)	(0.0000)
Propulsion							
MSI	−0.2785***	−0.2681***	−0.2172**	−0.2245***	−0.2615***	−0.2805**	−0.2524**
	0.0002	(0.0000)	(0.0016)	(0.0012)	(0.0000)	(0.0033)	(0.0008)
ES	−0.1779**	−0.1810***	−0.1412***	−0.1530***	−0.1805***	−0.1844***	−0.1859**
	(0.0000)	(0.0001)	(0.0006)	(0.0015)	(0.0001)	(0.0007)	(0.0000)
ER	0.1256***	0.1172**	0.1085**	0.0958**	0.1099**	0.1395**	0.1075*
	(0.0005)	(0.0010)	(0.0022)	(0.0063)	(0.0029)	(0.0019)	(0.0164)
Attraction							
MI	0.7824***	0.7077***	0.7432***	0.6428***	0.7829***	0.8024***	0.7988***
	(0.0000)	(0.0000)	(0.0000)	(0.0000)	(0.0000)	(0.0000)	(0.0000)
UR	0.4622***	0.4144*	0.4490***	0.3919*	0.4831*	0.4387*	0.4664*
	(0.0095)	(0.0188)	(0.0093)	(0.0229)	(0.0153)	(0.0115)	(0.0238)
LGC	0.2550*	0.2496*	0.2901*	0.2657*	0.2611*	0.2815**	0.2858*
	(0.0294)	(0.0302)	(0.0106)	(0.0186)	(0.0455)	(0.0131)	(0.0329)
RA	0.0704***	0.0588***	0.0603**	0.0493***	0.0698***	0.0636***	0.0628***
	(0.0000)	(0.0049)	(0.0086)	(0.0093)	(0.0080)	(0.0000)	(0.0000)
Distance							
gD	0.1093***	0.1079***	0.0902***	0.0915**	0.1123***	0.0967***	0.1025***
	(0.0000)	(0.0001)	(0.0014)	(0.0011)	(0.0001)	(0.0009)	(0.0005)
eD	0.0174	0.0156	0.0134	0.0122	0.0150	0.0228*	0.0182
	(0.0976)	(0.1319)	(0.1929)	(0.2308)	(0.1592)	(0.0384)	(0.1042)
tD	0.0282	0.0273	0.0297	0.0314	0.0253	0.0313	0.0271
	(0.2193)	(0.2275)	(0.1820)	(0.1561)	(0.2702)	(0.1723)	(0.2439)
(Intercept)	−4.671**	−4.2806**	−4.9182***	−4.2549**	−4.7553**	−4.6578**	−4.7217**
	(0.0011)	(0.0025)	(0.0004)	(0.0021)	(0.0026)	(0.0011)	(0.0042)
Sp. Effect							
λ					0.0294**	0.0525***	0.0409***
ρ		0.1380***	0.2212***	0.3381***			
Model Test							
Adj. R^2	0.2101						
F-statistic	22.74						
Obs		900	900	900	900	900	900
n		14	14	14	14	14	14

注：***、**、*分别表示在1%、5%、10%的水平上显著。

最后，在源地的控制变量中，市场分割（MSI）、能源结构（ES）与区域间损益偏离呈显著负相关；表明提高能源利用率、依托资源优势、缓解市场分割程度、改善产业结构、有效的环境规制等能显著降低源地的损益偏离程度。环境规制（ER）与源地的损益偏离呈显著正相关。对于汇地而言，市场化指数（MI）、城镇化水平（UR）、政府腐败（LGC）、资源禀赋（EA）对汇地的损益偏离呈显著负相关，有抑制作用。距离变量中，地理距离（gD）与区域间损益偏离呈比较显著的正相关；经济距离（eD）和技术距离（tD）与区域间损益偏离呈比较的显著正相关，但并不显著；可见，国内贸易中距离因素对损益偏离有促进作用。

以上分析结果显示，在置换核心解释变量和被解释变量后，隐含污染转移对损益偏离呈显著的正相关的结果较为稳健。

6.6　本章小结

本章基于省域间损益偏离指数"流状"数据特征，引入空间互动模型，构建了污染转移对损益偏离的空间互动影响模型，探讨了三类 5 种污染物的省际污染转移对损益偏离的影响。主要结论如下：

第一，在主效应分析中，空间自回归系数（ρ）和空间自相关系数（λ）显著为正，表明空间交互效应显著，核心解释变量隐含污染转移（水污染：COD，氨氮，大气污染：二氧化硫、烟粉尘和固废）均与损益偏离显著正相关，表明隐含污染转移会加剧损益偏离程度，且结果稳健。伴随省域间国内贸易开展，区域间经济收益与污染转移的不对等现象形成了隐含污染转移的损益偏离程度，而基于污染避难假说，污染更多地转移到欠发达的受损区，而隐含贸易增加值则反向转移，因此，隐含污染转移越多，区域间的损益偏离程度越大。

第二，源地和汇地的损益偏离的影响因素具有异质性。在源地的影响因素中，资源禀赋、产业结构、环境规制与区域间损益偏离呈显著负相关，表明资源优势、产业结构升级、有效的环境规制等能显著降低源地的损益偏离程度。对外开放程度、政府腐败等对汇地的损益偏离呈显著负相关，抑制了汇地的损益偏离。反映了当前中国经济发展阶段特征下现有的贸易固化格局不能阻断隐含污染转移的情境下，通过源地与汇地各自优化其异质性影响因素，协同缩小损益偏离带来的负面影响具有可行依据。同时也反映了空间交互模型引入区域间损益偏离影响机理的研究中，不仅适用于省域间损益偏离指数"流状"数据特征，而且有助于深入探讨源地-汇地在污染转移中影响损益偏离的异质性。

第三，国内贸易中距离因素对损益偏离有促进作用。距离变量中地理距离（gD）、经济距离（eD）和技术距离（tD）与区域间损益偏离呈现不同显著水平下的正相关。伴随贸易隐含污染的转移，通过产业转移、产业集聚发展"缩短"多维距离，减少其对损益偏离的影响。

第四，在稳健性分析中，为保证本书核心变量基准结论的可靠性和准确性，研究通过采用不同空间计量模型、置换变量来考察估计结果的稳健性，结果表明隐含污染转移均与损益偏离显著正相关，且结果稳健。

第 7 章　结论与展望

7.1　研究结论

改革开放以来，中国经济取得了举世瞩目的成就，但区域经济发展不平衡、不充分问题日益突出。为缩小区域发展差距，我国相继实施了西部大开发、中部崛起、东北振兴等区域发展战略，加速了区域间的贸易循环的纵深发展。由于资源禀赋、经济发展阶段、产业结构以及环境规制等区际差异，区域间"价值流"与"污染流"逆向流动，引致了欠发达地区"经济收益在外、生态损害留存"的损益偏离现象。本书遵循"梳理研究问题—刻画客观现象—识别典型事实—揭示成因机理"的研究基本思路，基于2007～2017年5张区域间投入产出表，选取水污染（COD、氨氮）、大气污染（二氧化硫、烟粉尘）和固废污染三类5种污染物作为研究对象，探讨了区域间隐含污染转移与损益偏离的关系。首先，基于MRIO模型构建了省际隐含污染转移测度模型，刻画了中国省际贸易隐含污染转移的事实特征；测度了隐含贸易增加值，对比分析区域间污染转移与增加值转移的方向和规模特征，进而揭示了区域间损益偏离现象。其次，基于MRIO-SDA模型从规模、结构、技术三个维度解构了省际贸易隐含污染总量变化和省际贸易隐含污染转移变化的影响因素，构建了基于MRIO模型区域间损益偏离指数（LPD），探讨隐含污染排放转移的公平问题。最后，基于省域间损益偏离指数"流状"数据特征，引入空间互动模型，构建了污染转移对损益偏离的影响模型，探讨了三类5种污染物的省际污染转移对损益偏离的影响。主要研究结论如下：

第一，构建了贸易隐含污染转移与损益偏离的理论分析框架。在贸易隐含污染转移与损益偏离的核心概念界定与环境库兹涅茨曲线理论、不平等交换理论和生态不平等交换理论等理论分析的基础上，研究构建了当下相对固化的贸易格局中"价值流"与"污染流"逆向流动引致区域间损益偏离的理论分析框架，并提出了隐含污染转移对损益偏离正向影响的关系机理与研究假设，将损益偏离的源地与汇地的影响因素及贸易中的多维距离纳入研究框架，构建了隐含污染转移对损益偏离影响的关系模型，为本书奠定了理论基础。

第二，构建贸易隐含污染转移测度模型，厘清贸易隐含污染转移的时空演化特征。基于MRIO模型构建贸易隐含污染转移测度模型，厘清贸易隐含污染转移的规模与方向的时空演化特征。研究发现：

（1）省际隐含污染排放总量特征从生产侧和消费侧两个维度进行探讨。研究发现三类污染物 2007~2017 年总体变化趋势呈现"先升后降"趋势。2007~2017 年,水污染和大气污染排放的"高-高"区域经历了从华东和东北部集中到北部集中再到分散分布到中西部的发展演变,呈现出向西向北发展趋势;固废污染排放则呈现出向西南和东北双向的发展格局态势。

(2) 中国省际隐含污染转移整体格局分析中发现:污染转移的主要路径是经济发达省区通过消费资源型地区的中间品和最终品,向资源型省区的隐含水污染转移是国内贸易引致隐含污染转移的主要路径。这一点在 5 种污染物的污染转移分析中得到印证。

(3) 不同污染物的隐含污染转移方向具有异质性特征。结果表明:①隐含水污染净转移的方向具有由东部沿海向中西部转移的特征,但值得关注的是西南地区向中部地区和西北地区转移的路径也凸显出来。对 COD 和氨氮进行异质性分析发现,隐含 COD 污染净转移的方向为西南和西北偏移,隐含氨氮污染净转移的方向从东部沿海向中部转移逆转为西北向东部和中部的转移。②隐含大气污染在区域间的转移主要方向是东部沿海向中部地区的转移,东南沿海向西南地区的转移和东部沿海向西北地区的转移。隐含二氧化硫污染转移和隐含烟粉尘总体上呈现东部向中部、中部向西南的梯级转移特征;但隐含二氧化硫污染转移凸显出东部地区内部的转移以及中部地区向北部沿海的逆向转移;隐含烟粉尘从西南地区向中部地区转移及西南地区向东北地区的逆向转移凸显出来。③隐含固废污染转移主要呈现为东部沿海省区向中西部地区的转移。

第三,开发省际贸易损益偏离测度工具,刻画损益偏离时空演变特征。基于 MRIO 模型构建贸易隐含增加值测度模型,刻画了省际贸易经济收益格局;结合四象限图对比分析区域间隐含增加值转移与隐含污染转移的整体格局,发现了区域间隐含增加值转移与隐含污染转移形成的贸易固化格局,揭示了"价值流"与"污染流"逆向流动引致区域间损益偏离现象的成因;基于隐含污染转移与隐含增加值转移开发了区域间损益偏离测度工具,进一步刻画损益偏离的时空演化特征。研究发现:

(1) 省际贸易经济收益存在不平衡特征。经济收益较大的省份主要有京津冀、长三角、山东、湖南、广东等地区;收益相对低的地区集中在山西、内蒙古、河南等中部地区,吉林等东北地区及陕西等西部地区;净增加值转移有 64.40% 转移到北上广及山东与江苏等经济较发达省份;反映出各省份经济为东部及沿海省份服务的经济格局;结合中国八大区域隐含增加值转移主要方向特征:2007 年,中国八大区域间隐含增加值转移的主要转移路径是中部和南部沿海向东部地区转移,东部沿海和京津地区向北部沿海的转移两条。2017 年,中国八大区域间隐含增加值转移的主要转移路径是西南地区向中部地区和东部沿海转移,中部地区向京津地区转移,西北地区向南部沿海、中部地区和西南地区转移三条。

(2) 结合四象限图对比分析区域间隐含增加值转移与隐含污染转移的整体格局,进一步识别了"价值流"与"污染流"逆向而行的事实,揭示了区域间经济收益与污染转移的损益偏离现象;测度省际损益偏离指数刻画不同污染物的损益偏离异质性特征。

(3) 不同污染物的隐含污染转移方向具有异质性特征。结果表明:省际隐含水污染偏离指数最高的是山东与天津;区域间隐含水污染高度损益偏离关系发生在中部地区内部、东南部沿海与中部地区之间、西南地区与中部地区之间。省际隐含大气污染偏离指数最高的是广东与广西，偏离指数为 2.598；区域间隐含大气污染的高度损益偏离关系主要发生在中部地区内部、东部沿海、西北地区、西南地区与中部地区之间，东部沿海与西北地区之间，东部沿海、南部沿海、西南地区与西北地区之间。省际隐含固废损益偏离关系中，偏离指数最高的是天津与浙江，偏离指数为 3.473；区域间隐含固废污染的高度损益偏离关系主要发生在中部地区之间，京津地区、东北地区和北部沿海与中部地区之间，中部地区与东北地区之间。

第四，基于 MRIO-SDA 模型，解构了省际贸易隐含污染转移的影响因素。基于 MRIO-SDA 模型，从规模、结构、技术三个维度，污染排放强度效应（ΔE）、产业关联效应（ΔL）、需求行业结构效应（ΔD）、需求类别结构效应（ΔM）、人口规模效应（Δp）和经济规模效应（Δf）6 个影响因素，解构了省际贸易隐含污染总量变化和省际贸易隐含污染转移变化的影响因素及其贡献。研究显示：

（1）省际贸易隐含污染排放总量变化和转移变化影响因素大致趋同。经济规模因素（ΔF）、人口规模（ΔP）是隐含污染排放总量增加的主要驱动因素；而污染排放强度（ΔE）和产业关联效应（ΔL）是主要的减排驱动因素，但在不同时期其作用方向不一致；需求行业结构（ΔD）和需求类别结构（ΔM）在整个影响中作用有异质性，但总体较小。可见，总体来看，驱动省际污染转移的仍然是不断增长的经济规模。

（2）区域一级的分解结果显示，经济发达省区的污染减排主要受到污染强度效应（ΔE）影响，这主要是因为经济发达省区面对严格的环境规制往往在减排技术方面投入较大；而经济规模效应（Δf）对东北、中部和西部的资源型省区的驱动作用更大；产业关联效应（ΔL）对各省的影响作用不一，但对北京、上海、天津等经济较发达的省份往往具有减排作用，这间接反映了区域间的产业关联有助于通过要素流动和要素合理配置实现减排。

第五，构建隐含污染转移对损益偏离的影响模型，实证检验两者关系的影响机理。基于隐含污染转移与损益偏离的理论分析，结合损益偏离关系数据特征，引入空间互动模型，实证检验了隐含污染损益偏离对损益偏离的影响，结果显示：

（1）空间自回归系数（ρ）和空间自相关系数（λ）显著为正，表明空间交互效应显著，核心解释变量隐含污染转移（水污染：COD、氨氮，大气污染：二氧化硫、烟粉尘和固废污染）均与损益偏离显著正相关，表明隐含污染转移会加剧损益偏离程度，且结果稳健。

（2）源地和汇地的损益偏离的影响因素具有异质性。在源地的影响因素中，资源禀赋、产业结构、环境规制与区域间损益偏离呈显著负相关，表明资源优势、产业结构升级、有效的环境规制等能显著降低源地的损益偏离程度。对外开放程度、政府腐败等对汇地的损益偏离呈显著负相关，抑制了汇地的损益偏离。反映了当前中国经济发展阶段特征下现有的贸易固化格局不能阻断隐含污染转移的情境下，通过源地与汇地各自优化其异质性影响因素，协同缩小损益偏离带来的负面影响具有可行依据。同时也反映了空间交互模型引入区域间损益偏离影响机理的研究中，不仅适用于省域间损益偏离指数"流状"数据特征，而且有助于深入探讨源地-汇地在污染转移中影响损益偏离的异质性。

（3）国内贸易中距离因素对损益偏离有促进作用。距离变量中地理距离（gD）、经济距离（eD）和技术距离（tD）与区域间损益偏离呈现不同显著水平下的正相关，伴随贸易隐含污染的转移，通过产业转移、产业集聚发展"缩短"多维距离，减少其对损益偏离的影响。

7.2 政策启示

根据本书的特征分析和实证分析的研究结论，具有明显的借鉴启示：

（1）加快建立基于贸易隐含污染物转移的省级污染治理责任配额机制。在对省域污染排放生产侧与消费侧的排放量核算比较中发现，各省域普遍存在生产与消费分离的现象。基于此，建议如下：①坚持"谁受益谁补偿，谁保护谁受益"的原则，建立多方污染治理责任分担机制。若我国沿用国际上的"生产者责任"原则，这种生态不平等交换必将愈演愈烈，因此，在区域污染责任分配中应坚持"谁受益谁补偿，谁保护谁受益"的原则。②考虑建立污染责任的区域隐含污染账户制度和区域间公平的环境治理配额机制。结合商品生产流程及区域分布明确区域间如何协调，谁应承担更多责任，谁应享有更多生态补偿，建立并完善区域隐含污染账户，为区域污染治理责任配额提供科学依据。

（2）建立多区域协同减排机制：从"局部—全域"协同到多种污染物协同。研究显示，省际隐含水污染、大气污染、固废污染伴随省际贸易呈现了大致趋同的转移路径，整体呈现由东部向中部再向西部转移。①通过识别隐含污染的主要转出地与转入地，即识别出贸易中隐含污染转移的源地与汇地集中区域，通过减排技术输出等方式建立局部协同减排机制；通过多区域的协同合作，逐步建立全域性的系统减排合作机制。②从不同污染物异质性转移特征看，隐含COD污染净转移向西南和西北偏移，隐含氨氮污染净转移出现了西北向东部和中部的转移；隐含烟粉尘从西南地区向中部地区转移及西南地区向东北地区的逆向转移特征显现出来。针对不同污染物的转移异质性，分析多种污染物的"同源共生性"，建立多种污染协同减排机制。

（3）缩小区域间损益偏离度的影响，推动区域间从"共治"到"共享"。研究中发现损益偏离现在的普遍性，但区域间的损益偏离程度不同，其中，高度偏离主要发生在东部和中部、东部和西部之间。因此，基于不同的污染物建立科学定向的生态补偿机制，促进区域"共治"环境污染到"共享"生态环境公共产品"收益"，促进区域均衡发展与良性互动，才是破解区域间损益偏离的关键。基于此，提出如下建议：①建立精准的补偿机制。本书对30个省域间"两两"省域损益偏离程度的刻画，有助于推动我国制定精准的省际生态补偿机制。通过补偿对象的确定、补偿方式的选择和补偿标准的制定等一系列工作，制定省际间精准的生态补偿机制。②健全资源环境要素市场化配置体系。支持各省依据自身的生态环境系统特征，寻求符合各自实际的自然资源价格核算方式，使生态补偿有更加精准的依据，实现生态"共建"、资源"共享"、优势互补和经济共赢的多维目标。

（4）积极推动区域贸易分工格局优化。改革开放之后在中国东部—中部—西部的产业转移和污染转移中，中部和西部承接了来自发达地区的产业转移和污染转移，以自我能源资源消耗和环境污染排放代价维系不断增长的"贸易顺差"，输出产品以高资源和能源投入、低产品附加值的商品居多。因此，在区域间贸易中出现了"价值流"与"污染流"逆向流动的贸易分工格局，短期来看，这种贸易分工格局是中国经济发展阶段的产物，具有一定的持续性和固化性，但长期来看，随着中国经济的发展，这种贸易分工格局必将发生变化。基于此，提出如下建议：①提高区域绿色创新能力，优化产业结构，促进区域绿色高质量发展。中国区域间经济发展的梯度差异，是损益偏离产生的根源之一。实证中也显示技术创新和产业结构等是影响污染转移对损益偏离影响的重要因素，只有提高区域绿色创新能力、优化产业结构，促进区域绿色高质量发展，才能进一步促进区域间经济发展差距，实现区域均衡发展和公平发展。②发挥"波特假说"效应，提高区域绿色创新能力。创新发展和技术进步是推进产业高端化和高智能化的关键，在中央和地方的多维环境规制体系下，环境规制的"波特假说"效应便有了发挥作用的土壤，倒逼企业开展技术升级，为区域绿色低碳高质量发展提供技术支持。③加速淘汰"两高一低"产业产能，实现产业结构绿色升级。加速淘汰高排放、高污染、低效率的产业，提高资源利用效应，大力开展高新技术、高附加值产业和现代服务业，激励产业结构优化，实现产业结构绿色升级，促进区域绿色高质量发展。④欠发达地区通过技术创新和产业结构优化，逐步改变中西部参与国内循环贸易的产品贸易模式，推动区域贸易分工格局优化。欠发达地区通过技术创新和产业结构优化，提高贸易产品的附加价值，减少隐含污染含量，才能有效改善区域间污染转移的现状；能源、资源输出中通过技术进步和区域内产业分工升级，才能提高欠发达地区参与国内循环的地位与"议价能力"，改变当前国内贸易分工格局，这是破解区域间损益偏离的关键。

（5）积极打造"共建—共治—共享"的多维环境规制体系，缩小区域损益偏离。研究中发现，省际隐含水污染、大气污染、固废污染伴随省际贸易呈现了大致趋同的转移路径，即隐含污染从经济相对发达省区向资源型省区转移的主路径；产生这一主路径的根源之一便是区域间环境规制力度的差距。环境规制是我国践行"绿水青山就是金山银山"理念，降低环境污染，建设天蓝、地绿、水清的美丽中国的重要抓手，也是推动经济高质量发展的保障。我国环境规制助推经济高质量发展，大致经历了出台法律法规阶段、政绩考核方式转变阶段、政府行政指令和市场化方式相结合的多元化环境规制政策提升阶段。环境规制作为一个系统的体系，减少"力度"差距不仅提升中西部环境规制强度，而且应提升系统体系的制约能力。因此，建议从以下几个方面，科学制定合理适合的环境规制体系：①强化环境规制与经济高质量融合发展顶层设计。一方面，加强行政性制度和市场性制度相结合，完善资源产权制度、环境补偿制度及生态资源交易制度和价格制度等环境制度体系，构建多方主体"共治"的制度基础；另一方面，东中西部经济发展中，环境规制竞争的经济增长效应存在明显的地区差异，研究中也发现污染转移具有邻近性，即存在"以邻为壑"的空间外溢效应，多省区协调"共建"环境规制政策体系是破解"以邻为壑"效应的关键。②继续深度推行分类型专项治理工作。中央先后出台《大气污染防治行动计划》《水污染防治行动计划》《土壤污染防治行动计划》等专项治理的行政指令；地方政府在落实中央专项治理工作时，应结合本区域污染治理重点和治理困境，积极出台适合本区域经济发展和污染防治的专项治理方案。③建立中央—地方—公众的多主体环保监察体系。推进中央环保督察、地方环保监管与公众环保监督的有机结合，强化各部门、各主体的环境主体意识，坚持问题导向，落实环境责任，倒逼高污染企业开展绿色生产。④积极打造"共享"的多维利益分配体系。持续实施排污许可证交易，建立全国碳交易市场，充分利用市场机制激励环境规制的多方利益主体积极开展良性互动，建立多元的减污反馈机制。环境规制是通过前期成本效应和后期补偿效应促进区域经济增长，同时，通过"共建共治共享"的多维环境规制体系，缩小区域间环境规制力度，减少"污染避难所"发生的环境"土壤"，从而缩小污染转移带来的区域间损益偏离程度。

（6）促进能源结构改革，优化能源发展格局，缩小区域间损益偏离。长期以来，中西部地区在承接东部的产业转移和污染转移的过程中，基本陷入了区域内产业结构偏重、能源结构偏煤、单位 GDP 能耗偏高、减排压力偏大等现实困境，这也是中西部省区产品输出中高能源密集和高污染密集的根源。特别是西部地区，利用自身资源禀赋优势和环境规制宽松的比较优势，基本形成了以能源和资源初级加工品参与国内贸易循环的格局，"低附加值获取"和"高污染留存"是"损益偏离"的内因，实证研究中也显示了能源结构是影响损益偏离的重要因素。因此，本书认为，积极促进能源结构改革、优化东中西部能源发展格局，也是缩小区域损益偏离的重要手段。立足科技创新推动能源机构绿色转型是东西部经济发展的强劲动力。首先，依托技术路径持续释放风电、光伏、水电等新能源潜力，促进东部地区的高耗能产业向新能源富集的滋补地区有序转移。其次，加强东西联动，建设跨区域的、多元化的能源科技创新平台，推动关键技术落地与应用转化，完成"高排放"到"低排放"的转变。最后，打造绿色能源金融服务平台，探索建立西部绿色金融试验区，拓宽能源交易结算、融资清算等金融服务通道，推动用能权、碳排放权等生态产权交易，为东西部能源交易提供市场化支撑，有效改善东西部地区能源供求矛盾。

7.3 研究不足与研究展望

7.3.1 研究不足

尽管本书基于 2007~2017 年 5 张区域间投入产出表和分行业污染排放数据系统探讨了区域间水污染、大气污染和固废污染等不同污染转移对损益偏离的影响机理，并提出缩小区域间损益偏离程度的政策建议。但研究仍然存在以下不足之处：

（1）囿于数据，本书的时间效应和污染物广度有待完善。一方面，现有的公开研究数据中，中国多区域投入产出表仅有 2002 年、2007 年、2010 年、2012 年、2015 年和 2017 年。本书选取了 2007~2017 年的 5 张表，未能及时反映 2017 年之后的区域间污染转移的新变化，特别是近年来环境规制力度加强，污染排放和污染转移产生了新的变化，因而现有研究结论存在一定程度的滞后性。另一方面，本书仅选取了水、大气和固废三类 5 种污染物，虽然相较于以往研究，更加全面地反映了污染转移的异同特征；但是由于数据的限制，仍有一些污染物如重金属、细颗粒物、氮氧化物等未被纳入研究范畴，在更全面反映省际贸易环境不公平方面仍可能会产生一定偏差。

（2）由于省级分行业污染排放数据尚未有公开数据，研究使用行列平衡法或者排放因子等方法推算分行业污染物排放量的数据处理方式可能会对研究结果产生一定误差影响。

（3）研究中构建的损益偏离仅考虑隐含污染转移的规模，未将其转化为污染治理成本、生态损害或健康损害等，后期可以在充分考虑不同污染物治理成本和生态损害区域环境代价中，更加深入地反映区域间损益偏离。

7.3.2 研究展望

（1）关于理论关系建模推导方面有待进一步深入研究。第 2 章基于现有理论构建了贸易隐含污染转移与损益偏离的关系机理，为本书奠定了充足的理论基础。研究遵循"梳理研究问题—刻画客观现象—识别典型事实—揭示成因机理"的研究基本思路，将"贸易隐含污染转移"与"损益偏离"纳入同一分析框架，通过空间互动模型探讨两者之间的作用机理的研究设计与实践，体现了研究的系统性和完整性。但从经济系统视角进行贸易隐含污染与生态不平等交换的理论建模推导还有其他思路，如结合区域间投入产出理论和可计算一般均衡理论进行相应的理论构建和逻辑推演研究，也会对这一问题形成有效的刻画；但受限于笔者的理论建模能力和数学推演能力未能在本书中做出尝试，后续研究中可以作为一个重要的研究方向。

（2）丰富和拓展损益偏离的测度工具方面有待进一步研究。在已有研究基础上，本书虽然拓展了以往测算思路，结合区域间投入产出理论构建了能够反映"两两"省域间贸易损益偏离的指数，丰富了损益偏离的测度研究；此种测度虽对省域间贸易双方损益程度有更精准的刻画，结合数据属性与模型特点选择了空间互动模型进行机理探讨；但由于区域间投入产出表不具有时间连续性，在机理探讨中很难找到合适的工具方法开展更深入的研究。随着社会网络分析法等关系属性数据模型的发展及空间计量经济技术的进步，今后将有更多工具方法应用到损益偏离的机理研究中。

（3）产业层面损益偏离的探讨有待进一步拓展。本书构建污染转移和损益偏离测度模型时基于 26 个行业，但囿于篇幅，研究中未能对此测算结果进行汇报，仅将贸易隐含污染转移和损益偏离解构到区域和污染物的异质性层面；后续研究中，将进一步讨论细分产业的损益情况，这对于更精准把握区域间损益偏离程度的产业结构诱因和制定精准的生态补偿机制有重要启示性，这方面也是今后需要进一步深入研究的内容。

（4）关于污染转移和损益偏离的治理有待进一步深入。损益偏离的治理无疑要比损益偏离的测算复杂得多，也是环境治理的重要课题。本书损益偏离测算为治理提供了一定的科学基础，后续研究可以进一步关注污染转移和损益偏离的治理。

参考文献

［1］林麟．污染产业转移的影响因素分析［D］．对外经济贸易大学，2006.

［2］杨昌举，蒋腾，苗青．关注西部：产业转移与污染转移［J］．环境保护，2006（15）：34-38.

［3］李杨．污染迁徙中的中国路径［J］．中国新闻周刊，2006（4）：28-29.

［4］杨英．我国东、西部地区污染密集产业转移比较研究［J］．生态经济（学术版），2008（1）：285-288.

［5］靳乐山．环境污染的国际转移与城乡转移［J］．中国环境科学，1997（4）：48-52.

［6］李晓明，曹利军，韩文辉．污染转移分析及对策［J］．重庆环境科学，2003（4）：3-6+59.

［7］刘新英．我国引进外商直接投资中的环境污染特征与对策［J］．经济纵横，2007（5）：29-31.

［8］陈彬，钟筱红．外资准入中的污染转移及其控制［J］．国际经贸探索，2007（4）：75-78.

［9］李延勇，孙建昌．跨国公司环境效应文献述评［J］．东岳论丛，2007（4）：176-179.

［10］余慧超，王礼茂．中美商品贸易的碳排放转移研究［J］．自然资源学报，2009，24（10）：1837-1846.

［11］魏本勇，王媛，杨会民，方修琦．国际贸易中的隐含碳排放研究综述［J］．世界地理研究，2010，19（2）：138-147.

［12］周新．国际贸易中的隐含碳排放核算及贸易调整后的国家温室气体排放［J］．管理评论，2010，22（6）：17-24.

［13］李艳梅，付加锋．中国出口贸易中隐含碳排放增长的结构分解分析［J］．中国人口·资源与环境，2010，20（8）：53-57.

［14］沈坤荣，金刚，方娴．环境规制引起了污染就近转移吗？［J］．经济研究，2017，52（5）：44-59.

［15］林伯强，邹楚沅．发展阶段变迁与中国环境政策选择［J］．中国社会科学，2014（5）：81-95+205-206.

［16］石敏俊，王妍，张卓颖，周新．中国各省区碳足迹与碳排放空间转移［J］．地理学报，2012，67（10）：1327-1338.

［17］洪大用．经济增长、环境保护与生态现代化——以环境社会学为视角［J］．中国社会科学，2012（9）：82-99+207.

［18］豆建民，沈艳兵．产业转移对中国中部地区的环境影响研究［J］．中国人口·资源与环境，2014，24（11）：96-102.

［19］章锦河，张捷．国外生态足迹模型修正与前沿研究进展［J］．资源科学，2006（6）：196-203.

［20］郑易生．环境污染转移现象对社会经济的影响［J］．中国农村经济，2002（2）：68-75.

［21］王媛，魏本勇，方修琦，和夏冰，杨会民．基于 LMDI 方法的中国国际贸易隐含碳分解［J］．中国人口·资源与环境，2011，21（2）：141-146.

［22］舒基元，杨峥．环境安全的新挑战：经济全球化下环境污染转移［J］．中国人口·资源与环境，2003（3）：51-54.

［23］郭俊杰，方颖，杨阳．排污费征收标准改革是否促进了中国工业二氧化硫减排［J］．世界经济，2019，42（1）：121-144.

［24］李方一，刘卫东，唐志鹏．中国区域间隐含污染转移研究［J］．地理学报，2013，68（6）：791-801.

［25］董琨，白彬．中国区域间产业转移的污染天堂效应检验［J］．中国人口·资源与环境，2015，25（S2）：46-50.

［26］王安静，冯宗宪，孟渤．中国 30 省份的碳排放测算以及碳转移研究［J］．数量经济技术经济研究，2017，34（8）：89-104.

［27］杨顺顺．中国工业部门碳排放转移评价及预测研究［J］．中国工业经济，2015（6）：55-67.

［28］潘安．全球价值链视角下的中美贸易隐含碳研究［J］．统计研究，2018，35（1）：53-64.

［29］庞军，张浚哲．中欧贸易隐含碳排放及其影响因素——基于 MRIO 模型和 LMDI 方法的分析［J］．国际经贸探索，2014，30（11）：51-65.

［30］刘红光，范晓梅．中国区域间隐含碳排放转移［J］．生态学报，2014，34（11）：3016-3024.

［31］胥留德．后发地区承接产业转移对环境影响的几种类型及其防范［J］．经济问题探索，2010（6）：36-39.

［32］钟茂初，闫文娟．环境公平问题既有研究述评及研究框架思考［J］．中国人口·资源与环境，2012，22（6）：1-6.

［33］Wilkening K E. Culture and Japanese Citizen Influence on the Transboundary Air Pollution Issue in Northeast Asia［J］. Political Psychology, 1999, 20（4）：701-723.

［34］Machado G, Schaeffer R, Worrell E. Energy and Carbon Embodied in the International Trade of Brazil：an Input－Output Approach［J］. Ecological Economics, 2001, 39（3）：409-424.

［35］Peters G P, Hertwich E G. CO_2 Embodied in International Trade with Implications for Global Climate Policy ［J］. Enviromental Scien & Technology, 2008, 42 (5): 1401-1407.

［36］Peters G P, Minx J C, Weber C L, et al. Growth in Emission Transfers via International Trade from 1990 to 2008 ［J］. Proceedings of the National Academy of Sciences, 2011, 108 (21): 8903-8908.

［37］Weber C L, Matthews H S. Embodied Environmental Emissions in Us International Trade, 1997-2004 ［J］. Enviromental Scien & Technology, 2007, 41 (14): 4875-4881.

［38］Weber C L, Peters G P. Climate Change Policy and International Trade: Policy Considerations in the Us ［J］. Energy Policy, 2009, 37 (2): 432-440.

［39］Guan D, Su X, Zhang Q, et al. The Socioeconomic Drivers of China's Primary PM2. 5 Emissions ［J］. Environmental Research Letters, 2014, 9 (2): 1-9.

［40］Yunfeng Y, Laike Y. China's Foreign Trade and Climate Change: A Case Study of CO_2 Emissions ［J］. Energy Policy, 2010, 38 (1): 350-356.

［41］Peters G P, Hertwich E G. Pollution Embodied in Trade: The Norwegian Case ［J］. Global Environmental Change, 2006, 16 (4): 379-387.

［42］Pan J, Phillips J, Chen Y. China's Balance of Emissions Embodied in Trade: Approaches to Measurement and Allocating International Responsibility ［J］. Oxford Review of Economic Policy, 2008, 24 (2): 354-376.

［43］Kanemoto K, Moran D, Lenzen M, et al. International Trade Undermines National Emission Reduction Targets: New Evidence from Air Pollution ［J］. Global Environmental Change, 2014 (24): 52-59.

［44］Mongelli I, Tassielli G, Notarnicola B. Global Warming Agreements, International Trade and Energy/Carbon Embodiments: An Input-Output Approach to the Italian Case ［J］. Energy Policy, 2006, 34 (1): 88-100.

［45］Muradian R, O'Connor M, Martinez-Alier J. Embodied Pollution in Trade: Estimating The "Environmental Load Displacement" of Industrialised Countries ［J］. Ecological Economics, 2002 (41): 51-67.

［46］Guo J, Zou L L, Wei Y M. Impact of Inter-Sectoral Trade on National and Global CO_2 Emissions: An Empirical Analysis of China and Us ［J］. Energy Policy, 2010, 38 (3): 1389-1397.

［47］Sánchez-Chóliz J, Duarte R. CO_2 Emissions Embodied in International Trade: Evidence for Spain ［J］. Energy Policy, 2004, 32 (18): 1999-2005.

［48］Liu H, Xi Y, Guo J, et al. Energy Embodied in the International Trade of China: An Energy Input-Output Analysis ［J］. Energy Policy, 2010, 38 (8): 3957-3964.

［49］Dietzenbacher E, Pei J, Yang C. Trade, Production Fragmentation, and China's Carbon Dioxide Emissions ［J］. Journal of Environmental Economics and Management, 2012, 64 (1): 88-101.

［50］Ren S, Yuan B, Ma X, et al. The Impact of International Trade on China's Industrial Carbon Emissions Since Its Entry into WTO ［J］. Energy Policy, 2014（69）: 624-634.

［51］Wiedmann T. A First Empirical Comparison of Energy Footprints Embodied in Trade—Mrio Versus Plum ［J］. Ecological Economics, 2009, 68（7）: 1975-1990.

［52］Lindner S, Liu Z, Guan D, et al. CO_2 Emissions From China's Power Sector at the Provincial Level: Consumption Versus Production Perspectives ［J］. Renewable and Sustainable Energy Reviews, 2013（19）: 164-172.

［53］Liu X, Ishikawa M, Wang C, et al. Analyses of CO_2 Emissions Embodied in Japan-China Trade ［J］. Energy Policy, 2010, 38（3）: 1510-1518.

［54］Li C, Liu B. Air Pollution Embodied in China's Trade with the Br Countries: Transfer Pattern and Environmental Implication ［J］. Journal of Cleaner Production, 2020（247）: 119126.

［55］Li J S, Chen B, Chen G Q, et al. Tracking Mercury Emission Flows in the Global Supply Chains: A Multi-Regional Input-Output Analysis ［J］. Journal of Cleaner Production, 2017（140）: 1470-1492.

［56］Zhong Z, Zhang X, Bao Z. Spatial Characteristics and Driving Factors of Global Energy-Related Sulfur Oxides Emissions Transferring Via International Trade ［J］. Journal of Environmental Management, 2019（249）: 109370.

［57］Meng J, Yang H, Yi K, et al. The Slowdown in Global Air-Pollutant Emission Growth and Driving Factors ［J］. One Earth, 2019, 1（1）: 138-148.

［58］Wang E, Su B, Zhong S, et al. China's Embodied SO_2 Emissions and Aggregate Embodied SO_2 Intensities in Interprovincial and International Trade ［J］. Technological Forecasting and Social Change, 2022（177）: 121546.

［59］Chen X, Liu W, Zhang J, et al. The Change Pattern and Driving Factors of Embodied SO_2 Emissions in China's Inter-Provincial Trade ［J］. Journal of Cleaner Production, 2020（276）: 123324.

［60］Yang X, Zhang W, Fan J, et al. Transfers of Embodied PM2. 5 Emissions from and to the North China Region Based on a Multiregional Input-Output Model ［J］. Environmental Pollution, 2018（235）: 381-393.

［61］Sun Y, Wang Y, Zheng H, et al. Critical Supply Chains of Nox Emissions in the Beijing-Tianjin-Hebei Urban Agglomeration ［J］. Journal of Cleaner Production, 2022: 132379.

［62］Liu Y, Fang D, Chen B. Interregional Spillover Effect of PM2. 5 Emissions on Northeast China Through the National Supply Chain ［J］. Applied Energy, 2021（303）: 117670.

［63］Wang Y, Bi F, Zhang Z, et al. Spatial Production Fragmentation and PM2. 5 Related Emissions Transfer Through Three Different Trade Patterns Within China ［J］. Journal of Cleaner Production, 2018（195）: 703-720.

［64］Wang Y, Lai N, Mao G, et al. Air Pollutant Emissions from Economic Sectors in China：A Linkage Analysis［J］．Ecological Indicators，2017（77）：250-260.

［65］谭飞燕，张力，李孟刚．基于 Mrio 模型的京津冀贸易隐含碳排放核算［J］．统计与决策，2018，34（24）：30-34.

［66］庞军．京津冀地区贸易隐含污染转移特点及其政策启示［J］．环境保护，2019，47（Z1）：62-65.

［67］Du J，Zhang X，Huang T，et al．Trade-Driven Black Carbon Climate Forcing and Environmental Equality Under China's West-East Energy Transmission［J］．Journal of Cleaner Production，2021（313）：127896.

［68］Wang Y，Yang H，Liu J，et al．Analysis of Multiple Drivers of Air Pollution Emissions in China Via Interregional Trade［J］．Journal of Cleaner Production，2020（244）：118507.

［69］王寿兵，许博，陈雅敏，柏红霞，王祥荣，樊正球．省际煤炭贸易中的污染转移评估方法及实证［J］．中国人口·资源与环境，2010，20（11）：84-90.

［70］Sun H，Ni S，Zhao T，et al．The Transfer and Driving Factors of Industrial Embodied Wastewater in China's Interprovincial Trade［J］．Journal of Cleaner Production，2021（317）：128298.

［71］Chen B，Wang X B，Li Y L，et al．Energy-Induced Mercury Emissions in Global Supply Chain Networks：Structural Characteristics and Policy Implications［J］．Science of the Total Environment，2019（670）：87-97.

［72］Wang F，Cai B，Hu X，et al．Exploring Solutions to Alleviate the Regional Water Stress from Virtual Water Flows in China［J］．Science of the Total Environment，2021（796）：148971.

［73］Zhang S，Taiebat M，Liu Y，et al．Regional Water Footprints and Interregional Virtual Water Transfers in China［J］．Journal of Cleaner Production，2019（228）：1401-1412.

［74］Zhao D，Tang Y，Liu J，et al．Water Footprint of Jing-Jin-Ji Urban Agglomeration in China［J］．Journal of Cleaner Production，2017（167）：919-928.

［75］Wang J，Li L，Li F，et al．Regional Footprints and Interregional Interactions of Chemical Oxygen Demand Discharges in China［J］．Resources，Conservation and Recycling，2018（132）：386-397.

［76］齐晔，李惠民，徐明．中国进出口贸易中的隐含碳估算［J］．中国人口·资源与环境，2008（3）：8-13.

［77］陈红梅，宁云才，齐秀辉．中国经济增长、能源消费与碳排放之间的关系研究［J］．科技管理研究，2012，32（10）：198-202+216.

［78］路正南，李晓洁．基于区域间贸易矩阵的中国各省区碳排放转移研究［J］．统计与决策，2015（1）：126-129.

［79］Chen Y，Li Z，Li W，et al．Water and Ecological Security：Dealing with Hydroclimatic Challenges at the Heart of China's Silk Road［J］．Environmental Earth Sciences，2016，75（10）：1-10.

［80］钟章奇，张旭，何凌云，陈博文．区域间碳排放转移、贸易隐含碳结构与合作减排——来自中国 30 个省区的实证分析［J］．国际贸易问题，2018（6）：94-104.

［81］Sun L，Wang Q，Zhou P，et al. Effects of Carbon Emission Transfer on Economic Spillover and Carbon Emission Reduction in China［J］. Journal of Cleaner Production，2016（112）：1432-1442.

［82］杜培林，王爱国．全球碳转移格局与中国中转地位：基于网络治理的实证分析［J］．世界经济研究，2018（7）：95-107+137.

［83］许静，周敏，夏青．中国省际间产业区域转移的碳排放动态效应及影响机制［J］．中国地质大学学报（社会科学版），2017，17（2）：74-85.

［84］肖雁飞，万子捷，刘红光．我国区域产业转移中"碳排放转移"及"碳泄漏"实证研究——基于 2002 年、2007 年区域间投入产出模型的分析［J］．财经研究，2014，40（2）：75-84.

［85］Zhang B，Qiao H，Chen Z M，et al. Growth in Embodied Energy Transfers Via China's Domestic Trade：Evidence from Multi-Regional Input-Output Analysis［J］. Applied Energy，2016（184）：1093-1105.

［86］闫云凤．消费碳排放责任与中国区域间碳转移——基于 MRIO 模型的评估［J］．工业技术经济，2014，33（8）：91-98.

［87］庞军，高笑默，石媛昌，孙文龙．基于 MRIO 模型的中国省级区域碳足迹及碳转移研究［J］．环境科学学报，2017，37（5）：2012-2020.

［88］樊纲，苏铭，曹静．最终消费与碳减排责任的经济学分析［J］．经济研究，2010，45（1）：4-14+64.

［89］彭水军，张文城，孙传旺．中国生产侧和消费侧碳排放量测算及影响因素研究［J］．经济研究，2015，50（1）：168-182.

［90］Li H，Liu X，Wang S，et al. Impacts of International Trade on Global Inequality of Energy and Water Use［J］. Journal of Environmental Management，2022（315）：115156.

［91］孙慧，刘媛媛．中国区际碳排放差异与损益偏离现象分析［J］．管理评论，2016，28（10）：89-96.

［92］向仙虹，孙慧．资源禀赋、产业分工与碳排放损益偏离［J］．管理评论，2020，32（12）：86-100.

［93］赵景瑞，孙慧，原伟鹏．全球价值链参与对损益偏离的影响研究［J］．产经评论，2021，12（6）：59-73.

［94］赵景瑞，孙慧，原伟鹏．产业结构升级是否改善了损益偏离——基于中国地级市的经验证据［J］．现代财经（天津财经大学学报），2021，41（11）：60-74.

［95］闫敏，孙慧．国内贸易隐含碳转移与损益偏离研究——基于经济内循环视角［J］．技术经济与管理研究，2021（12）：12-16.

［96］郭卫香，孙慧．碳排放权交易、损益偏离与绿色经济效率关系研究［J］．生态经济，2022，38（1）：13-20+76.

［97］ Xiong Y, Wu S. Real Economic Benefits and Environmental Costs Accounting of China-Us Trade ［J］. Journal of Environmental Management, 2021 (279): 111390.

［98］ Lu Q, Fang K, Heijungs R, et al. Imbalance and Drivers of Carbon Emissions Embodied in Trade Along the Belt and Road Initiative ［J］. Applied Energy, 2020 (280): 115934.

［99］ Wang Q, Yang X. Imbalance of Carbon Embodied in South-South Trade: Evidence from China-India Trade ［J］. Science of the Total Environment, 2020 (707): 134473.

［100］ Zhang Z, Meng J, Zheng H, et al. Production Globalization Makes China's Exports Cleaner ［J］. One Earth, 2020, 2 (5): 468-478.

［101］ Wei W, Hao S, Yao M, et al. Unbalanced Economic Benefits and the Electricity-Related Carbon Emissions Embodied in China's Interprovincial Trade ［J］. Journal of Environmental Management, 2020 (263): 110390.

［102］ Zhu M, Zhao Z, Meng Y, et al. Unfolding the Evolution of Carbon Inequality Embodied in Inter-Provincial Trade of China: Network Perspective Analysis ［J］. Environmental Impact Assessment Review, 2022 (97): 106884.

［103］ Feng H, Yang M, Zeng P, et al. Transprovincial Water Quality Impacts and the Environmental Inequity of Grey Water Footprint Transfer In China ［J］. Resources, Conservation and Recycling, 2022 (186): 106537.

［104］ Xiong Y, Zhang Q, Tian X, et al. Environmental Inequity Hidden in Skewed Water Pollutant-Value Flows Via Interregional Trade in China ［J］. Journal of Cleaner Production, 2021 (290): 125698.

［105］ Xin M, Wang J, Xing Z. Decline of Virtual Water Inequality in China's Inter-Provincial Trade: An Environmental Economic Trade-Off Analysis ［J］. Science of the Total Environment, 2022 (806): 150524.

［106］ Chen W, Kang J N, Han M S. Global Environmental Inequality: Evidence from Embodied Land and Virtual Water Trade ［J］. Science of the Total Environment, 2021 (783): 146992.

［107］ Sun Y, Wang Y, Zhang Z. Economic Environmental Imbalance in China—Inter-City Air Pollutant Emission Linkage in Beijing-Tianjin-Hebei (Bth) Urban Agglomeration ［J］. Journal of Environmental Management, 2022 (308): 114601.

［108］ Du H, Liu H, Zhang Z. The Unequal Exchange of Air Pollution and Economic Benefits Embodied in Beijing-Tianjin-Hebei's Consumption ［J］. Ecological Economics, 2022 (195): 107394.

［109］ Yang X, Feng K, Su B, et al. Environmental Efficiency and Equality Embodied in China's Inter-Regional Trade ［J］. Science of the Total Environment, 2019 (672): 150-161.

［110］ Wang Z, Lian L, Li J, et al. The Atmospheric Lead Emission, Deposition, and Environmental Inequality Driven by Interprovincial Trade in China ［J］. Science of The Total Environment, 2021 (797): 149113.

［111］王金南，逯元堂，周劲松，李勇，曹东．基于 GDP 的中国资源环境基尼系数分析［J］．中国环境科学，2006（1）：111-115.

［112］张音波，麦志勤，陈新庚，彭晓春．广东省城市资源环境基尼系数［J］．生态学报，2008（2）：728-734.

［113］乔丽霞，王斌，张琪．基于基尼系数对中国区域环境公平的研究［J］．统计与决策，2016（8）：27-31.

［114］钟晓青，张万明，李萌萌．基于生态容量的广东省资源环境基尼系数计算与分析——与张音波等商榷［J］．生态学报，2008（9）：4486-4493.

［115］黄和平．基于多角度基尼系数的江西省资源环境公平性研究［J］．生态学报，2012，32（20）：6431-6439.

［116］李扬，卫海燕．陕西省资源环境基尼系数与生态化实现度分析［J］．湖南农业科学，2010（11）：51-54.

［117］陈友偲，牟守国．资源环境基尼系数测算下的绿色贡献研究——以江苏省为例［J］．国土资源科技管理，2012，29（2）：72-76.

［118］原磊磊，吴水荣，陈幸良，陈勇．国际贸易中隐含跨境碳转移环境责任分担问题研究［J］．林业经济，2015，37（10）：25-33.

［119］吴开尧，杨廷干．国际贸易碳转移的全球图景和时间演变［J］．统计研究，2016，33（2）：43-50.

［120］张彩云，张运婷．碳排放的区际比较及环境不公平——消费者责任角度下的实证分析［J］．当代经济科学，2014，36（3）：26-34+124-125.

［121］Moran D D, Lenzen M, Kanemoto K, et al. Does Ecologically Unequal Exchange Occur?［J］. 2013（89）：177-186.

［122］Prell C, Sun L. Unequal Carbon Exchanges: Understanding Pollution Embodied in Global Trade［J］. Environmental Sociology, 2015, 1（4）：256-267.

［123］Yu Y, Feng K, Hubacek K. China's Unequal Ecological Exchange［J］. Ecological Indicators, 2014（47）：156-163.

［124］Su B, Ang B W. Multi-Region Input-Output Analysis of CO_2 Emissions Embodied in Trade: The Feedback Effects［J］. Ecological Economics, 2011（71）：42-53.

［125］Hao F. A Study of Ecologically Unequal Exchange for 89 Countries Between 1990 and 2015［J］. The Social Science Journal, 2020, 57（2）：245-257.

［126］Zhao H, Zhang Q, Huo H, et al. Environment-Economy Tradeoff for Beijing-Tianjin-Hebei's Exports［J］. Applied Energy, 2016（184）：926-935.

［127］Liu H, Liu W, Fan X, et al. Carbon Emissions Embodied in Demand-Supply Chains in China［J］. Energy Economics, 2015（50）：294-305.

［128］张伟．中国贸易隐含大气污染转移与环境不公平研究［D］．南京大学，2018.

［129］包晴．对我国环境污染转移问题的理性思考［J］．甘肃社会科学，2007（4）：242-245.

［130］李晓明，曹利军，韩文辉．污染转移分析及对策［J］．重庆环境科学，2003 (4)：3-6+59.

［131］胡峰，陈彬．污染转移的法学解读［J］．国际贸易问题，2007 (4)：110-116.

［132］陈占江，范晴雯．被牺牲的"局部"：污染转移的逻辑与后果［J］．云南社会科学，2020 (4)：144-151+179.

［133］周曙东，刘成龙，乔辉．"环境污染梯度转移"假说及其检验［J］．南京社会科学，2015 (5)：17-24.

［134］Peters G P, Minx J C, Weber C L, et al. Growth in Emission Transfers Via International Trade from 1990 to 2008［J］. Proceedings of the National Academy of Sciences, 2011, 108 (21)：8903-8908.

［135］Lopez R. The Environment as a Factor of Production：The Effects of Economic Growth and Trade Liberalization 1［M］. International Trade and the Environment. Routledge, 2017：239-260.

［136］褚艳宁．生态经济视角下"资源诅咒"向"资源福祉"的转化［J］．经济问题，2015 (2)：31-34.

［137］Siebert H. Environmental Protection and International Specialization［J］. Review of World Economics, 1974, 110 (3)：494-508.

［138］刘安国．不平衡发展条件下区域经济与环境福利双重不平等假说——基于中国省际面板数据的实证研究［J］．经济问题探索，2012 (1)：138-147.

［139］Lindmark M. An Ekc-Pattern in Historical Perspective：Carbon Dioxide Emissions, Technology, Fuel Prices and Growth in Sweden 1870-1997［J］. Ecological Economics, 2002, 42 (1-2)：333-347.

［140］刘豪，徐冬梅，张慧泽．生态经济视角下我国"碳转移"动态平衡分析［J］．生态经济，2016, 32 (7)：40-44.

［141］邓小乐，孙慧．中国区域碳排放、经济增长与福利关系比较研究［J］．生态经济，2016, 32 (7)：34-39+55.

［142］Grossman G M, Krueger A B. Economic Growth and the Environment［J］. The Quarterly Journal of Economics, 1995, 110 (2)：353-377.

［143］Kellenberg D K. An Empirical Investigation of the Pollution Haven Effect with Strategic Environment and Trade Policy［J］. Journal of International Economics. 2009, 78 (2)：242-255.

［144］Walter I, Ugelow J L. Environmental Policies in Developing Countries［J］. Ambio, 1979, 8 (2-3)：102-109.

［145］Baumol W J, Oates W E. The Theory of Environmental Policy［M］. Cambridge University Press, 1988：127-128.

［146］Copeland B R, Taylor M S. North-South Trade and the Environment［J］. Quarterly Journal of Economics, 1994, 109 (3)：755-787.

［147］Taylor M S. Unbundling the Pollution Haven Hypothesis ［J］. Advances in Economic Analysis & Policy, 2005, 3（2）: 1-28.

［148］Melitz M J. The Impact of Trade on Intra-Industry Reallocations and Aggregate Industry Productivity ［J］. Econometrica, 2003, 71（6）: 1695-1725.

［149］Bernard A B, Eaton J, Jensen J B, et al. Plants and Productivity in International Trade ［J］. American Economic Review, 2003, 93（4）: 1268-1290.

［150］Krugman P, Venables A J. Globalization and the Inequality of Nations ［J］. The Quarterly Journal of Economics, 1995, 110（4）: 857-880.

［151］Feenstra R C. Integration of Trade and Disintegration of Production in the Global Economy ［J］. Journal of Economic Perspectives, 1998, 12（4）: 31-50.

［152］Deardoff A. Determinants of Bilateral Trade: Does Gravity Model Work in a Classical World ［R］. The Regionalization of the World Economy, 1998.

［153］Deardoff A. International Effects of National Regulatory Regimes ［C］. World Bank Workshop Held at World Bank on October, 1998.

［154］张二震, 方勇. 国际贸易和国际投资相互关系的理论研究述评 ［J］. 南京大学学报（哲学·人文科学·社会科学版）, 2004, 41（5）: 95-101.

［155］赵晓明, 冯德连. 中国外贸依存度的理论与实证研究 ［J］. 对外经贸, 2007（3）: 4-7.

［156］杨玉生. 不平等交换和国际剥削——伊曼纽尔不平等交换理论评述 ［J］. 当代经济研究, 2004（12）: 17-22.

［157］江华. 世界体系理论研究: 以沃勒斯坦为中心 ［M］. 上海: 上海三联书店, 2007.

［158］冯志轩, 刘凤义. 生态不平等交换、价值转移与发展中经济体的环境问题 ［J］. 世界经济, 2019, 42（4）: 3-28.

［159］丁宋涛, 刘厚俊. 垂直分工演变、价值链重构与"低端锁定"突破——基于全球价值链治理的视角 ［J］. 审计与经济研究, 2013, 28（5）: 105-112.

［160］Dandekar V M. Unequal Exchange: Imperialism of Trade ［J］. Economic & Political Weekly, 1980, 15（1）: 27-36.

［161］严立冬, 乔长涛, 肖锐. 贸易结构与中国农业资源约束——一个理论假设的经验研究 ［J］. 中国人口·资源与环境, 2014（2）: 82-87.

［162］Andersson J O, Lindroth M. Ecologically Unsustainable Trade ［J］. Ecological Economics, 2001, 37（1）: 113-122.

［163］齐昊. 马克思主义的不平等交换理论与中国对外贸易的现实 ［J］. 政治经济学评论, 2008, 1（1）: 64.

［164］Goldman M. Imperial Nature: The World Bank and Struggles for Social Justice in the Age of Globalization ［M］. Yale University Press, 2005.

［165］Brand U, Görg C, Hirsch J, et al. Conflicts in Environmental Regulation and the Internationalisation of the State: Contested Terrains [M]. London: Routledge, 2008.

［166］Roberts J T, Parks B C. Ecologically Unequal Exchange, Ecological Debt, and Climate Justice: The History and Implications of Three Related Ideas for a New Social Movement [J]. International Journal of Comparative Sociology, 2009, 50 (3-4): 385-409.

［167］林毅夫, 付才辉. 比较优势与竞争优势: 新结构经济学的视角 [J]. 经济研究, 2022, 57 (5): 23-33.

［168］李鹏涛. 中国环境库兹涅茨曲线的实证分析 [J]. 中国人口·资源与环境, 2017, 27 (S1): 22-24.

［169］金春雨, 王伟强. "污染避难所假说" 在中国真的成立吗——基于空间 Var 模型的实证检验 [J]. 国际贸易问题, 2016 (8): 108-118.

［170］李永源, 张伟, 蒋洪强, 汪峰, 侯丽丽, 王金南. 基于 Mrio 模型的中国对外贸易隐含大气污染转移研究 [J]. 中国环境科学, 2019, 39 (2): 889-896.

［171］Su B, Ang B W, Liu Y. Multi-Region Input-Output Analysis of Embodied Emissions and Intensities: Spatial Aggregation by Linking Regional and Global Datasets [J]. Journal of Cleaner Production, 2021 (313): 127894.

［172］潘毅凡. 中国产业二氧化碳排放的因素分解: 2002—2017 [J]. 经济学报, 2020, 7 (2): 139-161.

［173］Su B, Ang B W. Structural Decomposition Analysis Applied To Energy And Emissions: Some Methodological Developments [J]. Energy Economics, 2012, 34 (1): 177-188.

［174］高锋. 京津冀地区隐含污染转移与协同控制研究 [D]. 中国石油大学（北京）, 2019.

［175］Li M, Liu H, Geng G, Hong C, Liu F, Song Y, Tong D, Zheng B, Cui H, Man H, Zhang Q, and He K. Anthropogenic Emission Inventories in China: A Review, Natl. Sci. Rev., 4, 834-866.

［176］Zheng B, Tong D, Li M, et al. Trends in China's Anthropogenic Emissions Since 2010 as the Consequence of Clean Air Actions Atmospheric Chemistrg and Physics, 2018 (19): 14095-14111.

［177］第一次全国污染源普查资料编纂委员. 国家污染源普查技术报告 [M]. 北京: 中国环境科学出版社, 2011: 280-290.

［178］向仙虹. 资源型产业集聚、损益偏离与包容性绿色增长 [D]. 新疆大学, 2021.

［179］Mi Z, Meng J, Zheng H, et al. A Multi-Regional Input-Output Table Mapping China's Economic Outputs and Interdependencies in 2012 [J]. Scientific Data, 2018, 5 (1): 1-12.

［180］Zhu B, Su B, Li Y, et al. Embodied Energy and Intensity in China's (Normal and Processing) Exports and Their Driving Forces, 2005-2015 [J]. Energy Economics, 2020 (91): 104911.

［181］Dietzenbacher E, Los B. Structural Decomposition Techniques：Sense and Sensitivity ［J］. Economic Systems Research, 1998, 10（4）：307-324.

［182］Liang S, Xu M, Liu Z, et al. Socioeconomic Drivers of Mercury Emissions in China from 1992 to 2007［J］. Environmental Science & Technology, 2013, 47（7）：3234-3240.

［183］Wang Y, Zhao H, Li L, et al. Carbon Dioxide Emission Drivers for a Typical Metropolis Using Input-Output Structural Decomposition Analysis［J］. Energy Policy, 2013（58）：312-318.

［184］Porojan A. Trade Flows and Spatial Effects：The Gravity Model Revisited［J］. Open Economies Review, 2001, 12（3）：265-280.

［185］Tiefelsdorf M. Misspecifications in Interaction Model Distance Decay Relations：A Spatial Structure Effect［J］. Journal of Geographical Systems, 2003, 5（1）：25-50.

［186］Lesage J P, Pace R K. Spatial Econometric Modeling of Origin-Destination Flows［J］. Journal of Regional Science, 2008, 48（5）：941-967.

［187］才国伟, 钱金保. 解析空间相关的来源：理论模型与经验证据［J］. 经济学（季刊）, 2013, 12（3）：869-894.

［188］Lesage J P, Llano C. A Spatial Interaction Model with Spatially Structured Origin and Destination Effects［M］//Spatial Econometric Interaction Modelling. Springer, Cham, 2016：171-197.

［189］王庆喜, 徐维祥. 多维距离下中国省际贸易空间面板互动模型分析［J］. 中国工业经济, 2014（3）：31-43.

［190］Boschma R. Proximity and Innovation：A Critical Assessment［J］. Regional Studies, 2005, 39（1）：61-74.

［191］雷潇雨, 龚六堂. 城镇化对于居民消费率的影响：理论模型与实证分析［J］. 经济研究, 2014, 49（6）：44-57.

［192］朱孔来, 李静静, 乐菲菲. 中国城镇化进程与经济增长关系的实证研究［J］. 统计研究, 2011, 28（9）：80-87.

［193］薛飞, 周民良. 用能权交易制度能否提升能源利用效率？［J］. 中国人口·资源与环境, 2022, 32（1）：54-66.

［194］朱欢, 郑洁, 赵秋运, 寇冬雪. 经济增长、能源结构转型与二氧化碳排放——基于面板数据的经验分析［J］. 经济与管理研究, 2020, 41（11）：19-34.

［195］赵领娣, 杨明晔, 张磊. 能源禀赋与就业增长——基于省际面板数据的实证分析［J］. 资源科学, 2013, 35（9）：1801-1811.

［196］刘晓明, 刘小勇, 董建功. 城市化、空间溢出与经济增长——基于空间 Durbin 面板模型的实证研究［J］. 经济问题, 2017（4）：18-23.

［197］蔡乌赶, 李青青. 环境规制对企业生态技术创新的双重影响研究［J］. 科研管理, 2019, 40（10）：87-95.

［198］王小鲁, 樊纲, 胡李鹏. 中国分省份市场化指数报告（2018）［M］. 北京：社

会科学文献出版社，2018.

[199] 史青．外商直接投资、环境规制与环境污染——基于政府廉洁度的视角［J］．财贸经济，2013（1）：93-103.

[200] 陆铭，陈钊．分割市场的经济增长——为什么经济开放可能加剧地方保护？［J］．经济研究，2009，44（3）：42-52.

[201] 刘军，王佳玮，程中华．产业聚集对协同创新效率影响的实证分析［J］．中国软科学，2017（6）：89-98.

[202] 樊纲，王小鲁，马光荣．中国市场化进程对经济增长的贡献［J］．经济研究，2011，46（9）：4-16.

[203] 郭进．环境规制对绿色技术创新的影响——"波特效应"的中国证据［J］．财贸经济，2019，40（3）：147-160.

[204] 蔡璐．营商环境、空间溢出与经济质量［J］．统计与决策，2020，36（21）：106-109.

[205] 王华春，刘腾飞，崔伟．财政环保支出、地方政府竞争与环境污染治理——基于中国 284 个城市的实证研究［J］．城市问题，2022（4）：96-103.

[206] Wang S, Liu X. China's City-Level Energy-Related CO2 Emissions: Spatiotemporal Patterns and Driving Forces［J］. Applied energy, 2017（200）：204-214.

[207] 孙媛，张鸣之，于洋，陈远航，李名升．电力跨区域调配隐含的污染转移效应［J］．中国环境监测，2018，34（3）：68-74.

附录　原始数据表

附录1　污染物行业合并与 MRIO 表行业匹配

部门编号	合并后部门名称	污染物行业	2007 年	2012 年	2017 年
1	农林牧渔业	农林牧渔业	农林牧渔业	农林牧渔产品和服务	农林牧渔产品和服务
2	煤炭开采和洗选业	煤炭开采和洗选业	煤炭开采和洗选业	煤炭采选产品	煤炭采选产品
3	石油和天然气开采业	石油和天然气开采业	石油和天然气开采业	石油和天然气开采产品	石油和天然气开采产品
4	金属矿采选业	黑色金属矿采选业	金属矿采选业	金属矿采选产品	金属矿采选产品
		有色金属矿采选业			
5	非金属矿采选业	非金属矿采选业	非金属矿及其他矿采选业	非金属矿和其他矿采选产品	非金属矿和其他矿采选产品
6	食品制造及烟草加工业	食品制造及烟草加工业	食品制造及烟草加工业	食品和烟草	食品和烟草
7	纺织业	纺织业	纺织业	纺织品	纺织品
8	服装皮革羽绒及其制品业	服装皮革羽绒及其制品业	纺织服装鞋帽皮革羽绒及其制品业	纺织服装鞋帽皮革羽绒及其制品	纺织服装鞋帽皮革羽绒及其制品
9	木材加工及家具制造业	木材加工及家具制造业	木材加工及家具制造业	木材加工品和家具	木材加工品和家具
10	造纸印刷及文教用品制造业	造纸印刷及文教用品制造业	造纸印刷及文教体育用品制造业	造纸印刷和文教体育用品	造纸印刷和文教体育用品
11	石油加工、炼焦及核燃料加工业	石油加工、炼焦及核燃料加工业	石油加工、炼焦及核燃料加工业	石油、炼焦产品和核燃料加工品	石油、炼焦产品和核燃料加工品
12	化学工业	化学工业	化学工业	化学产品	化学产品
13	非金属矿物制品业	非金属矿物制品业	非金属矿物制品业	非金属矿物制品	非金属矿物制品
14	金属冶炼及压延加工业	黑色金属冶炼和压延加工业	金属冶炼及压延加工业	金属冶炼和压延加工品	金属冶炼和压延加工品
		有色金属冶炼和压延加工业			
15	金属制品业	金属制品业	金属制品业	金属制品	金属制品

部门编号	合并后部门名称	污染物行业	2007 年	2012 年	2017 年
16	通用、专用设备制造业	通用设备制造业	通用、专用设备制造业	通用设备	通用设备
		专用设备制造业		专用设备	专用设备
17	交通运输设备制造业	交通运输设备制造业	交通运输设备制造业	交通运输设备	交通运输设备
18	电气、机械及器材制造业	电气、机械及器材制造业	电气机械及器材制造业	电气机械和器材	电气机械和器材
19	通信设备、计算机及其他电子设备制造业	通信设备、计算机及其他电子设备制造业	通信设备、计算机及其他电子设备制造业	通信设备、计算机和其他电子设备	通信设备、计算机和其他电子设备
20	仪器仪表及文化办公用机械制造业	仪器仪表及文化办公用机械制造业	仪器仪表及文化办公用机械制造业	仪器仪表	仪器仪表
21	其他制造业	其他制造业	其他制造业	其他制造产品	其他制造产品
				废品废料	废品废料
				金属制品、机械和设备修理服务	金属制品、机械和设备修理服务
22	电力、热力的生产和供应业	电力、热力的生产和供应业	电力、热力的生产和供应业	电力、热力的生产和供应	电力、热力的生产和供应
23	燃气、水的生产和供应业	燃气、水的生产和供应业	燃气及水的生产与供应业	燃气生产和供应	燃气生产和供应
				水的生产和供应	水的生产和供应
24	建筑业	建筑业	建筑业	建筑	建筑
25	交通运输及仓储业、邮政	交通运输及仓储业、邮政	交通运输及仓储业	交通运输、仓储和邮政	批发和零售
26	其他服务业	其他服务业	批发零售业	批发和零售	交通运输、仓储和邮政
			住宿餐饮业	住宿和餐饮	住宿和餐饮
			租赁和商业服务业	信息传输、软件和信息技术服务	信息传输、软件和信息技术服务
			研究与试验发展业	金融	金融
			其他服务业	房地产	房地产
				租赁和商务服务	租赁和商务服务
				科学研究和技术服务	科学研究和技术服务
				水利、环境和公共设施管理	水利、环境和公共设施管理
				居民服务、修理和其他服务	居民服务、修理和其他服务
				教育	教育
				卫生和社会工作	卫生和社会工作
				文化、体育和娱乐	文化、体育和娱乐
				公共管理、社会保障和社会组织	公共管理、社会保障和社会组织

附录2 2007年省级污染物排放数据

省份	化学需氧量COD（万吨）	氨氮（万吨）	SO₂ 排放总量（万吨）	工业 SO₂ 排放总量（万吨）	烟尘排放总量（万吨）	工业烟尘排放总量（万吨）	工业固体废物产生量（吨）
全国	511	34	2468	2140	987	771	175632
北京	1	0	15	8	5	2	1275
天津	3	0	25	23	7	6	1399
河北	33	2	149	129	62	46	18688
山西	16	1	139	112	93	72	13819
内蒙古	13	0	146	128	66	50	10973
辽宁	26	1	123	107	72	49	14342
吉林	17	0	40	34	39	29	3113
黑龙江	14	1	52	44	52	42	4130
上海	3	0	50	36	11	4	2165
江苏	28	2	122	116	37	34	7354
浙江	26	2	80	78	18	17	3614
安徽	14	2	57	52	29	24	5960
福建	9	1	45	43	12	8	4815
江西	11	1	62	55	20	18	7777
山东	30	2	182	158	46	34	11935
河南	30	3	156	141	71	64	8851
湖北	16	2	71	60	25	21	4683
湖南	26	3	90	74	44	37	4560
广东	28	1	120	118	29	27	3852
广西	61	3	97	93	36	34	4544
海南	1	0	3	3	1	1	158
重庆	11	1	83	68	20	12	2087
四川	28	2	118	102	46	33	9654
贵州	2	0	138	92	30	19	5989
云南	10	0	53	45	21	15	7098
陕西	17	0	93	85	32	26	5480
甘肃	5	1	52	44	13	9	3002
青海	4	0	13	13	7	5	1129
宁夏	11	0	37	34	12	11	1046
新疆	17	0	58	47	29	21	2137

附录3　2017年省级污染物排放数据

省份	化学需氧量COD（万吨）	氨氮（万吨）	SO₂排放总量（万吨）	工业SO₂排放总量（万吨）	烟尘排放总量（万吨）	工业烟尘排放总量（万吨）	工业固体废物产生量（吨）
全国	609	51	609	51	1285	1067	386707
北京	4	0	4	0	3	1	702
天津	4	0	4	0	4	3	1602
河北	28	3	28	3	58	37	33981
山西	11	1	11	1	72	59	43475
内蒙古	7	0	7	0	106	88	34841
辽宁	16	1	16	1	83	74	23262
吉林	8	1	8	1	35	27	6222
黑龙江	17	2	17	2	72	42	8754
上海	7	1	7	1	2	2	1789
江苏	53	4	53	4	63	57	13610
浙江	23	2	23	2	31	30	5652
安徽	32	2	32	2	59	54	14068
福建	26	2	26	2	37	36	7132
江西	32	3	32	3	56	52	12405
山东	32	3	32	3	48	35	28484
河南	29	3	29	3	26	22	17579
湖北	31	3	31	3	41	27	10744
湖南	31	3	31	3	60	34	6016
广东	67	5	67	5	54	52	8214
广西	33	2	33	2	38	37	9284
海南	5	1	5	1	2	2	474
重庆	6	1	6	1	17	15	2496
四川	33	3	33	3	41	38	15221
贵州	12	1	12	1	39	38	10671
云南	11	1	11	1	48	40	17115
陕西	11	1	11	1	42	36	12894
甘肃	7	1	7	1	51	45	6094
青海	2	0	2	0	11	10	16082
宁夏	9	0	9	0	23	23	5291
新疆	20	2	20	2	57	46	11794

附录4　2007~2017年分行业污染物排放数据

行业	2007 年		2012 年		2017 年	
	工业 SO₂ 排放总量（万吨）	工业烟粉尘排放量（万吨）	工业二氧化硫排放量（万吨）	工业烟（粉）尘排放量（万吨）	工业二氧化硫排放量（万吨）	工业颗粒物排放量（万吨）
农林牧渔产品和服务	0.00	0.00	0.14	0.48	1.72	1.53
煤炭采选产品	17.53	23.11	12.49	33.30	2.40	148.36
石油和天然气开采产品	3.04	1.33	2.21	0.69	1.91	0.65
金属矿采选产品	5.37	5.50	2.43	10.30	0.71	14.63
非金属矿和其他矿采选产品	6.85	11.61	4.20	3.96	1.41	32.56
食品和烟草	42.47	27.96	52.45	31.29	11.04	16.83
纺织品	27.59	12.88	26.98	9.21	0.11	1.14
纺织服装鞋帽皮革羽绒及其制品	2.99	1.62	4.34	1.86	4.87	3.63
木材加工品和家具	4.58	6.67	4.58	15.92	3.57	25.88
造纸印刷和文教体育用品	49.50	0.00	50.37	17.14	7.17	11.71
石油、炼焦产品和核燃料加工品	65.44	61.85	80.21	44.17	0.26	1.47
化学产品	138.59	73.88	155.87	68.17	72.56	127.82
非金属矿物制品	182.62	554.33	199.79	255.15	124.59	338.68
金属冶炼和压延加工品	230.83	195.90	355.05	213.22	145.32	163.55
金属制品	5.19	3.93	7.60	8.24	2.04	29.60
通用设备	4.02	5.03	2.28	3.20	0.51	11.18
专用设备	2.50	1.53	1.95	2.15	0.35	7.20
交通运输设备	4.10	6.74	3.11	7.35	0.40	9.36
电气机械和器材	1.23	0.84	1.08	0.67	0.54	1.41
通信设备、计算机和其他电子设备	1.61	0.73	0.75	1.28	0.19	1.08
仪器仪表	0.18	0.08	0.10	0.09	0.01	0.03
其他制造产品	0.50	1.32	6.73	3.83	0.70	3.49
电力、热力的生产和供应	1147.12	298.58	797.03	222.79	147.06	90.42
燃气生产和供应	2.59	1.87	1.66	0.75	0.13	1.14
水的生产和供应	0.03	0.00	0.00	0.00	0.05	0.03

附录 5　2017 年水污染损益偏离矩阵

省份	北京	天津	河北	山西	内蒙古	辽宁	吉林	黑龙江	上海	江苏	浙江	安徽	福建	江西	山东	河南	湖北	湖南	广东	广西	海南	重庆	四川	贵州	云南	陕西	甘肃	青海	宁夏	新疆
北京	1.00	1.04	1.59	1.01	1.10	1.04	1.15	1.16	1.03	1.56	1.16	1.15	1.05	1.35	1.14	1.12	1.54	2.08	1.36	1.06	1.02	1.08	1.10	1.03	1.70	1.11	1.06	0.00	1.14	1.20
天津	0.00	1.00	1.28	0.02	1.11	1.08	1.05	1.07	0.00	1.20	0.00	1.05	0.00	1.14	1.04	0.00	0.00	1.04	0.00	1.01	1.01	0.00	1.11	0.00	0.00	1.02	1.00	0.00	1.07	1.52
河北	0.01	0.03	1.00	1.37	1.16	0.00	1.05	0.00	1.04	1.13	0.01	1.61	0.01	1.18	0.04	0.01	0.01	1.40	1.03	0.00	0.00	0.01	0.01	0.01	0.00	0.02	0.00	0.01	1.68	1.44
山西	0.01	1.03	1.37	1.00	1.26	1.04	1.11	0.00	1.17	1.26	1.02	1.10	1.04	1.23	1.08	1.12	1.00	1.12	0.03	1.06	1.08	1.04	1.07	1.01	1.01	1.07	1.05	0.00	1.10	1.11
内蒙古	1.10	0.02	0.01	0.01	1.00	0.02	1.03	1.04	0.00	1.10	0.01	1.22	2.33	1.13	1.28	0.03	1.05	1.02	1.66	1.03	0.01	1.02	1.19	0.00	0.01	0.03	1.09	0.00	1.08	1.18
辽宁	1.04	0.01	1.08	0.01	1.06	1.00	1.08	1.06	1.00	1.34	1.06	1.10	1.00	1.32	1.03	0.00	0.01	0.00	1.12	1.03	0.00	1.15	1.00	0.02	0.00	0.01	1.11	0.01	1.11	1.19
吉林	0.02	1.05	1.05	0.01	0.00	0.01	1.00	1.37	0.00	1.04	0.01	0.01	2.69	1.06	0.00	0.01	0.00	0.00	1.16	0.00	0.00	1.07	0.01	0.01	0.00	1.02	1.16	0.00	1.22	0.00
黑龙江	1.16	1.07	2.60	2.73	0.01	1.06	0.01	1.00	1.43	1.06	0.02	1.88	0.02	1.10	0.00	0.01	0.01	0.00	1.15	0.01	0.01	0.01	0.03	0.01	0.01	0.01	1.02	0.01	1.04	0.00
上海	1.03	2.26	1.04	1.17	1.04	1.00	1.02	1.43	1.00	1.00	1.05	1.02	1.30	3.12	1.08	0.00	0.01	1.11	0.00	1.23	1.02	1.19	1.02	0.00	0.02	1.08	0.01	0.00	1.05	1.15
江苏	0.01	0.02	1.13	1.26	0.05	0.01	0.00	0.01	0.02	1.00	0.01	2.86	0.02	1.37	1.04	0.01	1.26	1.06	1.34	0.01	0.01	0.02	0.01	0.01	0.01	0.01	0.00	0.01	1.07	1.73
浙江	0.01	1.60	1.30	1.02	1.33	1.06	1.30	1.30	0.02	2.21	1.00	1.24	1.21	2.05	1.16	1.01	0.00	1.21	0.01	1.10	1.02	1.07	1.13	1.50	0.00	1.14	1.11	0.01	1.38	1.51
安徽	1.15	0.01	0.00	0.03	0.00	0.00	1.03	0.00	1.02	0.00	0.01	1.00	0.02	1.41	1.22	1.45	0.01	1.46	1.93	0.00	0.00	0.03	0.01	0.01	0.01	0.00	0.00	0.00	1.08	1.15
福建	0.02	2.18	1.05	0.01	2.33	0.00	0.00	1.09	0.00	1.18	0.00	1.04	1.00	1.21	0.25	0.01	0.00	1.07	1.08	1.02	0.00	1.02	1.04	0.01	0.00	0.00	1.90	0.00	1.10	1.38
江西	0.11	0.13	1.18	1.23	0.09	0.03	1.06	1.10	0.02	0.10	0.03	0.06	0.15	1.00	1.22	0.00	0.01	1.10	1.50	0.03	0.01	0.85	1.25	0.04	0.02	0.05	0.03	0.02	0.00	0.00
山东	1.14	1.04	1.62	0.02	1.28	0.01	1.01	1.08	1.04	1.19	0.00	1.00	1.16	1.22	1.00	0.01	0.01	1.07	1.52	1.01	1.00	0.01	1.16	2.36	0.00	2.60	1.02	0.01	1.06	1.17
河南	1.12	2.69	1.10	0.01	1.09	1.07	1.15	1.14	1.10	1.76	2.27	1.11	0.01	1.45	1.16	1.00	0.00	1.06	0.01	1.21	0.00	0.00	1.03	0.00	0.00	1.39	1.08	0.00	1.18	1.02
湖北	1.54	1.23	1.09	1.00	1.05	1.03	1.02	1.11	2.62	1.25	1.08	1.09	1.26	1.26	1.22	1.04	1.00	1.23	0.01	1.05	0.00	1.42	1.04	1.03	1.04	1.05	1.02	1.00	1.02	1.25
湖南	2.08	1.04	1.40	1.12	1.02	1.96	1.21	0.00	0.01	1.23	0.01	0.01	0.03	1.07	1.00	0.03	1.00	1.00	0.08	0.00	0.01	0.01	0.03	0.01	0.01	0.05	0.01	0.01	1.09	0.01
广东	1.36	0.00	1.03	0.03	1.66	1.12	1.16	1.15	0.00	1.34	0.01	1.93	1.08	1.50	1.52	0.01	0.01	0.08	1.00	1.70	1.01	0.01	0.01	1.27	0.00	0.02	0.00	0.01	1.04	0.00

续表

省份	北京	天津	河北	山西	内蒙古	辽宁	吉林	黑龙江	上海	江苏	浙江	安徽	福建	江西	山东	河南	湖北	湖南	广东	广西	海南	重庆	四川	贵州	云南	陕西	甘肃	青海	宁夏	新疆
广西	1.06	1.01	1.17	1.06	0.00	1.03	1.04	1.06	1.23	1.17	0.09	1.03	1.02	1.16	1.01	1.21	0.01	1.06	0.00	1.00	1.31	2.60	1.35	0.01	0.01	1.03	1.00	0.01	1.06	0.00
海南	1.02	1.01	1.12	1.08	1.01	1.09	1.17	1.03	1.02	1.05	1.02	1.01	1.33	1.06	1.08	2.09	2.36	1.03	1.01	0.00	1.00	2.58	1.19	1.00	0.01	0.00	1.01	0.01	1.03	1.12
重庆	1.08	1.09	1.08	1.04	1.02	1.15	1.07	1.13	1.19	1.24	0.01	1.06	0.01	1.22	2.03	2.12	0.00	1.13	1.13	0.00	2.58	1.00	2.89	1.01	0.00	0.00	2.28	0.01	1.13	1.28
四川	1.10	1.11	1.06	0.03	1.19	0.00	1.10	1.09	0.01	1.33	0.01	1.07	1.04	1.25	0.00	1.03	0.01	1.10	1.14	0.00	0.00	2.89	1.00	1.02	0.00	1.01	1.11	0.01	1.12	1.21
贵州	1.03	1.23	1.05	1.01	1.13	1.01	1.06	1.07	1.12	1.22	0.00	1.06	1.02	2.17	2.36	1.32	0.00	1.10	1.27	1.06	0.00	1.01	1.02	1.00	1.04	1.03	1.03	0.00	1.05	2.23
云南	1.70	1.38	1.10	1.01	1.13	1.01	1.11	1.12	1.35	1.50	1.00	1.14	1.03	1.39	1.06	2.13	1.04	1.19	1.24	1.08	1.01	1.02	1.04	1.00	1.00	1.03	1.06	0.02	1.10	1.13
陕西	1.11	1.02	1.05	0.11	1.04	0.00	1.10	1.08	1.00	1.35	0.01	1.07	1.23	1.29	0.00	0.01	0.01	1.12	1.10	1.03	1.05	0.00	1.02	0.01	0.00	1.00	1.20	0.01	1.12	1.20
甘肃	1.00	1.09	1.09	0.18	1.09	0.08	0.01	1.16	1.02	1.08	0.02	1.02	1.90	1.10	1.02	1.08	1.02	1.03	1.20	1.00	0.01	2.28	1.02	1.03	0.00	1.00	1.00	1.00	1.04	1.07
青海	1.04	1.02	1.02	1.03	1.01	1.01	1.01	1.02	1.05	1.05	1.01	1.01	1.00	1.04	1.00	1.11	1.01	1.02	1.04	1.01	1.00	1.01	1.01	1.00	1.00	1.01	1.03	1.00	1.01	1.04
宁夏	1.07	1.68	1.10	1.03	1.08	1.11	1.22	1.04	1.05	1.07	1.38	1.08	1.10	1.00	1.06	1.18	1.09	1.04	1.18	1.06	1.03	1.13	1.12	1.05	0.14	1.12	1.04	1.01	1.00	1.04
新疆	1.20	1.52	1.44	1.11	1.18	1.19	1.26	1.31	1.15	1.73	1.51	1.15	1.38	1.14	1.17	1.02	0.08	1.05	2.02	1.35	0.15	1.28	1.21	2.23	0.02	1.20	1.00	0.01	1.04	1.00

附录6 2017年大气污染损益偏离矩阵

省份	北京	天津	河北	山西	内蒙古	辽宁	吉林	黑龙江	上海	江苏	浙江	安徽	福建	江西	山东	河南	湖北	湖南	广东	广西	海南	重庆	四川	贵州	云南	陕西	甘肃	青海	宁夏	新疆
北京	1.00	1.08	1.43	1.05	1.12	1.19	1.09	1.07	1.06	1.29	1.09	1.08	1.04	1.04	1.16	1.24	1.12	1.34	1.18	1.14	1.02	1.05	1.03	1.04	1.17	1.07	1.06	1.03	1.08	1.12
天津	0.00	0.00	1.10	1.04	1.11	1.11	1.04	1.06	0.00	1.11	1.10	1.07	1.07	1.07	1.03	1.22	1.07	1.08	1.21	1.06	0.01	1.04	1.04	1.08	1.09	1.04	1.04	1.01	1.07	1.26
河北	0.02	0.02	1.00	1.18	1.35	1.17	1.03	0.00	1.04	0.00	0.01	1.34	1.05	1.07	1.11	0.02	0.01	0.03	0.02	0.00	0.01	0.01	0.01	0.01	0.01	1.04	1.06	0.00	0.00	1.15
山西	0.15	1.04	0.06	1.00	1.15	0.09	1.06	0.04	0.02	0.03	0.04	1.03	1.10	0.02	1.04	1.15	0.03	0.04	1.11	0.03	0.01	0.06	1.03	0.02	0.02	1.03	1.01	0.01	0.01	0.01
内蒙古	1.12	0.07	0.05	0.01	1.00	0.10	1.11	1.08	0.05	1.21	0.06	1.21	1.47	1.04	1.13	0.39	1.09	0.10	1.51	1.06	0.06	1.19	1.13	0.06	0.04	0.46	0.02	0.01	0.02	0.69

续表

省份	北京	天津	河北	山西	内蒙古	辽宁	吉林	黑龙江	上海	江苏	浙江	安徽	福建	江西	山东	河南	湖北	湖南	广东	广西	海南	重庆	四川	贵州	云南	陕西	甘肃	青海	宁夏	新疆
辽宁	1.19	0.02	1.17	1.00	1.11	1.00	1.07	0.01	1.05	1.27	1.18	1.17	1.09	1.11	1.06	0.03	0.02	0.04	0.05	0.01	0.04	1.05	1.10	1.02	0.03	1.06	1.02	0.01	1.06	1.04
吉林	0.03	1.04	1.03	1.06	1.11	1.07	1.00	1.41	0.01	1.04	0.02	0.01	1.97	1.03	0.01	0.03	0.00	0.02	0.03	0.00	0.01	1.04	0.01	0.01	0.01	0.01	1.41	0.00	1.05	0.01
黑龙江	1.07	1.06	1.20	1.82	1.08	1.06	0.05	1.00	1.13	1.11	0.02	1.37	0.01	1.02	1.04	1.21	0.01	1.06	1.13	0.01	0.01	0.01	0.02	0.00	0.02	1.03	1.05	0.01	1.04	0.01
上海	1.06	1.02	1.04	1.08	1.25	1.05	1.14	1.13	1.00	1.07	1.17	1.08	1.13	1.08	1.04	1.05	1.04	1.08	1.16	1.08	1.00	1.03	1.03	1.06	1.10	1.04	1.03	1.02	1.05	1.07
江苏	0.01	0.02	1.10	1.21	1.21	1.27	1.04	1.11	0.02	1.00	0.01	2.32	1.08	1.11	1.01	0.01	0.00	0.01	1.13	0.00	0.01	0.01	0.01	1.17	0.00	1.35	1.09	1.03	1.16	1.24
浙江	0.01	1.10	1.29	1.25	1.86	1.18	1.33	3.18	0.30	1.98	1.00	1.32	1.17	1.46	1.42	0.00	1.05	1.38	1.72	1.09	0.00	1.07	1.13	1.18	1.13	1.28	1.16	1.02	1.14	1.15
安徽	1.08	0.05	0.02	1.03	1.21	0.00	1.02	0.01	1.08	0.03	0.03	1.00	1.02	1.16	1.02	0.03	0.01	1.06	1.39	0.01	0.02	0.09	0.01	0.00	0.01	0.01	0.00	0.01	1.07	0.00
福建	0.04	1.07	1.05	1.10	0.00	0.01	0.01	1.04	0.01	1.08	0.04	1.02	1.00	1.01	0.02	1.06	0.00	1.05	0.11	0.02	0.01	1.03	0.02	0.02	0.02	0.03	0.00	0.01	0.00	0.02
江西	0.07	0.22	2.07	1.05	1.04	0.02	1.19	1.02	0.04	0.10	0.03	0.08	1.01	1.00	1.07	1.17	1.22	1.11	0.40	1.04	0.02	1.00	1.10	1.45	0.03	2.03	1.05	0.00	1.07	1.07
山东	1.24	1.22	1.20	2.15	1.28	1.62	1.21	1.21	1.05	1.63	2.01	1.18	1.06	1.17	1.00	1.00	1.09	1.08	1.15	1.11	0.00	1.14	1.10	1.21	0.00	1.35	1.17	1.04	1.14	1.26
河南	1.12	1.07	1.09	1.06	1.09	1.06	1.15	1.07	1.04	1.07	0.02	1.20	1.06	0.02	1.12	1.00	1.00	1.15	1.12	1.03	0.00	1.15	1.02	1.03	1.02	1.07	1.02	1.00	1.02	1.03
湖北	1.34	1.08	1.19	1.08	1.14	1.52	1.21	1.06	1.04	1.09	0.02	1.06	1.08	1.11	1.06	1.09	1.00	1.00	1.12	1.03	0.00	1.15	1.02	1.09	0.01	1.01	1.07	1.14	1.01	1.03
湖南	1.18	0.00	1.10	1.11	1.51	2.54	1.27	1.13	0.01	1.13	0.00	1.39	1.12	1.36	1.18	1.15	1.12	1.00	1.00	2.60	0.03	1.24	1.13	1.23	0.00	1.13	1.17	1.08	1.21	1.35
广东	1.14	1.06	1.04	1.05	1.06	1.03	1.09	1.06	1.08	1.13	0.30	1.09	1.03	1.07	1.04	1.11	0.01	1.11	1.00	1.00	1.07	1.36	1.12	1.02	0.02	1.07	1.03	0.00	1.06	0.00
广西	1.02	1.00	1.05	1.04	1.03	1.06	1.07	1.05	1.00	1.06	1.02	1.03	1.04	1.04	1.03	1.06	1.04	1.03	1.02	1.00	1.00	1.04	1.06	1.02	1.01	0.01	1.02	1.00	1.01	1.02
海南	1.05	1.04	1.13	1.05	1.19	1.05	1.04	1.12	0.01	1.09	0.03	1.05	1.03	1.07	1.04	1.14	0.00	1.09	1.24	0.00	1.00	1.00	0.01	1.08	1.07	1.11	1.17	1.01	1.06	0.00
重庆	1.03	1.04	1.05	1.03	1.13	1.10	1.12	1.03	0.02	1.17	0.01	1.05	1.05	1.07	1.04	1.10	0.00	1.02	1.13	1.07	1.00	1.00	1.00	1.04	1.07	1.00	1.08	1.01	1.06	1.03
四川	1.03	1.04	1.05	1.03	1.13	1.10	1.07	1.03	1.03	1.09	1.13	1.05	1.03	1.10	1.10	1.02	1.02	1.13	1.12	1.06	1.07	1.05	1.00	1.05	1.05	1.74	1.04	0.05	1.04	1.03
贵州	1.08	1.07	1.17	1.02	1.02	1.02	1.02	1.01	1.06	1.03	1.02	1.05	1.00	1.02	1.01	1.04	1.02	1.02	1.08	1.06	1.01	1.07	1.05	1.00	1.14	1.00	1.09	1.00	1.01	1.03
云南	1.17	1.09	1.22	1.02	1.75	1.47	1.24	1.08	1.10	1.42	1.13	1.25	1.13	1.24	1.17	1.37	1.02	1.20	1.42	1.15	1.01	1.07	1.05	1.14	1.00	1.16	1.09	0.28	1.05	1.08
陕西	1.07	1.04	1.04	1.08	1.23	1.06	0.07	1.03	1.04	1.35	0.03	1.19	1.07	1.13	1.07	1.14	0.01	1.01	1.13	1.07	1.36	1.07	1.74	1.06	0.01	1.00	1.17	1.01	1.09	1.07
甘肃	1.06	1.04	1.06	1.03	1.12	0.24	1.02	1.04	1.02	1.03	1.02	1.03	1.00	1.02	1.01	1.04	1.04	1.14	1.08	1.06	1.01	1.01	1.04	1.03	1.00	1.09	1.00	1.00	1.09	1.06
青海	1.03	1.01	1.02	0.13	0.13	1.01	0.05	0.04	1.02	1.03	1.02	1.03	1.00	1.01	1.01	1.00	1.04	1.08	1.01	1.00	1.01	1.01	0.25	1.00	0.28	1.01	1.00	1.00	1.00	1.00
宁夏	1.08	1.07	1.17	1.01	1.04	1.06	1.05	1.04	1.05	1.16	1.14	1.07	1.07	1.14	1.07	1.14	1.02	1.07	1.21	1.06	1.01	1.06	1.04	1.03	0.28	1.09	1.01	1.00	1.00	1.06
新疆	1.12	1.26	1.15	1.05	1.06	1.04	1.11	1.10	1.07	1.24	1.15	1.09	1.04	1.43	1.07	1.26	1.03	1.07	1.35	1.05	0.05	1.28	1.03	1.23	0.04	1.07	1.03	0.05	1.04	1.00